譯註 己亥封事(外)

이상익(李相益)
成均館大學校 儒學大學 韓國哲學科 졸업
同 大學院 東洋哲學科 졸업(哲學博士)
現 영산대학교 학부대학 교수
저서 : 『儒敎傳統과 自由民主主義』(심산, 2004)
『주자학의 길』(심산, 2007) 外

이해준(李海濬)
公州大學校 師範大學 歷史敎育科 졸업
國民大學校 大學院 史學科 졸업(文學博士)
現 공주대학교 인문사회과학대학 교수
저서 : 『조선시기 촌락사회사』(민족문화사, 1996)
『草廬 李惟泰의 鄕約과 庭訓』(신서원, 1998) 外

이달우(李達雨)
公州大學校 師範大學 敎育學科 졸업
建國大學校 大學院 敎育學科 졸업(敎育學博士)
現 공주대학교 사범대학 교수
저서 : 『교육학탐구』(共著, 공주대학교 교육연구소, 2003)
『잡초교육론』(양서원, 2006) 外

譯註 己亥封事(外)

초판 1쇄 발행 2007년 09월 30일

원 저 이유태
역 주 이상익
펴낸이 최원필
펴낸곳 심산출판사
디자인 서울시 은평구 갈현동 463-3 동원빌딩 4층
전 화 0502-324-6280, 02-357-0633
F A X 02-357-0631
E-mail simsan@korea.com
등 록 제1-2114호(1996년 11월 28일)

ISBN 978-89-89721-68-0 93150

* 책값은 뒤표지에 표시되어 있습니다.

譯註 己亥封事(外)

李惟泰 原著
李相益(外) 譯註

심산

譯序

'己亥封事'는 조선 중기의 儒賢 草廬 李惟泰(1607~1684)가 製進한 상소문이다. 주지하듯이, 조선은 壬辰倭亂과 丙子胡亂이라는 두 차례의 國難을 겪었다. 물질적 被害로 본다면 임진왜란이 훨씬 심대한 고통을 강요했지만, 정신적 羞恥로 본다면 병자호란이 훨씬 치욕적인 것이었다. 淸에 볼모로 끌려갔다가 切齒腐心하고 돌아와 왕위에 오른 孝宗은 즉위하자마자 山林을 招致하여 이른바 '北伐計劃'을 추진했다. 己亥封事는 바로 北伐을 대전제로 삼고, 그를 뒷받침하기 위해 여러 방면의 改革策을 제시하고자 작성된 상소문이다.

己亥封事는 燕山君 이래 문란해진 국가의 紀綱을 바로잡고, 壬辰·丙子 兩亂으로 인해 衰殘해진 國力을 부흥시켜, '국가를 다시 磐石 위에 올려놓자'는 趣旨와 方略으로 일관되어 있다. 그러나 孝宗의 갑작스런 昇遐로 北伐計劃은 추동력을 잃었다. 己亥封事에서 제시된 개혁책들에 대해서도, 朝廷에서는 지루한 논의만 거듭할 뿐 과감하게 실행에 옮기지 못했던 것이다. 그러나 기해봉사는 조선 후기 國政의 改革에 일정한 방향을 제시하고, 또 실제로 개혁의 추진에 기폭제가 되었던 것이다. '北伐을 실제로 이행했느냐'와는 별도로, 紀綱을 바로잡고 民生을 돌보아 國家를 부흥시킨다는 것만으로도 충분한 의미가 있다고 본다면, 己亥封事의 가치는 결코 폄하될 수 없을 것이다.

己亥封事를 번역하면서, 譯者는 여러 感懷를 누를 수 없었다.

첫째는 國家의 治亂과 興亡盛衰는 無常하게도 반복된다는 점이었다. 先覺者들은 興亡盛衰의 이치를 깨닫고 간절하게 苦言하지만, 대개가 메아리 없는 공허한 외침으로 그치는 것이 고금동서 대부분의 역사적 현실이었다. 지금도 대한민국의 危急한 현실을 진단하고 警鐘을 울리는 선각자들이 많이 있지만, 그것은 대부분 牛耳讀經과 다름없이 치부될 뿐이다. 현실이 잠시 편안하면, 그에 중독되어 헤어나지 못하는 것은 亂亡의 길이다. 草廬는 조선시대에 있어서 靜菴 趙光祖와 栗谷 李珥의 개혁정책이 좌절된 것을 가장 아쉽게 생각했다. 이들의 개혁정책이 조금이라도 비중 있게 國政에 반영되었더라면, 임진왜란이나 병자호란과 같은 慘禍는 막을 수 있었을 것이다.

둘째는 政治의 本分은 변함이 없다는 점이다. 정치의 본분은 百姓과 苦樂을 함께 하며 國家를 발전시키는 것이다. 이것을 요즈음에는 '公共善' 이라 말한다. 公共善을 추구하기 위해 權力機構를 만들고, 權力者를 두는 것이다. 그런데 현실에 있어서, 대부분의 경우 權力은 公共善을 추구하는 데 기여하지 않고, 오히려 公共善을 해치면서 私益을 추구하는 데로 誤用되고 있다. 孟子가 당시의 현실을 "윗사람과 아랫사람이 서로 이익을 다툰다(上下交征利)" 고 진단했던 것처럼, 共同體는 오히려 권력자들의 '약탈의 대상' 으로 전락하기 일쑤인 것이다. 조선은 燕山君 때부터 이러한 현상이 본격화되었다. 靜菴이나 栗谷은 이 점을 慨歎하고, 是正하고자 했던 것이다. 이것은 爲政者들의 '心法(마음가짐)' 과 관계된 것인바, 따라서 儒學에서는 항상 治人에 앞서 修己를 강조했던 것이다.

셋째는 改革은 爲政者들의 口號만으로 되는 것이 아니라는 점이다. 국가가 위기에 처했음에도 불구하고 개혁의 필요성조차 인식하지 못하는 위정자들이야 언급할 가치조차 없을 것이다. 문제는 개혁의 필요성을 인정하지만, 그 대상을 '자기' 가 아닌 '남' 으로만 설정하는 경우이다. 다시 말해, 자신의 旣得權은 공고히 지키면서 남의 旣得權에 대해서만 포기하라고 주장하는 경우, 개혁은 항상 실패하기 마련이다. 改革은 자기부터 기득권을 포기하고, 공정한 관점에서 공동체의 질서를 다시 모색하려고 할 때에만 성공할 수 있는 것이다. 초려는 개혁책을 제시하면서, 王室과 兩班이 먼저 旣得權을 포기하는 것이 관건이라고 역설하였다.

넷째는 이상의 모든 것은 결국 '爲政者들의 주도적 역할'에 달려있다는 점이다. 국가의 진로를 모색하여 제시하고, 위기를 먼저 인식하고 경각심을 일깨워야 하는 것도 위정자들의 몫이요, 주어진 권력을 선용하여 민생을 돌보는 것도 위정자들의 몫이며, 만사에 솔선수범하여 백성들을 감화시키고 결속시키는 것도 위정자들의 몫이다. 오늘날은 民主主義의 시대라고 하여, 위정자의 이러한 주도적 역할이 경시되거나 부정될 수는 없을 것이다. 이는 古今을 막론하고 모든 정치공동체에서 항상 긴요하게 요구되는 자세인 것이다.

己亥封事는 1659년에 작성된 것이니, 지금으로부터 약 350년 전의 내용인 것이다. 그동안 이미 세월도 많이 흘렀고, 近代文明의 도래와 함께 세상도 본질적인 변화를 겪었다. 따라서 기해봉사에서 제시된 구체적 개혁방안들은 이 시대에는 이미 時效를 잃은 것이다. 그러나 위에서 지적한 네 가지 논점은 인류의 歷史와 政治의 현실에서 '변함없는 眞理'라고 한다면, 기해봉사는 오늘날에도 여전히 절실하게 음미되어야 마땅할 것이다.

草廬는 譯者의 先祖이시다. 先祖의 上疏文을 번역하자니, 誤譯에 대한 두려움이 더욱 컸다. 그러나 다행히 집안의 여러 어른들께서 자상한 가르침을 주셨기에, 大過는 없으리라고 조심스럽게 위로해 본다. 하지만 어디에 어떻게 誤譯이 숨어 있을지는 모를 일인바, 江湖諸賢의 叱正을 바라는 바이다.

그러고 보니, 올해는 草廬의 탄신 400週年이 되는 해이다. 後孫으로서 先祖의 400週年을 기념하면서, 선비로서의 책임을 다하는 것이 先祖의 가르침을 계승하는 길이라는 생각을 다시 되새기고자 한다.

2007년 光復節

李相益 삼가 씀.

解 題

1. 〈己亥封事〉의 製進 배경

草廬 李惟泰(1607~1684, 本貫은 慶州, 字는 泰之, 諡號는 文憲)는 아버지 月峰公 曙와 어머니 清風金氏 사이에서 5형제 중 3남으로, 忠南 錦山에서 태어났다. 草廬는 10세 때에 父親을 잃고, 伯氏와 母親의 訓育을 받았으며, 15세부터는 孤青 徐起의 門人인 晩喜 閔在汶에게 나아가 修學하였다. 18세부터는 沙溪 金長生과 愼獨齋 金集 父子에게 나아가 修學했는데, 이때부터 同春 宋浚吉, 尤庵 宋時烈 등과 同門으로서 깊이 사귀었다.

초려는 24세에 別試에 합격했으나, 母親의 병환으로 殿試에는 응하지 않았으며, 이후로 다시는 과거에 응하지 않았다. 25세에는 夫人 平山申氏를 맞이했다. 28세에는 愼獨齋의 천거로 禧陵參奉에 제수되어, 6개월간 재직했다. 30세에 다시 健元陵參奉에 제수되어 재직하던 중, 丙子胡亂(1636년)을 맞이했다. 胡亂 이후, 초려는 벼슬살이의 뜻을 접고 고향 錦山으로 돌아왔다. 31세 때에는 '斥和의 魁首' 였다는 罪目으로 永同에서 귀양살이를 하던 八松 尹煌을 찾아가 뵈었으며, 이를 계기로 八松의 자제 童土 尹舜擧, 石湖 尹文擧, 美村 尹宣擧 등과 두루 사귀게 되었다. 32세 때에는 茂朱 德裕山 아래 山味村에 隱屛書齋를 짓고, 講學으로 終身하고자 하였다.

초려는 丙子胡亂의 恥辱을 계기로 '士無可仕之義(선비가 出仕할 義理가 없어졌다)' 는 名分으로, 세상을 등지려 하였다. 33세(仁祖 17년)에 大君師傅,

35세에 內侍敎官, 38세에 大君師傅, 41세에 世子侍講院 諮議 등에 제수되었으나, 모두 부임하지 않았던 것이다. 그러나 孝宗이 즉위하면서(1649년) 朝廷에 새로운 기운이 일자, 草廬는 태도를 바꾸어 다시 出仕하게 되었다.

孝宗은 등극한지 일주일째 되던 날, 金尙憲을 元老로 우대하고 또 '讀書之人' 인 金集 · 宋浚吉 · 宋時烈 · 權諰 · 李惟泰 등 五賢을 禮遇하여 徵召하라는 賓廳[1]의 건의에 따라, 이들에게 下諭하여 모두 入朝하도록 하였으니,[2] 이들이 이른바 '山林五賢' 이었다. 초려는 이때 愼獨齋(金集)와 거취를 논의하였거니와, 愼獨齋는 "聖上께서는 東宮에 계실 때 '漢나라 武帝는 文帝보다 뛰어났다' 고 하셨으니, 큰 뜻을 품고 계심을 알 수 있다." 고 하면서 함께 出仕할 것을 권하였다. 이에 초려는 "이번에 나아가는 것은 큰 계획을 돕고자 하는 것이니, 비록 실패하더라도 天下에 할 말이 있을 것입니다. 그렇지 않으면 進退에 근거할 만한 것이 없으니, 始終 愼重해야만 할 것입니다." 라고 말하고, 드디어 함께 출사하게 되었던 것이다.[3]

孝宗이 卽位하자마자 山林을 대거 招致한 것은 두 뜻이 있었던 것 같다. 하나는 '큰 뜻' 을 위한 것이었으니, 이른바 '北伐計劃' 이 그것이었다. 또 하나는 先王 仁祖代부터 專橫을 일삼던 '金自點 일파' 를 견제하기 위한 것이었다.[4] 이러한 맥락에서, '山林五賢' 의 진출은 당시 집권측인 金自點[5] 일파의 반발을 초래했다. 金自點 일파는 山林의 영수 金尙憲을 배척했고, 이에 金

---

1) '賓廳' 이란 備邊司의 堂上, 臺諫, 玉堂 등이 모여서 중요한 政務를 논의하던 자리를 말함.

2) 『孝宗實錄』 卷1, 卽位年 5月 14日 壬申條 ; 『草廬年譜』 己丑年(선생43세) 5月條 참조.

3) 草廬는 이때 工曹佐郞에 除授되어 취임했으나, 1개월 만에 물러났다. 이후로도 수십 차례나 官職에 제수되었으나, 한 번도 취임하지는 않았다.

4) 金自點 一派' 는 이른바 '洛黨' 으로서 '親淸派' 였다. 金尙憲 · 金集 등 이에 반대하는 세력은 이른바 '山黨' 으로서, '排淸派' 였다. 즉 孝宗은 山黨을 기용하여 洛黨을 견제하고 北伐을 추진하려 했던 것이다.

集·宋時烈 등이 金尙憲을 적극 옹호했으나, 사태는 山林이 모두 退歸하는 방향으로 기울었다. 이에 격분한 초려는 〈己丑論事疏〉를 올려 金自點 일파의 非理를 論斥했다. 이에 大司諫 金慶餘, 執義 宋浚吉 등도 적극 동조함으로써, 마침내 大司憲 李之恒 등 반대세력을 축출했다.[6)]

그러자 金自點 일파가 "孝宗이 山林을 등용하여 北伐을 시도한다"고 淸에 밀고함에 따라, 淸은 국경에 군사를 파견하고 朝鮮에 와서 진상을 조사하게 되었다. 이로써 山林이 위기에 몰리게 되었으나, 孝宗이 적극 주선하여 領議政 李景奭과 禮曹判書 趙絅을 平安道 義州의 白馬山城으로 유배하는 것으로 일단락되었다. 이렇게 사건이 복잡하게 전개되자 〈己丑論事疏〉는 孝宗에 의해 '狂疏'로 평해졌고, 초려는 이로 인해 停擧[7)]에 처해졌다가, 7년 만에 풀리게 되었다. 孝宗 7년(1656), 초려는 다시 工曹正郞에 제수되었으나, 母親의 病患과 自身의 不德을 내세워 出仕하지 않았다.[8)]

孝宗 10년(1659), 초려는 宋浚吉·宋時烈·兪棨·許積 등과 함께 다시 2차

---

5) 金自點은 仁祖反正의 1등공신으로, 反正 이후 출세가도를 달렸다. 그는 丙子胡亂 당시 都元帥로서 淸軍을 저지해야 할 총책을 맡고도 전투를 회피하여, 淸軍의 급속한 南下를 방관하였다. 그리하여 胡亂이 끝난 뒤 軍律로 처형해야 한다는 탄핵을 받고 流配를 당하기도 하였다. 그러나 仁祖의 庇護를 받아 다시 기용되어, 領議政에까지 올랐다. 이후 음모를 꾸며 昭顯世子의 부인 姜嬪의 처형을 주도하였고, 자신의 孫子를 仁祖의 소생 孝明翁主와 결혼시킴으로써 仁祖와의 밀착을 더욱 확고히 하였다. 金自點은 仁祖의 신임과 淸나라의 위세를 업고 政權을 장악하여 專橫을 일삼았다. 排淸的 성향의 林慶業을 처단하는 데 앞장선 것 역시 이러한 배경에서 나온 것이었다. 孝宗이 즉위하면서 山林을 대거 등용하고, 이들을 중심으로 北伐論이 대두되자, 이에 위협을 느끼고 北伐計劃을 淸에 密告하였다. 그러나 후에 密告한 사실이 발각되어 光陽으로 流配되었고, 뒤에는 또 그 아들의 逆謀事件이 발각되어 處刑되었다.

6) 『孝宗實錄』 卽位年 9月 2日 戊午條·13日 己巳條, 10月 18日 癸卯條; 『草廬年譜』 己丑年(선생43세) 9月條 참조.

7) '停擧'란 '官職에 천거함을 중지시키는 것'.

8) 『草廬年譜』 丙申年(선생50세) 3月條 참조.

密旨五臣으로 부름을 받게 되었다. 孝宗은 密旨에서 다음과 같이 말했다.

> 나는 10년 뒤에는 血氣가 衰하여 (큰 뜻을) 이루지 못할 것이다. 이런 생각에 항상 마음이 다급하여, '해는 저무는데, 갈 길은 멀구나!' 라고 탄식하고 있다. 그 計策은 國力을 총동원하여 앞장서서 바다를 건너 곧바로 燕京으로 향하는 것이니, 일이 성공하면 凱歌를 부르며 돌아올 것이요, 성공하지 못하면 君 · 臣과 將 · 卒이 모두 燕京에 뼈를 묻는 것이다.[9)]

孝宗은 '北伐의 뜻'을 다시 천명하면서 山林을 부른 것이다. 초려는 孝宗의 이러한 뜻을 받들어 일단 朝廷에 나아갔으나, 政局이 여의치 못함을 깨닫고, 곧 還鄕하여 〈己亥封事〉를 작성하기 시작했다. 그러나 이 해 5월, 孝宗이 急逝함으로써, 〈기해봉사〉는 孝宗께 올리지 못하고, 다음 해에 顯宗께 올리게 된 것이다.

2. 〈己亥封事〉의 주요 내용

초려가 〈기해봉사〉를 작성한 것은 두 가지 의도였다. 하나는 "周易을 잘 아는 사람은 周易을 말하지 않는 것처럼, 진실로 北伐을 계획한다면 北伐을 말하기 전에 萬般의 준비를 갖추어야 한다."는 것이었다.[10)] 다른 하나는, 政

---

9) 『草廬年譜』 己亥年(선생53세) 4月條 : 我十年之後, 則血氣衰, 不可爲, 常汲汲有日暮途遠之歎. 其所以爲策, 則掃一國而自將渡海, 直向燕京. 事成則凱歌而還, 不成則君臣將卒, 埋骨燕山之計,

10) 『草廬年譜』 己亥年(선생53세) 4月條 : 先生退歸之後, 又除執義, 其勢終不但已, 故先生試作一疏, 將占進退.

局은 여의치 못한데도 계속 官職을 받게 되자, 封事를 통해 時務策을 제시하고, 그 수용 여부에 따라 자신의 進退를 결정하려던 것이다.[11] 즉 北伐을 위해서는 '萬般의 준비'를 갖추는 것이 선결과제이거니와, 자신이 제시한 時務策의 수용 여부에 따라 출사 여부를 결정하겠다는 뜻에서, 草廬는 〈기해봉사〉를 작성하게 된 것이었다. 이제 〈기해봉사〉의 주요 내용을 소개하면 다음과 같다.

〈기해봉사〉의 序論部에서는 封事를 製進하게 된 동기를 밝히고, 中國과 韓國에 걸쳐 歷代의 治亂을 개관하였다. 治亂은 반복되는 것으로, 危機를 진단하고 때에 맞게 變通(改革)하면 治를 이룰 수 있고, 현실에 안주하여 變通을 게을리 하면 亂에 봉착한다는 것이 그 요점이다.

〈기해봉사〉의 本論部는 크게 세 부분으로 나뉘는데, '設弊論'과 '救弊論' 그리고 '君德論'이 그것이다. '設弊論'은 당시 조선의 현실을 비판적 관점에서 진단하는 내용이다. 초려는 당시의 國政을 '實功(진실한 노력)'이 결여되어 '實效(진실한 효과)'를 보지 못하는 상황으로 진단하였다. 초려는 진실한 노력이 결여됨으로써 야기되는 폐단을 일곱 가지 항목으로 진단했거니와, 그 구체적 내용은 다음과 같다.

① 上無求治之實 : 윗사람은 다스림을 갈구하는 실공이 없음
② 下無任事之實 : 아랫사람은 일을 책임지는 실공이 없음
③ 經筵無講道之實 : 경연은 道를 강론하는 실공이 없음
④ 學校無造士之實 : 학교는 선비를 양성하는 실공이 없음
⑤ 群策無救民之實 : 여러 방책들은 백성을 구제하는 실공이 없음

---

11) 『草廬年譜』 己亥年(선생53세) 4月條 : 先生之意, 以爲善言易者不言易, 不必先聲而後實. 必如疏中所言, 然後方爲萬全之策矣.

⑥ 人心無向善之實 : 사람들의 마음은 善을 향하는 실공이 없음

⑦ 朝廷無教令之實 : 조정은 가르치고 명령하는 실공이 없음

위의 일곱 항목 가운데 ⑤ 群策無救民之實에서는 다시 '民產 · 民力 · 賦稅 · 兵事 · 節用 · 足食 · 生物 · 蓄積' 이라는 細目을 두어 더욱 자세히 논했다.

'救弊論' 은 '設弊論' 에서 지적된 폐단들을 구제하기 위한 구체적 대응책을 제시한 것이다. 이것은 國政 전반에 대한 포괄적 改革案으로서, 正風俗 · 養人材 · 革舊弊를 '3綱' 으로 삼고, 그 아래에 도합 '16目' 을 설정하여 개혁책을 논하고 있다.

(1) 正風俗 : 風俗을 바룸

① 鄕約 ② 五家統 ③ 社倉

(2) 養人材 : 人才를 양성함

① 學校 ② 延英院 ③ 科擧 ④ 五衛 ⑤ 軍資別倉

(3) 革舊弊 : 舊弊를 혁파함

① 內需司 ② 貢案 ③ 賦稅 ④ 人役

⑤ 量田 ⑥ 汰冗官 ⑦ 久任 ⑧ 禁侈習

草廬는 '正風俗' 과 '養人材' 에 대해서는 '治法의 模樣' 이라 했거니와, 이것은 향촌의 조직과 규율, 학교 교육, 인재의 선발, 군대의 편성, 군수자금의 조달 방법 등 '국가 운영의 기본적 체계' 를 제시한 것이다. '革舊弊' 에 대해서는 '變通의 機要' 라고 했거니와, 이는 당시의 時弊에 대한 救濟策을 제시한 것이다. 초려는 이러한 改革策이 시행될 경우에 예상되는 효과에 대해서

도 자세히 언급했거니와, 그 일부분을 소개하면 다음과 같다.

이 法이 시행되면, 鄕約의 籍이 정해지고, 五家의 統이 바르게 되며, 社倉의 저축이 많아지고, 學校의 政事가 닦여지며, 科擧의 법규가 세워지고, 五衛의 제도가 회복되며, 兵食의 바탕이 풍족해집니다. 무슨 말인가 하면, 五家의 統이 바르게 되면, 戶籍이 여기에 있고, 軍籍이 여기에 있어서, 사람은 등록되지 않은 경우가 없고, 賦役은 고르지 않은 경우가 없으니, 八道의 人口를 앉아서 헤아릴 수 있고, 一國의 賦役을 앉아서 책정할 수 있습니다. 그러면 臣이 앞에서 말씀드린 '누락된 人丁을 색출해서 채워도 곧바로 도망가는 폐단' 이 사라지고, '一族이 침해를 당하고 절친한 이웃에게까지 파급되는 폐단' 도 사라지며, '兩班의 자제들이 한가하게 노는 폐단' 도 사라지고, '良民과 兒弱만이 치우치게 수고하는 폐단' 도 사라집니다.

'君德論' 은 君主가 갖추어야 할 德目을 논한 것으로, '修己論' 과 '齊家論' 으로 대별된다. '修己論' 은 율곡의 『聖學輯要』 修己篇의 내용을 요약해서 소개한 것으로, 그 항목은 '立志 · 收斂 · 窮理 · 誠實 · 養氣 · 正心 · 檢身' 등이다. '齊家論' 은 크게 '正倫理 · 篤恩義 · 崇節儉' 으로 구성되어 있다.

〈기해봉사〉의 結論部는 크게 두 내용으로 구성되었다. 첫째는 非常한 時局을 당하여 개혁에 임하는 君 · 臣의 자세를 논하고, 모든 것은 결국 '君主의 一心' 으로 귀결된다는 맥락에서 孝宗의 분발을 촉구하는 내용이다. 둘째는 '보충적 問答' 으로서, '修己와 治人의 先 · 後 문제' · '王道政治論 자체의 妥當性 문제' · '당시 상황에서의 개혁의 가능성 문제' 등을 논의하였다.

〈기해봉사〉는 본래 孝宗께 올리려던 것이었으나, 孝宗의 갑작스러운 승하로 올리지 못하고, 새로 등극한 顯宗께 올리게 되었다. 顯宗은 宋浚吉 등을 통해 〈기해봉사〉가 작성되어 있음을 알고, 그것을 올리도록 명했던 것이다. 顯宗은 〈기해봉사〉를 읽고 "모두 오늘날 시행할 만한 일이다. 오늘 이 疏를 읽으니, 感愴한 마음을 이길 수 없겠다." 고 말하면서, 備邊司에 넘겨 시행에 따른 여러 문제들을 논의하도록 하였다.[12] 그러나 備邊司에서의 논의는 이런 저런 이유로 신속하게 진행되지 못했고, 〈기해봉사〉에 대한 朝廷의 논의도 贊反으로 갈라지고 있었다. 초려의 改革策에 대해, 宋時烈 등 西人 측은 찬성한 반면에, 權諰 등 南人 측은 반대하고 있었던 것이다. 이후 조정에서는 봉사의 시행 문제를 두고 5~6년간이나 논의를 거듭했으나, 결국엔 뚜렷한 결론을 내리지 못한 채 흐지부지되고 말았던 것이다.[13]

3. 〈己亥封事〉의 특징

〈기해봉사〉는 『周禮』와 孔·孟·程·朱의 經世論, 그리고 『經國大典』과 靜菴 趙光祖 및 栗谷 李珥의 改革論을 사상적 바탕으로 삼고, 그것을 당시의 현실에 맞게 損益함으로써 '종합적인 國政 改革策' 으로 완성된 것이다. 〈기해봉사〉의 내용적 淵源으로서, 초려는 다음과 같이 말하였다.

> 일찍이 삼가 『周禮』의 제도 가운데 오늘날 시행할 수 있는 것과 祖宗의 憲章 가운데 오늘날 시행되지 않는 것을 고찰하고, 朱子의 增損呂氏鄕約의 법을 참고한 다음, 우리나라 先儒들이 當世를 경륜했던 학설들을 아울러 취하여, 하나의 논설로 종합하여, 殿下께 바치는 것입니다.

위에 소개된 '내용적 연원' 을 보다 자세히 설명하면 다음과 같다. 초려는

12) 『承政院日記』 顯宗 元年 5月 9日 癸亥條.

13) 〈己亥封事〉가 제진된 후 朝廷에서의 논의 과정에 대한 자세한 고찰은 崔孝軾, 「草廬 李惟泰의 軍事改革思想」(『韓國史硏究』 제47집, 한국사연구회, 1984) 참조.

『周禮』에서는 鄕約法 · 五家統 · 鄕飮酒禮 · 鄕射禮와 賓興 등을 취하였다. '祖宗의 憲章' 으로서는 『經國大典』을 많이 취했으며, 朱子로부터는 〈戊申封事〉와 鄕約 · 社倉 등을 취했다. '우리나라 先儒들이 當世를 경륜했던 학설' 로는 栗谷의 〈萬言封事(甲戌封事)〉와 『聖學輯要』를 많이 취하였다. 초려는 孟子의 王道論, 程子의 變通論에서도 많은 내용을 취했다. 이제 〈기해봉사〉의 특징을 간략히 정리해 보기로 하겠다.

첫째, 國政 全般에 대한 포괄적 改革策을 제시했다는 점이다. 〈기해봉사〉에서는 鄕村의 조직과 규율, 학교 교육, 인재의 선발, 貢案과 稅制의 개혁, 量田, 官吏의 黜陟, 軍士의 조직과 훈련, 軍需資金의 조달 등을 망라하여 유기적이고 종합적인 개혁책을 모색하고 있다.

둘째, 設弊論 · 舊弊論 · 君德論이 일관된 체계를 이루고 있다는 점이다. 본래 儒學의 持論은 修己와 治人은 분리될 수 없다는 것이요, 또한 修己를 治人의 근본으로 인식하여 우선시키는 것이다. 〈기해봉사〉도 물론 이러한 持論을 따르고 있다. 다만 〈기해봉사〉는 變通的 時務策이었던 만큼, 栗谷의 〈萬言封事〉와 같은 맥락에서, 設弊論으로부터 논의를 시작한 것이다.

셋째, 兵役과 賦稅에 있어서 모든 국민의 균등한 부담을 추구하였고, 특히 지배계층의 부당한 特權을 타파하고자 했다는 점이다. 〈기해봉사〉에서는 王室의 私庫로 인식된 內需司의 혁파, 宮庄과 忠勳府의 특혜 혁파, 兩班 子弟의 兵役 부과 등을 강조하였다. 초려는 지배계층의 부당한 특혜를 타파하여 租稅資源과 兵役資源을 확대함으로써, 백성들의 평균적 부담은 줄어들되 國力은 伸長되는 정책을 개진하였다.

넷째, 실행이 가능하고 民生에 실제로 도움이 되는 방안을 모색했다는 점이다. 예컨대, 백성의 부담을 줄이기 위해 田畓의 稅率을 낮추자는 의견에 대해서는, 그것이 實效性이 없다고 보아 반대하고, 대신 賦役을 줄여줄 것을 제안했다. 대부분의 농민이 田畓을 소유하지 못한 상황에서 田畓의 稅率을 낮추는 것은 富豪를 더욱 富豪로 만들어줄 뿐이니, 대신 賦役을 줄여줌이 民生에 실제로 기여한다는 것이다. 당시의 현안 가운데 하나였던 '貢案' 문제에 대해서는 大同法의 확대 시행을 통해 貢物 제도 자체의 폐지를 꾀하였다. 또한 番上하는 軍士들을 대상으로 武藝를 시험하여 武官으로 임용하거나 免賤시킴으로써, 軍隊의 內實을 기할 수 있다고 제안하였다.

다섯째, 學校 제도와 科擧에 대해서도 괄목할 만한 내용을 제안했다. 우선 學校 제도에 있어서, 오늘날의 初等學校에 해당되는 '蒙齋'를 설치하자고 제안했다. 기존에는 '鄕校 · 四學과 成均館'의 2단계 교육제도를 운영하고 있었거니와, 〈기해봉사〉에서는 '蒙齋, 鄕校 · 四學, 成均館'의 3단계 교육제도를 제시한 것이다. 초려는 태어나서 10세가 되면 蒙齋에 입학시키고, 15세에는 우수한 사람은 鄕校 · 四學으로 진학시키고 그 밖의 사람은 五衛에 소속시킴으로써, 백성들이 일찍 뜻을 정하게 하자고 제안했다. 科擧 제도에 있어서는 '臨講' 제도와 '文 · 武를 아울러 시험할 것'을 제안했다.[14] 즉 기존에는 '背講'으로 시험했기 때문에 선비들이 경진을 暗誦하기만 할 뿐 그 의미를 궁구하지 않거니와, 시험방식을 '臨講'으로 바꾸고 그 의미를 제대로 파악하고 있는가를 시험하자는 것이다. 또 시험과목에 있어서도 '四書三經' 뿐만 아니라 '武經七書'를 포함시키고, '활쏘기'도 포함시키라고 제안했다.

여섯째, 北伐計劃을 뒷받침하고자 했던 것인 만큼, 軍制와 軍需資金에 대해 많이 논의하고 있다는 점이다. 당시에는 國初의 五衛 체제가 무너지면서 갖가지 부대들이 신설되고 있었는데, 초려는 다시 五衛 체제로의 복귀를 꾀하였다. 초려는 軍隊를 良民으로 편성된 五衛와 賤民으로 편성된 束伍軍으로 이원화하되, 모든 운영방식은 동일하게 하자고 제안했다. 또 온갖 雜稅들

---

14) '臨講'이란 책을 보고 읽어가면서 해설하는 것이며, '背講'이란 돌아앉아서 책의 내용을 외우는 것임.

을 모두 軍資別倉으로 보내서, 上番軍의 給料 등으로 활용하자고 제안했다.

〈기해봉사〉는 본래 北伐計劃을 뒷받침하기 위해, '萬全之策'으로 포괄적인 국정 개혁안을 제시한 것이다. 결과적으로 〈기해봉사〉의 개혁책은 시행되지 못했지만, 이후의 국정개혁 논의에 일정한 영향을 끼치게 되었던 것이다.

4. 〈鄕約〉과 〈庭訓〉에 대하여

초려의 〈鄕約〉은 〈己亥封事〉의 別册附錄으로 製進된 것으로서, 내용적으로는 〈기해봉사〉의 '正風俗' 부분을 더욱 자세히 부연한 것이다. 鄕約은 본래 周代의 鄕飮酒禮나 鄕射禮 등의 전통을 계승하여 宋代의 呂大均이 창안한 것이다. 朱子는 여대균의 향약을 약간 加減하여 각지에 보급했는데, 이를 〈增損呂氏鄕約〉이라 한다. 조선시대의 많은 유학자들도 향약의 효용을 높이 평가하고, 각지에서 자기 고을의 실정에 맞게 〈증손여씨향약〉을 다시 가감하여 시행하고 있었는데, 그 가운데 대표적인 것으로는 栗谷의 〈海州鄕約〉을 들 수 있다.

초려의 〈향약〉은 이러한 전통들을 바탕으로, 전국적으로 통용될 수 있는 향약의 案을 제시한 것으로서, 그 구성을 살펴보면 다음과 같다. 먼저 '總則'과 '凡例'로서, 이는 鄕約을 組織하고 立約하는 과정 및 運營의 방법을 제시한 것이다. 다음은 '鄕約文'으로, 이는 이른바 '4대 덕목'을 중심으로 약속의 구체적인 내용들을 정리한 것이다. 다음은 '會集讀約法'으로, 이는 約員들이 1년에 네 차례씩 정기적으로 모여 향약의 條文을 읽고 토론하는 절차를 설명한 것이다. 다음은 '社倉法'으로, 초려는 鄕約과 社倉을 연계하여 운영하도록 고안하고, 그 방안을 제시한 것이다. 이상의 내용들은 주로 율곡의 〈海州鄕約〉과 〈社倉契約束〉을 모태로 삼아 발전시킨 것으로 보인다.

초려는 〈향약〉에 '蒙齋訓戒', '學校模範', '擇師養士之規(스승을 고르고 선비를 기르는 규칙)', '齋規', '學宮揭示', '六藝', '延英院' 등을 함께 포함시켰다. '蒙齋訓戒'는 蒙齋의 학생들을 위한 훈계로서, 이는 朱子의 〈童蒙須知〉를 그대로 채택한 것이다. '學校模範'은 율곡의 〈學校模範〉을 그대로 채택한 것이고, '擇師養士之規'는 율곡의 〈學校模範〉에 부록으로 실린 '擇師養士之規'를 가감한 것이며, '齋規' 역시 율곡의 〈隱屛精舍學規〉를 발전시킨 것이다. '學宮揭示'는 주자의 〈白鹿洞規〉를 그대로 채택한 것이며, '六藝'는 六藝의 핵심 사항들을 간단히 제시한 것이다. 마지막으로 '延英院'은 程子의 〈論養賢箚子〉에 보이는 '延英院'에 관한 내용을 소개하고, 초려 자신의 의견을 附記한 것이다.

이제 초려 〈향약〉의 특징을 정리해 보면 다음과 같다. 첫째, 기존의 향약들은 주로 '4대 덕목'의 立約과 實踐에 한정된 것이었던 반면에, 초려의 향약은 五家統 · 社倉制度 · 教育制度 등과 유기적으로 연계된 것이다. 五家統은 향촌의 家口를 일정한 단위로 편제하여 統率의 편의를 도모하는 것이요, 社倉은 마을의 공동 기금을 확보하여 재난에 대비하는 것이며, 蒙齋 · 鄕校 · 書院 등 教育制度는 향촌민들을 교육하는 것에 취지가 있었다. 초려가 〈향약〉에서 이 모든 것들을 유기적으로 연계시킨 것은 風俗과 治安의 문제를 經濟 · 教育 등과 연계시켜 파악했기 때문일 것이다. 둘째, 한 고을을 중심으로 입안된 기존의 향약들과 달리, 초려의 〈향약〉은 전국적인 시행을 염두에 두고 보다 보편적인 관점에서 고안된 것이다. 또한 조선시대는 良 · 賤이 구분되는 신분사회였던바, 초려는 良 · 賤이 함께 참여하는 제도를 고안했다. 초려의 향약에서 班 · 常과 良 · 賤은 달리 취급되었으나, 그것이 下賤에게 특별히 不利하게 고안된 것은 아니었다. 셋째, 종래의 향약은 본래 향촌민들의 자발적 참여와 자율적 규제를 추구한 것이다. 그러나 초려의 〈향약〉은 五家統과 연계되고 전국적인 시행을 목표로 삼다보니, 종래의 향약보다 자발성이나 자율성이 약화된 것으로 보인다. 초려의 〈향약〉에서는 향촌민들이 향약 가입을 회피하기 어렵게 만들었고, 官과 民이 유기적으로 연결되게 만들었던 것이다.

초려의 〈庭訓〉은 晩年의 流配期에 齊家의 규범을 정리하여 후손들에게 당부한 것으로, 序文과 19개의 章으로 구성되어 있다. 그 내용을 분류해서 소개하면, 祠堂之儀 · 時祭之儀 · 忌祭之儀 · 墓祭之儀 · 喪葬之儀 · 冠婚之儀 등은 가정의례에 관한 내용이고, 制産之規 · 崇節儉 · 不虞之備 · 買田之法 · 治圃田法 · 四喪之契 등은 가정경제의 운영에 관한 내용이며, 居室之儀는 家屋의 규모와 구조로부터 內外의 분별과 僮僕의 통솔 및 자녀 교육에 이르기까지 가정생활 전반의 요령을 설명한 것이다. 家宴之儀 · 花樹之契 · 待賓之儀 등은 친족간의 화목과 손님 접대에 관한 내용이며, 居鄕之道 · 待故舊之道 · 處世之道 등은 사회생활에 있어서 대인 관계 및 처세의 방도에 관한 내용이다.

많은 유학자들이 庭訓을 남기고 있으나, 그것들은 대부분 윤리적 德目을 중심으로 자손을 訓戒하는 내용들이다. 그러나 초려의 〈정훈〉은 가정의례 · 가정경제 · 가사일반 · 친족관계 · 사회생활 등 전반을 포괄하는 종합적이고 체계적인 내용으로서, 위의 여러 방면에 대해 구체적이고 실질적인 지침들을 제시하고 있다. 윤리적 훈계나 근검절약의 강조 등은 모든 선비들의 정훈에 공통되는 내용이지만, 가정경제의 규모를 정확하게 산출하여 살림의 계획을 세우고 스스로 第宅을 설계하여 제시한 것 등은 초려 〈정훈〉만의 특징이라 하겠다.

5. 맺음말

이상에서 〈기해봉사〉 · 〈향약〉 · 〈정훈〉의 내용과 특징을 간략히 살펴보았다. 〈기해봉사〉는 國政의 개혁을 논한 것이요, 〈향약〉은 鄕村社會의 개선 방안을 모색한 것이며, 〈정훈〉은 家庭生活의 실질적 지침들을 제시한 것이니, 이 세 저작은 '3부작' 처럼 서로 연결되는 것이다. 이 가운데 〈정훈〉은 초려의 개인적 구상이 많이 담긴 것이겠지만, 〈기해봉사〉나 〈향약〉은 초려의 독자적인 구상이라 볼 수 없다. 〈기해봉사〉나 〈향약〉은 '述而不作' 에 해당되는 것으로서, 멀리는 儒敎的 經世論의 기본원칙에 입각한 것이요, 가까이는 朝鮮의 國家理念과 先輩 · 同僚들의 經綸을 반영한 것이다. 따라서 이 책을 통해 우리는 '그 時代의 實狀' 과 '그 時代人들의 理想' 을 살펴볼 수 있을 것이다.

초려의 학문 연원은 沙溪 · 愼獨齋를 통해 栗谷으로 소급되고, 朱子로 소급된다. 또 초려의 〈기해봉사〉와 〈향약〉은 특히 栗谷의 영향을 크게 받은 것이다. 朱子 · 栗谷의 학문은 보통 '性理學' 이라 불린다. 우리는 性理學이라 하면 고답적인 理氣心性論만 연상하기 쉬우나, 그것은 또한 매우 구체적인 實踐論이기도 했던 것이다. 전통 성리학의 개념으로 말하자면, 理氣心性論은 '體' 에 해당되고, 經世濟民은 '用' 에 해당된다. 초려 성리학의 '體' 에 대해서는 별도의 기회에 논해야 하겠거니와, 이 책은 그 '用' 에 해당되는 것이다. 우리는 이 책을 통해 性理學的 實踐論의 한 面貌를 확인할 수 있을 것이다.

〈참고문헌〉

金駿錫, 「草廬全集 解題」, 한남대학교 충청문화연구소 간행 『草廬全集』(上下, 1984) 所載.

任先彬, 「草廬 李惟泰의 鄕村社會統制論」, 『史學論叢』(滄海 朴秉國 教授 停年紀念論叢), 1994.

韓基範, 「草廬 李惟泰의 政治思想」, 『百濟研究』 제22집, 충남대학교 백제연구소, 1991.

崔孝軾, 「草廬 李惟泰의 軍事改革思想」, 『韓國史研究』 제47집, 한국사연구회, 1984.

黃義東, 「草廬 李惟泰의 性理學과 近代精神」, 『儒學研究』 제1집, 충남대학교 유학연구소, 1993.

李海濬 편저, 「草廬 李惟泰의 鄕約과 庭訓」, 신서원, 1998.

〈일러두기〉

○ '草廬의 文集'은 크게 두 板本이 있다. 初刊本은 1865년(高宗 2년)에 26卷 14冊으로 간행된 木活字本이다. 이 初刊本에는 당시의 여러 사정으로 漏落된 글들이 많다. 重刊本은 1973년에 35卷 18冊으로 간행된 石印本으로서, 初刊本에서 누락된 「四書答問」·「四禮笏記」·「庭訓」·「年譜」 등이 增補되었다. 民族文化推進會에서 간행한 『韓國文集叢刊』의 『草廬集』(제118책)은 初刊 木活字本을 影印한 것이며, 韓南大學校 忠清文化研究所에서 간행한 『草廬全集』(上·下 2책)은 重刊 石印本을 影印한 것이다.

○ 本書에서는 初刊 木活字本에 실린 〈己亥封事〉와 重刊 石印本에 실린 〈己亥封事〉를 對照하여 校勘하면서, 그 異同을 밝혔다. 교감 결과, 2만 9백여 字 가운데 10여 字가 다른 것으로 확인되었는데, 이는 대부분 誤字였다. 즉 初刊本의 誤字를 重刊本에서 바로잡은 경우도 있고, 初刊本에는 옳게 되어 있으나 重刊本에서 誤記한 경우도 있었다. 한편, 初刊本과 重刊本이 모두 誤字인 경우도 있었다. 이러한 사항들에 대해서는 이 譯書의 해당되는 부분에서 脚註로 밝혀두었다.

○ 번역은 가급적 원문을 直譯하였으며, 飜譯語의 일관성을 기하고자 하였다. 그러나 문맥상 어색한 곳은 달리 하였다.

○ 〈己亥封事〉의 原文에는 章節의 구분이 없거니와, 飜譯文에서는 譯者가 임의로 章節을 구분하였다.

○ 本文의 이해에 필요한 典故를 찾아 脚註로 처리하였다.

○ 難字難句를 풀이하여 脚註로 처리하였다.

○ 〈己亥封事〉의 附錄으로 製進되었던 〈鄕約〉을 번역하여, 함께 실었다.

○ 草廬의 經世思想을 함께 엿볼 수 있는 자료로 〈庭訓〉을 번역하여, 함께 실었다.

○ 石印本 〈己亥封事〉, 筆寫本 〈鄕約〉, 筆寫本 〈庭訓〉을 影印하여, 함께 실었다.

○ 〈己亥封事〉는 李相益이 번역하고, 〈鄕約〉은 李海濬의 初譯本을 바탕으로 李相益이 다시 번역했으며, 〈庭訓〉은 李達雨가 번역했고, 모든 번역에 대해 李鍾洛과 高珠煥이 校閱했다.

차례

《鄕約》

《草廬庭訓》

己亥封事

己亥封事

(庚子 五月 承命封進)

伏以, 臣草茅賤品[1], 樗櫟下根[2], 雖嘗從事於師友之間, 而疾病中廢; 非不留心於聖賢之書, 而懶惰自棄. 加以頑拙之態, 難容於世; 狷滯之性, 寡合於人. 學識未進, 氣質難變, 自知無用, 甘心廢縮, 變故以來, 杜門絶迹, 與世長辭. 不意, 聖上嗣服[3]之初, 濫厠[4]群賢薦剡[5]之列, 猥以不肖之臣, 過蒙非常之遇. 感激天恩, 憤慨時事, 不量其力, 輕犯世患, 讐怨滿世, 謗議如山. 自取顚躓[6], 又誰怨尤?

---

1) 草茅賤品(초모천품) : 풀과 띠처럼 卑賤한 才品.

2) 樗櫟下根(저력하근) : '樗' 는 가죽나무, '櫟' 은 상수리나무로서, 모두 쓸모없는 나무를 뜻함. '下根' 은 '根器가 낮다' 는 뜻으로, 타고난 품성과 재능이 보잘것없음을 뜻함.

3) 嗣服(사복) : '嗣' 는 先代를 잇는 것. '服' 은 직책이나 직무. '嗣服' 은 先王의 자리를 계승하는 것으로, 여기에서는 先王 仁祖를 이어 孝宗이 卽位한 것(1649년 5월)을 뜻함.

4) 濫厠(남측) : 분수에 넘게 높은 자리를 차지함. 외람되게 자리를 더럽힘.

5) 薦剡(천섬) : 人才를 薦擧하는 공문서. 옛날에 公文書를 작성할 때 '剡溪(中國 浙江省에 있는 地名)에서 생산되는 藤紙' 를 많이 사용했거니와, 그리하여 공문서를 '剡牘(섬독)' 이라고도 불렀다.

6) 顚躓(전지) : 엎어지고 넘어짐. '失敗 · 狼狽' 와 같은 뜻.

己亥封事

(1660년 5월, 王命을 받들어 封進함)

엎드려 생각건대, 臣은 보잘것없는 재주를 지닌 쓸모없는 사람입니다. 비록 일찍부터 사우(師友)들 사이에서 학문에 종사했으나 질병으로 중도에 그만두었고, 성현(聖賢)의 글에 마음을 두지 않은 것은 아니었으나 나약하고 게을러 스스로 포기했습니다. 게다가 완고하고 졸렬한 태도는 세상에 용납되기 어려웠고, 고집스럽고 막힌 성품은 남들과 부합되는 것이 적었습니다. 학식(學識)은 진전이 없고 기질(氣質)은 변화시키기 어려웠던바, 스스로 쓸모없는 사람임을 알고서 기꺼운 마음으로 (세상일을) 그만두고 웅크려 있었으며, 변고(變故)[1]가 있은 다음부터는 문을 닫고 자취를 끊어 세상과 영원히 작별하고자 했습니다.

그런데 뜻하지 않게, 성상(聖上)께서 즉위하신 초기에 여러 현자(賢者)를 천거하는 문서에 들게 되었으니,[2] 외람되게도 불초한 臣이 지나치게 비상(非常)한 대우를 받았습니다. 그리하여, 천은(天恩)에 감격하고 시사(時事)에 분개하여, 역량을 헤아리지 못하고 경솔하게 세상의 근심거리를 범함으로써, 원망이 세상에 가득하고 비방(誹謗)이 산더미처럼 쌓였습니다. 이것은 모두 스스로 초래한 낭패이니, 또 누구를 원망하겠습니까? 이로 인해 화란(禍亂)[3]

1) '變故'는 1636년의 丙子胡亂을 지칭함. 胡亂 후 1638년 여름, 草廬는 茂朱 德裕山 아래의 山味村에 書齋(隱屛齋)를 짓고 講學하면서, 그곳에서 평생을 隱居하고자 했었다.

2) 孝宗은 등극한지 일주일째 되던 날, 金尙憲을 元老로 우대하고 또 '讀書之人'인 金集·宋浚吉·宋時烈·權諰·李惟泰 등 五賢을 禮遇하여 徵召하라는 賓廳의 건의에 따라, 이들에게 下諭하여 모두 入朝하도록 하였다.

禍亂或作, 朝暮待死, 賴天之靈, 獲保首領. 自念無狀[7], 分宜丘壑, 爲世所棄. 乃至今日, 復承恩命, 天書[8]絡繹[9], 榮寵燀爀[10], 此豈臣之夢寐所到者乎? 惶駭感惑, 無地措躬. 伏念殿下, 有何所取於臣身, 而虛爲是過禮哉? 聖志方銳於有爲, 治務先急於求人, 鳩材聚工[11], 細大不捐, 雖以臣之不才, 亦將俱收而竝蓄也. 仰惟君父之意, 揆以臣子之分, 只有致身一死之外, 更無他義.

7) 無狀(무상) : 모양이 없음. 내세울 만한 善行이나 功績이 없음. 면목이 없음. 버릇이 없음.

8) 天書(천서) : 임금의 書信, 또는 敎旨 등 임금의 명령을 전하는 글.

9) 絡繹(낙역) : 往來가 끊이지 아니하는 모양.

10) 燀爀(천혁) : 환하게 빛남.

11) 鳩材聚工(구재취공) : '鳩' 는 '모이다, 모으다' 의 뜻. '鳩材' 는 '人材를 모으다' 는 뜻. 다음의 '聚工' 도 '鳩材' 와 같은 뜻임.

이 일어나기도 해서, 조석으로 죽음을 기다리고 있었습니다만, 하늘의 신령함에 힘입어 목숨을 보전할 수 있었습니다. 스스로 생각해보아도 면목이 없으니, 세상의 버림을 받아 산골짜기에 숨어 사는 것이 분수에 마땅했습니다.[4] 그런데 오늘에 이르러 다시 은명(恩命)을 받자와,[5] 천서(天書)가 계속 오가고 영총(榮寵)이 환하게 빛나니, 이것이 어찌 臣이 꿈엔들 생각한 것이겠습니까? 황송하고도 감격스러워, 몸 둘 곳이 없습니다. 엎드려 생각건대, 殿下께서는 臣에게 무슨 취할 것이 있기에, 헛되게 이처럼 과분한 예우(禮遇)를 하십니까?

殿下의 뜻은 바야흐로 유위(有爲)[6]에 온 마음을 두어, '인재를 구하는 것'을 다스림의 급선무로 삼으시고, 인재를 모음에는 작은 것과 큰 것을 모두 버리지 않으시어, 비록 臣처럼 재주 없는 사람도 또한 장차 함께 등용하고자 했습니다. 우러러 군부(君父)의 뜻을 생각하고 신자(臣子)의 본분으로 헤아려 보니, 다만 신명(身命)을 다 바쳐 한 번 죽는 것이 있을 뿐, 그밖에는 다시 다른 의리(義理)가 없었습니다. 臣이 전후(前後)에 너렵혔던 직책은 비록 삼히

---

3) '時事에 분개했다'는 것은 '金自點 일파의 行態에 분개했다'는 뜻이요, '경솔하게 세상의 근심거리를 범했다'는 것은 '淸에 빌붙은 金自點 일파의 비위를 건드렸다'는 뜻이며, '禍亂이 일어났다'는 것은 '淸이 孝宗의 北伐 계획을 응징하게 되었다'는 뜻으로 이해된다. 다음의 脚註 참조.

4) '山林五賢'의 진출은 당시 집권측인 金自點 일파의 반발을 초래했고, 이에 草廬는 〈己丑論事疏〉를 올려 김자점 일파의 非理를 論斥했다. 수세에 몰린 김자점 일파가 마침내 "孝宗이 山林을 등용하여 北伐을 시도한다"고 淸에 밀고함에 따라, 淸은 국경에 군사를 파견하고 朝鮮에 와서 진상을 조사하게 되었고, 이로써 山林이 위기에 몰리게 되었다.

5) 孝宗 10년(1659), 草廬는 宋浚吉·宋時烈·兪棨·許積 등과 함께 다시 2차 密旨五臣으로 부름을 받게 되었다. 草廬는 일단 조정에 나아갔으나, 政局이 여의치 못함을 깨닫고, 곧 還鄕하여 〈己亥封事〉를 작성하기 시작했다. 그러나 이 해 5월, 孝宗이 急逝함으로써, 〈己亥封事〉는 孝宗께 올리지 못하고, 다음 해에 顯宗께 올리게 된 것이다.

6) '有爲'는 '어떤 일을 추진함' 또는 '그 일을 추진하려는 意志'로서, 여기에서는 '北伐 계획'을 지칭한다.

臣前後所叨[12]之職, 雖不敢冒受[13], 而各隨人器, 趨赴事役, 固所不避, 而臣之形勢, 不同於人. 八十老母, 不可遠離, 累陳辭懇, 誠未動天, 不許遞免[14], 反加溫諭, 臣之狼狽, 到此尤甚. 若使小臣, 才學足以致用, 有無關係治亂, 則公義爲重, 私情是輕, 區區烏鳥之私[15], 有不敢必遂也. 今臣之碌碌[16]無用, 聖鑑所燭. 臣雖或冒昧前進, 不過服役於具僚[17]之下風[18]. 遇事顚狂[19], 犯分觸諱而已, 何所取哉? 伏願殿下, 特垂憐察, 而亟命鐫改[20]焉. 仍竊伏念, 臣遭遇聖上不世之恩, 旣不能陳力就列, 以效[21]臣子之職. 又有以懲前顧後, 終無一言而已, 則是臣負國, 其罪尤大.

---

12) '叨(도)' 는 '탐내다, 욕되게 하다' 의 뜻.

13) 冒受(모수) : '冒' 는 '가리다, 덮다, 무릅쓰다' 의 뜻. '冒受' 는 '위험 · 불명예 · 무능 등을 무릅쓰고 어떤 직책 등을 받아들인다' 는 뜻.

14) 遞免(체면) : 벼슬을 갈아 바꾸어, 물러나게 함.

15) 烏鳥之私(오조지사) : '烏鳥' 는 까마귀를 말함. '烏鳥之私' 는 '烏鳥私情' 과 같은 말로, '어미가 길러준 은혜를 새끼가 갚는 까마귀의 情愛' 를 뜻함. '反哺之孝' 와도 같은 뜻으로, '부모에게 孝道를 다하려는 자식의 마음' 을 뜻함.

16) 碌碌(녹록) : 庸劣하여 특별한 재주가 없음.

17) 具僚(구료) : 여러 직책의 官僚를 두루 갖춤, 또는 관직 숫자를 채우는 데에만 기여할 뿐 실제로는 쓸모없는 무능한 관료. '具臣' 과도 같은 말.

18) 下風(하풍) : '바람이 부는 방향' 을 '下風' 이라 하고, '바람이 부는 반대 방향' 을 '上風' 이라 함. 또, '바람의 방향에 순응하는 존재' 라는 뜻으로 '남의 아랫자리에 있는 사람' 이나 '특별한 재주가 없는 사람' 을 '下風' 이라 함. 또 같은 맥락에서, '자신에 대한 謙辭' 로도 쓰임.

19) 顚狂(전광) : 미침, 정신이 이상함.

20) 鐫改(전개) : '鐫' 은 貶黜, 즉 官職을 降等시켜 다른 자리로 옮기게 하는 것. 여기에서는 '관직을 제수한 명령을 취소하라' 는 뜻인 듯함.

21) '效(효)' 는 '힘쓰다' 의 뜻.

받자올 수 없으나,[7] 각자 자신의 그릇에 따라 일을 맡는 것은 진실로 피할 수 없는 것입니다. 그런데 臣의 형세는 진실로 남들과 다릅니다. 80세의 노모(老母)를 멀리 떠날 수 없어서, 여러 번 사직을 간청했던 것입니다. 그러나 정성이 하늘을 감동시키지 못하여, 면직을 허락하지 않으시고 도리어 따스한 교유(敎諭)를 더해주시니, 臣의 낭패는 여기에 이르러 더욱 심해졌습니다.

만약 小臣의 재주와 학문이 쓰이기에 충분하며, (小臣의) 있고 없음이 (國家의) 치란(治亂)에 관계된다면, 공의(公義)는 무겁고 사정(私情)은 가벼운 것이니, 구구한 모자(母子)의 정리를 감히 반드시 완수할 수는 없을 것입니다. 그런데 지금 臣은 용렬하여 쓸모가 없음은 殿下께서도 환하게 살피시는 바입니다. 臣이 비록 혹시 몽매함을 무릅쓰고 조정에 나가더라도, 관료의 숫자를 채우는 데 불과합니다. 일을 만나면 미치광이처럼 분수를 어기고 금기(禁忌)를 저촉(抵觸)할 뿐이니, 취할 것이 무엇이겠습니까? 엎드려 바라옵건대, 殿下께서는 특별히 가엾게 살피시고, 속히 관직을 제수하신 명령을 바꾸도록 하소서.

또 그윽이 엎드려 생각하건대, 臣은 殿下로부터 세상에 드문 은혜를 입었습니다만, 이미 힘을 다해 대열에 나가 신자(臣子)의 직분을 다하지 못했습니다. 그런데 또 지난날을 징계하고 앞날을 고려하여, 끝내 한마디 말도 하지 않는다면, 이것은 臣이 나라를 등지는 것이니, 그 죄가 더욱 클 것입니다.[8] 그러므로 臣이 전일(前日) 조정에 나갔던 것은 삼가 하나의 득책(得策)을 가지고

---

7) 草廬는 〈기해봉사〉를 작성할 당시 司憲府 掌令·執義 등에 임명되었었다. 그런데 이런 직책들을 才德이 부족한 자신이 맡으면 이것은 그 직책들을 '욕되게 하는 것' 이요, 따라서 자신의 無能을 무릅쓰고 그 직책들을 '맡을 수 없다' 는 뜻이다.

8) '지난날을 징계하고 앞날을 고려함' 이란 己丑年(1649)의 〈論事疏〉로 政局에 큰 파란을 야기한 것을 반성하고, 앞으로는 그러한 파란을 일으키지 않도록 조심한다는 뜻 같다. 지난날을 징계하고 앞날을 고려하자면 입을 다물고 조용히 있어야 하거니와, 그것은 國恩을 등지는 것이니, 그럴 수 없다는 뜻이다.

故臣前日之進, 謹將一得之說, 欲效葵藿[22]之誠, 而不意聞母有病, 蒼黃[23]下來, 有不敢獻焉. 臣伏覩殿下有聰明睿智之資, 有豁達宏大之度, 乘有爲之會, 奮有爲之志. 由是而爲堯舜之治, 不難也 ; 由是而爲湯武之業, 不難也. 何故, 臨御十餘年間, 憂勤雖切, 食效愈邈? 勉勉於學問上, 而未見誠正[24]之效 ; 懇懇於政敎上, 而未見治平之盛 ; 應天之誠非不至, 而變怪之出愈甚 ; 愛民之心非不切, 而倒懸[25]之急未解. 所以聖心慊然[26], 惟新是圖, 登崇俊良[27], 委任責成, 朝野顒顒[28], 佇見[29]至治, 庶幾紀綱振肅, 生民樂業.

而以言其紀綱, 則號令不行, 猶昔也 ; 百僚怠官, 猶昔也. 以言其生民, 則流轉失所, 依舊也 ; 放辟[30]爲惡, 依舊也. 臣誠愚昧, 反覆思之, 竊自怪訝. 昨者伏聞, 殿下因灾異, 諭中外之敎, 則殿下亦大疑而深歎, 願聞振救[31]之策, 此誠志士盡言之秋也.

---

22) 葵藿(규곽) : 해바라기. '葵藿之誠' 이란 '해바라기가 항상 해를 향하듯, 항상 임금께 忠誠하겠다' 는 뜻.

23) 蒼黃(창황) : 매우 급하여 어찌할 겨를이 없음. '倉皇 · 倉黃' 으로도 쓰며, '倉卒' 과도 같은 뜻.

24) 誠正(성정) : '誠意正心' 의 준말. 뜻을 참되게 하고, 마음을 바르게 함.

25) 倒懸(도현) : 거꾸로 매달림. 백성의 다급한 고통을 말함.

26) 慊然(겸연) : 마음에 흡족하지 않은 모양.

27) 俊良(준량) : 뛰어난 人材.

28) 顒顒(옹옹) : 엄숙한 모양, 또는 온화한 모양.

29) 佇見(저견) : '佇' 는 '우두커니 서있는 것' 또는 '기다리는 것' . '佇見' 은 우두커니 서서 바라보는 것, 또는 무엇인가를 기다리며 바라보는 것.

30) 放辟(방벽) : 자기 멋대로 함. '辟' 은 '허물' 의 뜻.

31) 振救(진구) : (기강을) 떨치고 (백성을) 구휼함.

서 해바라기의 정성을 다하고자 했던 것입니다. 그런데 뜻하지 않게 어머니의 병환 소식을 듣고 황급하게 내려오느라, 감히 올리지 못했던 것입니다.

臣이 엎드려 살피건대, 殿下는 총명하고 슬기로운 자질과 활달하고 광대한 도량을 지니고, 어떤 일을 추진할 만한 기회를 타고서 그것을 추진하려는 뜻을 떨치고 계십니다. 이를 말미암으면, 요(堯)·순(舜)의 정치를 이루는 것도 어렵지 않고, 탕(湯)·무(武)의 업적을 이루는 것도 어렵지 않습니다. 그런데 등극하신지 10여 년 동안 근심과 노고가 비록 간절했지만 효과를 얻음은 더욱 멀어진 것은 무슨 까닭입니까? 학문(學問)에 힘쓰셨어도 성의(誠意)·정심(正心)의 효과는 보지 못하고, 정교(政敎)에 정성을 다하셨어도 치국(治國)·평천하(平天下)의 성대함은 보지 못했으며, 하늘에 응답하는 정성이 지극하셨음에도 변괴가 일어남은 더욱 심해졌고, 백성을 사랑하는 마음이 간절하셨음에도 거꾸로 매달린 다급함은 풀리지 않았습니다. 이에 성심(聖心) 또한 흡족치 못하여 유신(維新)을 도모하셨던 것입니다. 뛰어난 인재들을 우대하여 등용하시고, 업무를 맡기고 성공을 책임지우니, 조야(朝野)가 엄숙하게 지치(至治)를 기대했던바, 기강(紀綱)도 거의 떨치고 백성도 즐거이 생업(生業)을 누리게 되었습니다.

그러나 기강(紀綱)으로 말하자면, 호령(號令)이 시행되지 않음이 여전하고, 뭇 관료들이 관직을 게을리 함도 여전합니다. 백성(百姓)으로 말하자면, 떠돌아다니며 제 자리를 잃은 것도 옛날 그대로이고, 제 멋대로 굴어 악(惡)을 저지름도 옛날 그대로입니다. 臣은 진실로 우매하여 거듭 생각해 보면서, 그윽이 스스로 괴상하고 의아하게 여겼습니다. 지난번에 엎드려 듣자오니, 殿下께서는 재이(災異)를 계기로 안팎에 교유(敎諭)를 내리셨다 하니, 殿下 또한 크게 의심하고 깊이 탄식하여 진구(振救)의 방책을 듣고자 하시는 것입니다. 그렇다면 참으로 지금이야말로 뜻있는 선비가 하고 싶은 말을 나해야 할 때일 것입니다.

嗚呼！ 灾異之作, 天意深遠, 固難測知, 亦不過仁愛人君而已. 歷觀[32]古昔, 明王誼辟[33], 可以有爲, 而政或不修, 則天必示譴以警動之. 至於昏暴之君, 爲天棄絶, 則反無灾異. 是故, 無灾之灾, 天下之至灾也. 今以殿下之明聖, 居有爲之位, 値有爲之時, 而紀綱如是, 民生如是, 則宜乎仁愛之天, 示此可怪可愕之灾, 大有以警動於殿下也. 殿下之兢惕修省, 其可少緩乎? 竊聞殿下, 因此有擧昭雪[34]之典, 人皆以爲曩日之變, 祥也, 非灾也. 殿下處事每如此, 則臣恐天之示警, 殆無虛日, 亦不休哉? 雖然, 殿下之民, 抱寃多矣. 咢矣富强, 哀此貧弱. 一室之內, 雖十男不遺；一身之上, 有三役兼定. 無家不怨, 無人不咨, 呼苦之聲, 徹乎彼.

---

32) 歷觀(역관) : 하나하나 두루 살펴봄. '歷' 은 '하나하나, 빠짐없이 널리' 의 뜻.

33) 誼辟(의벽) : 옳은 임금. '辟' 은 '임금' 의 뜻.

34) 昭雪(소설) : (사실을) 밝혀서 陋名을 씻음. '雪' 은 '희다, 깨끗하게 씻다' 의 뜻.

오호라! 재이(災異)가 일어나는 것은, 하늘의 뜻은 깊고도 멀어서 진실로 헤아려 알기 어려우나, 또한 인군(人君)을 사랑함에 불과할 뿐입니다. 옛날을 두루 살펴보니, 밝고 의로운 임금이 어떤 일을 할 수 있으면서도 정사(政事)가 혹 닦이지 않으면, 하늘은 반드시 꾸짖음을 보여줌으로써 그 임금이 경계(警戒)하도록 한 것입니다.[9] 임금이 어둡고 사나워서 하늘의 버림을 받았을 경우에는 도리어 재이가 없었습니다. 그러므로 '재이가 없는 재이' 야말로 천하의 가장 큰 재이입니다. 이제 殿下께서는 밝고 성스러운 자질로, 일을 추진할 수 있는 지위에 계시면서, 일을 추진할 수 있는 때를 만났는데도, 기강(紀綱)이 이와 같고, 민생(民生)이 이와 같습니다. 그렇다면 (임금을) 사랑하는 하늘이 이 괴상하고 놀라운 재이를 보여주어 殿下를 크게 경계시킴은 마땅한 것입니다. 殿下께서는 조심하고 두려워하며 닦고 살피는 것을 조금이라도 느슨하게 할 수 있겠습니까?

그윽이 듣자오니, 殿下께서는 이를 계기로, 죄인의 누명을 씻게 하는 법전을 정비하셨다고 합니다. 그리하여 사람들은 모두 지난번의 변고(變故)는 상서로운 일이요 재이가 아니라고 여깁니다. 殿下의 처사가 매번 이와 같다면, 臣은 생각건대 하늘이 경계를 보여줌은 거의 빈 날이 없을 것이니, 또한 아름답지 않겠습니까? 비록 그러하나, 殿下의 백성은 원통함을 품은 자가 많습니다. 부강한 백성은 괜찮지만 빈약한 백성이 슬픈 것입니다. 한 집안에 비록 열 명의 사내가 있었더라도 제대로 남아있는 자가 없고, 한 사람의 몸에 세 가지 역(役)을 겸해서 부과하니[10], 원망하지 않는 집이 없으며, 탄식하지 않

---

9) '災異' 는 훌륭한 임금을 더욱 警戒시키기 위한 '하늘의 꾸짖음' 이라는 뜻.

10) 束伍軍에 편입된 賤民이 노비로서의 身役과 수시로 동원되는 賦役(徭役), 그리고 軍役을 부담하는 것을 뜻함. '身役' 은 노비가 해마다 정기적으로 제공해야 하는 勞役이었으며, 賦役(徭役)은 貢物의 수송이나 토목공사 등을 위해 수시로 제공하는 勞役이었다.

蒼天之譴告, 未必不由於此也. 以殿下伸雪[35]一二之冤枉[36], 恐不能慰答天心, 感召和氣, 而致位育[37]之功也. 然則如之何而可也?

臣聞之, 程子曰"生民之理有窮; 聖王之法可改."此言正爲今日準備也. 盖聖人之法, 因時以制[38], 時變則法不同矣. 以舜承堯, 以禹繼舜, 聖人之治, 宜無所不同, 而其間禮樂刑政, 更張多矣. 其大者, 舜之擧十六相, 皆堯之所未擧; 去四凶[39], 皆堯之所未去也. 堯之九州, 舜分之爲十二, 禹約之爲九州, 此豈聖人好爲更變哉? 不過因時而已. 降自三代[40], 損益[41]不一. 忠之弊也, 則以質承之; 質之弊也, 則以文承之.

---

35) 伸雪(신설) : (寃痛함을) 펴고 (陋名을) 씻음.

36) 寃枉(원왕) : 실상은 그렇지 않은데 억울하게 받은 罪.

37) 位育(위육) : (천지가) 제자리를 잡고 (만물이) 자라남. 『中庸』에서는 "中和를 이루면 天地가 제 자리를 잡고 萬物이 자라난다."(致中化, 天地位焉, 萬物育焉.)고 했음.

38) 因時以制(인시이제) : '因時制宜' 와 같은 말로, '상황에 따라 알맞게 제어하다' 의 뜻. '時' 는 '때 또는 상황' 을 뜻함.

39) 四凶(사흉) : '共工 · 驩兜(환두, 환도) · 三苗 · 鯀(곤)' 을 말함. 『書經』「虞書」〈舜典〉참조.

40) 三代(삼대) : '夏 · 殷 · 周' 를 말함.

41) 損益(손익) : 남는 것을 덜고, 모자라는 것을 보태서, 中庸을 이루게 하는 것.

는 사람이 없습니다. 고통을 호소하는 소리가 하늘을 찌르니, 하늘이 꾸짖어 경고함이 여기서 비롯된 것일 수도 있습니다. 殿下께서 한두 사람의 억울한 죄목을 씻어준 것만으로는 아마도 천심(天心)을 위로하여 온화한 기운을 불러옴으로써, 천지가 제 자리를 잡고 만물이 자라나게 할 수 없었던 것입니다. 그렇다면 어떻게 해야 옳겠습니까?

臣이 듣자오니, 정자(程子)는 "백성을 살리는 이치도 궁진(窮盡)함이 있고, 성왕(聖王)의 법도 고칠 수 있다."고 했는데, 이 말은 바로 오늘을 위해 준비해 둔 것입니다. 대개 성인(聖人)의 법은 때에 따라 알맞게 제어하는 것이니, 때가 변하면 법이 다른 것입니다. 순(舜)으로서 요(堯)를 계승하고, 우(禹)로서 순(舜)을 계승함에 있어서, 성인의 정치는 마땅히 다른 점이 없어야 할 것인데, 그 사이에 예악(禮樂)과 형정(刑政)을 경장(更張)한 것이 많았습니다. 그 큰 것을 거론하자면, 순이 기용한 16명[11]의 재상은 모두 요가 기용하지 않았던 사람들이며, 순이 추방한 사흉(四凶)은 모두 요가 추방하지 않았던 사람들입니다. 또, 요의 9주(州)를 순은 12주로 나누었으며, 우는 다시 9주로 묶었습니다. 이것이 어찌 성인이 바꾸는 것을 좋아해서 그런 것이겠습니까? 시대의 상황에 따른 것에 불과할 따름입니다.

삼대(三代)이후로는, 덜고 보태는 것이 일정하지 않았습니다. (夏나라 때에) 충(忠)의 폐단이 생기자 (殷나라는) 질(質)로 계승했고, 질(質)의 폐단이 생기자 (周나라는) 문(文)으로 계승했습니다.[12] 문(文)의 폐단을 구제하지 못

---

11) 舜은 22명의 宰相(大臣)을 임명했는데, 그 가운데 棄·契(설)·皐陶(고요) 등 6명은 堯의 신하를 계속 임명한 것이요, 禹·垂 등 나머지 16명은 새로 등용한 것이라 함. 『書經』「虞書」〈舜典〉 참조.

12) '忠'은 '진실함'을 말하고, '質'은 '醇朴한 바탕'을 말하며, '文'은 '아름답게 꾸밈'을 말함. 孔子는 "質이 文을 이기면 촌스럽고, 文이 質을 이기면 겉만 번지르르하니, 文과 質이 調和를 이룬 다음에 君子라 할 수 있다."(『論語』 雍也 제16장)고 하였음. 夏·殷·周 三代의 文化를 '文·質'의 관점에서 논한 것에 대해서는 『禮記』「表記」 참조.

文之弊不救, 然後天下大亂, 入于强秦之暴虐. 漢興, 尙寬德, 尊經術[42], 而其弊也, 崇虛文[43]無實節. 世祖[44]褒奬[45]節義, 而其弊也, 苦節[46]不中. 變而爲魏晉之曠蕩, 以至五胡[47]亂華, 中原靡爛. 唐之貞觀[48], 可謂盛矣, 而救弊未盡, 其道猶有夷狄之風, 陵夷[49]至於五季[50], 而壞亂極矣. 宋懲藩鎭[51]之患, 釋去兵權, 收攬威柄, 而眞宗以後, 紀綱漸弛, 武略不競. 仁宗雖極仁厚, 而頹靡之象已著. 及至神宗, 値可變之會, 奮有爲之志, 而所信任者, 非其人, 後仁義先功利, 更變舊章, 反不如初, 馴致大禍, 變夏爲夷[52], 他尙何說哉?

---

42) 經術(경술) : 儒教 經典에 실린 學術을 말함.

43) 虛文(허문) : 헛된 꾸밈. '文'은 '꾸밈'의 뜻.

44) 世祖(세조) : 後漢의 초대 황제 光武帝(재위 25~57)를 말함. 王莽의 군대를 격파하고 漢朝를 재건한 다음, 儒學을 장려하고 名譽와 節操 등 禮教의 기초를 다졌다고 함.

45) 褒奬(포장) : (善行 등을) 기리어 권장함.

46) 苦節(고절) : 節制가 지나쳐서 苦痛을 초래하는 것, 괴로울 정도의 節制. 『周易』 節卦 참조.

47) 五胡(오호) : 漢나라 말기 무렵부터 西北方에서 중국 본토에 이주한 다섯 민족을 말함. 匈奴(흉노)·羯(갈)·鮮卑(선비)·氐(저)·羌(강). '五胡十六國' 시대는 대략 4세기 초엽에서 5세기 중엽에 걸침.

48) 貞觀(정관) : 唐나라 太宗의 年號. 西紀 627년~649년의 기간. 唐太宗의 盛大한 統治를 '貞觀의 治'라 하며, 그 통치이념과 治積을 기록한 책을 『貞觀政要』(吳兢 著, 全10卷)라 함.

49) 陵夷(능이) : '陵'은 언덕, '夷'는 평평함. '陵夷'란 언덕이 점점 평평해진다는 뜻으로, 사물이 차차 쇠퇴해짐을 말함.

50) 五季(오계) : 唐나라가 망한 뒤부터 宋나라가 건국되기 전까지의 과도기에 '後梁·後唐·後晉·後漢·後周'가 亂立하던 시대를 말함. 대략 907년~960년의 기간.

51) 藩鎭(번진) : 唐代의 節度使, 또는 節度使가 주둔하면서 관할하는 地方의 軍鎭. 唐代에는 藩鎭의 반란이 빈번했거니와, 그리하여 宋代에는 兵權을 중앙에 집중시키고, 文官優位 체제를 확립했음.

52) 變夏爲夷(변하위이) : '夏'는 中華, '夷'는 오랑캐. '變夏爲夷'란 찬란한 中華의 文物을 야만스런 오랑캐의 文物로 타락시킴을 뜻함. 오랑캐의 文物을 탈피하고 중화의 文物을 복원(또는 수용)하는 것은 '變夷爲夏(變夷爲華)'라 함.

하니, 그 다음에 천하가 크게 혼란해져, 포악한 진(秦)나라에 먹히고 말았습니다. 한(漢)이 일어나서 너그러운 덕을 숭상하고 경술(經術)을 존중했으나,[13] 그 폐단은 허문(虛文)을 숭상하여 실제의 절도가 없었던 것입니다. 세조(世祖)는 절의(節義)를 기리고 권장했으나, 그 폐단은 고절(苦節)로서 중용에 어긋난 것이었습니다. (苦節이) 변해서 위(魏)·진(晉)의 광탕(曠蕩)이 되었고, 오호(五胡)가 중화(中華)를 어지럽힘에 이르러서는, 중원(中原)이 (오랑캐에) 휩쓸려 문드러졌습니다.

당(唐)의 정관(貞觀)은 성대했다고 할 수 있으나, 폐단을 구제함이 미진하여, 그 도(道)는 오히려 이적(夷狄)의 풍습이 있었습니다. 그리하여 점차 쇠퇴하기 시작해서, 오계(五季)에 이르러서는 법도가 무너지고 혼란이 극에 달했습니다. 송(宋)은 번진(藩鎭)의 근심을 징계하여, 병권(兵權)을 박탈하고, 권력을 거두어들였습니다. 그런데 진종(眞宗) 이후로는 기강이 점차 해이해지고 군사전략을 소홀히 했습니다. 인종(仁宗)은 비록 매우 어질고 후덕했으나, 무너지고 휩쓸리는 현상이 이미 드러났습니다. 신종(神宗) 때에 이르러서는 개혁의 기회를 만나서 유위(有爲)의 뜻을 떨쳤으나, 신임했던 사람[14]이 적임자가 아니었던바, 인의(仁義)를 뒤로 하고 공리(功利)를 앞세워 옛 법도를 바꾸었습니다. 그리하여 도리어 개혁하기 전보다도 못하게 되어 큰 화(禍)를 초래했으며, 중화(中華)를 바꾸어 이적(夷狄)이 되게 하였으니, 그 밖의 것들을 더 말할 필요가 있겠습니까?

---

13) 秦나라는 法家를 重用하고, 번잡하고 가혹한 刑法으로 백성들을 桎梏했다. 漢高祖는 秦의 번잡하고 가혹한 형법을 폐지하고 '約法三章'으로 너그러운 정치를 폈으며, 法家 대신 儒家의 학술을 존중하는 정책을 폈다.

14) '신임했던 사람'은 王安石이었음.

大明勃興, 天日復明, 報千古酬百王, 功業豈不卓卓, 制作豈不彬彬[53], 而終不克監于成憲[54], 以有今日. 嗚呼痛哉! 上下數千年間, 歷代治亂之迹, 大槪如此, 其得失, 可以鑑矣. 且以我東言之, 父師八條, 文獻無徵. 鼎峙擾擾, 政敎蔑聞. 勝國五百, 風雨晦冥. 至于我朝, 太祖大王, 開基定業, 大綱雖擧, 節目未備. 列聖承繼, 隨時創法, 不拘一規, 代有新制, 各適其宜. 燕山之朝, 祖宗典刑, 蕩然顚覆. 中廟反正, 可以改紀, 而初年當國者, 只是功臣之無識者而已. 己卯年間, 趙光祖等, 稍欲有爲, 而反爲讒賊所害. 乙巳之禍繼作, 士林糜粉[55], 萬事瓦裂[56]. 宣廟朝李珥等, 遭遇不世, 方欲恢張治道, 未就而死. 當是時, 昇平日久, 人情狃安, 有識之士, 或憂其衰替之有漸, 而朝廷朋黨之禍, 已無救矣.

---

53) 彬彬(빈빈) : 文과 質, 禮와 樂 등이 알맞게 調和를 이루어 찬란하게 빛남.

54) 成憲(성헌) : 아름답게 완성된 典章法度.

55) 糜粉(미분) : '糜' 는 싸라기처럼 문드러짐, '粉' 은 빻아서 가루가 됨.

56) 瓦裂(와열) : 기와가 깨지듯이 산산조각이 남. '瓦解' 와 같은 뜻.

대명(大明)이 발흥함에 하늘의 해가 다시 밝아져서, 천고(千古)의 백왕(百王)에 보답하니, 그 공업(功業)이 어찌 높고 뛰어나지 않았겠으며, 제작한 예악(禮樂)이 어찌 조화롭게 빛나지 않았겠습니까? 그러나 결국엔 (옛 聖王의) 성헌(成憲)을 살피지 않아, 오늘날처럼 되었습니다. 오호라! 상하 수천 년 동안 역대(歷代) 치란(治亂)의 자취가 대개 이와 같으니, 그 득실(得失)을 거울로 삼을 수 있을 것입니다.

또 우리 동방(東方)으로 말하자면, 기자(箕子)의 팔조(八條)는 증거할 문헌이 없고, 삼국(三國)이 어지럽게 다투던 시대에는 정교(政教)가 주목할 만한 것이 없었습니다. 고려(高麗)는 5백 년을 유지했으나, 비바람에 어둡던 시절이었습니다. 아조(我朝)에 이르러서 태조대왕(太祖大王)께서 터를 닦고 왕업(王業)을 정하셨거니와, 대강(大綱)은 비록 세웠으나 절목(節目)은 갖추지 못했습니다. 열성조(列聖祖)께서 계속 이어서 때때로 법규를 제정하셨는데, 하나의 법규에 얽매이지 않고 대대로 새로운 제도를 만들어 각각의 경우에 알맞게 했습니다. 연산조(燕山朝) 때에는 조종(祖宗)의 전형(典刑)이 모조리 뒤집혔습니다. 중종(中宗)께서 반정(反正)을 하심으로써 뒤집힌 기강을 바로잡을 수 있었는데, 초기에 국정을 담당한 자들은 다만 무식한 공신(功臣)들일 뿐이었습니다.

기묘년(己卯年, 1519) 즈음, 조광조(趙光祖) 등이 약간 유위(有爲)의 뜻을 품었으나, 도리어 참적(讒賊)들의 해(害)를 입고 말았습니다. 이어서 을사사화(乙巳士禍, 1545)가 일어남에, 사림(士林)은 문드러지고 가루가 되어, 모든 일이 와해(瓦解)되고 말았습니다. 선조(宣祖) 때에 이이(李珥) 등은 세상에 드문 기회를 만나 바야흐로 치도(治道)를 크게 베풀려 했으나, 이루지 못하고 죽었습니다. 당시에는 태평한 날이 오래되어, 사람들의 마음이 안일에 빠져 있었습니다. 학식이 있는 선비들이 간혹 나라가 점점 쇠퇴하고 있음을 근

壬丁之亂, 有國無之 ; 丙子之變, 不亡幸也. 喘喘[57]餘生, 狼顧[58]脅息[59], 魚駭鳥散[60], 以一時之苟活爲幸, 其復有出一氣發一慮, 以議論當世事者乎? 或有留意於此, 而有所建白者, 則亦不過補空塞罅[61]而已. 臣愚以爲由今之道, 無變今之法, 則雖堯舜在上, 伊傅[62]在下, 無益於成敗之數也. 今之所謂法者, 豈皆祖宗之舊章乎? 或丁變亂之時, 權宜姑設[63]之規, 有之矣. 今議者, 以爲金石之典[64], 莫敢出更張之計. 其於祖宗成憲, 則任廢墜而不能復 ; 於近代弊法, 則務因循[65]而不敢改, 可勝歎哉? 大抵聖王之法, 不能無後弊. 故周公治魯, 已有寖微[66]之勢 ; 太公[67]治齊, 已見簒弑[68]之萌.

---

57) 喘喘(천천) : 숨이 차서 헐떡거리는 모양.

58) 狼顧(낭고) : 이리처럼 뒤를 돌아보며 두려워함. 이리는 의심이 많아 뒤를 자주 돌아본다고 함.

59) 脅息(협식) : 무서워서 숨을 죽임.

60) 魚駭鳥散(어해조산) : 물고기와 새처럼 사방으로 흩어져 도망감. 연못의 물고기나 수풀의 새는 조금만 情況이 이상해도 놀라서 도망가듯이, 백성들이 戰亂을 두려워해서 사방으로 흩어짐을 비유한 말. '魚潰鳥散' 과 같은 뜻.

61) 補空塞罅(보공색하) : 빈곳을 채우고 갈라진 틈을 메움. 근본적이고 완전한 處方이 못되고, 臨時方便에 불과함을 뜻함.

62) 伊傅(이부) : '伊尹' 과 '傅說', 伊尹은 殷(商)나라 湯임금의 신하, 傅說은 殷나라 高宗의 신하였음.

63) 權宜姑設(권의고설) : '權' 은 '저울질' 의 뜻. 저울질할 때에는 대상의 무게에 따라 저울추를 옮기거나 加減함으로써 저울대가 수평을 이루게 하듯이, '상황의 변화에 따라 대응방식을 달리함으로써 알맞게 처리함' 을 '權宜' 또는 '權道' 라 함. '姑' 는 '잠시' 의 뜻. 본래 항구적인 趣旨 없이 '臨時方便으로 설치한 것' 을 '姑設' 이라 함.

64) 金石之典(금석지전) : 쇠나 돌처럼 변하지 않는, 또는 변경할 수 없는 法典.

65) 因循(인순) : '因' 은 '말미암다, 의지하다' 의 뜻. '因循' 은 (잘못된 옛것을) 그대로 따르는 것.

66) '寖微' 는 木版本과 石印本에 모두 '寢微' 로 되어 있으나, '寖微' 의 誤字임. '寖微(침미)' 는 '점차 衰微해짐' 의 뜻.

심했으나, 조정의 붕당(朋黨)의 화(禍)는 이미 구제할 수가 없었습니다. 임진(壬辰, 1592) · 정유(丁酉, 1597)의 왜란 때에는 나라가 있었으나 없었던 것과 마찬가지였고, 병자(丙子, 1636)의 호란 때에는 나라가 망하지 않은 것이 다행이었습니다. 숨이 차서 헐떡거리며 남아있는 목숨으로 이리처럼 뒤돌아보며 무서워서 숨을 죽이고, 백성들은 사방으로 흩어져서 한 때의 구차한 삶을 다행으로 여기니, 한번 기운을 차리고 하나의 생각을 발휘해서 당세(當世)의 일을 의론하는 사람이 다시 있겠습니까? 간혹 이에 뜻을 두어 건의(建議)하는 사람이 있었어도, 또한 빈 곳을 채우고 갈라진 틈을 메우는 정도에 불과할 뿐이었습니다.

臣은 어리석으나, 오늘의 도(道)를 말미암고 오늘의 법(法)을 고치지 않는다면, 비록 요(堯) · 순(舜)이 위에 있고 이윤(伊尹) · 부열(傅說)이 신하로 있어도 성패(成敗)의 운수에는 보탬이 없을 것이라 생각합니다. 오늘날 말하는 법(法)이 어찌 모두 조종(祖宗)의 옛 법도이겠습니까? 간혹 변란을 당해서 임시방편으로 설치한 법규도 포함되어 있습니다. 그런데 오늘날 의론하는 사람들은 금석지전(金石之典)으로 여겨서, 감히 경장(更張)의 계책을 내지 못하고 있습니다. 그들은 조종의 성헌(成憲)에 대해서는 폐기되도록 방임하고 복원하지 못하며, 근대의 폐법(弊法)에 대해서는 그대로 따르고자 힘쓰고 감히 고치지 못하니, 통탄을 이길 수 있겠습니까?

무릇 성왕(聖王)의 법도 후폐(後弊)가 없을 수 없습니다. 그러므로 주공(周公)이 노(魯)나라를 다스렸음에도 이미 침미(寖微)의 형세가 있었고, 태공(太公)이 제(齊)나라를 다스렸음에도 이미 찬시(簒弑)의 조짐이 드러났던 것입니다.

若使齊魯子孫, 謹守法度, 因時制宜, 則寧有衰亂之禍哉? 我朝立法, 雖極周詳, 然年垂三百, 時變事易, 不無弊端, 則猶可變通[69], 況昏朝[70]之謬規乎? 汲汲改革, 當如救焚拯溺[71], 何苦而膠守[72], 自底危亡哉? 臣所欲變而通之者, 只是滌去近日之謬規, 以復祖宗之成憲而已. 伏願殿下留念, 思所以變通焉. 雖然, 孟子曰 "徒善, 不足以爲政 ; 徒法, 不能以自行."[73] 今雖盡革弊政, 盡復先王之美法, 而苟無上下躬行遵奉之實, 則亦文具[74]耳. 臣請以無實之弊, 先爲陳達焉. 伏願殿下, 加之意也. 子思曰 "不誠則無物."[75] 曾子曰 "誠於中, 形於外."[76] 苟有實功, 豈無實效哉?

---

67) 太公(태공) : 本名은 강상(姜尙). 그의 先祖가 呂나라에 봉해졌으므로 '呂尙' 으로도 불렸고, '姜太公' 으로도 불렸음. 周나라 文王 · 武王을 도와 큰 공을 세웠고, 그리하여 齊나라에 被封되어 그 始祖가 되었다.

68) 簒弑(찬시) : 簒奪과 弑害. '簒奪' 은 신하가 임금의 자리를 빼앗는 것. '弑害' 는 아랫사람이 윗사람을 죽이는 것.

69) 變通(변통) : 變化시켜서 亨通하게 함. 『周易』 「繫辭下傳」 제2장에서는 "막히면 변화를 모색하고, 변화시키면 형통하며, 형통하면 오래 간다." (窮則變, 變則通, 通則久.)고 하였음. 또 『周易』 「繫辭上傳」 제12장에서는 "(천지의 변화에 따라) 마름질하는 것을 '變' 이라 하고, 미루어서 실행하는 것을 '通' 이라 하며, 들어서 천하의 백성들에게 베푸는 것을 '事業' 이라 한다." (化而裁之, 謂之變 ; 推而行之, 謂之通 ; 擧而措之天下之民, 謂之事業.)고 하였음.

70) 昏朝(혼조) : 어두운 朝廷. 이곳에서는 '燕山朝' 를 지칭함.

71) 救焚拯溺(구분증닉) : 불 속에 있는 사람을 구제하고, 물에 빠진 사람을 건짐. '當如救焚拯溺' 이란 불 속에 있는 사람을 구제하고, 물에 빠진 사람을 건질 때처럼 재빠르게 서둘러야 한다는 뜻.

72) 膠守(교수) : '膠' 는 아교. '膠守' 는 아교로 붙여놓은 것처럼 굳게 지킴.

73) 『孟子』 離婁上 제1장에 보임.

74) 文具(문구) : '文' 은 法令의 條文. '文具' 란 법조문을 갖추었으나 실행하지 않아 有名無實한 것.

75) 『中庸章句』 제25장에 보임.

76) 『大學章句』 傳6章에 보임.

만약 제(齊)·로(魯)의 자손이 법도를 삼가 지켜서 때에 따라 알맞게 제어했더라면, 어찌 쇠란(衰亂)의 화(禍)가 있었겠습니까? 아조(我朝)의 입법은 비록 매우 주밀하고 자세했으나, 이미 3백년이나 되었으니 때가 변하고 일이 바뀌어 폐단이 없지 않습니다. 그렇다면 오히려 변통(變通)할 수 있는 것이거늘, 하물며 연산조(燕山朝)의 잘못된 법규이겠습니까? 불 속에 있는 사람을 구하고 물에 빠진 사람을 건지듯이 개혁을 서둘러야 마땅한데, 어찌하여 괴롭게도 거기에만 집착하여 스스로 위망(危亡)에 이르는 것입니까?

臣이 변통(變通)하고자 하는 것은 다만 근래의 잘못된 법규를 씻어내고 조종(祖宗)의 성헌(成憲)을 회복하는 것뿐입니다. 엎드려 바라옵건대, 殿下께서는 유념하시어 변통할 것을 생각하십시오. 비록 그러나, 맹자(孟子)는 "한갓 선(善)만으로는 정사(政事)를 펴기에 부족하며, 한갓 법(法)만으로는 스스로 행해질 수 없다."고 했습니다.[15] 지금 비록 잘못된 정치를 모두 개혁하여 선왕(先王)의 아름다운 법을 모두 회복한다고 하더라도, 진실로 상하(上下)가 몸소 실천하면서 따르고 받드는 실공(實功)이 없다면, 또한 법조문을 갖춘 것에 불과할 따름입니다. 臣은 청컨대 '실공(實功)이 없는 폐단'을 먼저 진달하겠습니다. 엎드려 바라옵건대, 殿下께서 생각을 더하여 보소서. 자사(子思)는 "참되지 않으면 사물이 존립할 수 없다."고 하였고, 증자(曾子)는 "안(마음)에서 참되면 밖으로 드러난다."고 했습니다. 진실로 실공(實功)이

15) 孟子는 "離婁의 밝은 눈과 公輸子의 교묘한 솜씨로도 規矩를 쓰지 않으면 方圓을 이룰 수 없고, 師曠의 밝은 귀로도 六律을 쓰지 않으면 五音을 바로잡을 수 없다."고 한 다음, "한갓 善만으로는 政事를 펴기에 부족하며, 한갓 法만으로는 스스로 행해질 수 없다."고 하였다. '徒善'이란 '制度나 規範의 뒷받침 없이 善意志만으로 모든 문제를 해결하려는 것'을 뜻하고, '徒法'이란 善意志의 뒷받침 없이 '法制만으로 모든 문제를 해결하려는 것'을 뜻한다. 이러한 맥락에서, 草廬는 治者의 善意志를 북돋는 '修身論'과 法制의 개혁을 꾀하는 '制度論'을 동시에 문제삼는 것이다. 즉 〈己亥封事〉에서는 당시 여러 制度의 폐단과 그 해결책을 논의한 다음, 治者의 修身 문제를 또 광범하게 논의하고 있다.

今之治效靡臻, 由無實而然也. 今之可言者非一, 而擧其大者有七. 上無求治之實, 一也；下無任事之實, 二也；經筵無講道之實, 三也；學校無造士之實, 四也；群策無救民之實, 五也；人心無向善之實, 六也；朝廷無敎令之實, 七也.

何謂上無求治之實也? 孔子曰 "我欲仁, 斯仁至矣."[77] 曾子曰 "心誠求之, 雖不中, 不遠."[78] 在易觀之九五曰 "觀我生, 君子, 無咎." 象曰 "觀我生, 觀民." 程子作傳曰 "九五, 居人君之位, 時之治亂, 俗之美惡, 係乎己而已. 若天下之俗, 未合君子之道, 則是己之所爲, 政化[79]未善, 不能免於咎也. 我生, 出於己者. 人君欲觀己之施爲善否, 當觀於民也."

---

77)『論語』述而 제29장에 보임.

78)『大學章句』傳9章에 보임.

79) 政化(정화) : 政治와 敎化, 또는 政治를 통한 敎化. 孔子가 "政治란 바름을 추구하는 것"(『論語』顔淵 17 : 政者, 正也.)이라고 했듯이, 儒敎에서는 '政治'의 핵심을 '敎化'라고 보아, '政治'를 '政敎 · 政化' 등으로도 표현했음.

있다면 어찌 실효(實效)가 없겠습니까?[16] 지금 다스림의 효과가 이르지 않는 것은 실공이 없기 때문입니다.

지금 거론할 수 있는 것은 많지만, 그 가운데 큰 것을 들자면 일곱 가지가 있습니다. 첫째는 '윗사람은 다스림을 갈구하는 실공이 없음' [上無求治之實]이요, 둘째는 '아랫사람은 일을 책임지는 실공이 없음' [下無任事之實]이며, 셋째는 '경연은 도를 강론하는 실공이 없음' [經筵無講道之實]이요, 넷째는 '학교는 선비를 양성하는 실공이 없음' [學校無造士之實]이며, 다섯째는 '여러 방책들은 백성을 구제하는 실공이 없음' [群策無救民之實]이요, 여섯째는 '사람들의 마음은 선을 향하는 실공이 없음' [人心無向善之實]이며, 일곱째는 '조정은 가르치고 명령하는 실공이 없음' [朝廷無敎令之實]입니다.

'윗사람은 다스림을 갈구하는 실공이 없음' [上無求治之實]이란 무엇을 뜻하겠습니까? 공자(孔子)는 "내가 인(仁)을 추구하면, 이에 인(仁)이 이른다."고 했고, 증자(曾子)는 "마음이 진실로 추구하면, 비록 적중하지 않더라도 또한 멀리 벗어나지는 않는다."고 했습니다. 『주역(周易)』 관괘(觀卦) 구오(九五)의 효사(爻辭)에서는 "나의 생민(生民)을 살피되, 군자(君子)다우면 허물이 없으리라."라고 했고, 상사(象辭)에서는 "나의 생민(生民)을 살핀다는 것은 나의 백성을 살핀다는 뜻이다."라고 했습니다. 이에 대해 정자(程子)의 역전(易傳)에서는 "구오(九五)는 임금의 자리에 있는 것이니, 시대의 치란(治亂)과 풍속의 미악(美惡)이 내게 달렸을 뿐이다. 만약 천하의 풍속이 군자의 도(道)에 부합되지 않는다면, 이것은 내가 베푸는 정화(政化)가 착하지 못한 것이니, 허물을 면할 수 없는 것이다. 나의 생민(生民)은 내게서 나온 것이다. 임금이 자기가 베푸는 정치의 선악(善惡)을 살피고자 한다면, 마땅히 백성에

16) '實功' 은 '참된 노력, 실제적 노력' 을 뜻하고, '實效' 는 '참된 효과, 실제의 효과' 를 뜻함.

由是觀之, 人君是一國之本, 而治亂係焉. 君得其道, 而國不能治者, 必無之理也. 今日之人心世道, 至於如此, 則殿下之政化, 無乃未善乎? 政化係於君心, 則無乃殿下求治之心, 有所未盡其實乎? 殿下其反諸身而思之乎? 嗚呼! 殿下以聖敬之德, 操有爲之權, 豈無治平邦域, 高出百王之志乎? 只緣群臣少有承當者, 訏謨[80]失宜, 試可弗績, 議論多歧, 實德未著. 於是聖心悵然, 始有不可治之歎, 以沮大有爲之志矣.

聖心旣沮, 不求必治, 故群臣亦見其然, 心緩體弛, 因循玩愒[81], 以致下無任事之實, 而國勢陵遲[82], 無復更張之望. 此豈殿下求治之心, 不實而然也? 間者, 聖志奮發, 更招賢者, 若可以有爲, 而觀我之生, 未必盡善. 仁義德敎之談, 雖發於經席之上, 而惠澤之實, 未流於閭門之外; 憂勞惻怛之言, 雖播於縉紳[83]之間, 而塗炭之苦, 未解於圭蓽[84]之下.

---

80) 訏謨(우모) : '訏' 는 '크다, 과장되다' 의 뜻. '訏謨' 란 '큰 계책' 또는 '과장된 계책' 을 말함.

81) 玩愒(완게) : '玩' 은 놀면서 헛되게 보내는 것, '愒' 는 쉬는 것. '玩愒' 는 '놀면서 세월을 虛送한다' 는 뜻으로, '忨愒' 로도 씀.

82) 陵遲(능지) : '陵夷' 와 같은 뜻으로, '사물이 차차 쇠퇴해짐' 을 말함.

83) 縉紳(진신) : '縉' 은 '搢' 과 通用하는 글자로 '꽂다' 의 뜻. '紳' 은 큰 띠. '縉紳(搢紳)' 이란 '큰 띠에 笏을 꽂는 것' 으로, 公 · 卿 · 大夫 등 高官을 달리 일컫는 말.

84) '圭蓽' 은 石印本에는 '圭蹕' 로 되어 있는바, 木版本에 근거하여 '圭蓽' 로 고쳤음. '圭蓽' 은 '圭竇(규두, 圭窬)' 와 '蓽門(필문, 篳門)' . '蓽門(篳門)' 은 싸리나무나 대나무 등을 엮어서 만든 사립문. '圭竇(圭窬)' 는 蓽門 옆에 笏 모양으로 만든 좁고 낮은 出入口로, 笏처럼 생겼다고 하여 '圭竇' 라 함. 蓽門과 圭竇는 '가난한 집의 門' 을 뜻하는 것.

계서 살펴야 한다." 고 했습니다.

이것으로 말미암아 보건대, 임금은 한 나라의 근본으로서, 치란(治亂)이 그에게 달린 것입니다. 임금이 그 도(道)를 얻었는데도 국가가 다스려지지 않을 이치는 결코 없습니다. 오늘날의 인심(人心)과 세도(世道)가 여기에 이른 것은 殿下의 정화(政化)가 아직은 착하지 못하다는 것이 아니겠습니까? 정화(政化)는 임금의 마음에 달려있다면, 殿下의 다스림을 추구하는 마음이 그 실공(實功)을 다하지 못한 바가 있는 것 아니겠습니까? 殿下께서는 자신에게 돌이켜 생각해보셨습니까? 오호라! 殿下께서는 성경(聖敬)의 덕을 지니시고 무슨 일이든 추진할 수 있는 권병(權柄)을 잡으셨으니, 어찌 나라를 태평하게 다스려 (古今의) 수많은 왕보다 높이 솟으시려는 뜻이 없으시겠습니까? 다만 여러 신하들 가운데 그 뜻을 받들어 감당하는 사람이 적기 때문에, 큰 계책은 마땅함을 잃어 시험해 보아도 업적이 이루어지지 않고, 의론은 여러 갈래로 찢기어 실제의 덕이 드러나지 않는 것입니다. 이에 성심(聖心) 또한 서글퍼져, 마침내 '다스릴 수 없겠노라' 는 탄식이 나오고, 그리하여 '크게 일을 추진하려는 뜻' 을 가로막게 된 것입니다.

성심(聖心)이 이미 가로막혀 반드시 다스림을 이루겠다고 노력하지 않으시니, 여러 신하들 또한 그런 모습을 보고 몸과 마음이 느슨해져 그럭저럭 세월을 허송함으로써 '아랫사람은 일을 책임지는 실공이 없음' 을 초래하는 것입니다. 그리하여 국세(國勢)는 점점 미약해지고, 다시는 경장(更張)의 희망이 없게 되는 것이니, 이것이 어찌 殿下의 다스림을 추구하는 마음이 참되지 못해서 그런 것이겠습니까? 지난번에 성지(聖志)를 분발하여 다시 현자(賢者)를 부르셨으니, 큰 일을 추진할 수 있을 것 같습니다만, 殿下의 백성을 살펴보면 아직 반드시 진선(盡善)한 것은 아닙니다. 경연(經筵)에서는 비록 인의(仁義)와 덕교(德敎)의 말씀을 하셨더라도 실제의 혜택이 궁궐 밖에까지 미치지는 못하며, (백성을) 근심하고 측은하게 여기는 말씀이 비록 진신(搢

方今十數邑之賑飢, 湖西二三斗之賜民, 特涸轍[85]之斗水 車薪[86]之一杯也. 以此而民心之結於我, 和氣之感於上, 難矣. 其可曰求治之實乎? 上無求治之實, 故下無任事之實也. 惟殿下念之哉!

何謂下無任事之實也? 國家設官分職, 各有所司. 三公統率, 六卿分理, 侍從[87]有論思之責, 臺諫[88]有獻替[89]之實, 以至庶司小官, 莫不各有其任. 監司宣化于外, 節帥[90]領督于邊, 守令分憂, 鎭將監戍, 亦莫不各有其職, 而今者委靡[91]成習, 牽補[92]度日. 所謂賢者, 只欲持身寡過而已; 不賢者, 汲引儕輩, 托公營私. 在職之人, 皆無固志, 少有人言, 引疾避事, 朝遷暮除, 不成模樣. 朝廷, 一逆旅[93]也; 官員, 一過客也.

---

85) 涸轍(학철) : '涸' 은 마르다, '轍' 은 수레바퀴가 지나다니면서 파인 자국. '涸轍之斗水' 란 '수레바퀴 자국에 고인 한 말의 물' 로서, '금방 말라 없어질 것' 이라는 뜻. '源泉이 없는 물이 금방 마르는 것' 에 대한 논의는『孟子』離婁下 제18장 참조.

86) 車薪(거신) : '薪' 은 땔나무. '車薪之一杯' 란 '한 수레 분량의 땔나무가 불에 타는데 한 잔의 물로 끄려 한다' 는 것으로, '턱없이 모자람' 을 뜻함.『孟子』告子上 제18장 참조.

87) 侍從(시종) : 조선시대, 임금을 시종하던 弘文館의 玉堂, 司憲府 · 司諫院의 臺諫, 藝文館의 檢閱 · 注書 등을 통틀어 일컫던 말. 이곳에서는 '臺諫' 을 별도로 언급하고 있으니, 弘文館의 玉堂, 藝文館의 檢閱 · 注書 등을 일컫는 것으로 보인다.

88) 臺諫(대간) : 조선시대, 司憲府와 司諫院의 官員을 아울러 일컫던 말. 분리해서 말할 경우, 司憲府의 관원은 臺官, 司諫院의 관원은 諫官이라 함.

89) 獻替(헌체) : '獻' 은 권하다, '替' 는 폐기하다 · 바꾸다. '獻替' 란 임금을 보좌하여 善을 권하고 惡을 고치도록 하는 것.

90) 節帥(절수) : '節度使' 의 별칭. 한 地方의 軍政과 行政事務를 총괄하는 관직.

91) 委靡(위미) : '委' 는 '萎' 와 通用하는 글자로, '시들다, 병들다' 의 뜻. '靡' 는 쓰러지다. '委靡(萎靡)' 란 '쇠약해짐, 힘을 떨치지 못함' 을 말함.

92) 牽補(견보) : 옷의 뚫어진 구멍을 그 주변을 끌어당겨서 기움. '臨時變通' 또는 '생활이 매우 구차함' 을 뜻함.

93) 逆旅(역려) : 旅館, 客舍. '逆' 은 '맞이하다' 의 뜻.

紳)들 사이에는 퍼졌어도 도탄(塗炭)에 빠진 고통은 규필(圭蓽)의 아래에서 풀리지 않고 있습니다.

요즈음 십여 고을의 굶주림을 진휼(賑恤)하고, 호서(湖西)의 백성들에게 2~3 말씩의 곡식을 하사한 것은 다만 바퀴 자국에 고인 한 말의 물처럼 금방 말라버릴 것이요, 한 수레의 땔나무가 불타는데 한 잔의 물을 부은 격입니다. 이것만으로는 내게로 민심(民心)을 결집시키고 위로 온화한 기운을 감응시키기에 어려운 것이니, 그것을 '다스림을 추구한 실공(實功)' 이라고 말할 수 있겠습니까? 윗사람이 다스림을 추구하는 실공이 없기 때문에 아랫사람은 일을 책임지는 실공이 없는 것입니다. 오직 殿下께서는 유념하소서!

'아랫사람은 일을 책임지는 실공이 없음' [下無任事之實]이란 무엇을 뜻하겠습니까? 국가가 관청을 만들고 직무를 분임(分任)함에, 각자 맡은 일이 있는 것입니다. 삼공(三公)은 통솔하고, 육경(六卿)은 나누어서 다스리며, 시종(侍從)은 의론하고 생각하는 책임을 맡고, 대간(臺諫)은 헌체(獻替)를 맡으며, 여러 관청의 작은 관리들도 각자의 책임이 있는 것입니다. 또한 감사(監司)는 밖에서 정화(政化)를 베풀고, 절수(節帥)는 변경에서 (軍士를) 통솔하며, 수령은 (임금이나 감사의) 근심을 나누어 맡고, 진장(鎭將)은 국경을 지키는 것이니, 또한 각각의 직무가 있는 것입니다.

그런데 지금은 시들고 무력함이 습관이 되어, 터진 곳을 임시로 때우면서 날을 보내고 있습니다. 이른바 현자(賢者)는 다만 몸을 검속하여 허물을 적게 하고자 할 뿐이요, 불현자(不賢者)는 자기의 무리를 이끌어다 공무(公務)를 가탁하여 사익(私益)을 추구하고 있습니다. 관직에 있는 사람은 모두 견고한 뜻이 없어서, 조금이라도 남들이 (비판하는) 말이 있으면 병을 핑계로 직무를 회피하여, 아침저녁으로 관리를 임명하니, 모양을 이룰 수 없습니다. 그리하여 조정(朝廷)은 하나의 여관(旅館)이요, 관원(官員)은 하나의 과객(過

譬如龍驤萬斛[94], 去碇失柁[95], 泛于滄波, 而風浪驟至, 則莫知所出, 豈不寒心哉? 夫經濟, 責在於三公, 而不敢建設大小大策, 以立經焉 ; 紀綱, 專委於臺諫, 而不過滴抉[96]一二奸細[97], 以塞責焉. 以至庶司之官, 謾不知所掌何事, 惟知積日累朔, 以求遷焉. 大官悠悠[98]於上 ; 小官泛泛[99]於下. 其中豈無一二奉公忘私者乎? 只是形單勢弱, 不能有所補益. 監司以朝家命令奉行爲職任, 以守令文書工拙爲殿最[101], 能明黜陟[102]者, 有幾人乎? 節帥嚴刑以自威, 剝割以自奉, 以名士應求爲大事, 以軍士收布爲急務, 能不辱閫外[103]之寄者, 有幾人乎?

---

94) 龍驤萬斛(용양만곡) : '驤' 은 '머리를 들다, 뛰어오르다' 의 뜻. '斛' 은 용량의 단위로, '10斗' 를 '1斛' 이라 함. '龍驤萬斛' 이란 '龍이 올라가는 것처럼 위풍당당하고, 萬斛이나 실을 수 있는 큰 배' 를 말함.

95) 去碇失柁(거정실타) : 닻과 키를 잃어, 배를 정박시키거나 조종할 수 없음. '碇' 은 배를 정박시키는 닻, '柁' 는 배를 조종하는 키.

96) 擿抉(적결) : '擿' 은 잘못을 들추어냄. '抉은 잘못된 것을 도려냄.

97) 奸細(간세) : 奸邪한 小人.

98) 悠悠(유유) : 하는 일 없이 한가하게 보냄.

99) 泛泛(범범) : 마음을 쓰지 않고 대수롭지 않게, 건성건성 대응함.

100) 殿最(전최) : '殿' 은 맨 뒤, '最' 는 맨 앞. 監司가 守令의 治績을 심사할 때, 最下等者를 '殿' 이라 하고, 最上等者를 '最' 라 함.

102) 黜陟(출척) : 官吏의 勤務成績을 심사하여, 劣等한 사람을 낮은 자리로 降等시키는 것을 '黜' 이라 하고, 優秀한 사람을 높은 자리로 昇進시키는 것을 '陟' 이라 함.

103) 閫外(곤외) : '閫' 은 문지방이나 城門. '閫外' 란 '문지방 밖, 城 밖, 邊境' 등을 말함. '閫外之寄' 란 '邊境에 대한 부탁' 이란 말로 '邊境의 將軍에게 부여된 직무' 를 뜻함.

客)처럼 되었습니다. 비유컨대 위풍당당하고 큰 배가 닻과 키를 잃고 푸른 물결 속에서 표류하다가 갑자기 풍랑이 일어 갈 곳을 모르는 것과 같으니, 어찌 한심하지 않겠습니까?

무릇 경세제민(經世濟民)의 책임은 삼공(三公)에게 있는데, 그들은 감히 크고 작은 대책을 세워 경륜(經綸)하지 못하고 있습니다. 또 기강(紀綱)은 오로지 대간(臺諫)에게 맡겨진 것인데, 그들은 한두 사람의 간사한 소인을 적발하고 탄핵하는 것으로 책임을 때우고 있습니다. 여러 관청의 관리들도 게을러서 자기가 무슨 일을 맡았는지도 모르고, 오직 시간을 보내고 다른 자리로 옮길 줄만 알고 있습니다. 대관(大官)은 위에서 한가하게 보내고, 소관(小官)은 아래에서 건성으로 근무하는 것입니다. 그 가운데 어찌 공무(公務)를 받드느라 사익(私益)을 잊은 사람이 다소나마 없겠습니까? 다만 형세가 외롭고 약해서 보탬이 되는 일을 할 수 없는 것입니다.

감사(監司)의 경우, 조정의 명령을 봉행하는 것을 직분으로 삼고, 문서의 공졸(工拙)에 따라 수령들의 근무성적을 평가하니, 능히 출척(黜陟)을 밝힐 수 있는 사람이 몇이나 있습니까?[17] 절수(節帥)의 경우, 형벌을 엄하게 함으로써 자신의 권위를 세우고, 부하들을 수탈하여 자신을 봉양하며, 명사(名士)들의 요구에 응하는 것을 큰 일로 여기고, 군사들에게 군포(軍布)를 걷는 것을 급무로 여기니, 능히 장군의 직무를 욕되게 하지 않을 사람이 몇이나 있습니까?

---

17) 監司의 직분은 단순히 조정의 명령을 봉행함에 있지 않고 政化를 베푸는 데 있다는 뜻. 또 監司가 守令의 근무성적을 평가하는 척도는 文書의 工拙에 있지 않고 실제로 백성들을 잘 보살폈느냐에 있다는 뜻. 그리고 黜陟의 취지는 文書의 工拙을 심사함에 있지 않고, 실제의 治績이 없는 사람은 降等시키고 治績이 탁월한 사람은 昇進시키는 데 있다는 뜻.

守令之貪婪[104], 罔有紀極[105]. 其所謂善治者, 苟冀無事於上司, 類皆干譽於百姓, 以字牧[106]爲心者, 屈指甚鮮. 鎭將[107]之無識者, 惟思肥己, 先問軍卒之幾何, 以計綿布之多少而已, 能以防備爲憂者, 絶無而幸有. 惟是胥吏之輩, 世傳其任, 熟知本末, 大官不識舊規, 必諮詢然後行事 ; 庶官恐其生事, 任其所爲而拱視. 至於兵籍, 最是大事, 而委之其手, 户部[108]何等重處, 而以爲己物, 他尙何言哉? 印信之作, 所以防奸也. 各曹各司長官, 所當身管, 下官不得擅開, 而今則不然. 罷坐[109]之後, 付印于胥吏之手, 投間抵隙, 恣其所爲, 何所不至哉? 至於外方各邑, 軍士之老除物故[110]者, 自本邑代定, 報送兵營, 則兵使謾不省察, 委之下吏. 下吏操弄, 其所代者, 多不入於狀啓之中, 而徵索人情於已死者之一族, 此一弊也. 如此之類, 不可盡擧. 此而不變, 則臣恐國不爲國也. 曹植曰 "我國以胥吏而亡."

---

104) 貪婪(탐람) : 탐욕스러움.

105) 紀極(기극) : 끝. 終極.

106) 字牧(자목) : '字' 는 사랑하다, '牧' 은 기르다.

107) '鎭將' 은 石印本에는 '鎭長' 으로 되어 있는바, 木版本에 근거하여 '鎭將' 으로 고쳤음.

108) 戶部(호부) : 戶曹를 말함.

109) 罷坐(파좌) : 官衙의 으뜸 벼슬아치가 事務를 끝마침.

110) 老除物故(노제물고) : '老除' 란 늙은 軍士나 奴婢를 兵役이나 身役에서 면제하는 것. '物故' 란 '죽음' 을 뜻함.

수령(守令)의 탐욕도 끝이 없습니다. 이른바 잘 다스린다는 사람도 구차하게 상사(上司)에게 (問責을 당하는 등의) 일이 없기만 바라고, 하는 일은 모두 백성에게 명예를 구하는 것들이니, (백성을) 사랑하고 길러주는 것으로 마음을 삼는 사람은 손꼽아 보아도 매우 적습니다. 진장(鎭將) 가운데 무식한 사람은 오직 자기를 살찌울 것만 생각하여, 먼저 군졸이 몇이나 되는가를 묻고 (거두어들일) 군포의 다소(多少)를 따질 뿐이니, 능히 변경의 방비를 근심하는 자는 결코 없으며, 있다면 요행일 것입니다.

오직 서리(胥吏)의 무리는 대대로 그 임무를 이어받아 본말을 숙지하고 있으나, 대관(大官)은 옛 법규를 알지 못해 반드시 서리에게 물은 다음에 사업을 실행하고, 여러 관리들은 사건(事件)이 생길까 두려워서 서리에게 일을 맡기고는 팔짱을 끼고 바라봅니다. 병적(兵籍)은 가장 중대한 일인데 그것까지도 서리의 손에 맡기며, 호부(戶部)는 또 얼마나 중요한 곳인데 (胥吏들은) 자기의 물건으로 여깁니다. 그러니 그 밖의 것들은 오히려 말해서 무엇 하겠습니까? 인신(印信)을 만든 것은 간사함을 막기 위한 것입니다. 따라서 각조(各曹)와 각사(各司)의 장관이 마땅히 몸소 관리해야 할 것이요, 아래의 관리들은 함부로 열 수 없는 것인데, 지금은 그렇지 않습니다. 공무를 마친 뒤에는 도장을 서리의 손에 맡기니, 그 틈을 노려서 방자하게 하는 짓이 어디엔들 이르지 않겠습니까? 외방(外方)의 각읍(各邑)에 이르러서는, 군사들 가운데 늙어서 병역을 면제받거나 이미 죽은 자에 대해서는 본읍(本邑)에서 대신할 사람을 선정해서 병영(兵營)으로 보내는데, 병사(兵使)는 게을러서 살피지 않고 하리(下吏)에게 맡깁니다. 그러면 하리는 농간을 부려, 그 대신하는 자를 장계(狀啓)에 많이 기입하지 않고, 이미 죽은 사람의 일가족 가운데서 인정(人情)을 징색(徵索)하니, 이것도 하나의 폐단입니다.

이와 같은 사례는 이루 거론할 수 없습니다. 이렇게 하고서 변혁하지 않는다면, 臣은 나라가 나라답지 못하게 될까 두렵습니다. 조식(曺植)은 "우리나

李珥稱之曰 “此言雖過, 亦有理焉. 此由群臣不任事之過也. 人人各擧其職, 則胥吏安得下手於其間哉? 今若以所任非人, 而欲易之, 則一時人物, 不過如此, 賢才難以卒辨 ; 以爲刑法不嚴, 而欲重之, 則法重而奸益滋, 非救弊之策也 ; 以爲無可奈何而置之, 則百弊日增, 庶績日敗, 生民日困, 亂亡必至.” 今日儒臣, 豈不講論及此, 而迄未聞有激厲群下, 久任責實之擧. 是經筵無講道之實也. 惟殿下念之哉!

何謂經筵無講道之實也? 古者設三公之官, 師, 道之敎訓 ; 傅, 傅之德義 ; 保, 保其身體. 此法旣廢, 師傅保之責, 專在於經筵. 故程子曰 “君德成就, 責之經筵.” 經筵之設, 非爲臨文[111]講讀, 不失章句而已.

111) 臨文(임문) : 책을 스승이나 試官 앞에 펴 놓고 읽음. 臨講.

라는 서리(胥吏) 때문에 망할 것"이라 했습니다. 이에 대해 이이(李珥)는 "이 말이 비록 지나치나, 또한 그럴 이유가 있습니다. 이것은 여러 신하들이 일을 책임지지 않는 데서 비롯된 허물입니다. 사람들마다 각각 자기의 직임(職任)을 다한다면, 서리가 어찌 그 사이에서 손을 놀릴 수 있겠습니까? 이제 만약 임용한 사람이 적임자가 아니라 하여 바꾸고자 한다면, 일시(一時)의 인물이 이와 같음에 불과하니, 어질고 재능 있는 사람을 갑자기 갖추기가 어려운 것입니다. 형법(刑法)이 엄하지 않다고 여겨 무겁게 하려고 한다면, 법이 무거울수록 농간(弄奸)은 더욱 심해지니, 폐단을 구제하는 방책이 못됩니다. 어찌할 수 없다고 여겨 방치한다면, 온갖 폐단이 날로 늘어나고, 여러 치적이 날로 무너지며, 민생은 날로 어려워져서, 난망(亂亡)이 반드시 이를 것입니다."[18]라고 했습니다. 오늘날 유신(儒臣)들의 강론이 어찌 여기에 미치지 않겠습니까마는, 여러 하급자들을 격려하여 오래도록 책임지고 실효(實效)를 거두도록 했다는 말을 이제까지 듣지 못했습니다. 이것이 '경연은 도(道)를 강론하는 실공이 없음'입니다. 오직 殿下께서는 유념하소서!

'경연은 도를 강론하는 실공이 없음' [經筵無講道之實]이란 무엇을 뜻하겠습니까? 옛날에는 삼공(三公)의 관직을 베풀었으니, 사(師)는 교훈(敎訓)으로 이끌고, 부(傅)는 덕의(德義)로 돌보며, 보(保)는 그 신체(身體)를 보호한 것입니다. 이 법이 이미 폐지됨에, 사(師)·부(傅)·보(保)의 책임이 오로지 경연(經筵)에 있게 되었습니다. 그러므로 정자(程子)는 "군덕(君德)의 성취는 책임이 경연에 있다."고 한 것입니다. 경연을 베푸는 것은 책을 펴놓고 강독(講讀)함으로써 문장과 구절을 잃지 않도록 하기 위한 것만이 아닙니다. 장차 의혹을 풀어서 도(道)를 밝히고, 가르침을 받아들여 덕(德)에 나아가며,

18)『栗谷全書』卷5 頁19-20에 보이는 내용으로, 〈萬言封事〉의 일부분임.

將以解惑而明道也；將以納誨而進德也；將以論政而制治也. 故祖宗朝於經筵官, 待之有禮, 親之有恩, 其所補益弘多. 今之侍臣, 豈皆問學知道之士? 至於進講之際, 齟齬[112]見笑, 或憚[113]於入侍, 至有規避[114]者矣. 殿下學問高明, 義理通貫, 無資於人, 故亦循例臨筵, 不過數墨[115]而已. 朱子贊文王之德曰"化之入人者深, 澤之及物者廣. 蓋意誠心正之功, 薰蒸[116]透徹, 融液[117]周遍, 自有不能已者." 信斯言也, 殿下之民, 不被澤甚矣. 臣恐殿下誠正之學, 實有所未盡也. 然意不可徒誠, 心不可徒正, 必須以格物致知[118]爲先. 物旣格而知旣盡, 則身之所以修, 家之所以齊, 國之所以治, 無不有以瞭然於心目之間, 而擧而措之, 可以驗其實矣. 如此則身修, 不如此則身不修；如此則家齊, 不如此則家不齊；如此則國治, 不如此則國不治. 惟其有不知耳, 知之而至, 則知如此身安而國存, 不如此身不安而國不存, 何苦而不如此, 以致危亡乎?

---

112) 齟齬(저어) : 윗니와 아랫니가 서로 어긋나 맞지 않음. 논리적으로 矛盾됨. 기대에 어긋남.

113) '憚' 은 石印本에는 '殫' 으로 되어 있는바, 木版本에 근거하여 '憚' 으로 고쳤음.

114) 規避(규피) : '規' 는 '꾀하다' 의 뜻. '規避' 란 '피하고자 꾀를 낸다' 는 말.

115) 數墨(수묵) : '尋行數墨(심항수묵)' 의 준말. '줄을 찾고 글자 수를 헤아린다' 는 말로, 讀書하는 데 文字에만 구애받아 그 참뜻을 탐구하지 않음을 말함. '行' 은 '글의 줄', '墨' 은 '글자' .

116) 薰蒸(훈증) : 찌는 듯이 무더움. 또는 쪄서 뜨거운 김이 솟게 함.

117) 融液(융액) : 녹은 액체.

118) 格物致知(격물치지) : '格物' 은 사물의 理를 탐구함, '致知' 는 앎을 이룸.

정사(政事)를 논해 다스림을 제어하기 위한 것입니다. 그러므로 조종조(祖宗朝)에서는 경연관을 예(禮)로 대접하고, 은혜를 베풀어 친하게 여겼으니, 그 도움이 된 바가 매우 컸던 것입니다.

오늘날의 시신(侍臣)들은 어찌 모두 묻고 배워서 도(道)를 아는 선비이겠습니까? 경연(經筵)에 나가 강론할 즈음, 앞뒤가 맞지 않아 웃음거리가 되고, 간혹 입시(入侍)를 꺼려 회피하고자 꾀를 내는 사람도 있습니다. 殿下께서는 학문(學問)이 고명하고 의리(義理)가 통달하여, 남들에게 의지할 것이 없으시니, 그러므로 관례(慣例)에 따라 경연에 임하시어 글자 수를 헤아림에 불과한 것입니다. 주자(朱子)는 문왕(文王)의 덕을 칭송하여 "정화(政化)가 사람들에게 스며듦이 깊었고, 은택(恩澤)이 만물에 미침이 넓었다. 대개 뜻이 참되고 마음이 바르게 된 공효(功效)가 뜨거운 김처럼 스며들고 녹은 물처럼 두루 흘러, 저절로 그칠 수 없었었던 것이다."라고 했습니다. 이 말이 진실이라면, 殿下의 백성은 그 은택을 입지 못함이 심합니다. 臣이 생각하기에, 殿下의 성의(誠意) · 정심(正心)의 학문은 진실로 미진한 바가 있는 것 같습니다. 그런데 뜻은 그냥 참될 수 있는 것이 아니요, 마음은 그냥 바를 수 있는 것이 아니니, 반드시 격물치지(格物致知)를 우선으로 삼아야 합니다.

사물을 이미 탐구하여 앎이 이미 극진해지면, 몸을 닦는 이치, 집안을 가지런히 하는 이치, 나라를 다스리는 이치 등이 모두 심목(心目)의 사이에 명료해지니, 이것을 들어다 적용해보면 그 실제를 증험할 수 있습니다. 이와 같이 하면 몸이 닦이나 이와 같이 하지 않으면 몸이 닦이지 않으며, 이와 같이 하면 집안이 가지런해지나 이와 같이 하지 않으면 집안이 가지런해지지 않으며, 이와 같이 하면 나라가 다스려지나 이와 같이 하지 않으면 나라가 다스려지지 않습니다. 오직 알지 못함이 있을 뿐이니, (이것을) 알되 지극하다면 '이와 같이 하면 몸이 편안하고 나라가 보존되나, 이와 같이 하지 않으면 몸이 편안하지 못하고 나라가 보존되지 못함'을 알게 되니, 어찌 괴롭게 이와

若曰"知之而不肯爲", 則亦未嘗眞知而已矣. 其不能眞知者, 以其講學之功, 無其實故也. 上之經筵, 旣無講學之實, 故下之學校, 亦無造士之實也. 惟殿下念之哉!

何謂學校無造士之實也? 古者, 家有塾, 黨有庠, 州有序, 國有學. 蓋二十五家爲閭, 閭有學也; 五百家爲黨, 黨有學也; 王宮國都, 皆有學也. 人生八歲, 自天子之子, 以至庶人, 皆入小學; 十五, 擇其俊秀者, 入大學. 於是, 士農判矣. 小學之方, 灑掃應對, 入孝出恭, 小子之所以習也; 大學之道, 窮理正心, 修己治人, 大人之所以學也. 由塾而升之庠, 庠而序, 序而學, 司徒敎之, 司馬官之. 是以, 三代之民, 無不學, 學焉者, 祿在其中矣. 其不學者, 緣南畝[119]出麻絲粟米, 以事其上. 故有君子焉, 有小人焉, 上下辨而民志定矣.

119) 南畝(남묘): '畝' 는 전답의 면적을 나타내는 단위. 이랑, 두둑. '南畝' 는 남쪽의 비옥한 田畓, 또는 田畓의 泛稱.

같이 하지 않아서 위망(危亡)을 초래하겠습니까? 만약 "알고 있으나, 그렇게 하고 싶지 않다" 고 말씀하신다면, 또한 일찍이 참으로 아는 것이 아닙니다. 참으로 알지 못하는 것은 강학(講學)의 공(功)이 그 실상이 없기 때문입니다. 위에서 경연(經筵)이 이미 강학의 실공이 없으니, 따라서 아래에서 학교(學校)도 또한 선비를 양성하는 실공이 없는 것입니다. 오직 殿下께서는 유념하소서!

'학교는 선비를 양성하는 실공이 없음' [學校無造士之實]이란 무엇을 뜻하겠습니까? 옛날에는 집[家]에는 숙(塾)이 있었고, 마을[黨]에는 상(庠), 고을[州]에는 서(序), 나라[國]에는 학(學)이 있었습니다. 대개 25가(家)를 여(閭)라 했는데 여(閭)에 학교가 있었고, 5백가를 당(黨)이라 했는데 당(黨)에 학교가 있었으며, 왕궁(王宮)과 국도(國都)에도 모두 학교가 있었습니다. 사람이 태어나서 8세가 되면 천자(天子)의 아들로부터 서인(庶人)에 이르기까지 모두 소학(小學)에 입학했고, 15세가 되면 그 가운데 준수(俊秀)한 자를 골라 대학(大學)에 입학시켰으니, 이에 사(士)와 농(農)이 갈라졌습니다. 소학(小學)의 방법은 물 뿌려 쓸고 응대하며, 집에 들어와서는 효도하고 밖에 나가서는 공손한 것이었으니, 소자(小子)가 익힐 내용이었습니다. 대학(大學)의 방도는 이치를 탐구하고 마음을 바루며, 자신을 닦고 남을 다스리는 것이었으니, 대인(大人)이 배울 내용이었습니다. 숙(塾)에서 상(庠)으로 올라가고, 상(庠)에서 서(序)로, 서(序)에서 학(學)으로 올라갔으니, 사도(司徒)가 가르치고, 사마(司馬)가 관직에 임용했습니다. 따라서 삼대(三代)의 백성은 배우지 않은 사람이 없고, 배운 사람은 녹(祿)이 그 가운데 있었습니다. 그 배우지 않은 자들은 전답(田畓)을 가꾸어, 삼베와 명주 등의 옷감과 조와 쌀 등의 곡식을 생산하여 윗사람을 섬겼습니다. 그러므로 군자(君子)도 있고 소인(小人)도 있었으니[19], 상(上)·하(下)가 변별됨에 백성들의 뜻이 정해졌습니다.

後世, 師學廢, 而道學不一 ; 鄕射[120]亡, 而禮義不興 ; 貢士[121]不本於鄕里, 而行實不修 ; 秀士不養於學校, 而人材多廢. 今以區區敎養之官, 分置州郡之學, 做對[122]是習, 廩食[123]虛糜, 敎養之效, 槩乎未聞也.

祭酒[124]新設, 看詳學制, 可謂盛矣. 然講經近規, 文義不問, 句讀能誦, 輒登科第[125]. 不求性理, 何關老師? 招聚講義, 士已顰蹙[126]. 記所謂疾其師者, 此之謂也. 間或有若干好名者, 談前經而騰口, 論當世而解頤[127], 修身正心, 略從肚裏過, 治國平天下, 飜出許多說, 亦可羞也. 士習旣廢, 敎化不行, 人材何從而出乎?

---

120) 鄕射(향사) : 鄕射禮. 鄕校에서 활쏘기와 잔치를 베풀어 武藝를 권장하고 美風良俗을 북돋던 일.

121) 貢士(공사) : 地方(州郡)에서 貢擧한 선비, 鄕試에 합격한 사람. '貢擧' 란 州郡에서 俊秀한 子弟를 선발하여 中央으로 추천하는 일.

122) 做對(주대) : 對句를 지음. 문장을 번지르르하게 꾸미는 것으로, 科文(과거시험의 답안지)을 연습하는 것.

123) 廩食(늠식) : '廩' 은 곳집(곡식창고) 또는 祿米. '廩食' 은 '祿米' 와 같은 뜻으로, 祿俸으로 받는 쌀.

124) 祭酒(좨주) : 學政의 長官. 조선초기에는 成均館의 고위책임자를 '祭酒' 라고 했다가 '司成' 으로 이름을 고쳤고, 후에는 司成과 별도로 祭酒를 두었음.

125) 科第(과제) : 科擧에서 成績을 매겨 등수를 정함.

126) 顰蹙(빈축) : '嚬蹙' 과 같은 말로, 눈살을 찌푸리는 것.

127) 解頤(해이) : '頤' 는 턱. '解頤' 는 위턱과 아래턱을 푸는 것, 즉 입을 벌리는 것. 이야기가 아주 근사하거나 흥미로워 듣는 사람으로 하여금 입을 벌리고 감탄하게 함.

후세에는 스승과 학교가 폐지되어 도학(道學)이 통일되지 않았고, 향사례(鄕射禮)가 없어져서 예의(禮義)가 사라졌으며, 인재의 선발을 향리(鄕里)에 근본하지 않음으로써 행실이 닦여지지 않고, 우수한 선비를 학교에서 기르지 않으니 인재가 많이 버려졌습니다. 이제 구구한 교양(教養)의 관리를 주군(州郡)의 학교에 나누어 배치하고, 과문(科文)을 연습시키면서 녹미(祿米)를 허비하나, 교양의 효과를 거의 듣지 못했습니다.[20] 좨주(祭酒)를 신설하여 학교제도를 자세히 살피게 했으니, 성대(盛大)하다고 할 수 있겠습니다. 그런데 강경(講經)에 관한 근래의 규정은 문의(文義)는 묻지 않고 구두(句讀)만 외우면 곧바로 과거에 합격시킵니다. 성리(性理)를 추구하지 않으니, 노숙(老熟)한 스승이 무슨 관계가 있겠습니까? 그리하여 (老熟하지 못한 스승을) 초빙하여 선비들을 모아놓고 강의를 하면, 선비들은 이미 눈살을 찌푸리니, 『예기(禮記)』「학기(學記)」에서 "그 스승을 미워한다" 고 한 것이 이것입니다.[21]

간혹 약간 명예를 좋아하는 자가 있어서, 옛 경전을 담론함에 입으로만 하고 당세의 일을 논함에 마냥 기뻐하여, 수신(修身)·정심(正心)은 대충 스쳐 지나가고 치국(治國)·평천하(平天下)에 대해서는 허다한 말들을 쏟아내니, 또한 부끄러워할 만한 것입니다. 사습(士習)이 이미 무너지고 교화가 행해지지 않으니, 인재가 어디로부터 나오겠습니까? 오늘날 성균관(成均館)의 선비

---

19) '君子와 小人' 은 일반적으로는 '有德者와 無德者' 를 뜻하나, 여기에서는 '統治階級과 被治階級' 을 뜻함.

20) 이 부분은 '製述科' 와 관련하여 당시의 風潮를 비판하는 것임.

21) 이 부분은 '明經科' 와 관련하여 당시의 風潮를 비판하는 것임. 『禮記』「學記」에서는 "오늘날의 교육은 보는 책을 읊으면서 잡다한 것을 질문하고 많은 것을 언급하며, 학생들이 잘 이해하는지는 살피지 않는다. 숙제를 냄도 참으로 노력을 다하게 하지 않고, 학생을 가르치는 데도 그 재주를 다 발휘하게 하지 않는다. 스승도 도리에 어긋나게 가르치고, 학생도 도리에 어긋나게 탐구한다. 그러므로 학생은 자신이 탐구하는 것을 숨기고 스승을 미워하며, 공부의 어려움을 괴롭게 여기고 그 有益함을 알지 못한다." 고 하였다.

今日館學之士, 他日朝廷之人, 旣無問學之功, 寧有適用之策? 是以, 學校無造士之效, 而群策無救民之實也. 此弊欲革, 盍反其古? 惟殿下念之哉!

何謂群策無救民之實也? 古者, 五家爲比, 五比爲閭, 四閭爲族, 五族爲黨, 以相聯屬統治, 而人無不籍, 皆有常業, 役無不均之患, 賦有恒定之法. 是以, 民之從善也輕, 上之使民也易. 以民産言之, 則經界[128]正, 井地[129]均, 田無不受, 人各食力. 後世蕩然無法, 富者跨州縣而莫之止 ; 貧者轉四方而莫之恤. 幸民[130]多而衣食不足 ; 生齒[131]繁而流離漸多. 今之議者, 皆曰 "賦稅必減, 民力乃紓." 此豈非今日急務乎? 然有田者少, 無田者多, 利及於州縣之跨, 而無益於四方之轉. 其與王者[132]之政, 使一夫無不得其所, 遠矣.

128) 經界(경계) : 耕作地의 境界를 정하는 것, 즉 農民에게 農地를 분배하는 것.

129) 井地(정지) : 耕作地를 '井' 字로 구분하여 분배하는 것, 즉 井田法을 시행하는 것.

130) 幸民(행민) : 놀고먹는 백성. 요행을 바라고 生業에 힘쓰지 않는 백성.

131) 生齒(생치) : 이가 남, 또는 금년에 난 아이.

132) 王者(왕자) : 王道政治를 추구하는 君主. '霸者' 와 대비되는 말.

들은 훗날 조정의 관리가 될 사람들인데, 이미 묻고 배우는 노력이 없으니, 어찌 알맞게 쓸 수 있는 방책이 있겠습니까? 따라서 학교가 선비를 양성하는 실효가 없음에, 여러 방책들도 백성을 구제하는 실효가 없는 것입니다. 이 폐단을 개혁하고자 한다면 어찌 고도(古道)로 돌이키지 않겠습니까? 오직 殿下께서는 유념하소서!

'여러 방책들은 백성을 구제하는 실공이 없음' [群策無救民之實]이란 무엇을 뜻하겠습니까? 옛날에는 5가(家)를 비(比)로 삼고, 5비를 여(閭), 4여를 족(族), 5족을 당(黨)으로 삼아서, 서로 묶어서 다스렸습니다. 사람들은 적(籍)이 없는 경우가 없었고, 모두 일정한 생업이 있었으며, 역(役)은 고르지 못한 근심이 없었고, 부(賦)는 일정하게 정해진 법이 있었습니다. 그리하여 백성은 선(善)을 따르기 쉬웠고, 윗사람은 백성을 부리기 쉬웠습니다.

민산(民産)으로 말하자면, 경계(經界)가 바르고 정지(井地)가 균등하여, 전답을 받지 못한 사람이 없었고, 사람들은 각자의 노력으로 먹고살았습니다. 후세에는 이러한 법들이 모두 없어져서, 부자(富者)는 주현(州縣)을 모두 점유해도 막지 않고, 빈자(貧者)는 사방을 떠돌아도 구휼하지 않습니다. 놀고 먹는 백성이 많아짐에 의식(衣食)이 부족하고, 새로 태어나는 아이들이 많아짐에 유랑민이 점점 늘어납니다. 지금 의론하는 사람들은 모두 "부세(賦稅)를 반드시 경감해야 백성들의 힘이 펴진다."고 말하니, 이것이 어찌 오늘의 급무가 아니겠습니까? 그러나 전답이 있는 자는 적고 전답이 없는 자는 많으니, (賦稅를 輕減해도) 주현(州縣)을 차지하고 있는 부자에게는 이익이 미치나, 사방을 떠도는 빈자에게는 이익이 없습니다. 이것은 왕자(王者)의 정치는 한 사람이라도 알맞은 자리를 얻지 못함이 없게 한다는 것과는 거리가 멉니다.

若紓寬民力, 勿奪農時, 使力本者[133], 得以自盡, 則一結之田, 其所出之多, 豈特一二斗之減租而已哉? 且國儲有餘, 兵食自足, 則賜民田租, 以悅其心, 不亦可乎? 今則經費每患不足, 有司之臣, 別爲料理, 以充其數. 其所料理, 亦非出於民乎? 東給而西收, 朝惠而暮病, 實不損上, 名曰益下. 雖有仁聲仁聞, 而民不被其澤矣. 豈王者制産之道乎?

以民力言之, 則周禮五百家相葬, 今則士大夫一葬, 數郡不足 ; 家禮墳碑四尺, 今則神道一石, 千人莫動. 下民效之, 有平生不顧父母之養者, 及其葬也, 聚人爲酒食, 棺槨必備, 石灰必用, 至有具石物者, 豈皆出於愼終歸厚[134]之德哉? 俗尙虛靡, 徒事觀美, 良由國綱不擧, 上下無章, 莫之禁故也. 又有豪强[135], 馳騖[136]於鄕里, 婚姻喪葬, 營造耕耘, 皆虐小民.

133) 力本者(역본자) : 힘에 근본하는 사람, 즉 (農地를 소유하지 못하고) 노동력에 의지해서 사는 사람.

134) 愼終歸厚(신종귀후) : 曾子는 "愼終追遠하면, 백성들의 德이 두텁게 된다."(愼終追遠, 民德歸厚矣. : 『論語』 學而 9)고 말한 바 있다. '愼終' 이란 죽은 사람의 葬禮를 신중하게 치르는 것, '追遠' 이란 먼 조상을 추모하여 祭祀를 지내는 것.

135) 豪强(호강) : 富貴와 權勢를 누리는 집안.

136) 馳騖(치무) : 말을 빨리 몲, 奔走하게 돌아다님, 횡포를 부림.

만약 백성들의 힘을 너그럽게 펴주고 농사지을 시간을 빼앗지 않음으로써, 농사짓는 사람이 온 힘을 다할 수 있게 한다면, 1결(結)의 전답에서 증산(增産)되는 소출이 어찌 다만 한두 말의 조세(租稅)를 덜어주는 정도뿐이겠습니까? 또한 국가의 저축이 여유가 있고 병사들의 식량이 스스로 충분하다면, 백성들에게 조세를 나누어주어 그들의 마음을 기쁘게 하는 것도 가능하지 않겠습니까? 지금은 항상 경비의 부족을 근심하여, 책임을 맡은 신하가 별도로 요리(料理)하여 그 숫자를 채웁니다만, 그 요리하는 바 또한 백성들에게서 나온 것이 아니겠습니까? 동쪽에 주고 서쪽에서 거둬들이며, 아침에 혜택을 베풀고 저녁에는 병들게 하며, 실제로는 윗사람의 것을 덜어내지 않고 명목상으로는 아랫사람에게 보태준다고 하니, 비록 어질다는 소문이 들려도 백성들은 그 혜택을 입지 못하는 것입니다. 이것이 어찌 왕자(王者)가 민산(民産)을 다스리는 도리이겠습니까?

민력(民力)으로 말하자면, 『주례(周禮)』에서는 5백 가(家)가 서로 장례(葬禮)를 돕는다고 했는데, 지금은 사대부(士大夫)가 한번 장례를 치르자면 여러 군(郡)으로도 부족합니다. 『가례(家禮)』에서는 무덤의 비석은 4척이라 했는데, 지금은 1천 명의 사람이 신도비(神道碑)의 돌 하나를 움직일 수 없습니다. 아랫사람들도 이것을 본받아, 평생토록 부모 봉양을 돌보지 않던 자가 장례를 치를 때에는 사람들을 모아서 술과 음식을 내고, 반드시 관(棺)과 곽(槨)을 갖추며, 반드시 석회를 쓰고, 석물(石物)을 갖추는 자까지 있으니, 이것이 어찌 모두 신종귀후(愼終歸厚)의 덕에서 나온 것이겠습니까? 풍속이 허례허식을 숭상하여 한갓 아름답게 보이는 것만을 일삼으니, 이것은 진실로 국가의 기강이 잡히지 않고 상하에 법도가 없어서 금지하는 사람이 없기 때문입니다. 또 권세있는 집안은 향리에서 횡포를 부려, 혼인(婚姻)·상장(喪葬)이나 건물을 짓고 농사를 지을 때 모두 힘없는 백성들을 학대하며, 보통

凡常品官[137]，各聚籬下[138]，使良民如己奴. 公私赴役之日甚多，充伍練習之時甚數，雖欲耕，得乎? 湖西大同之後，朝家之令，一切使不得役民，而紀綱不立，鮮有奉行者矣.

以賦稅言，則今之賦甚輕，而貢則甚重，非先王之法也. 且三南[139]量田，而猶有未盡，五道最急，而無能擧行；諸宮家各衙門位田[140]免稅，國家之謬規，而猶未罷革；沿海鹽盆[141]魚箭[142]船稅，國家之所有，而盡入於私門. 由是國入不足，而未免誅求於民，良可慨然. 夫大同之行，或以爲便，或以爲不便，臣以爲皆是也. 所謂便者，向者沿邊郡邑，偏受其苦，玆法之行，比前半減，此目前之便也；所謂不便者，日久則弊生，有甚於他法，國綱少弛，決不可堪，此預慮其不便者.

---

137) 品官(품관) : 국가의 규정에 따라 정식 품계를 가진 벼슬아치.

138) 籬下(이하) : 울타리 아래. 울타리는 자신의 영역을 설정하는 것인바, 이런 맥락에서 '자신의 管內' 를 '籬下' 라고 한 듯하나, 未詳함.

139) 三南(삼남) : 嶺南 · 湖南 · 湖西로서, 지금의 경상도 · 전라도 · 충청도를 통틀어 이르는 말.

140) 位田(위전) : 結稅나 수확을 일정한 목적에 쓰기 위하여 특별히 설정한 밭.

141) 鹽盆(염분) : 바닷물을 졸여서 소금을 만들 때 쓰는 큰 가마. '鹽盤 · 鹽釜' 와 같은 뜻.

142) 魚箭(어살) : 물고기를 잡는 장치의 한 가지로, 싸리 · 참대 · 장목 등을 강이나 바다에 날개 모양으로 둘러 꽂고 그 가운데에 그물을 달아 둔 것.

의 품관(品官)들도 각각 관내(管內)의 양민(良民)을 모아다가 자기의 노비(奴婢)처럼 부립니다. 이처럼 공사(公私)의 부역(赴役)을 하는 날이 매우 많고, 대오(隊伍)를 채워 연습하는 때가 매우 잦으니,[22] 비록 밭을 갈려고 한들 그럴 수 있겠습니까? 호서(湖西) 지방에 대동법(大同法)을 시행한 다음부터는 일절(一切) 백성들을 부릴 수 없도록 조정에서 명령했지만, 기강이 세워지지 않아 봉행(奉行)하는 자가 드뭅니다.

부세(賦稅)로 말하자면, 지금은 부(賦)는 매우 가볍고 공(貢)은 매우 무거우니, 선왕(先王)의 법이 아닙니다.[23] 또한 삼남(三南)의 양전(量田)은 오히려 미진한 점이 있는바, 다섯 도(道)가 가장 급한데도 거행하지 못하고 있습니다. 여러 궁가(宮家)와 각 아문(衙門)에 딸린 전답에는 세금을 면하는 것도 국가의 잘못된 법규인데, 오히려 아직 혁파하지 못했습니다. 또 연해(沿海)의 염분(鹽盆)·어살(魚箭)·선세(船稅) 등은 국가의 소유인데도 모두 사사로운 가문(家門)으로 들어가고 있습니다. 이런 연유로 국가의 세입이 부족하여, 백성들에게 가렴주구(苛斂誅求)를 면치 못하니, 진실로 개탄할 일입니다. 무릇 대동법(大同法)을 시행함에, 혹자는 편리하다고 하고, 혹자는 불편하다고 하는데, 臣은 모두 옳은 의견이라고 생각합니다. 이른바 '편리함' 이란, 예전에는 연변(沿邊)의 군읍(郡邑)만이 치우치게 그 고통을 받았는데, 이 법을 행하면서 전에 비해 고통이 반으로 줄었으니, 이것이 목전(目前)의 편리함입니다. 이른바 '불편함' 이란, 시일이 오래되면 폐단이 생기는 것이 다른 법보다도 심한 것으로서, 국가의 기강이 조금이라도 해이해지면 결코 감당할 수 없다는 것이니, 이것은 그 불편함을 미리 염려한 것입니다.

---

22) 빈번하게 軍事訓練에 동원됨을 말함. '數(삭)' 은 '자주, 빈번하게' 의 뜻.

23) '賦' 는 경작해서 수확한 穀食을 바치는 것, '貢' 은 각 지방의 特産物을 바치는 것, '役' 은 兵役이나 身役 등 勞役을 바치는 것.

大概此法, 只有一項緊要難易處, 此一事不爲放過, 則無弊矣. 所謂一事者, 如御供[143]之物, 隨其市上之有無而貿用, 不復求之於本道, 則庶幾永久可行矣. 且各邑守令廉白者, 皆以此法爲便, 然下吏先被其害. 郡縣之貿物, 專責於下吏, 廉價而倍徵, 波及於一族, 此監司御史[144]之所當察也. 不爲禁防, 則不出數十年, 下吏不得保存, 法不行矣.

以兵事言之, 則古者兵農不分. 無事則爲比閭族黨, 受敎於司徒, 篤尊君愛親之行 ; 有事則爲伍兩軍師, 聽命於司馬, 奮親上死長[145]之志. 故王者之兵, 有征無戰.

143) 御供(어공) : 임금께 물건을 進供함.

144) '御史'는 石印本에는 '御使'로 되어 있는바, 木版本에 근거하여 '御史'로 고쳤음.

145) 親上死長(친상사장) : 윗사람을 친하게 여기고 어른을 위해 목숨을 바침. 孟子는 "임금이 仁政을 베풀면 백성들이 윗사람을 친하게 여기고 어른들을 위해 목숨을 바칠 것"이라 했음. 『孟子』 梁惠王下 제12장 참조.

대개 이 법에는 다만 한 항목의 긴요한 바꿀수 없는 내용이 있으니, 이 하나의 일을 방심하지 않는다면 폐단이 없을 것입니다. 이른바 '하나의 일' 이란 예컨대 임금께 바치는 물건을 시장(市場)에 있고 없음에 따라서 구입해 쓰는 것이요, 다시 본도(本道)[24]에 요구하지 않는 것이니, 그러면 거의 영원토록 시행할 수 있을 것입니다. 또한 각읍의 청렴한 수령들은 모두 이 법을 편리하게 여기나, 하리(下吏)들은 먼저 그 해(害)를 입습니다. 군현(郡縣)이 물건을 사고파는 것은 오로지 하리의 책임인데, 싼 값으로 사고 그 갑절을 징수하니,[25] 그 파동이 일족(一族)에게까지 미칩니다. 이것은 감사(監司)와 어사(御史)가 마땅히 살펴야 할 바입니다. 이것을 금지시키지 못한다면 수십 년 안에 하리는 보존할 수 없고, 법은 행해지지 못할 것입니다.

병사(兵事)로 말하자면, 옛날엔 병(兵) · 농(農)을 분리하지 않았습니다. 일이 없으면 비(比) · 려(閭) · 족(族) · 당(黨)의 백성이 되어 사도(司徒)에게 교육을 받음으로써[26] 임금을 존경하고 부모를 사랑하는 행실을 두텁게 했고, 일이 있으면 오(伍) · 량(兩)의 군사(軍師)[27]가 되어 사마(司馬)의 명령을 받음으로써 윗사람을 친하게 여기고 어른을 위해 목숨을 바치는 뜻을 떨쳤습니다. 그러므로 왕자(王者)의 군사는 정(征)은 있으나 전(戰)은 없는 것입니다.[28]

---

24) '本道' 란 그 특산품이 생산되는 道를 말함.

25) 下吏가 貢物로 바칠 물건을 구입할 때에는 싸게 사고, 주민들에게 貢物의 값을 징수할 때에는 갑절이나 징수한다는 뜻.

26) '比 · 閭 · 族 · 黨' 은 행정구역의 단위로서, 각 단위에 사는 모든 백성을 지칭함. '比 · 閭 · 族 · 黨의 백성이 되어 司徒에게 교육을 받는다' 는 것은, 比 · 閭 · 族 · 黨마다 모두 학교가 있고, 학교에서 교육을 받는다는 뜻임.

27) '伍 · 兩' 은 군대 조직의 단위. 5명을 伍, 25명을 兩, 100명을 卒, 500명을 旅라 했음. '軍 · 師' 역시 군대 조직의 단위이고도 하고, '軍隊' 를 뜻하기도 함.

後世, 養民之政不擧, 點兵[146]之法徒嚴, 驅市人而赴敵, 竭國用而給餉, 此唐宋兵政之弊也. 我國先王, 選民爲卒, 寄兵於農, 各分其衛, 番上遞代, 國無餉粮之費, 士無獨勞之歎. 其法甚美, 而只緣平時無事, 五衛取才之規廢, 而軍士歸於胥吏之使喚矣. 亂後多故, 州郡籍民之法弛, 而人物漏於公家[147]之板簿[148]矣. 强者閑遊, 弱者流散.

146) 點兵(점병) : 한 사람씩 이름을 불러가며 군사의 수효를 확인함.

147) 公家(공가) : 朝廷 · 王室, 또는 官廳. 이곳에서는 '戶曹'를 뜻함.

148) 板簿(판부) : '板(版)'은 '版曹'로서, 戶曹의 別稱. '板簿(版簿)'란 '戶曹의 帳簿'로서, 戶籍簿 · 地籍簿 등을 뜻함.

후세에는 백성을 기르는 정치는 행해지지 않고 한갓 점병(點兵)의 법만 엄해져서, 시장(市場) 사람들을 몰아서 적(敵)에게 달려가게 하고,[29] 국가의 재용(財用)을 고갈시키면서 군량(軍糧)을 보급하니, 이것은 당(唐)·송(宋) 시대 병정(兵政)의 폐단입니다.

우리나라의 선왕(先王)은 백성들을 선발하여 군졸을 삼았고, 병(兵)을 농(農)에 붙였으며, 각각 그 위(衛)를 나누어 교대로 번상(番上)하게 했으니,[30] 국가는 군량(軍糧)의 경비를 부담하지 않았고, 군사들은 혼자만 수고한다는 탄식이 없었습니다. 그 법은 매우 아름다웠으나, 다만 평시에 무사했던 까닭으로 '오위(五衛)에서 취재(取才)하는 법규'[31]가 폐지되고, 군사(軍士)는 서리(胥吏)의 심부름꾼이 되고 말았습니다. 난리가 있고 난 다음에는 여러 가지 사정으로 주군(州郡)에서 백성의 호적을 관리하는 법이 느슨해지고, 사람과 재물이 관청의 판부(板簿)에서 누락되었습니다. 그리하여 강자(强者)는

---

28) 孟子는 '征' 이란 '上伐下' 라고 설명했거니와, '諸侯가 罪가 있을 때 天子가 토벌하여 바로잡는 것' 을 말한다. 孟子는 "대등한 나라들끼리는 서로 征伐하지 못한다"(敵國不相伐)고 했다. '戰' 이란 '대등한 나라들끼리 서로 싸우는 것' 이다(『孟子』 盡心下 제2장, 제4장 참조). "王者의 군사는 征은 있으나 戰은 없다"는 것은, 王者는 不義를 是正하기 위한 '正義로운 戰爭' 은 하지만, 영토를 확장하기 위한 '侵略戰爭' 은 하지 않는다는 뜻이다.

29) 전혀 훈련되지 않은 백성을 戰場으로 내보냄을 뜻함. 孔子는 "가르치지 않은 백성으로 싸우게 한다면, 이것은 백성을 버리는 것"이라고 말한 바 있다(『論語』 子路 제30장).

30) '각각 그 위(衛)를 나누었다' 는 것은 군대를 '五衛' 로 편성하여 각각 그에 소속되게 했다는 뜻이며, '교대로 番上하게 했다' 는 것은 각 衛마다 군사들을 교대로 근무하게 했다는 뜻임. '番上' 이란 시골의 軍丁들이 番의 차례가 되어 서울에 올라와 兵役이나 勞役에 복무하는 것을 말함.

31) '五衛' 란 조선 전기의 군사제도로, 中衛는 義興衛, 左衛는 龍驤衛, 右衛는 虎賁衛, 前衛는 忠佐衛, 後衛는 忠武衛라 하였다. '取才' 란 科擧에 의하지 않고 일정한 시험을 통해 사람을 뽑는 것을 말하는바, 下級官吏를 採用하거나 昇進·復職시킬 때 주로 행했다. '五衛에서 取才하는 법규' 란 五衛의 軍士들이 당번근무를 마치고 교대할 무렵 이들의 武藝를 시험하여 昇進시켜주던 것으로, 軍士들의 士氣를 높이고 精銳 군사를 양성하기 위해 이를 시행했었던 것이다.

刷丁[149]塡闕[150]，逃不旋踵[151]，歲抄[152]督急[153]，搜括[154]何得？哀哀赤子，襁褓[155]充役．一番徵布之數，中產半年之資．父耕母織，晨夜不休，朝供番布，夕無所食．此無他，良民從母之規不立，而良籍日縮；有蔭充衛之法不行，而閑遊日衆．弱者益弱，苦者長苦矣．

---

149) 刷丁(쇄정) : '刷'는 '刷括'로서, 숨기거나 빠뜨린 것을 조사하여 찾아냄. '刷丁'은 누락되거나 도망간 人丁을 색출함.

150) 塡闕(전궐) : 빠진 부분을 채움.

151) 旋踵(선종) : 발꿈치를 돌림, 즉 돌아섬. '逃不旋踵'은 '도망쳐 돌아오지 않는다'는 뜻.

152) 歲抄(세초) : 세밀, 연말. 또는 해마다 6월과 12월에 군대에 생긴 결원을 보충하는 일.

153) 督急(독급) : '督促(독촉)'과 같은 뜻. '督'은 '재촉하다'의 뜻.

154) 搜括(수괄) : 숨기거나 빠뜨린 것을 조사하여 찾아냄. 刷括.

155) 襁褓(강보) : 어린애를 업을 때 두루는 포대기.

한가하게 놀고, 약자(弱者)는 사방으로 흩어졌습니다.

누락된 인정(人丁)을 색출하여 빠진 부분을 채워도 도망쳐 돌아오지 않으니, 세밑마다 독촉해서 색출한들 무슨 소용이 있겠습니까? 슬프게도 갓난아이만 포대기에 싸인 채 군역에 채워집니다. 한 번(番)에 징수하는 군포의 수량은 보통 살림의 반년치나 되어, 아비는 밭을 갈고 어미는 베를 짜며 새벽부터 밤늦게까지 쉬지 못해도, 아침에 번포(番布)를 바치면 저녁에는 먹을 것이 없습니다. 이것은 다름이 아니라 '양민(良民)인 어미를 따르는 법규'[32]가 확립되지 못해서 양적(良籍)이 날로 줄어들고, '유음(有蔭)으로 오위(五衛)를 채우는 법규'[33]가 시행되지 않아 한가하게 노는 사람들이 날로 늘어나기 때문입니다. 그리하여 약자는 더욱 약해지고, 고달픈 사람은 영원히 고달픕니다.

---

32) 조선시대 身分制 사회에서 奴婢의 所生은 奴婢가 되었다. 그런데 良民과 賤民(奴婢)이 결혼했을 경우, 그 所生의 身分을 결정하는 방식은 시대에 따라 차이가 있었다. 고려 후기에는 父 · 母 가운데 한쪽만 賤民이면 자녀도 奴婢가 되게 했는데, 이에 따라 奴婢의 수는 증가하는 반면 良人의 수는 크게 감소하게 되어, '軍役 부담자의 감소'라는 문제가 발생했다. 조선 초기에는 아내가 良人인 경우보다 남편이 良人인 경우가 많았으므로, 良人을 증가시키기 위한 방법으로 '從父法'(良賤交婚의 경우, 아비의 신분에 따라 所生의 신분을 결정하는 것)을 시행하였다(태종 14년, 1414). 그 후 1432년(세종 14)에는 從父法을 폐지하고 從母法을 시행했으며, 세조 때는 다시 부모 가운데서 한쪽이 노비이면 그 소생도 노비가 되도록 하였다. 조선 후기에 이르러 良賤交婚이 더욱 확산되고, 良人의 여자로서 賤民의 아내가 되는 경우가 많아지면서 다시 '軍役의 감소 문제'가 야기되었다. 이러한 맥락에서, 草廬는 '良人 증가책'의 일환으로 다시 '從母法'(아비는 賤民이고 어미는 良民일 경우, 그 所生의 신분을 良民으로 결정함)을 도입하자고 주장한 것이다.

33) '조상의 功德으로 蔭職을 받는 것'을 '有蔭'이라 하고, '蔭職을 받은 사람이나, 받을 자격이 있는 사람'을 '有蔭人'이라 하였다. 그런데 '蔭職의 수'는 한정되어 있고 '有蔭人의 수'는 많아지자, 有蔭人 가운데 많은 수가 '閑良'(벼슬할 자격이 있으나 자리가 없어서 한가하게 지내는 사람)이 된 것이다. 草廬는 이들에게 軍職을 주어 五衛에 소속시키자고 건의하는 것이다.

今之議者，以爲不祥也，兒弱逃故，除其徵布. 此令一下，閭巷鼓舞，孰不曰吾王之德也? 然此特今年一爲之事耳，非所以長久救濟之策，而況文書未査之前，有依舊還捧[156]之命，則民皆失心. 雖曰明年計減，不以爲信，愁頞仍蹙[157]，和氣還收. 失信於民，非細事也. 若夫束伍，則旣有身役，又有賦役，兼有此役，何以支當? 兵使營將，例有巡邑點閱之事；監司亦有到境結陣之擧. 一年之內，期會者，凡幾巡矣.

---

156) 還捧(환봉) : 꾸어 주었거나 빌려주었던 돈이나 물품을 받아들임.

157) 愁頞仍蹙(수알잉축) : 근심스럽게 콧대를 찡그림. '頞' 은 콧대, '蹙' 은 찡그림.

오늘날 의론하는 사람들은 이것을 좋지 못하게 여겨, 어린이나 약자, 도망한 경우와 죽은 경우에 대해서는 군포(軍布)의 징수를 면제하자고 했습니다. 이러한 법령이 하달되자, 여항의 사람들이 고무되어 모두 '우리 임금님의 덕' 이라고 칭송했습니다. 그러나 이것은 다만 금년에 한번만 시행하는 것으로서, 장구하게 구제하는 방책이 아니었습니다. 하물며, '문서를 조사하기 전에는 예전과 마찬가지로 환봉(還捧)하라' 는 명령이 있자, 백성들은 모두 실망했습니다. 비록 '명년(明年)에 따져서 경감해 주겠다' 고 했지만, 백성들은 믿지 않고 근심스럽게 콧대를 찡그리며 화기(和氣)를 거두고 맙니다. 백성들에게 신뢰를 잃는 것은 작은 일이 아닙니다.

속오군(束伍軍)의 경우에는 이미 신역(身役)이 있고 또 부역(賦役)이 있는데도, 이 역을 겸하는 것이니,[34] 어찌 견딜 수 있겠습니까? 병사(兵使)와 영장(營將)이 정기적으로 고을을 돌면서 (束伍의 軍士를) 검열하고, 감사(監司) 또한 변경에 와서 진법(陣法) 훈련을 거행하니,[35] 한 해에 정기적으로 소집하는 것만 해도 몇 차례나 됩니다. 그런데 봄·가을의 습진(習陣)·조련(操練)의

34) 束伍軍은 壬辰倭亂 때부터 편성되기 시작한 군대로, 良民과 公私賤民으로 조직하였다. 그런데 조선 후기에 이르면서 점차 良民은 제외되고 賤民으로만 편성되게 되었다. 한편, '身役' 은 노비가 해마다 정기적으로 제공해야 하는 勞役이었으며, 賦役(傜役)은 貢物의 수송이나 토목공사 등을 위해 수시로 제공하는 勞役이었다. 따라서 賤民으로서 束伍軍에 편입된 사람은, 노비로서의 身役과 수시로 동원되는 賦役(傜役), 그리고 軍役을 부담하게 된 것이다.

35) '兵使' 는 兵馬節度使로서, 各道의 陸軍을 지휘하는 武官이었고, '營將' 은 束伍軍 軍營의 최고 지휘관이었다. 營將은 겨울철 농한기에 束伍軍을 소집하여 진법훈련과 포술·검술 등 무예훈련을 실시하고, 매년 1회씩 道 전체의 병력을 소집하여 진법훈련을 시행하였다. 營將은 武官 출신이 임명되었으며, 군사훈련만 전담한 관리였다. 이러한 제도가 실시되면서 그 이전까지 지방의 監司나 守令이 장악한 行政權과 軍事權이 일부 분리되었다. 즉 監司·守令은 병력의 소집과 동원만을 담당하고, 군사훈련은 營將이 전담하게 된 것이다. 그러나 監司·守令의 반발과 유능한 武臣의 부족, 재정문제 등으로 孝宗 이후 全擔營將制가 폐지되고, 監司·守令이 병력의 관리·조직·훈련을 모두 맡는 兼營將制로 전환되었다.

春秋兩時, 習操[158]之苦, 又有甚者. 前期旣有本官犒點[159]之會, 到坊又有城堞[160]役使之規, 往來道路, 遠近不一, 東奔西走, 莫敢或處. 以兵農兼行之一身, 奔走於田野行伍[161]之間, 犁弓[162]竝時, 鋤兵交手, 聞有傳令, 則必疾首相告曰 "某日操習矣, 何時耕稼乎 ; 某日巡點矣, 何暇收穫乎?" 藩籬毁破, 乘屋無時. 吁嗟濶兮, 不我活兮. 居常怨苦, 旣無敵愾之心, 異日緩急, 寧有死長之望乎? 其充伍也, 稍有形勢者, 圖免尤甚, 窮弊者被抄, 不能聊生, 皆思遠走. 一室不保, 四隣見侵, 隣之隣, 族之族, 無所不及. 若此不已, 國無類矣.

---

158) 習操(습조) : '習' 은 '習陣' 으로, 陣法을 익히는 것. '操' 는 '操鍊' 으로, 군사적 지식 · 기능 · 관습 등을 가르치는 훈련.

159) 犒點(호점) : '犒' 는 '犒饋(호궤)' 로, 軍士에게 맛있는 음식을 주고 위로함. '點' 은 '點閱' 로, 軍士를 점검하고 검열함.

160) 城堞(성첩) : '堞' 은 성가퀴로, 城 위에 나지막하게 쌓은 담.

161) 行伍(항오) : 군대의 隊列.

162) 犁弓(여궁) : '犁' 는 쟁기질하는 것. '弓' 은 활쏘는 것.

고통은 더욱 심합니다. 전기(前期)에 이미 본관(本官)이 호궤(犒饋)와 점열(點閱)을 위해 소집하고, 마을마다 또 성첩(城堞)을 수축(修築)하기 위한 사역(使役)의 법규가 있습니다. 또 왕래하는 도로는 원근(遠近)이 일정하지 않으니, 동분서주(東奔西走)하느라 감히 어느 곳에서도 머물러 있을 수 없습니다.

한 몸으로 병역과 농업을 겸해서 수행하느라 들판과 항오(行伍)의 사이에서 분주(奔走)하니, 쟁기질과 활쏘기를 동시에 하고 호미와 무기를 번갈아 잡는 것입니다. 그러다가 군령(軍令)을 전하는 소리를 들으면, 반드시 서로 골치 아픈 표정으로 "며칠날에는 훈련이 있으니 언제 밭을 갈며, 며칠날에는 점호가 있으니 언제 수확하는가?" 라고 호소합니다. 울타리는 무너지고, 지붕을 올리려 해도 시간이 없습니다. "아아! 멀리 헤어져 있어서, 우리 함께 살 수가 없구나!"[36] 항상 원망과 고통 속에서 살면서 이미 (外賊에 대한) 적개(敵愾)의 마음이 사라졌으니, 다른 날 완급(緩急)의 사태가 생겼을 때 어찌 어른을 위해 목숨을 바치리라고 기대할 수 있겠습니까?

속오군(束伍軍)을 충원할 때, 조금이라도 형세가 있는 사람은 면제받으려고 도모함이 더욱 심하고, 궁핍한 사람은 세초(歲抄)를 당하여 겨우 살 수조차 없기에 모두 멀리 도망갈 것을 생각합니다. 한 집이 보존되지 못하면 사방의 이웃이 침해당하여, 이웃의 이웃, 족속의 족속까지 미치지 않는 곳이 없습니다. 이와 같이 하기를 그치지 않는다면 나라는 나라꼴이 아니게 될 것입니다.

---

36) 『詩經』 邶風(패풍) 〈擊鼓〉의 마지막 구절을 인용한 것임. 〈擊鼓〉는 전쟁터에서 시달리는 兵士가 아내를 그리면서 읊은 詩로서, 그 마지막 부분에서는 "죽음과 삶과 만남과 헤어짐을 그대와 함께 하자고 약속했었지. 그대의 손을 잡고 그대와 偕老하려 했었네. 아아! 멀리 헤어져 있어서 우리 함께 살 수가 없구나! 아아! 멀리 떠나서 우리의 약속을 어기게 되다니!"(死生契闊, 與子成說. 執子之手, 與子偕老. 于嗟闊兮! 不我活兮! 于嗟洵兮! 不我信兮!)라고 하였다.

今之議者, 甲則曰 "旣有兵使, 營將可罷." ; 乙則曰 "不爲無益, 不可遽罷." 臣以爲皆非實見也. 治不忘亂, 況此時乎? 兵要鍊精, 營將何可罷乎? 然徒知營將之不可罷, 而不知爲根本之計, 民無所敎, 兵無所養, 則臣恐鍊愈精而怨益深 ; 兵愈多而亂愈生也. 至於上番軍士, 則國家設爲之法, 爲宮禁[163]守衛之意也, 而步兵徵布, 半歸於本曹之虛費. 各處分軍, 多縮於下吏之操縱. 不復先王五衛之良法, 加設御營京砲之新兵, 百弊日滋, 憂虞多端. 盖亂離以後, 國綱解弛, 兩班子支, 不屬五衛, 故宿衛[164]不可廢, 而新兵所以設也. 其議論者, 是非不一. 或曰 "禍亂之萌, 不可不慮也." 或曰 "不虞之備, 有不可廢也." 臣以爲皆有理也. 兵, 氣也. 聚之於輦轂[165]之下, 不有以處之, 則禍由此作, 前鑑[166]可戒. 諸色[167]之軍, 月費廩料, 國用難繼.

163) 宮禁(궁금) : '宮闕' 의 별칭.

164) 宿衛(숙위) : 궁궐에서 숙직을 하면서 지키는 군사. 宿衛軍.

165) 輦轂(연곡) : 임금이 타는 수레. '輦轂之下' 란 '임금이 타는 수레의 밑' 이란 말로, '서울' 을 뜻함.

166) 前鑑(전감) : 龜鑑이 되는 지난날의 事例.

167) 諸色(제색) : 갖가지. 여러 部署.

오늘날 의론하는 사람들은, 갑은 "이미 병사(兵使)가 있으니 영장(營將)은 혁파해야 한다"고 말하고, 을은 "(營將이) 무익한 것이 아니니, 갑자기 혁파할 수는 없다"고 말합니다. 臣이 생각하기에, 이 두 견해는 모두 참된 견해가 아닙니다. 치세(治世)에도 난리를 잊어서는 안 되는데, 하물며 지금과 같은 때이겠습니까? 병졸은 정예(精銳)로 훈련하는 것이 중요하니, 영장을 어찌 혁파할 수 있겠습니까? 그러나 영장을 혁파할 수 없다는 것만 알고 근본의 계책을 세우는 것은 몰라서, 백성들은 (軍事) 교육을 받음이 없고 병졸들은 부양(扶養)을 받음이 없다면, 臣은 훈련이 정예화될수록 원망은 더욱 깊어지고 병졸들이 많아질수록 난리는 더욱 자주 생길까 두렵습니다.

상번(上番)의 군사(軍士)에 이르러서는, 국가에서 이러한 법제를 설치한 뜻은 궁궐의 수비를 위한 것이었습니다. 그런데 보병(步兵)에게 군포를 징수한 것이 반(半)이나 본조(本曹)의 헛된 비용으로 쓰이고 있습니다. 각처에서 군포를 나누어가고, 또 많은 양이 하리(下吏)의 조종(操縱)으로 쪼그라듭니다. 선왕의 오위(五衛)의 훌륭한 제도를 복원하지 않고 어영(御營)·경포(京砲) 등 새로운 병제(兵制)를 추가로 설치함에, 온갖 폐단이 날로 늘어나고 근심거리는 더욱 많아졌습니다. 대개 난리 이후에 국가의 기강이 느슨해져서, 양반(兩班)의 자제는 오위(五衛)에 소속시키지 않았습니다. 숙위(宿衛)를 폐지할 수는 없었던바, 따라서 새로운 병제를 창설하게 된 것입니다. 이에 대해 의론하는 사람들의 시비(是非)가 일정하지 않으니, 혹자는 "화란(禍亂)의 싹이니, 우려하지 않을 수 없다"고 하고, 혹자는 "예상치 못한 것을 대비하는 것이니, 폐지할 수 없다"고 말합니다.

臣이 생각하기에, 두 주장이 모두 일리가 있습니다. 병(兵)은 기(氣)입니다. 병사를 서울에 모아놓고 제대로 처리하지 않는다면 이로부터 화란이 생기는 것이니, 전감(前鑑)을 경계로 삼을 수 있습니다. 여러 부서의 군사들에게 날마다 녹봉을 주자면, 국가의 재용(財用)이 지속되기 어렵습니다. 또 포수(砲

砲手之抄, 擧家徙京, 艱食有甚. 朝家待之, 或不如一. 事變之來, 難保其無, 則或者之憂, 不爲過慮也. 然宮禁宿衛, 何可已乎? 苟切切然禍亂之是虞, 而徒欲去其不可去之衛卒, 則是惡蟲蛆而欲棄醯[168]也. 其可乎哉?

以節用言之, 則易曰 "節以制度, 不傷財, 不害民." 程子曰 "損者, 損過而就中, 損浮末而就本實也. 天下之害, 無不由末之勝也." 夫國家財用, 皆出於民. 如有不節, 而用度有闕, 則橫賦暴斂, 必將有及於民者. 必先節用, 此不易之理也. 我國大典, 宮室之制, 大君六十間, 公主王子君五十間, 文武官二品以上四十間, 三品以下三十間, 庶人十間, 有踰制者毁之. 五禮儀, 昏姻之儀有式, 喪葬之禮有節, 冠服之制有法, 飮食之器有數, 祭祀之物有品, 上下之儀章不同, 貴賤之等威有別. 故風俗尙儉, 民志有定矣. 今皆不然, 其奢侈之弊, 言之, 日亦不足矣.

168) '棄醯' 는 石印本에는 '棄鹽' 으로 되어 있는바, 木版本에 근거하여 '棄醯' 로 고쳤음.

手)들을 선발하여 온 식구와 함께 서울로 이사시키면서, 녹봉을 주기가 더욱 어렵게 됨에, 조정에서 그들을 대우함이 간혹 일정하지 못했던 것입니다. 그리하여 앞으로 사변(事變)이 생기지 않으리라고 보장할 수 없으니, 혹자의 근심은 지나친 것이 아닙니다. 그러나 궁궐의 숙위를 어찌 그만둘 수 있겠습니까? 진실로 절절하게 화란만 근심하여 한갓 없앨 수 없는 숙위의 병졸만 없애고자 한다면, 이것은 구더기가 무서워서 간장을 버리는 꼴입니다. 그것이 옳겠습니까?

절용(節用)으로 말하자면, 『주역(周易)』 절괘(節卦) 상사(象辭)에서는 "제도(制度)로써 절제하여, 재물을 손상하지 않고 백성을 해치지 않는다."고 했으며, 정자(程子)는 (『周易』의 損卦에 대한 설명에서) "손(損)이란 지나친 것을 덜어서 중용을 이루는 것이요, 부화(浮華)한 말단을 덜어서 근본을 충실하게 하는 것이다. 천하의 해로움은 모두 말단이 지나친 데서 말미암는다."고 했습니다. 무릇 국가의 재용(財用)은 모두 백성으로부터 나오는 것입니다. 만약 절제하지 않아서 용도(用度)에 모자람이 있다면, 반드시 장차 백성에게 어긋나고 사납게 부세(賦稅)를 걷게 됩니다. 반드시 먼저 쓰임새를 절약하는 것, 이것은 바꿀 수 없는 이치입니다.

우리나라의 『경국대전(經國大典)』에서 정한 궁실(宮室)의 제도는, 대군(大君)은 60칸, 공주(公主)·왕자군(王子君)은 50칸, 문무관(文武官) 2품 이상은 40칸, 3품 이하는 30칸, 서인(庶人)은 10칸으로서, 이것을 넘으면 헐어버린다고 했습니다. 또 『오례의(五禮儀)』에서는 혼인(昏姻)의 의식, 상장(喪葬)의 예절, 관복(冠服)의 제도, 음식의 그릇 숫자, 제사의 물품 등을 모두 정해 두었고, 상하(上下)의 의장(儀章)을 다르게 하고 귀천(貴賤)의 등위(等威)를 구별해 놓았습니다. 그러므로 풍속이 절검(節儉)을 숭상하고, 백성들의 뜻이 일정하게 되었던 것입니다. 그런데 지금은 모두 그렇지 않으니, 그 사치(奢

今之議者, 皆曰 "公主第宅[169]踰制, 宮家[170]設庄[171]有弊, 必皆毁破, 然後上行下效, 民俗歸於尙儉." 此則當今急先務也. 立治之本, 無過於此. 然大志不立, 小者易奪, 義理不明, 物欲難制. 侈心未去, 財用不惜, 則第宅朝毁而暮又作矣, 宮庄名罷而實不罷矣. 恭儉豈可聲音笑貌爲哉?

以足食言之, 則有子曰 "百姓足, 君孰與不足? 百姓不足, 君孰與足?"[172] 盖聖人之立政也, 賤貨而貴德, 遠利而尙廉. 天子不問有無, 諸侯不言多少. 夫務鳩斂[173]而厚帑櫝[174]之積者, 匹夫之富也 ; 務發散[175]而收兆庶之心者, 人君之富也. 陸贄告德宗[176]曰 "散小儲, 成大儲 ; 損小寶而固大寶[177]也." 此言當味也.

---

169) 第宅(제택) : '邸宅(저택)' 과 같은 말. '第' 는 '집' 의 뜻.
170) 宮家(궁가) : 大君 · 王子君 · 公主 · 翁主 등의 邸宅.
171) 設庄(설장) : 農庄(農莊)을 설치함.
172) 『論語』 顔淵 제9장에 보임.
173) 鳩斂(구렴) : 사방에 흩어져 있는 백성을 모아 한 군데에 安住시키고 구실[賦稅]을 걷음. '鳩' 는 '모이다, 모으다' 의 뜻.
174) 帑櫝(탕독) : '帑' 은 국가의 金銀 창고, '櫝' 은 나무로 짠 궤.
175) 發散(발산) : '發' 은 창고의 문을 여는 것, '散' 은 재물을 사람들에게 베풀어주는 것.
176) 德宗(덕종) : 唐나라의 제9대 황제. 재위 779~805년. 탐욕스러워 각종 雜稅를 많이 부과함으로써, 백성들의 원한을 샀던 君主로 전해짐.
177) 大寶(대보) : 큰 보배. 帝王의 자리를 '大寶' 라 함.

侈)의 폐단을 말하자면 또한 날이 부족할 것입니다.

오늘날 의론하는 사람들은 모두 "공주(公主)의 저택이 정해진 한도를 넘었고, 궁가(宮家)가 농장을 설치함이 폐단을 낳으니, 반드시 모두 헐어야 한다. 그런 다음에야 윗사람이 실행하는 것을 아랫사람이 본받아서, 백성들의 풍속이 절검을 숭상하는 데로 돌아오게 된다." 고 합니다. 이것은 오늘날의 급선무로서, 다스림을 세우는 근본은 여기에 지나지 않습니다. 그러나 큰 뜻을 확립하지 않으면 작은 것이 쉽게 빼앗고, 의리(義理)를 밝히지 않으면 물욕(物欲)을 제어하기 어렵습니다. 사치하는 마음을 제거하지 않고 재용(財用)을 아끼지 않으면, (限度를 넘는 公主의) 저택을 아침에 헐어도 저녁에 다시 세우며, (限度를 넘는) 궁가의 농장을 명목상으로만 혁파하고 실제로는 혁파하지 못할 것입니다. 공검(恭儉)을 어찌 말과 웃음으로 실천할 수 있겠습니까?

족식(足食)으로 말하자면, 유자(有子)가 말하기를 "백성이 풍족하면 임금이 누구와 더불어 부족하겠습니까? 백성이 부족하면 임금은 누구와 더불어 풍족하겠습니까?" 라고 했습니다. 대개 성인(聖人)이 정사(政事)를 세움은 재물을 천하게 여기고 덕을 귀하게 여기며, 이익을 멀리 하고 청렴을 숭상하는 것입니다. 천자(天子)는 유(有)·무(無)를 묻지 않는 것이요, 제후(諸侯)는 다(多)·소(少)를 말하지 않는 것입니다. 무릇 구렴(鳩斂)에 힘써서 곳집이나 궤짝에 쌓아둠을 두텁게 함은 필부(匹夫)의 부(富)요, 발산(發散)에 힘써서 뭇 백성의 마음을 거두어들이는 것은 인군(人君)의 부(富)입니다. 육지(陸贄)가 덕종(德宗)에게 아뢰기를 "작은 저축을 발산(發散)해서 큰 저축을 이루고, 조그만 보물을 덜어내서 큰 보물을 튼튼하게 한다." 고 했으니,[37] 이 말을 마

37) '작은 저축' 은 倉庫에 쌓아둔 것, '큰 저축' 은 民心을 얻는 것, '조그만 보물' 은 財物, '큰 보물' 은 王位를 뜻함.

今內需司[178], 歲入不知其幾何, 而認爲私貯, 典以私入, 宰相不得以式貢[179]均節其出入, 版曹不得以簿書句考[180]其有無, 此非王者藏富於百姓者也. 至於忠勳府[181]之設, 國家所以厚待功臣, 而其弊, 至於廣占裒聚[182], 諸道列邑, 無處無之, 田地免其稅, 奴婢徵其貢, 其歸則不過胥吏之囊橐[183]. 非特此也. 至於諸各司, 各有田民, 創設之意, 非不美矣, 而末流之弊, 同歸於瘠公. 不有以變通之, 則臣恐上下征利, 而人不見義也. 今之議者, 皆曰 "內需司, 付之户曹, 爲國家公費, 然後可爲國事." 誠至論也. 殿下果能行此, 則忠勳府各司田民, 各邑屯田, 次第歸於公用也. 然竊聞, 宮中用度甚繁, 至於外司供上, 不足於肥甘輕暖, 而取辦於內司, 王子公主篚頒[184]之物, 亦皆出於此, 其爲用也甚要.

---

178) 內需司(내수사) : 宮中에서 쓰는 米穀 · 布木 · 雜貨 등에 관한 업무와 土地와 奴婢 등 王室의 財産을 관리하는 관청.

179) 式貢(식공) : 貢案의 節度. '式' 은 '節度' 의 뜻. '貢案' 은 各地에 부과한 貢物의 품목과 수량을 기록한 장부.

180) 句考(구고) : 하나하나 대조하여 조사함. '句' 는 '셈하다' 의 뜻.

181) 忠勳府(충훈부) : 功臣이나 그 子孫을 우대하기 위해 설치했던 관청.

182) 裒聚(부취) : 세금을 많이 거둠.

183) 囊橐(낭탁) : '囊' 은 주머니, '橐' 은 전대.

184) 篚頒(비반) : '篚' 는 대나무로 만든 광주리, '頒' 은 나누어줌.

땅히 음미해야 합니다.

오늘날 내수사(內需司)는 세입(歲入)이 얼마나 되는지 알 수 없을 정도인데, 사사로운 저축으로 인식하고 사사로운 수입으로 관리합니다. 재상(宰相)도 그 출입(出入)을 공안(貢案)의 절도(節度)에 따라 균형있게 조절할 수 없으며, 호조(戶曹)도 그 유무(有無)를 장부에 기록함으로써 하나하나 점검할 수 없으니, 이것은 왕자(王者)가 백성에게 부(富)를 저장하는 것이 아닙니다. 충훈부(忠勳府)를 설치한 것은 국가가 공신(功臣)을 두텁게 대우하기 위함이었습니다. 그런데 그 폐단은 (田地를) 넓게 차지하고 (所出을) 긁어모으는 것으로서, 각 도(道)의 여러 읍(邑)에 없는 곳이 없습니다. (忠勳府의) 전답과 토지에 대해서는 세금을 면제하고, 노비에 대해서는 공역(貢役)을 징수하는데, 그 귀결은 서리(胥吏)의 주머니를 채워줌에 불과합니다. 이것뿐만이 아닙니다. 여러 각사(各司)들에도 각각 전답과 백성이 딸려있습니다. (各司를) 창설한 뜻은 아름답지 않은 것이 아니지만, 말류의 폐단은 모두 공용(公用)을 파리하게 함으로 귀결됩니다. 이것을 변통(變通)하지 않는다면, 臣은 윗사람과 아랫사람이 서로 이익을 다투어 사람들이 의리(義理)를 알지 못할까 두렵습니다.

오늘날 의론하는 사람들은 모두 "내수사(內需司)를 호조(戶曹)에 소속시켜서 국가의 공비(公費)로 삼은 다음에야 국사(國事)를 추진할 수 있다."고 하니, 참으로 지극한 의론입니다. 殿下께서 과연 이것을 실행하실 수 있다면, 충훈부와 각사의 전민(田民), 각읍(各邑)의 둔전(屯田)도 이 기회에 공용(公用)으로 귀속시킬 수 있습니다. 그러나 그윽이 듣자오니, 궁중의 용도는 매우 번다한데, 외사(外司)에서 바치는 것은 기름지고 맛있는 음식과 가볍고 따듯한 옷이 충분하지 못해서 내사(內司)에서 가져다 쓰며, 왕자와 공주에게 나누어 주는 물건 또한 모두 내사에서 나온다고 하니, 그 쓰임새가 매우 요긴한 것입니다. 殿下께서 먼저 화려하고 낭비하는 풍습을 모두 없애지 않으시

殿下不先有以一切去其浮費之習, 而未免少有因循之念, 則內需雖朝罷而夕復矣. 然臣之所謂必罷者, 非欲賜牌[185]恩例[186], 一切廢閣[187]也. 依遵國典, 不踰限制而已.

以生物言之, 則聖人奉天理物之道, 在乎六府[188] ; 六府之任, 在於五官[189]. 山虞[190]澤衡[191], 各有常禁, 故萬物阜豐[192], 而財用不乏. 今五官不修, 六府不治, 用之無節, 取之不時, 豈惟物失其性? 材木所資, 皆已童赭[193], 川澤之産, 亦已耗竭[194], 此乃窮弊之極也. 今禁火田之令, 屢下而屢更. 初則曰一切禁斷 ; 後則曰今年姑許. 旣謂之諸處皆禁 ; 又謂之山腰許耕. 操弄[195]之權, 在於下吏之手 ; 收稅之利, 歸於官曹之橐矣. 且屠牛設禁, 非不嚴切, 贖木之弊, 監司之利也.

---

185) 賜牌(사패) : 임금이 科擧에 급제한 사람에게 紅牌(文科 · 武科 합격자들에게 줌)나 白牌(生員 · 進士에게 줌)를 내려주는 것. 또는 임금이 宮家(大君 · 王子君 · 公主 · 翁主 등의 집)나 功臣들에게 奴婢나 土地를 내려주는 것, 또는 그 증서. 이곳에서는 後者를 뜻함.

186) 恩例(은례) : 임금이 아랫사람에게 膳物을 내려줌. 임금이 선물을 下賜할 때, 常典(일정한 법도)에 따라 내려주는 것은 '賜牌' 라 하고, 異數(특별한 대우)로 내려주는 것은 '恩例' 라 함.

187) 廢閣(폐각) : 폐지하여 버려둠. '閣' 은 '버려두다, 놓아두다' 의 뜻으로, '擱' 과 같은 글자임.

188) 六府(육부) : 金 · 木 · 水 · 火 · 土 · 穀을 말함.

189) 五官(오관) : '五官' 은 시대마다 조금씩 다르게 설명되었는데, 周代에는 司徒(地官) · 宗伯(春官) · 司馬(夏官) · 司寇(秋官) · 司空(冬官)을 '五官' 이라 했음.

190) 山虞(산우) : 周나라 때 山林을 맡아서 관리하던 벼슬아치.

191) 澤衡(택형) : 周나라 때 川澤을 맡아서 관리하던 벼슬아치.

192) 阜豐(부풍) : 풍성함, 많음. '阜' 는 '풍성하다, 살찌다, 크다' 의 뜻.

193) 童赭(동자) : 나무를 모두 베어내서 산이 벌겋게 됨. '童' 은 '민둥산' 의 뜻, '赭' 는 '붉은 흙' 의 뜻.

194) 耗竭(모갈) : 모두 消耗해서 없어짐.

195) 操弄(조롱) : 제멋대로 다룸.

어, 조금이라도 인순(因循)하려는 생각을 면하지 못하신다면, 내수사(內需司)는 비록 아침에 혁파하더라도 저녁에 복원될 것입니다. 그러나 臣이 반드시 혁파하자고 말하는 것은, 사패(賜牌)와 은례(恩例)를 모두 폐지하자는 것이 아닙니다. 국전(國典)에 따름으로써 정해진 한도를 넘지 말자는 것일 뿐입니다.

생물(生物)로 말하자면, 성인(聖人)이 천리(天理)를 받들어 만물을 다스리는 방도는 육부(六府)에 있으며, 육부의 책임은 오관(五官)에 있습니다. 산림(山林)은 우(虞)가 맡고, 천택(川澤)은 형(衡)이 맡아, 각각 일정한 금제(禁制)가 있었으니, 그러므로 만물이 풍성하고 재용(財用)이 모자라지 않았습니다. 이제 오관(五官)이 닦이지 않고, 육부(六府)가 다스려지지 않으니, 이용함에 절제가 없고, 채취함에 때가 없습니다. 어찌 오직 만물만 그 본성을 잃었겠습니까? 재목이 자라나는 산은 모두 이미 벌거숭이가 되었고, 천택에서 생산되는 것도 또한 이미 모두 고갈되었습니다. 이것은 곤궁한 폐단의 극치입니다.

지금 '화전(火田)을 금지하는 명령' 이 여러 차례 내려지고, 여러 차례 변경되었습니다. 처음에는 '일절 금지한다' 고 하고, 뒤에는 '금년에만 일시적으로 허용한다' 고 하며, 이미 '모든 곳을 다 금지한다' 고 하고, 또 '산허리는 경작을 허용한다' 고 했습니다. 이것을 제멋대로 다루는 권한은 하리(下吏)의 손에 있고, 세금을 거둔 이익은 관조(官曹)의 전대로 들어갑니다. 또 소의 도살에 관한 금령(禁令)이 엄격하지 않은 것은 아니지만, 무명을 바치고 속죄(贖罪)받는 폐단은 감사(監司)의 이익이 됩니다.[38]

---

38) 宣祖 때, 慶尙道 監司 尹卓然이 죄인들에게 무명을 뇌물로 받고 죄를 면해주어서, '贖木監司' 라는 말이 생겨났다고 함.

嗚呼！ 孟子之時，七雄[196]交兵，可謂急矣. 其告齊梁之君曰 "斧斤以時入山林，材木不可勝用，使民養生送死無憾，王道之始也."[197] 夫長養山木，以爲宮室棺槨之用，不亦迂且遠矣? 而聖賢之論治如此. 今之爲政，苟循目前之計，亦異於孟子矣.

以蓄積言之，則古者三年耕，必有一年之食；九年耕，必有三年之食. 無九年之蓄曰不足；無六年之蓄曰急；無三年之蓄曰國非其國. 臣觀今日之民，耕者少，食者衆，地力不盡，人功不勤，雖富室强宗，鮮有餘積，況其貧弱者乎? 今一年之凶，不至於甚，而未免飢羸[198]流亡[199]之患，由無積蓄故也. 聖上軫念[200]，如推溝中；臣下奉旨，如救水火. 罄竭魯儲[201]，而無所惜；開發齊棠[202]，而無不賙. 所以救民之仁，可謂至矣.

---

196) 七雄(칠웅) : 戰國時代의 일곱 강대국. 秦 · 楚 · 燕 · 齊 · 韓 · 魏 · 趙.

197) 『孟子』 梁惠王上 제3장에 보임.

198) 飢羸(기리) : '飢' 는 굶주림, '羸' 는 파리함.

199) 流亡(유망) : '流' 는 四方으로 떠도는 것, '亡' 은 도망치는 것.

200) 軫念(진념) : 임금의 마음. 임금이 아랫사람을 생각하여 근심함. '軫' 은 '슬퍼하다, 근심하다' 의 뜻.

201) 魯儲(노저) : 춘추시대 魯나라가 저축을 풀어 窮民을 진휼한 故事.

202) 齊棠(제당) : 전국시대 齊나라가 棠邑의 倉庫를 개방하여 窮民을 진휼한 故事. 『孟子』 盡心下 제23장에 보임.

오호라! 맹자(孟子)의 시절은 칠웅(七雄)이 서로 다투었으니 급박한 때였다고 하겠습니다. 그런데 맹자는 제선왕(齊宣王)·양혜왕(梁惠王)에게 고하기를 "도끼를 때에 맞추어 산림에 들어가게 하면, 재목을 이루 다 쓸 수 없습니다. 백성들이 산 사람을 봉양하고 죽은 사람을 장사지낼 때 유감(遺憾)이 없게 하는 것이 왕도(王道)의 시작입니다."라고 했습니다. 무릇 산의 나무를 길러서 궁실(宮室)과 관곽(棺槨)의 재목으로 쓴다는 것은 또한 우원(迂遠)한 것이 아니겠습니까? 그런데도 성현(聖賢)이 다스림을 논하는 것은 이와 같았습니다. 오늘날의 위정자들은 구차하게 목전(目前)의 계책만 따르니, 또한 맹자와 다른 것입니다.

축적(蓄積)으로 말하자면, 옛날에는 3년을 농사지으면 반드시 1년치 식량을 저축했고, 9년을 농사지으면 반드시 3년치 식량을 저축했습니다. 9년치를 저축하지 못하면 '부족하다' 고 했고, 6년치를 저축하지 못하면 '급하다' 고 했으며, 3년치를 저축하지 못하면 '나라가 나라답지 못하다' 고 했습니다. 臣이 오늘의 백성을 살피건대, 농사짓는 사람은 적고 곡식을 먹는 사람은 많으며, 지력(地力)을 충분히 이용하지 못하고, 사람들의 노력도 부지런하지 못합니다. 그리하여 비록 부강한 집안이라도 여유있게 쌓아둔 경우가 드무니, 하물며 빈약한 사람들이겠습니까? 지금 1년의 흉작은 심한 것도 아니었는데, 굶주림과 흩어짐의 근심을 면하지 못하니, 이것은 저축이 없기 때문입니다. 성상(聖上)께서는 자기가 도랑에 빠뜨린 것처럼 근심하고, 신하들은 (聖上의) 뜻을 받들어 물이나 불에서 구제하듯 서둘렀습니다. 노(魯)나라처럼 저축을 모두 쏟아 부어 아끼지 않았고, 제(齊)나라처럼 창고를 열어 주휼(賙恤)하지 않음이 없었으니, 백성을 구제하는 어진 마음이 지극했다고 말할 수 있겠습니다.

然一擧荒政[203], 公私蕩盡, 如不幸有連歲之歉, 則未知朝廷何以爲計. 嗚呼! 民之困多矣. 産業破而民困, 力役[204]繁而民困, 賦役[205]重而民困, 兵農合而民困, 用不節而民困, 穀無蓄而民困. 救死不贍, 何暇禮義? 群策無救民之實, 故人心無向善之實矣. 惟殿下念之哉!

何謂人心無向善之實也? 周禮大司徒, 以鄕三物, 教萬民, 一曰六德[206], 二曰六行[207], 三曰六藝[208] ; 其不從者, 以八刑而糾之, 一曰不孝, 二曰不睦, 三曰不婣, 四曰不悌, 五曰不任, 六曰不恤, 七曰造言[209], 八曰亂民. 於是旌別[210]淑慝[211], 表厥宅里, 其善者, 樹之風聲[212], 其惡者, 移之郊遂[213]. 是故, 古人, 自幼耳目游處, 所見皆善 ; 至長不見異物, 易以成就.

---

203) 荒政(황정) : 凶荒을 救濟하는 정책.

204) 力役(역역) : 백성들이 비정기적으로 제공했던 勞役. 賦役 · 徭役 등과 같은 말.

205) 賦役(부역) : 백성들이 비정기적으로 제공했던 勞役. 力役 · 徭役 등과 같은 말.

206) 六德(육덕) : 知(是非를 분별함), 仁(私欲이 없음), 聖(不通이 없음), 義(斷制함), 忠(자기의 최선을 다함), 和(어긋나게 함이 없음).

207) 六行(육행) : 孝(부모를 잘 섬김), 友(형제간에 우애있음), 睦(親族들간에 화목함), 婣(外戚들과 화목함), 任(친구간의 信義), 恤(困窮한 사람을 돌봄).

208) 六藝(육예) : 禮, 樂, 射(활쏘기), 御(말타기), 書(글자 익히기), 數(셈하기).

209) 造言(조언) : 말을 지어냄, 즉 사실과 달리 말을 꾸며냄.

210) 旌別(정별) : '旌' 은 나타내다, '別' 은 구별하다.

211) 淑慝(숙특) : '善惡' 과 같은 뜻.

212) 風聲(풍성) : 『書經』「周書」〈畢命〉에서는 "착한 사람을 나타내고 악한 사람을 구별하여 착한 사람이 사는 마을을 표창하고, 착한 사람을 표창하고 악한 사람을 억눌러서 風聲을 세우라."(旌別淑慝, 表厥宅里 ; 彰善癉惡, 樹之風聲.)고 하였다. 착한 사람을 표창하고 그가 사는 마을을 나타내기 위해서 세운 것이 '旌閭(旌表門閭)' 이다. 이처럼 착한 사람과 그가 사는 고을을 표창함으로써 美風良俗을 권장했는데, 이것을 '風聲을 세운다(樹之風聲)' 고 하는 것이다.

213) 郊遂(교수) : '郊' 는 國都로부터 100리 떨어진 곳, '遂' 는 國都로부터 200리 떨어진 곳. 『禮記』「王制」에서는 大司徒의 가르침에 따르지 않는 자는 '이웃 고을' 로 옮기고 다시 교육시키며, 그래도 따르지 않으면 '郊' 로 옮기고 다시 교육시키며, 그래도 따르지 않는 자는 '遂' 로 옮기고 다시 교육시키며, 그래도 따르지 않는 자는 먼 지방으로 내쫓아서 종신토록 돌아오지 못하게 한다고 하였다.

그러나 한번 흉황(凶荒)을 구제하는 정책을 베풀면 공(公)·사(私)[39]가 모두 탕진(蕩盡)되니, 만약 불행하게 연속으로 흉년이 든다면, 조정에서는 무엇으로 계책을 삼을지 모르겠습니다. 오호라! 백성들이 곤궁한 까닭은 여러 가지입니다. 산업이 무너져서 백성이 곤궁하고, 역역(力役)이 번다하여 백성이 곤궁하고, 부역(賦役)이 무거워서 백성이 곤궁하고, 병(兵)과 농(農)이 겹쳐서 백성이 곤궁하고, 쓰임새를 절약하지 않아 백성이 곤궁하고, 곡식을 저축하지 않아 백성이 곤궁한 것입니다. 그리하여 (겨우) 죽음을 면하고자 해도 넉넉하지 못한데, 어느 겨를에 예의(禮義)를 돌보겠습니까? 여러 방책들은 백성을 구제하는 실공(實功)이 없기 때문에, 사람들의 마음은 선을 향하는 실공이 없는 것입니다. 오직 殿下께서는 유념하소서!

'사람들의 마음은 선을 향하는 실공이 없음' [人心無向善之實]이란 무엇을 뜻하겠습니까? 『주례(周禮)』에 보면, 대사도(大司徒)는 '향학(鄕學)의 세 가지 일'로 모든 백성을 가르쳤으니, 첫째는 육덕(六德)이요, 둘째는 육행(六行)이며, 셋째는 육예(六藝)입니다. 이러한 교육에 따르지 않는 자는 팔형(八刑)으로 규찰(糾察)했으니, 첫째는 불효(不孝)요, 둘째는 불목(不睦)이요, 셋째는 불인(不婣)이요, 넷째는 부제(不悌)요, 다섯째는 불임(不任)이요, 여섯째는 불휼(不恤)이요, 일곱째는 조언(造言)이요, 여덟째는 난민(亂民)이었습니다. 이에 착한 자를 나타내고 악한 자를 구별하여 (착한 사람이) 사는 마을을 표창했으며, 착한 자는 풍성(風聲)을 세우고 악한 자는 교(郊)·수(遂)로 옮겼습니다. 따라서 옛 사람은 어릴 때부터 눈으로 보고 귀로 듣는 것이 모두 착한 것이었으며, 어른이 되어서는 이상한 사물들을 보지 않아 (人格을) 성취하기가 쉬웠습니다.

---

39) 여기에서의 '公·私'는 '국가와 개인' 또는 '국가의 저축과 개인의 저축'을 뜻함.

公卿大夫, 位稱其德, 終身居之 ; 農工商賈, 各勤其事, 所享有限. 民志有定, 而天下之心一也. 今敎化不明, 民散久矣. 衣冠一變, 喬木難遷 ; 秉彜[214]雖存, 晦蝕[215]殆甚. 聖上臨御之初, 人心聳然, 頗有向善之念. 若於此時, 專務德敎, 丕變風俗, 則今日之人心, 豈至於此哉? 第緣初年, 朝著不靖, 龍豕[216]交爭, 國是靡定, 薰蕕[217]雜揉, 風俗靡靡[218], 至於頹敗, 而不可救. 以言其朝廷, 則弊習未祛, 俗見猶痼. 其聞善言見善人也, 或有爲人而歆羡者, 或有顯指而非笑者, 中心好之者, 絶鮮矣.

---

214) 秉彜(병이) : '秉' 은 잡다, '彜' 는 떳떳한 常道. '秉彜' 란 '떳떳한 도리를 지킴' 또는 '지켜야 하는 떳떳한 도리' 를 뜻함.

215) 晦蝕(회식) : (밝은 달을) 어두운 먹구름이 침식함. 손상시킴.

216) 龍豕(용시) : 龍과 돼지. 君子와 小人.

217) 薰蕕(훈유) : '薰' 은 향내가 나는 풀, '蕕' 는 누린내가 나는 풀. '薰 · 蕕' 는 '善 · 惡' 이나 '君子 · 小人' 을 비유하는 뜻으로 많이 쓰임.

218) 靡靡(미미) : 쓰러지는 모양, 휩쓸리는 모양.

공(公)·경(卿)·대부(大夫)는 지위가 그 덕과 어울리면 종신토록 그 지위에 있게 했고, 농(農)·공(工)·상고(商賈)는 각각 그 일에 힘쓰고 누리는 바가 일정한 한도가 있게 했습니다. 그리하여 백성들의 뜻이 일정해짐에, 천하의 마음이 통일되었습니다. 지금은 교화(敎化)가 밝혀지지 않아, 백성이 흩어진 지가 오래되었습니다. 의관(衣冠)이 한번 변하면, 교목(喬木)으로 옮겨가기 어려운 것입니다.[40] 병이(秉彝)가 비록 존재하나, 매우 심하게 침식되었습니다.

성상(聖上)께서 즉위하신 초기에는 사람들의 마음이 고무되어, 자못 선(善)을 향하는 생각이 있었습니다. 만약 그때 오로지 덕교(德敎)에 힘쓰셔서 풍속을 크게 변화시켰더라면, 오늘의 인심이 어찌 여기에 이르렀겠습니까? 다만 초년(初年)에 조정이 매우 불안하여, 군자와 소인이 서로 다툼에 국시(國是)가 정해지지 못하고, 착한 사람과 악한 사람이 뒤섞여서 풍속이 휩쓸렸으니, (이제는) 무너지기에 이르러서 구제할 수 없는 것입니다. 조정(朝廷)으로 말하자면, 폐습(弊習)은 사라지지 않았고, 속견(俗見)은 오히려 고질병이 되었습니다. 착한 말을 듣고 착한 사람을 보면, 혹자는 남의 눈치를 보느라 흠모하고, 혹자는 손가락질을 하며 비웃으니, 마음속으로부터 좋아하는 자는 결코 드뭅니다. 이런 까닭에, 어질고 성실함은 드물고 헛되고 거짓됨만

40) '衣冠' 은 백성의 本分을 限定해주는 '禮義文物' 을 뜻하고, '喬木(높은 나무)' 은 '中華文物' 을 뜻한다. 『孟子』 滕文公上 제4장에서는 "나는 '中華의 문물을 써서 오랑캐의 풍속을 변화시킨다' 는 말은 들었어도, '오랑캐의 풍속으로 변화된다' 는 말은 듣지 못했다. (…) 나는 '깊은 계곡에서 나와 높은 나무로 옮겨간다' 는 말은 들었어도, '높은 나무에서 내려와 깊은 계곡으로 들어간다' 는 말은 듣지 못했다." (吾聞用夏變夷者, 未聞變於夷者也. (…) 吾聞出於幽谷, 遷于喬木者, 未聞下喬木而入於幽谷者.)고 하였다. '깊은 계곡에서 나와 높은 나무로 옮겨간다' 는 것은 '오랑캐의 풍속을 버리고 中華의 文物을 수용한다' 는 뜻이다. 이런 맥락에서 "衣冠이 한번 변하면 喬木으로 옮겨가기 어렵다" 는 말은 "기존의 禮義文物을 무너뜨리면 다시 中華의 文物을 회복하기 어렵다" 는 뜻이다.

是故, 良實少而虛僞盛. 附士議而歷淸顯[219]者, 未必其人; 爲守令而獲譽言者, 未必有績. 以言其下民, 則飢寒切身, 本心都喪. 父子兄弟, 尙如路人, 他又何說? 綱常不能維持, 刑政不能檢制. 此無他, 上之所令, 反其所好, 故民不從. 然則人心無向善之實者, 由朝廷無敎令之實也. 惟殿下念之哉!

何謂朝廷無敎令之實也? 子貢問 "不得已而去, 於斯二者, 何先?" 子曰 "去食. 自古皆有死, 民無信不立." 若是乎信之於國, 不可一日無者也. 是故, 雖以商鞅[220]之酷, 必先立信於徙木, 立威於棄灰, 而其法乃行.

---

219) 淸顯(청현) : 깨끗하고 명예로운 벼슬자리. 淸顯職.

220) 商鞅(상앙) : 秦나라 孝公 때의 정치가로서, 法家의 대표적 인물. 商鞅은 새로운 法令을 준비하고, 백성들이 그것을 믿고 따르지 않을까 염려하여 '나무를 옮기게 하는 計策'을 냈다. 즉, 길이가 3丈이 되는 나무를 南門에 세워놓고 "이것을 北門으로 옮기는 사람에게 10金을 주겠다"고 했는데, 백성들은 괴상하게 여겨 아무도 옮기지 않았다. 이에 다시 "이것을 北門으로 옮기는 사람에게 50金을 주겠다"고 하자, 어떤 사람이 그것을 옮겼다. 그러자 商鞅은 즉시 50金을 주고, 法令을 公布하여 시행했는데, 백성들은 그 法令을 믿고 따랐다고 한다. 殷나라 때에는 '길에다 재를 버리면, 버린 사람의 손을 자른다'는 刑罰이 있었으며, 商鞅도 길에다 재를 버린 사람에게는 黥刑(경형. 文身처럼 얼굴에 罪名을 새겨 넣는 墨刑)을 가했다고 한다(『韓非子』 〈內儲說上〉 참조).

풍성합니다. 사의(士議)에 따라 청현직(淸顯職)을 두루 거친 사람도 반드시 적임자는 아니었으며, 수령(守令)으로서 명예를 얻은 자도 반드시 치적이 있는 것은 아니었습니다. 하민(下民)으로 말하자면, 춥고 배고픔이 몸에 절실하여 본심(本心)을 모두 잃었습니다. 부자(父子)와 형제 사이에도 오히려 길 가는 사람처럼 여기니, 그 밖의 경우는 더 말해 무엇 하겠습니까? (사람들의 마음을) 강상(綱常)으로도 유지하지 못하고, 형정(刑政)으로도 검속하지 못하니, 이것은 다름이 아니라 윗사람의 명령이 자신들이 좋아하는 것과 반대되기 때문에 백성들이 따르지 않는 것입니다.[41] 그렇다면 '사람들의 마음은 선을 향하는 실공이 없음' 은 '조정은 가르치고 명령하는 실공이 없음' 에서 말미암는 것입니다. 오직 殿下께서는 유념하소서!

'조정은 가르치고 명령하는 실공이 없음' [朝廷無敎令之實]이란 무엇을 뜻하겠습니까? 자공(子貢)이 "부득이해서 포기해야 한다면, (足食과 民信之) 둘 가운데 어느 것을 먼저 포기해야 합니까?"라고 묻자, 공자(孔子)는 "족식(足食)을 포기해야 한다. 자고(自古)로 사람은 모두 죽거니와, 백성의 신뢰가 없다면 (國家가) 존립할 수 없다."고 답했습니다. 이와 같이 국가에 있어서 신뢰는 하루라도 없을 수 없는 것입니다. 그러므로 비록 상앙(商鞅)처럼 잔혹한 사람도 반드시 '나무를 옮기는 것' 으로 신뢰를 확립했고, '재를 버리는 것' 으로 권위를 세운 다음에 그 법이 시행되었던 것입니다.

---

41) '자신들' 이란 '윗사람 자신들' 을 말한다. 윗사람 자신들은 善을 향하는 마음이 없으면서 아랫사람보고 善을 향하라고 명령하면, 아랫사람들이 따르지 않는다는 말이다. 『大學章句』 傳9章에서는 "그 명령하는 바가 자기가 좋아하는 바와 반대되면 백성들이 따르지 않는다. 그러므로 君子는 자기에게 (善이) 있은 뒤에 남에게 (善을) 요구하고, 자기에게 (惡이) 없은 뒤에 남의 (惡을) 비난한다."(其所令, 反其所好, 而民不從. 是故, 君子, 有諸己而後求諸人, 無諸己而後非諸人.)고 하였다.

況聖王之法, 以忠信爲本, 不見信於民而能爲國家者, 古今天下, 未之有也. 我國治法, 無一定之體, 朝廷號令, 多變易之端. 一時號牌[221]之法, 纔設而旋罷；三年軍籍之式, 或擧而久廢. 備局[222]之議論不一, 朝令而夕反, 方伯[223]之奉行莫適, 手忙而脚亂. 傳關[224]之役, 徒爲州縣之大弊；報牒[225]之繁, 只見營門[226]之多事. 法府[227]有禁奢之令, 則曰五日京兆[228]耳, 僭物姑爲藏置, 或過數日而如前, 或閱一月而依舊；外方有行會[229]之事, 則曰高麗公事[230]三日也, 凡事只爲應文, 纔經數縣而旋止, 未及半道而還廢. 盖我國人心輕佻[231], 持守不能久；風俗浮靡, 變易不可常. 俗固已薄, 爲法者, 又從而薄之, 可勝歎哉? 至於冠笠之制, 自上親敎廣狹之尺度, 而士夫或有仍着舊制者, 他尚何言? 以此世道, 而雖有必行之良法, 民不信. 民不信, 不從矣.

---

221) 號牌(호패) : 조선시대에 16세 이상의 남자가 차던 장방형의 牌. 앞면에는 姓名과 출생한 해의 干支 등을 새기고 뒷면에는 官衙의 火印을 찍었음.

222) 備局(비국) : '備邊司' 의 別稱.

223) 方伯(방백) : 周代의 한 지방의 諸侯의 우두머리. 조선시대에는 '觀察使' 를 方伯이라고 불렀음.

224) 傳關(전관) : 상급관청에서 하급관청으로 公文을 보내는 것. 그 公文은 '關文 · 關子' 라 함.

225) 報牒(보첩) : 하급관청에서 상급관청으로 올리는 公文. '報狀 · 報告' 와 같은 뜻.

226) 營門(영문) : 觀察使 · 兵馬節度使 · 水軍節度使 등이 집무하는 관아, 또는 그 구역 안. 또는 兵營의 출입문.

227) 法府(법부) : 刑曹 · 司憲府 · 義禁府 · 漢城府를 통틀어 이르는 말.

228) 五日京兆(오일경조) : 官職의 재임 기간이 매우 짧거나 오래 계속되지 못함을 비유하는 말. 중국 漢나라 때 京兆尹(지금의 '서울 市長' 에 해당되는 벼슬)을 지낸 張敞(장창)의 故事에서 유래함.

229) 行會(행회) : 정부의 지시나 명령을 전달하고 그 집행방법을 토의하기 위한 벼슬아치들의 모임.

230) '公事' 는 石印本에는 '工事' 로 되어 있는바, 木版本에 근거하여 '公事' 로 고쳤음. '高麗公事(不過)三日' 이란 '高麗의 정책이나 법령은 사흘돌이로 바뀐다' 는 뜻으로, 시작한 일이 오래가지 못함을 비유한 조선시대의 俗談임.

231) 輕佻(경조) : 輕薄하고 방정맞음.

하물며 성왕(聖王)의 법은 충신(忠信)으로 근본을 삼는바, 백성들에게 신뢰를 얻지 못하고 능히 국가를 다스리는 경우는 고금천하(古今天下)에 있지 않았습니다.

우리나라에서 법을 다스림은 일정한 체통이 없습니다. 조정에서 명령을 내림에 자주 바뀌는 폐단이 있는 것입니다. 한 때 시행했던 호패(號牌)의 법은 겨우 시행하자마자 바로 폐지했으며, 3년마다 군적(軍籍)을 다시 정리하는 제도는 혹 시행하다가 오래도록 폐지했습니다. 비국(備局)의 의론도 일정하지 않아, 아침에 명령을 내리고 저녁에 뒤집으니, 방백(方伯)은 어떻게 봉행해야 할지 몰라서 손은 바쁘고 다리는 어지럽습니다. 전관(傳關)의 일은 한갓 주현(州縣)의 큰 폐단이 될 뿐이요, 보첩(報牒)의 번거로움은 다만 영문(營門)의 많은 일을 보여줄 뿐입니다. 법부(法府)에서 사치를 금하는 명령을 내리면 곧 '닷새 동안의 경조윤(京兆尹)' 일 것이라 말하고, 참람한 물건을 잠시 숨겨두었다가, 혹은 며칠이 지나서 여전히 내놓고, 혹은 한 달이 지나서 예전으로 돌아갑니다. 외방(外方)에서 행회(行會)할 일이 있으면 곧 '고려(高麗)의 공사(公事)는 3일에 불과하다' 고 말하고, 모든 일을 다만 서류로만 대응하다가, 겨우 몇 고을을 지나면 갑자기 그치니, 한 도(道)의 반에도 미치지 못하고 폐지하는 것입니다.

대개 우리나라는 인심이 경박하고 방정맞아 지킴이 오래가지 못하고, 풍속이 들뜨고 쏠려서 바꿈이 일정하지 못합니다. 풍속이 진실로 이미 경박한데, 법령을 맡은 사람들 또한 따라서 경박하게 하니, 통탄을 이길 수 있겠습니까? 관(冠)과 갓의 제도에 있어서도 성상(聖上)께서 친히 광협(廣狹)의 척도를 가르쳐주셨는데, 사대부들조차 간혹 구제(舊制)대로 착용하는 경우가 있으니, 그 밖의 것에 대해서는 오히려 무슨 말을 하겠습니까? 이러한 세도(世道)로는 비록 반드시 시행해야 하는 훌륭한 법이 있다고 하더라도, 백성들은 믿지 않을 것입니다. 백성들은 (그 法을) 믿을 수 없다면, 따르지 않습니다.

凡此七弊, 爲今日之沈痼[232], 紀綱之頹, 民生之困, 職此之由. 七弊未除, 則雖聖上勞悴[233]于上, 士論馳騁[234]於下, 亦無保國安民之效矣. 昔朱子告其君曰 "此其形勢, 如將傾之屋, 輪奐[235]丹艧[236], 雖不覺其有變於外, 而材木之心, 已皆蠹朽[237]腐爛[238], 而不可復支持矣. 苟非斷自聖志, 灑濯[239]其心, 而有以大警救, 則何以振已頹之綱紀, 而厲已壞之風俗乎?"[240] 今之時, 與朱子之時, 又不同. 內之材木之心已蠹, 而外之輪奐丹艧, 亦皆變矣. 君臣上下, 其可束手而坐, 待其崩頹之患乎?

臣雖在草野, 心懸魏闕[241], 目擊時艱, 不勝嫠婦[242]之憂, 忘其鄙陋, 思效涓埃[243]之報. 謹嘗考周禮制度之可行於時者, 與夫祖宗憲章之不擧於今者, 參以朱子增損呂氏鄕約之法, 兼取我國儒先經綸當世之說, 合爲一論, 取以進於冕旒[244]之下.

---

232) 沈痼(침고) : '痼疾(고질)' 과 같은 뜻. '沈' 은 '가라앉다, 빠지다, 무엇에 마음이 쏠리어 헤어나지 못하다' 의 뜻.

233) 勞悴(노췌) : 수고하여 초췌해짐. '悴' 는 '근심하다, 파리하다, 憔悴하다' 의 뜻.

234) 馳騁(치빙) : 말을 빨리 몲. 어떤 일을 빨리 처리함.

235) 輪奐(윤환) : 건물이 크고 아름다움, 또는 그러한 건물. '輪' 은 '높고 크다' 의 뜻, '奐' 은 '아름답게 빛나다' 의 뜻.

236) 丹艧(단확) : 곱고 빨간 빛깔의 흙. '丹' 은 '丹砂(중국의 巴蜀 지방에서 주로 나는 광물로서, 水銀과 硫黃이 化合한 것)' 를 뜻하고, '艧' 은 '질이 좋은 적황색의 찰흙' 을 뜻함.

237) 蠹朽(두후) : 좀먹어서 썩음.

238) 腐爛(부란) : 썩어 문드러짐.

239) 灑濯(쇄탁) : 물을 뿌려서 깨끗하게 씻음.

240) 『朱子大全』 卷12의 〈己酉擬上封事〉에 보이는 내용임.

241) 魏闕(위궐) : '높고 큰 문' 으로서, '대궐의 정문' 또는 조정을 비유하는 말. '魏' 는 '巍' 와 통용하는 글자로, '높다' 의 뜻.

242) 嫠婦(이부) : '寡婦' 와 같은 뜻. '嫠婦의 근심' 이란, 베틀에서 길쌈을 하는 과부는 씨줄이 모자라는 것이나 걱정해야 됨에도 불구하고, 그것은 걱정하지 않고 나라가 망하지 않을까 걱정한다는 것으로, '분수에 넘치는 憂國衷情' 을 뜻함.

243) 涓埃(연애) : 물방울과 먼지. '僅少함' 을 비유하는 말.

244) 冕旒(면류) : 임금이 쓰는 冕旒冠.

무릇 이 일곱 가지의 폐단은 오늘날의 고질(痼疾)이 되었습니다. 기강이 무너지고 민생이 곤궁한 것도 바로 여기에서 연유합니다. 이 일곱 폐단을 없애지 않는다면, 비록 위에서는 성상(聖上)께서 많은 노고로 초췌해지고, 아래에서는 선비들이 쉴 새 없이 논의해도, 또한 보국안민(保國安民)의 효과를 볼 수 없습니다. 예전에 주자(朱子)가 그 임금[42]께 고하기를 "그 형세는 장차 기울어가는 가옥과 같습니다. 높고 크며 울긋불긋 찬란한 집이 비록 밖으로는 변함이 없어 보이지만, 재목의 중심은 이미 모두 좀먹어 썩고 문드러져서, 다시는 지탱할 수 없는 것입니다. 진실로 성상(聖上)의 뜻부터 단호하게 그 마음을 씻어냄으로써 크게 경계하고 구제하지 않는다면, 어떻게 이미 무너진 기강을 떨치며, 이미 무너진 풍속을 장려하겠습니까?" 라고 했습니다. 지금의 상황은 주자의 시대와도 또 다릅니다. 안으로는 재목의 중심이 이미 좀먹었고, 밖으로는 높고 크고 찬란했던 모습도 모두 변했습니다. 그런데도 군신(君臣)과 상하가 팔짱을 끼고 앉아서 무너지는 꼴을 기다릴 수 있겠습니까?

臣은 비록 초야(草野)에 있지만, 마음은 대궐에 가 있습니다. 시대의 어려움을 목격하고는 '과부(寡婦)의 근심' 을 이길 수 없어서, 비루(鄙陋)함을 잊고 조금이나마 (國恩에) 보답하려고 생각했습니다. 일찍이 삼가 『주례(周禮)』의 제도 가운데 오늘날 시행할 수 있는 것과 조종(祖宗)의 헌장(憲章) 가운데 오늘날 시행되지 않는 것을 고찰하고, 주자(朱子)의 증손여씨향약(增損呂氏鄕約)[43]의 법을 참고한 다음, 우리나라 선유(先儒)들이 당세(當世)를 경륜했던 학설들을 아울러 취하여, 하나의 논설로 종합하여, 殿下께 바치는 것입니다.

42) '그 임금' 은 南宋의 '孝宗' 임.

43) '呂氏' 는 宋代의 呂大均을 말함. 呂大均은 周代의 鄕飮酒禮나 鄕射禮 등의 전통을 계승하여 鄕約을 창안했는데, 이를 '呂氏鄕約' 이라 한다. 朱子는 呂氏鄕約의 여러 조목들을 약간 加減하여 各地에 보급했는데, 이를 '增損呂氏鄕約' 이라 한다.

芹曝[245]之獻, 雖見笑於傍人, 螢燭[246]之光, 庶有裨於日月矣. 其意, 似遠而實近 ; 其策, 似疎而實密. 殿下不行王政則已, 如欲行之, 則伏望睿覽[247]而採用焉.

大概其法, 爲綱者有三. 一曰正風俗, 二曰養人材, 三曰革舊弊. 所謂正風俗者, 卽周禮敎民之法, 而其目有三. 曰鄕約, 曰五家統, 曰社倉. 所謂養人材者, 卽戴記[248]造士之意, 而其目有五. 曰學, 曰延英院, 曰科擧法, 曰五衛, 曰軍資別倉. 此治法之模樣也. 所謂革舊弊者, 卽修明國制之意, 而其目有八. 曰內需, 曰貢案, 曰賦稅, 曰人役, 曰量田, 曰汰冗官, 曰久任, 曰禁侈習. 此變通之機要也. 然不能明知其衆弊之所由起, 如醫人之察証下藥, 則牽於東而掣於西, 得於彼而失於此, 無以觀會通而行典禮, 必須先立經濟司, 如李珥之所論.

---

245) 芹曝(근폭) : '芹' 은 미나리, '曝' 은 햇볕을 쬠. '芹曝을 바침' 이란 시골 사람이 미나리를 먹으면서 궁궐의 임금은 이렇게 향긋한 미나리를 먹어보지 못할까 안타깝게 여기고, 겨울에 햇볕을 쬐면서 궁궐의 임금은 이렇게 따듯한 햇볕을 쬐지 못할까 안타깝게 여겨서 그것을 임금께 바치고자 했다는 고사. '순진한 시골 사람의 소박한 충성심' 을 뜻함.

246) 螢燭(형촉) : 반딧불과 촛불.

247) 睿覽(예람) : 깊고 밝게 살펴봄. 또한 '睿' 字는 '聖' 字와 마찬가지로 '임금에 속한 것' 을 나타내는 글자로서, '임금이 살피는 것' 을 '睿覽' 이라 함.

248) 戴記(대기) : 『禮記』의 別稱. 현행 『禮記』는 漢代의 학자 戴聖이 편찬한 것이어서 『戴記』라고도 함.

미나리와 햇볕을 바침은 비록 이웃 사람에게 비웃음을 사는 일이지만, 반딧불과 촛불도 해와 달의 밝음에 보탬이 되는 것입니다. 그 뜻은 우원(迂遠)한 것 같지만 사실은 절근(切近)한 것이요, 그 방책은 성근 것 같지만 사실은 치밀한 것입니다. 殿下께서 왕도정치(王道政治)를 행하지 않으시겠다면 그만이지만, 만약 행하고자 하신다면, 엎드려 바라옵건대 예람(睿覽)하시고 채용하소서.

대개 그 법의 강령(綱領)은 셋이 있으니, 첫째는 '풍속을 바룸[正風俗]' 이고, 둘째는 '인재를 양성함[養人材]' 이며, 셋째는 '옛 폐단을 혁파함[革舊弊]' 입니다. 이른바 '풍속을 바룸' 이란 곧 주례(周禮)에서 백성을 가르친 법도로서, 그 절목(節目)은 셋이 있으니, 향약(鄕約) · 오가통(五家統) · 사창(社倉)이 그것입니다. 이른바 '인재를 양성함' 이란 곧 『예기(禮記)』에서 선비를 양성한 취지로서, 그 절목은 다섯이 있으니, 학교(學校) · 연영원(延英院) · 과거법(科擧法) · 오위(五衛) · 군자별창(軍資別倉)이 그것입니다. 이상은 치법(治法)의 모양(模樣)입니다. 이른바 '옛 폐단을 혁파함' 이란 곧 우리나라의 제도를 닦아서 밝히자는 뜻으로서, 그 절목은 여덟 가지가 있으니, 내수사(內需司) · 공안(貢案) · 부세(賦稅) · 인역(人役) · 양전(量田) · 태용관(汰冗官) · 구임(久任) · 금치습(禁侈習)이 그것입니다. 이것은 변통(變通)의 기요(機要)입니다.

그러나 여러 폐단이 생기는 근원을 밝게 알기를 의사가 증세를 살펴 약을 처방하듯이 하지 못한다면, 동쪽을 당기면 서쪽이 끌리고, 이쪽에서 얻고 저쪽에서 잃어서, 회통(會通)해서 보고 전례(典禮)를 행할 수 없으니, 반드시 먼저 이이(李珥)가 주장했던 것처럼 경제사(經濟司)를 세워야 합니다.[44]

---

44) 栗谷 李珥가 '經濟司' 의 설치를 제안한 내용에 대해서는 『栗谷全書』 卷30 頁92의 〈經筵日記〉 참조.

凡先朝大小臣僚章箚[249]所陳白者, 及近來朝野應旨[250]所進言者, 裒合[251]而看詳之. 且令六曹各司官員, 及外方監兵使, 以至守令僉萬户察訪, 皆爲形止案[252], 官吏官奴婢屯田幾何, 諸宮家各司田畓奴婢幾何, 諸色軍兵幾何, 官舍幾間, 官穀幾何, 其境内鎭山[253]津渡[254]店舍[255]寺剎, 一一書錄, 又以所見, 各陳弊端, 而大臣摠管, 郎廳[256]叅佐, 盡革弊習, 率由舊章, 咨稟[257]裁定[258], 以爲一代之規, 則庶幾無弊矣.

所謂鄕約者, 創於呂氏, 詳於朱子, 增損於李珥者也. 其綱有四, 一曰德業相勸, 二曰過失相規, 三曰禮俗相交, 四曰患難相恤. 所謂德業相勸者, 其目四十餘 ; 所謂過失相規者, 其目百餘 ; 所謂禮俗相交者, 其目十餘 ; 所謂患難相恤者, 其目七.

---

249) 章箚(장차) : 臣下가 임금에게 上奏하는 글.

250) 應旨(응지) : 임금의 명령에 응함. '旨' 는 '敎旨' 로서, '임금의 명령' 을 뜻함.

251) 裒合(부합) : '聚合' 과 같은 뜻. '裒' 는 '모으다, 모이다' 의 뜻.

252) 形止案(형지안) : '사실의 전말' 을 '形止' 라 하며, '사실의 전말을 기록한 문서' 또는 '奴婢의 내력을 기록한 문서' 를 '形止案' 이라 한다(木版本에는 '刑止案' 으로 되어 있는데, '形止案' 이 옳다).

253) 鎭山(진산) : 鎭營을 설치한 산.

254) 津渡(진도) : 나루터.

255) 店舍(점사) : 旅館.

256) 郎廳(낭청) : '郎官' 과 같은 뜻으로, 각 관아의 堂下官을 이르는 말. 주로 六曹의 正郎 · 佐郎이나 그밖의 실무를 담당하는 6품의 官員을 지칭함.

257) 咨稟(자품) : 윗사람에게 묻고 命을 받음. '諮稟' 과 같은 말.

258) 裁定(재정) : 마름질하여 결정함, 옳고 그름을 따져서 결정함.

(經濟司에서는) 무릇 선조(先朝)의 대소 신료들이 장차(章箚)에서 아뢴 내용과 근래 조야(朝野)에서 교지(敎旨)에 응답하여 진언(進言)한 것들을 취합해서 자세히 살펴보는 것입니다. 또 육조(六曹) 각사(各司)의 관리들, 그리고 외방(外方)의 감사(監司)·병사(兵使) 및 수령(守令)·첨사(僉使)·만호(萬戶)·찰방(察訪)에 이르기까지 모두 형지안(形止案)을 만들어서, 관리(官吏)·관노비(官奴婢)·둔전(屯田)은 얼마나 되는지, 여러 궁가(宮家)와 각사(各司)의 전답과 노비는 얼마나 되는지, 여러 부서의 군병(軍兵)은 얼마나 되는지, 관사(官舍)는 몇 칸이며 관곡(官穀)은 얼마나 되는지, 그 경내(境內)의 진산(鎭山)·진도(津渡)·점사(店舍)·사찰(寺刹) 등에 대해서도 하나하나 기록하게 하고, 또 소견에 따라 각각 폐단을 진술하도록 명합니다. 그리고 대신(大臣)이 총괄하고, 낭관(郎官)이 보좌하여 모두 폐습을 혁파하고 옛 헌장을 따르며, (殿下께) 품의(稟議)하고 재가를 얻어 한 시대의 법규로 삼는다면, 거의 폐단이 없을 것입니다.[45]

이른바 향약(鄕約)이란 여씨(呂氏)가 창안하고, 주자(朱子)가 자세하게 했으며, 이이(李珥)가 증손(增損)한 것으로서, 그 강령은 넷입니다. 첫째는 '덕업을 서로 권함[德業相勸]' 이요, 둘째는 '과실을 서로 규제함[過失相規]' 이며, 셋째는 '예속으로 서로 교제함[禮俗相交]' 이요, 넷째는 '환난에 서로 구휼함[患難相恤]' 입니다. 이른바 '덕업을 서로 권함' 에는 40여 조목이 있고, '과실을 서로 규제함' 에는 100여 조목이 있으며, '예속으로 서로 교제함' 에는 10여 조목이 있고, '환난에 서로 구휼함' 에는 7조목이 있습니다.

---

45) 이상의 내용은 經濟司가 수행해야 할 업무인 것이다. 草廬는 자신의 改革策을 수용할 경우, 그 시행기관으로 經濟司를 창설하여, 이와 같은 일들을 추진하도록 건의한 것이다.

曾在宣廟朝, 廷臣有欲行此法者, 李珥以爲不可徑行, 非以此法爲不可行也, 盖必有待而然. 臣謹按國制禮刑之典, 略存鄕約之意, 而綱領似未盡備, 節目似未盡該. 必取呂氏之制, 而參酌時宜, 行之着實, 則敎成俗美, 民知親上死長之義矣. 臣別冊以便睿覽, 一竝投進.

所謂五家統者, 出於周禮, 而載於我國大典者也. 臣謹按國典, 綱領徒存, 節目未備. 若看此法, 使五家爲統, 統有主 ; 二十五家爲小統, 統有正 ; 百家爲中統, 統有長 ; 二百家爲大統, 統有有司, 與鄕約相爲表裏. 姓名年歲四祖[259], 書于籍, 無一人或漏, 則座目[260]一開, 而一國人民之數, 可坐而知矣.

259) 四祖(사조) : 아버지 · 할아버지 · 증조할아버지 · 외할아버지를 아울러 이르는 말.
260) 座目(좌목) : 사람의 名簿나 물품의 目錄.

일찍이 선조(宣祖) 때에 조정의 신하 가운데 향약(鄕約)을 시행하려는 사람이 있었는데, 이이(李珥)는 서둘러 시행해서는 안 된다고 여겼습니다. 그러나 이것은 향약을 시행할 수 없다는 것이 아니었고, 대개 반드시 기다리는 것이 있어서 그랬던 것입니다.[46] 臣이 삼가 생각건대, 국제(國制) 가운데 예전(禮典)과 형전(刑典)에는 대략 향약의 뜻이 담겨있는바, 다만 강령과 절목이 모두 갖추어지지는 못한 것 같습니다. 반드시 여씨(呂氏)의 제도를 취하고 시의(時宜)를 참작하여 착실하게 시행한다면, 가르침이 이루어지고 풍속이 아름다워져, 백성들이 윗사람을 친하게 여기고 어른을 위해 목숨을 바치는 의리를 알게 될 것입니다. 臣이 예람(睿覽)하시기에 편리하도록 별책(別冊)으로 만들어 함께 올리나이다.

이른바 **오가통(五家統)**이란 『주례』에서 나온 것으로, 우리나라의 『경국대전(經國大典)』에도 실려있는 것입니다. 臣이 삼가 『경국대전』을 살피건대, 다만 강령(綱領)만 있고, 절목(節目)은 갖추지 못했습니다. 이 법을 볼 것 같으면, 5가를 '통(統)'으로 삼고 '주(主)'를 두며, 25가를 '소통(小統)'으로 삼고 '정(正)'을 두며, 100가를 '중통(中統)'으로 삼고 '장(長)'을 두며, 200가를 '대통(大統)'으로 삼고 '유사(有司)'를 두어, 향약(鄕約)과 서로 표리(表裏)를 이루게 하는 것입니다. 성명(姓名)·연세(年歲)와 사조(四祖)를 호적에 기록하여, 한 사람이라도 누락됨이 없게 하면, 좌목(座目)을 한 번 열면 한 나

46) 宣祖 6~7년(1573~1574) 즈음 朝廷에서는 鄕約의 시행을 둘러싸고 많은 논의가 있었다. 栗谷은 鄕約을 '三代의 法度'라고 평가하면서도, 두 이유로 鄕約의 시행을 늦춰야 한다고 주장했다. 첫째, 修己는 根本이요 治人은 末端이라는 맥락에서, 임금과 臣僚들이 먼저 修己에 힘쓴 다음에 백성들에게 鄕約을 시행해야 한다는 것이었다. 통치계급이 먼저 모범을 보이지 않고 다만 鄕約을 통해 백성들을 규율하려고 하면 성공하기 어렵다는 것이다. 둘째, 恒産을 보장하는 것이 우선이요 恒心을 가르치는 것은 뒤의 일이라는 맥락에서, 백성들의 生業이 안정된 다음에 鄕約을 시행해야 한다는 것이었다(『栗谷全書』 卷29 頁14; 『栗谷全書』 卷29 頁36 참조).

其不入籍者, 大明律殺之, 而不爲代死 ; 有逃避者, 以謀叛論. 此則過重, 不合於三代之法意, 今不可盡用其律矣. 然不在籍者, 水火[261]不得相資, 會集不得參與, 相訟不爲聽理, 聽理則守令有罪, 其死葬也, 不得顧見, 顧見則有罰布. 有移徙者, 必受文狀[262], 付于所往之官, 然後許接, 卽周禮所謂從而授之, 鄭註[263]明無罪惡之意也. 無文狀而私自許接者, 二百家皆罰布, 則人不得以私自遷移矣.

所謂社倉者, 卽朱子已行之規, 而今列邑糴糶[264]之法, 是也. 然列邑之大小不同, 糶穀之多寡不均, 而又不行於里社[265], 殊無蓄積, 以備不虞之意也.

---

261) 水火(수화) : 물과 불로 인한 災難을 말함.

262) 文狀(문장) : 官衙의 서류. 여기에서는 이사하는 사람의 身分에 관한 여러 證明書類를 뜻함.

263) 鄭註(정주) : 後漢代의 經學者 鄭玄(120~2004)의 註釋.

264) 糴糶(적조) : '糴' 은 쌀을 사들이는 것, '糶' 는 쌀을 내어 파는 것.

265) 里社(이사) : 마을의 組合.

라의 인민(人民)의 수를 앉아서 알 수 있습니다.

『대명률(大明律)』에서는 "호적에 가입하지 않은 사람은 죽여도 살인죄가 되지 않는다. 도피한 사람이 있으면 모반(謀叛)으로 논죄(論罪)한다." 고 했습니다. 그러나 이것은 너무 무거워서 삼대(三代)의 법의 뜻과 부합되지 않으니, 오늘날 그 법률을 그대로 적용할 수는 없겠습니다. 그러나 호적에 가입하지 않은 사람은 환난(患難)에 서로 돕지 못하게 하고, 집회에 참여할 수 없게 하며, 송사(訟事)를 들어주지 못하게 하고, 들어주면 수령(守令)을 처벌하며, 죽어서 장사지낼 때 돌보지 못하게 하고, 돌보면 벌포(罰布)를 부과합니다. 이사(移徙)하는 사람이 있으면 반드시 문서를 주어, 이사가는 곳의 관아(官衙)에 제출한 다음에야 서로 접촉하는 것을 허용합니다. 이것은 곧 『주례』에서 '따라가서 넘겨준다' 고 한 것이요, 정현(鄭玄)의 주(註)에서 '죄악이 없음을 증명한다' 고 한 뜻입니다.[47] 문서 없이 사사롭게 자기들 마음대로 접촉을 허용한 경우, 200가에 모두 벌포를 부과하면, 사람들은 사사롭게 자기들 마음대로 이사하지 못할 것입니다.

이른바 사창(社倉)이란 곧 주자(朱子)가 이미 시행한 제도로서, 오늘날 여러 읍(邑)에서 시행하는 조적(糶糴)의 법이 이것입니다. 그런데 여러 읍의 크고 작음이 다르고, 조곡(糶穀)의 많고 적음도 고르지 못하며, 또 마을의 조합(組合)에서 시행하지 않고, 특히 곡식을 쌓아두었다가 불우(不虞)에 대비한다는 뜻이 없습니다.

---

47) 『周禮』「地官司徒」〈比長〉條와 〈鄰長〉條에서는 주민이 이사할 경우 比長·鄰長이 '(이사가는 곳에) 따라가서 넘겨준다(從而授之)' 고 했다. 이에 대해 鄭玄은 '죄악이 없음을 증명한다(明無罪惡)' 고 수석한 것이다. 草廬는 比長·鄰長 등이 따라가서 넘겨주는 대신, 이사하는 사람이 살던 곳의 官衙에서 文書를 받아다가 이사가는 곳의 官衙에 제출하도록 고친 것이다.

今須於列邑, 則每一結, 計置四石, 二石分給, 二石留儲里社, 則人各出租[266], 有司主之, 家給二石而收息, 又留二石, 以備不虞. 公私皆有一年之蓄, 則凶荒有備, 緩急有用矣. 此以上三條, 正風俗廣儲蓄之具也.

所謂學校者, 卽古者家塾黨庠州序國學之規, 而今國家, 倣而行之者也. 臣謹按, 李珥所定, 有學校模範, 及擇師養士之規, 及揭示學宮之規, 若干條, 造士之法, 此略備矣. 臣意, 二百家所在中間之地, 立蒙齋, 以朝官生進學生有學行者爲師, 以社倉公養[267]之. 人生十歲, 自大夫士之子, 至於庶孼及良民, 皆受學, 而依國典, 有蔭無蔭, 各有籍焉. 及其十五歲, 則選升于四學[268]鄕校.

266) 出租(출조) : 구실을 냄. '租'는 '구실'로서, 각자에게 할당된 몫.

267) 公養(공양) : 公的으로 俸祿을 줌.

268) 四學(사학) : 조선시대 서울의 中部 · 東部 · 南部 · 西部에 두었던 학교. 곧 中學 · 東學 · 南學 · 西學을 말함.

이제 반드시 여러 읍에 1결(結)마다 4석(石)씩 따져서 설치한 다음, 2석 분량은 (필요한 家口에) 나누어주고 2석 분량은 마을의 조합에 쌓아두도록 하십시오. 그리하여 사람들이 각자의 구실을 내면 유사(有司)가 주관하여, (필요한) 가구에 2석 분량을 나누어 주고 이자를 받습니다. 또 2석 분량은 (社倉에) 쌓아두고 불우에 대비합니다. 공(公) · 사(私)에 모두 1년분의 저축을 마련하면, 흉황(凶荒)에 대비할 수도 있고, 완급(緩急)에 활용할 수도 있습니다.

이상의 세 조목은 '풍속을 바루고 저축을 넓게 하는 도구' 입니다.

이른바 학교(學校)란 곧 옛날의 가숙(家塾) · 당상(黨庠) · 주서(州序) · 국학(國學)의 제도로서, 오늘날에도 나라에서 모방하여 시행하는 것입니다. 臣이 삼가 살피건대, 이이(李珥)가 정한 것으로 '학교모범(學校模範)', '스승을 고르고 선비를 양성하는 규칙', '학궁(學宮)에 게시한 규칙' 등 약간의 조목이 있으니,[48] 선비를 양성하는 법제는 이것으로 대략 갖추어져 있습니다. 臣의 의견은, 200가(家) 규모의 마을 중간 장소에 '몽재(蒙齋)' 를 세우고, 조정의 관리나 생원(生員) · 진사(進士)의 학생 중에서 학식과 덕행이 있는 사람을 스승으로 임명하고, 사창(社倉)의 곡식으로 공양(公養)합니다. 사람이 태어나서 10세가 되면,[49] 대부(大夫)와 사(士)의 아들로부터 서얼(庶孼)과 양민(良民)이 모두 수학(受學)하게 하고, 국전(國典)에 의거해서 음직(蔭職)이 있는 사람과 없는 사람 모두 각각 적(籍)을 만들어 둡니다. 15세가 되면 (우수한 사람을) 선발하여, 사학(四學)이나 향교(鄕校)로 진학시킵니다.

---

48) 〈學校模範〉 등은 『栗谷全書』 卷12에 보임.

49) 〈草廬鄕約〉에서는 蒙齋에 입학하는 나이를 '8세' 로 기록하고 있거니와, 이곳에서의 '10세' 는 '8세' 의 誤記인 것으로 보인다.

而臣謹按國典, 成均館生進二百之額數不足, 則四學生徒, 年十五以上, 通小學四書一經者, 及有蔭嫡子通小學者, 補之云, 而四學鄕校初入之規, 則無現文. 臣意以爲小學四書一經, 非十五歲凡童穉之所能盡學也. 當依見行曾時讀[269]之規, 小學及四書中一書能通者, 升于四學鄕校, 其不通者, 歸于其衛. 都事每年巡行列邑, 六十歲及初試入格外, 皆講[270]二書, 不通者, 皆還錄于五衛. 其講也, 主於敎諭, 不以揀難汰降爲心. 邑宰不得以官事差任[271]. 監司到來時, 謁聖則祇迎於校門之外, 不謁聖則不迎. 邑宰監司, 待之必有禮. 如此然後, 校案[272]無濫入之患, 生徒有訓迪[273]之道矣. 臣謹按國典, 州縣各設外敎官[274], 考其勤慢加階[275]云. 此法雖似着實, 然未免有苟充之患.

---

269) 曾時讀(증시독) : 未詳. 〈草廬鄕約〉의 관련 부분에는 '曾讀時讀' 이라는 말이 보이는 바, 한 번 읽혀서 모를 경우 다시 읽게 하는 것, 즉 두 번의 기회를 준다는 뜻으로 추정된다.

270) 講(강) : 배운 글을 스승이나 試驗官 앞에서 외우고 설명하는 것.

271) 差任(차임) : 벼슬아치를 임명함. 差出. 이곳에서는 '校生들을 동원하여 公務를 돕게 함' 을 뜻함.

272) 校案(교안) : 鄕校나 四學에서 공부하는 學生의 名簿.

273) 訓迪(훈적) : 가르쳐 引導함. 訓導.

274) 外敎官(외교관) : 지방 관아의 敎官.

275) 加階(가계) : 벼슬의 品階를 올림.

臣이 삼가 국전(國典)을 살펴보니, 성균관(成均館)의 생원·진사 200명의 정원을 채우지 못하면, 사학(四學)의 생도(生徒) 가운데 15세 이상으로 소학(小學)·사서(四書)와 (三經 가운데) 1경을 통달한 사람, 그리고 유음(有蔭)의 적자(嫡子)로서 소학에 통달한 사람으로 보충한다고 했습니다. 그런데 사학과 향교에 처음 입학하는 규칙에 대해서는 뚜렷한 규정이 없습니다. 臣의 생각으로는, 소학·사서와 (三經 가운데) 1경은 15세의 평범한 소년들이 능히 모두 배울 수 있는 것이 아닙니다. 따라서 마땅히 현행 증독(曾讀)·시독(時讀)의 규칙에 의거, 소학과 사서 가운데 1서를 능통한 사람은 사학이나 향교로 진학시키고, 통달하지 못한 사람은 (五衛 가운데) 각자에 해당되는 위(衛)로 보내는 것입니다.

도사(都事)가 매년 열읍(列邑)을 순행(巡行)하면서, 60세가 된 사람과 초시(初試)에 합격한 사람을 제외하고는 모두 2서를 강(講)하게 하여, 통달하지 못한 사람은 모두 오위(五衛)로 돌려보냅니다. 강(講)을 할 때에는 교유(敎諭)를 목적으로 삼을 것이요, 어려운 내용을 골라서 떨어뜨리는 것을 목적으로 삼아서는 안 됩니다. 읍재(邑宰)는 (校生들에게) 관청의 일을 맡겨서는 안 됩니다. 감사(監司)가 (鄕校에) 왔을 때, 문묘(文廟)를 배알하는 경우는 교문(校門)의 밖에까지 나가 공경스럽게 맞이하고, 배알하지 않는 경우는 맞이하지 않습니다. 읍재와 감사가 (校生들을) 대할 때에는 반드시 예(禮)를 갖추어야 합니다. 이와 같이 한 다음에야 교안(校案)을 함부로 기입하는 폐단이 없게 되고, 생도는 가르쳐서 인도하는 도리를 얻게 됩니다.

臣이 삼가 국전(國典)을 살펴보니, 주현(州縣)에 각각 외교관(外教官)을 두고, 그 부지런함과 게으름을 고과(考課)하여 품계(品階)를 올려준다고 했습니다. 이 법은 비록 착실(着實)한 것 같으나, 구차하게 채우는 폐단을 면할 수 없습니다.

臣意, 士大夫有齒德[276]學術, 而去官在鄕者, 一人以爲師, 以會簿[277]公養之, 如今之付軍職[278], 廩食[279]有差, 如宋之祠官之例[280]. 每月朔望, 入鄕校, 講習諸生, 三十以上通讀, 以下背講, 以爲賞罰之地, 則師長無苟充之患, 諸生有觀感之地矣. 此乃周禮鄕先生之意也.

至於書院之建, 可養志學之士, 爲益不淺, 而但不設師長, 不係公家[281], 故儒生相聚, 放意自肆, 旣無畏憚之心, 又無藏修之效. 國家設立本意, 不必如此. 故議者, 或詆書院, 以爲可罷. 此則出於憤懟[282], 非正論也. 昔李珥請依中朝之制, 於大處書院, 設洞主山長[283]之員, 有俸祿, 擇有學行可爲師長者, 及休官退處之人, 使居其職, 以導率之. 此意固善矣, 而當此國家多事之時, 旣廩鄕校師長, 又廩洞主山長, 力有所不贍, 則各其書院, 豈可無待師長之方乎?

---

276) 齒德(치덕) : '齒' 는 나이, '德' 은 德行.

277) 會簿(회부) : 금전이나 곡물을 회계 장부에 기록함. 또는 그 장부, 또는 장부에 기록된 금전이나 곡물. 公費.

278) 付軍職(부군직) : 軍職을 곁들여 줌. 또는 곁들여서 받은 軍職. 조선시대에는 文官들에게 軍職을 곁들여주는 경우가 많았고, 또 本職 없이 軍職만 주는 경우도 많았음. 付軍職은 實職이 아니라 名譽職으로서, 實務는 담당하지 않고 약간의 祿俸만 받았음.

279) 廩食(늠식) : 祿俸(녹봉). 廩料(늠료).

280) '祠官之例' 는 石印本에는 '祠官之禮' 로 되어 있으나, 木版本에 따라 '祠官之例' 로 고침.

281) 公家(공가) : 朝廷 · 王室 또는 官廳.

282) 憤懟(분대) : 성내고 원망함.

283) 洞主山長(동주산장) : '洞主' 나 '山長' 은 모두 書院을 맡아 관리하는 우두머리로, '洞長 · 院長' 이라고도 했음.

臣의 의견은, 사대부(士大夫) 가운데 치덕(齒德)과 학술(學術)이 있는 자로서 관직에서 물러나 고향에 있는 사람 가운데 하나를 스승으로 임명하여, 오늘날의 부군직(付軍職)처럼 회부(會簿)로 공양(公養)하되, 송(宋)나라 사관(祠官)의 예(例)처럼 녹봉(祿俸)에 차등을 둡니다. (스승은) 매월 초하루와 보름에 향교(鄕校)에 가서 여러 생도들을 강습(講習)하되, 30세 이상은 죽죽 읽도록 하고, 30세 이하는 돌아앉아서 외우게 한 다음, (그 성적을) 상벌의 자료로 삼게 합니다. 이렇게 하면 사장(師長)을 구차하게 채우는 폐단이 없고 여러 생도들은 보고서 느끼는 계기가 될 것입니다. 이것이 바로 『주례(周禮)』 '향선생(鄕先生)' 의 취지입니다.

서원(書院)을 세우는 것은 학문에 뜻이 있는 선비를 양성할 수 있으니, 이로움이 적지 않습니다. 다만 사장(師長)을 두지 않고, 관청과도 연계되지 않으니, 따라서 유생(儒生)들이 서로 모여서 방자(放恣)하게 굴어 이미 두려워하고 꺼리는 마음이 없으며, 또 학문을 닦는 효과도 없는 것입니다. 국가에서 서원을 설립한 본의는 반드시 이와 같지는 않았을 것입니다. 그러므로 의론하는 사람들은 간혹 서원을 비방하여, 혁파해야만 한다고 여깁니다. 이것은 분노와 원한에서 나온 주장으로, 바른 의론이 아닙니다. 예전에 이이(李珥)는 "중국의 제도에 의거하여 큰 곳의 서원에는 동주(洞主)나 산장(山長)의 관원(官員)을 두고 봉록을 주되, 학행(學行)이 있어서 사장(師長)이 될 만한 사람이나 관직을 쉬고 물러나 있는 사람을 골라서 그 직책을 맡게 함으로써 (書院의 儒生들을) 인도하도록 하자."고 요청한 바 있습니다.[50] 이러한 뜻은 진실로 좋으나, 지금처럼 국가에 일이 많은 때에, 이미 향교(鄕校)의 사장(師長)에게 봉록을 주고 또 (書院의) 동주(洞主) · 산장(山長)에게 봉록을 준다는 것은 힘에 부치는 일입니다. 각지의 서원에 어찌 사장(師長)을 우대하는 방책이 없겠습니까?

50) 『栗谷全書』 卷6 頁25, 〈應旨論事疏〉 참조.

抑臣又念周禮澤宮觀德[284]之規, 後世廢而不講. 六藝固是士子所同講習, 而射御獨闕, 臣實未曉其故也. 臣意, 鄕校書院講習之時, 必先行周禮鄕飮酒鄕射等禮, 賓興[285]一人于朝, 有實行者當之, 無則不必苟充, 以備全材之用. 其與尋章摘句, 用力於無用之地者, 其功效, 豈不相懸乎?

所謂延英院者, 卽程子之言也. 竊聞, 國家亦嘗設立一堂於太學之傍, 遺址尙在云, 不知創於何時, 廢於何時, 而曩日廷臣, 亦建白而未行焉. 今若設一院, 凡公論推薦, 及巖穴之賢, 必招致優禮, 而不可遽進以官, 群居切磨, 俾盡其材, 時賜召對[286], 咨以治道, 觀其材識器能, 然後官之, 則湖學復見刮劘[287]之實, 周家可致思皇之盛矣.

284) 澤宮觀德(택궁관덕) : '澤宮' 은 周代에 활쏘기를 연습하던 궁전. '觀德' 은 활쏘기를 감상하는 것으로, '활쏘기를 통해 각자의 사람됨을 볼 수 있다' 는 뜻임. 활쏘기는 공정한 경쟁을 통해 자신의 능력을 보여주고, 또 상대방에게 예의를 갖추고 결과에 깨끗이 승복하는 품위있는 競技였거니와(『論語』 八佾 제7장, 『孟子』 公孫丑上 제7장 참조), 따라서 鄕射禮는 사람들의 德을 관찰하는 좋은 기회로 인식되었던 것임.

285) 賓興(빈흥) : 周代에 시골의 선비를 발굴하여 추천하던 제도. 各地의 鄕學에서 평소의 學業과 鄕飮酒 등의 禮를 통해 사람들의 德行을 관찰하고, 그 가운데 뛰어난 사람을 '賓' 이라 하여 中央의 國學으로 추천했는데, 이를 '賓興' 이라 하였음. 後代에는 鄕試(시골에서 시행하는 科擧의 初試)를 '賓興' 또는 '賓興科' 라고도 하였음.

286) 召對(소대) : 召命(임금이 신하를 부르는 명령)을 받고 들어가 임금을 대하는 것.

287) 刮劘(괄마) : 깎아내고, 갈고 닦아서 윤이 나게 함. '刮磨 · 刮摩' 로도 씀.

그리고 臣이 또 생각하기에, 후세에는 『주례(周禮)』 '택궁관덕(澤宮觀德)' 의 법규를 폐지하고서 강구하지 않습니다. 육예(六藝)는 진실로 선비들이 모두 강습해야 하는 것인데, 오직 '활쏘기와 말타기' 만 빠졌으니, 臣은 진실로 그 까닭을 알지 못하겠습니다. 臣이 생각하기에, 향교와 서원에서 강습할 때에 반드시 먼저 『주례』의 향음주(鄕飮酒) · 향사(鄕射) 등의 예(禮)를 시행하고, 한 사람을 조정(朝廷)으로 추천하게 합니다. (朝廷에서는) 실행(實行)이 있는 사람은 등용하고, 없는 사람은 꼭 구차하게 채우지 않음으로써, 온전한 인재를 등용하는 제도를 갖춥니다. 이것은 장구(章句)를 찾아서 발라내고 쓸모없는 곳에 힘을 쓰는 것과는 그 공효(功效)가 어찌 현격(懸隔)하지 않겠습니까?

이른바 연영원(延英院)이란 곧 정자(程子)의 말입니다. 그윽이 듣자하니, 우리나라에서도 또한 일찍이 태학(太學) 옆에 하나의 당(堂)을 세웠었던바, 그 터가 아직도 남아있다고 하니, 언제 창설했다가 언제 폐지한 것인지 알 수 없습니다. 얼마 전에 조정의 신하가 또 (이것을) 건의했습니다만, 시행되지 않았습니다. 지금 만약 하나의 원(院)을 설립하여, 무릇 공론(公論)으로 추천된 사람과 암혈(巖穴)에 숨어있는 현자(賢者)를 반드시 초치(招致)하여 넉넉하게 예우(禮遇)하되, 성급하게 관직에 진출시키지 않고 여럿이 함께 생활하면서 절차탁마(切磋琢磨)하여 각각의 재능을 다 발휘하게 하면서, 때때로 소대(召對)의 기회를 주어 치도(治道)를 자문(諮問)함으로써 그 재능과 식견을 살핀 다음에 관직에 임명한다면, 호학(湖學)은 다시 '괄마(刮劘)의 실효' 를 볼 수 있고,[51] 주가(周家)는 '사황(思皇)의 성대함' 을 이룰 수 있을 것입니다.[52]

---

51) '湖學' 은 '湖州의 학교' 로서 宋나라 때 胡瑗(胡安定)이 강학하던 곳. 胡安定이 湖學에 經書를 읽히는 經義齋와 實務를 익히는 治事齋를 설치하고 講學했는데, 수천 명의 學徒가 모여 刮劘하였다고 함(『小學』 〈善行〉篇 참조). '湖學은 다시 刮劘의 實效를 볼 수 있다' 는 것은 '學校는 다시 참다운 人才를 양성하는 기관으로 탈바꿈할 것' 이라는 뜻임.

臣且念, 今日齋郎[288]下僚中, 不無才學之人, 竝須精擇於其中, 俾與公薦所選者, 公務之暇, 朝夕遊居, 相與討論, 則庶幾仕學俱進, 皆爲致用之成才矣.

所謂科擧法者, 國家取人之規, 雖不盡出於古昔貢士[289]之法, 而三年大比科外[290], 更無別試廷試[291]之設, 而雖或設之, 亦必講經而後取之, 故經術之士, 彬彬可觀矣. 今者科擧頻設, 乃後來之弊, 而不務經學, 專事詞章, 不能通大學章句, 而出身[292]顯仕[293]者有之. 至於文官殿講[294], 實是奬勸之美意, 而朝紳[295]之間, 惟以啣盃[296]詠詩爲高致, 視經學爲苦役.

---

288) 齋郎(재랑) : 제사 때 執事하는 벼슬아치. 같은 맥락에서, 廟·社·殿·宮·陵의 參奉을 두루 이르는 말.

289) 貢士(공사) : 地方에서 준수한 子弟를 선발하여 中央으로 추천하는 것을 '貢擧'라 하고, 그렇게 추천된 자를 '貢士'라 함. '貢'은 '천거하다'의 뜻.

290) 大比科(대비과) : 3년에 한 차례씩 실시하는 科擧, 곧 式年試를 말함.

291) 廷試(정시) : 나라에 慶事가 있을 때 대궐 안에서 행하는 科擧. '庭試'라고도 함.

292) 出身(출신) : 科擧에 급제함, 또는 급제한 사람.

293) 顯仕(현사) : 雜織이 아닌, 지위가 높고 훌륭한 定規의 벼슬자리. '顯官'이라고도 함.

294) 殿講(전강) : 조선시대 文武堂下官들을 宮中에 모아 임금이 친히 講을 받던 시험으로, 成績에 따라 賞罰을 행하였음. 成均館·四學의 儒生들을 宮中에 모아 임금이 친히 講을 받던 시험도 '殿講'이라 했는데, 이에 합격한 사람은 文科의 覆試 또는 殿試에 응할 수 있는 자격을 주었음.

295) 朝紳(조신) : 朝廷의 大官.

296) 啣盃(함배) : 술을 마심. '啣'은 '銜'의 俗字.

臣은 또 생각하기에, 오늘날 재랑(齋郞)의 하급 관료 중에는 재주와 학식이 있는 사람이 없지 않습니다. 모름지기 그 중에서 정밀히 골라서, 공무(公務)의 여가를 통해 공론의 추천으로 선발된 사람과 함께 조석(朝夕)으로 교유(交遊)하면서 서로 토론하게 한다면, 거의 벼슬과 학문이 함께 진보하여 모두 경세치용(經世致用)의 인재가 될 것입니다.

이른바 **과거법(科擧法)**이란 국가가 인재를 취하는 법규로서, 비록 모두 옛날 공사(貢士)의 법에서 나온 것은 아니지만, 3년마다 대비과(大比科)를 실시하는 것 외에 다시 별시(別試)나 정시(廷試)를 설치함은 없었으며, 비록 설치하더라도 또한 반드시 경전(經典)을 강(講)한 다음에 취했습니다. 그러므로 경전의 학술에 밝은 선비가 빈빈(彬彬)하여 볼만했던 것입니다. 오늘날에는 과거가 자주 시행되니, 바로 후대에 생긴 폐단입니다. 또 경학(經學)에 힘쓰지 않고 오로지 사장(詞章)을 일삼아서,[53)]『대학장구(大學章句)』조차 통달하지 못하고서도 과거에 합격하여 높은 자리에 오른 사람도 있습니다. 문관(文官)들이 전강(殿講)하게 한 것은 실로 (學問을) 권장하는 아름다운 뜻이었습니다만, 조정의 대신(大臣)들 사이에는 오로지 술잔을 기울이며 시(詩)를 읊는 것만을 고상한 운치로 삼고 경학(經學)은 고역(苦役)으로 여기며, 선비들

---

52) '周家'는 '周나라 왕실'. '思皇'은 '빛남'('思'는 語助辭, '皇'은 '煌'으로 '빛나다'의 뜻). 『詩經』「大雅」〈文王〉篇에서는 "빛나는 많은 선비들이 이 王國에 태어났네"(思皇多士, 生此王國.)라고 했음. '周家는 思皇의 성대함을 이룰 수 있다'는 것은 '國家에는 탁월한 人才들이 넘치게 될 것'이라는 뜻임.

53) 조선시대, 文科의 科擧는 經學을 시험하는 '講經科(明經科)'와 詞章을 시험하는 '製述科'로 나뉘었다. '講經'은 試驗官 앞에서 經書 중의 지정된 대목을 암송하는 것이며, '製述'은 글짓기로 시험하는 것으로 賦 1편과 古詩・銘・箴 중에서 1편을 짓게 하였다. 講經科(明經科)에 합격한 사람은 '生員'이라 하고, 製述科에 합격한 사람은 '進士'라 했다. 그런데, 講經科가 製述科보다 합격하기가 어려워, 科擧에 응하는 사람들이 講經科를 기피하고 製述科를 선호했던 것이다.

爲士者, 講經亦口誦是熟, 不求文義. 此弊不去, 臣恐經筵書筵[297], 皆爲虛設也. 今雖不能盡復三代之制, 而試士必講經, 講經必以文義爲主, 則決不如今日經幄[298]之草草矣. 且臣謹按國典, 祖宗朝用人之方, 由於試才. 大則文武, 小則蔭雜[299], 無有不試而徑用者, 故實才登而倖門杜矣. 今則不然, 國法解弛, 仕路便捷, 人各自售, 不肯取才. 故銓曹[300]用人, 只憑聞見, 雖有薦法, 亦不能無弊, 不若申明國典, 以試才爲主也. 臣又按國典, 武科則有經書之講, 文科則無武藝之取, 故卽今文臣試射之規, 無異兒童之戲, 盖由習之無素之致也.

---

297) 書筵(서연) : 조선시대, 王世子를 모시고 經史를 강론하는 것, 또는 그 자리.

298) 經幄(경악) : '經筵' 과 같은 뜻.

299) 蔭雜(음잡) : 蔭職과 雜科. '蔭職' 은 조상의 蔭德으로 임용되는 벼슬. '雜科' 는 특정한 전문 분야에 뛰어난 사람을 뽑는 여러 과거를 通稱하는 것으로, 조선시대에는 譯科 · 醫科 · 陰陽科 · 律科 등이 있었음.

300) 銓曹(전조) : 人材를 가려 뽑는 관청. 조선시대에는 文官은 吏曹에서, 武官은 兵曹에서 뽑았던바, 吏曹와 兵曹를 아울러 '銓曹' 라 했음. '銓' 은 '銓衡' 즉 '저울질' 로서, '사람의 재능을 평가하는 것' 을 뜻함.

은 경전을 강론할 때 입으로 외우는 것만 능숙하고 문장의 뜻을 탐구하지 않습니다. 이러한 폐단이 없어지지 않는다면, 臣이 생각하기에 경연(經筵)·서연(書筵)은 모두 헛일이 되고 말 것입니다.

오늘날 비록 삼대(三代)의 제도를 모두 다시 회복할 수는 없을지라도 선비를 시험할 때는 반드시 강경(講經)을 하고, 강경은 반드시 문장의 뜻을 위주로 한다면, 결코 오늘날 경연(經筵)처럼 대강대강 하지는 않을 것입니다. 또 臣이 삼가 국전(國典)을 살피건대, 조종조(祖宗朝)에서 인재를 등용하는 방법은 재주를 시험하는 것이었습니다. 크게는 문과(文科)·무과(武科), 작게는 음직(蔭職)이나 잡과(雜科)도 모두 시험을 거치지 않고 서둘러 임용하는 경우는 없었습니다. 그러므로 참된 인재가 등용되었고, 요행의 문(門)은 막혔던 것입니다. 그러나 지금은 그렇지 않습니다. 국법(國法)이 느슨해져 벼슬길이 편하고 빨라지면서, 사람들이 각자 자신을 팔아, 취재(取才)를 즐거워하지 않습니다.[54] 그러므로 전조(銓曹)에서 인재를 등용할 때 다만 문견(聞見)에만 의존하는 것입니다. 비록 추천하는 제도가 있어도 또한 폐단이 없을 수 없으니, 다시 국전(國典)을 밝혀서 재능의 시험으로 주(主)를 삼는 것만 못합니다.

臣이 또 국전(國典)을 살펴보니, 무과(武科)에는 경서(經書)를 강(講)하는 것이 있으나, 문과(文科)에는 무예(武藝)를 시험하는 것이 없습니다. 그러므로 오늘날 문신(文臣)들의 활쏘기 시험에 관한 규정은 아이들의 장난과 다를 바 없으니, 이것은 평소에 (활쏘기를) 익히지 않은 결과입니다.

---

54) '取才'란 科擧 외에 '일정한 시험을 통해 사람을 뽑는 것'. 벼슬길이 편하고 빨라짐에 따라 사람들은 요령껏 관직에 진출하기를 좋아하고, '시험을 통해 진출하는 것'은 꺼린다는 뜻.

臣意以爲今日之計, 必於文科講經製述之外, 又設射帿[301]一技, 如餘經[302]之式, 則周禮司馬論才取士之盛, 可復見於今日矣. 且周禮澤宮之法, 必可用於今. 而後世興起人才之方, 莫如科擧. 臣意, 以爲館學校生蔭官有文武之才者, 每式年[303]設科時, 四書三經武經七書[304], 皆臨講[305], 武才二技入格者, 直赴殿試[306], 則儒生從事於射御之藝, 而文武全才, 可得而入矣. 今科擧時, 多有冒錄[307]紛紜之弊, 須以學校儒案[308], 自禮曹監營, 直送于試所, 不在是錄者, 不許錄名. 若冒入參榜[309]者拔去, 錄名官罷職, 則可以無弊矣.

301) 射帿(사후) : 화살을 쏘는 과녁. 또는 과녁을 활로 쏘는 것. '帿' 는 사방 열 자인 方形의 과녁.

302) 餘經(여경) : '餘經' 이란 文科의 필수과목이었던 '四書三經' 에 포함되지 않은 『禮記』와 『春秋』를 말함. 講經을 치를 때, 수험생이 원할 경우 『禮記』나 『春秋』를 講하도록 했고, 子(諸子書) · 史(歷史書)에 대해서도 수험생이 원할 경우 臨講하도록 했는데, 이를 '餘經의 法式' 이라 한다.

303) 式年(식년) : 국가에서 科擧를 시행하거나 戶籍을 작성하도록 지정된 해. 조선시대에는 地支 중 子 · 卯 · 午 · 酉가 드는 해를 式年으로 정했음. 式年에 시행되는 과거를 '式年試(式年科)' 또는 '大比科' 라 했음.

304) 武經七書(무경칠서) : 『孫子』, 『吳子』, 『司馬法』, 『尉繚子(울요자)』, 『三略』, 『六韜(육도)』, 『李衛公問對』를 말함.

305) 臨講(임강) : 책을 스승이나 試驗官 앞에 펴 놓고 강독함. '背講' 의 반대.

306) 殿試(전시) : 임금이 직접 參觀하는 科擧의 마지막 시험. 文科와 武科의 覆試에 합격한 사람에게 製述과 武藝로써 시험하여, 甲科 · 乙科 · 丙科의 등급을 정하여 급제시켰음.

307) 冒錄(모록) : 사실이 아닌 것을 기록함. '冒' 는 '거짓' 의 뜻.

308) 儒案(유안) : 成均館 · 鄕校 · 書院 등에 비치한 儒生의 名簿. '儒籍(유적) · 靑衿錄(청금록)' 이라고도 했음.

309) 參榜(참방) : 科擧에 합격하여 榜目(科擧나 試驗에 합격한 사람의 名簿)에 이름이 오름.

臣의 생각에, 오늘을 위한 계책은 반드시 문과(文科)에서는 강경(講經)·제술(製述) 외에 여경(餘經)의 법식처럼 또 '사후(射帿)' 라는 하나의 기술(技術)을 설치하는 것입니다. 그러면 『주례』에서 사마(司馬)가 재주를 논해서 선비를 선발했던 성대함을 오늘날 다시 볼 수 있을 것입니다. 또 『주례』의 택궁(澤宮)의 제도도 반드시 오늘날 활용할 수 있는 것입니다.

그런데 후세에 인재를 일으키는 방법은 과거(科擧)만한 것이 없습니다. 臣의 의견은, 식년(式年)마다 과거를 베풀 때, 성균관과 향교의 학생 및 음관(蔭官)으로서 문무(文武)의 재능을 지닌 자는 사서삼경(四書三經)과 무경칠서(武經七書)를 모두 임강(臨講)하고[55], 무재(武才)의 두 기술에 합격한 자는 곧바로 전시(殿試)에 나갈 수 있게 하는 것입니다. 그러면 유생(儒生)들이 활쏘기·말타기에 종사하게 될 것이니, 문무(文武)를 겸비한 인재를 얻을 수 있을 것입니다. 오늘날 과거를 시행할 때에, 모록(冒錄)이 분분한 폐단이 많습니다. 반드시 학교의 유안(儒案)을 예조(禮曹)나 (각 道의) 감영(監營)으로부터 시험 장소로 직송(直送)하도록 하고, 유안에 기록되지 않은 사람은 이름을 기록하는 것을 허락하지 말아야 합니다.[56] 만약에 거짓으로 기록하여 방목(榜目)에 오른 사람은 발라내고, 이름을 기록해준 관리는 파직시킨다면, 폐단이 없게 될 것입니다.

---

55) 당시의 講經 시험은 모두 '背講' 이었거니와, 이는 經典을 暗誦하는 것이었다. 사람들은 四書三經을 모두 暗誦하는 것을 苦役으로 여기고 講經科를 회피했으며, 講經科를 택한 사람도 暗誦만 할 뿐 文義를 탐구하지는 않았던 것이다. 이에 草廬는 시험방식을 '臨講' 으로 바꾸고, 暗誦이 아닌 文義를 위주로 시험하자고 제안하는 것이다. 게다가 또 武經七書를 시험과목에 포함시킴으로써 '文武兼全' 을 꾀하자고 한 것이다.

56) 조선시대에는 鄕校·四學이나 成均館의 學生으로서 '일정한 기간을 受學한 사람' 만이 科擧에 응할 수 있었다. '儒案' 은 學籍簿로서, 각자의 응시자격(受學 여부)을 확인하는 자료였다. 그런데 鄕校나 四學 등에 일정 기간 出席해서 受學하지 않고 科擧에 응하려는 사람들이 많았기에 '冒錄' 의 문제가 야기된 것이다.

所謂五衛者, 國家設衛之意, 美矣. 有中衛左衛右衛前衛後衛焉. 自公卿至庶人之子, 未入學校者, 以蔭之有無, 而各有所屬, 然後蔭官取才武藝試才之規, 皆所以奬勸成就之道也. 後來此法旣壞, 人無統屬, 百弊俱生, 萬事無綱. 御營京砲牙兵[310]束伍之新設, 不得已之擧也. 必也修復五衛之法, 參酌古今之宜. 凡民勿論貴賤, 皆入塾學, 十五歲選升于學校, 其餘皆屬于五衛. 五衛之人, 必試取[311]武技之能者, 而其不能者, 自官收布二疋, 輸于軍需別倉[312], 以爲上番軍稍食[313]之用. 其上番者, 以一萬爲一番, 交相遞代, 所食出於軍資別倉. 五衛將領之, 使常習藝, 時時取才, 以蔭授官, 則旣有以宿衛宮禁, 而亦足以振作興起之矣.

310) 牙兵(아병) : 조선시대에 두었던 兵卒의 한 종류.

311) 試取(시취) : 시험을 보여 인재를 뽑음.

312) 軍需別倉(군수별창) : '軍資別倉' 을 달리 이른 말.

313) 稍食(초식) : 祿俸으로 주는 쌀. 稍廩(초름).

이른바 오위(五衛)란, 국가에서 설치한 뜻이 매우 아름다운바, 중위(中衛) · 좌위(左衛) · 우위(右衛) · 전위(前衛) · 후위(後衛)가 있습니다. 공경(公卿)으로부터 서인(庶人)의 자식에 이르기까지, 학교에 입학하지 않은 사람은 유음(有蔭) · 무음(無蔭)에 따라 각각 소속이 있게 했으니, 그런 다음에야 음관(蔭官)을 취재(取才)하고 무예(武藝)를 시재(試才)하는 규칙이 모두 성취(成就)를 권장하는 방도가 되었던 것입니다. 후대에는 이 법이 모두 무너져, 사람들이 통속(統屬)이 없게 되니, 온갖 폐단이 함께 생기고, 모든 일이 기강이 없게 되었습니다. 어영(御營) · 경포(京砲) · 아병(牙兵) · 속오(束伍) 등을 새로 설치한 것은 부득이한 조치였습니다. 반드시 오위의 법을 수복(修復)하되, 고금(古今)의 시의(時宜)를 참작해야 합니다.

무릇 백성들은 귀천(貴賤)을 막론하고 모두 숙학(塾學)에 입학시키고, 15세가 되면 (우수한 사람은) 뽑아서 학교(學校)로 올리고,[57] 그 나머지는 모두 오위에 소속시킵니다. 오위에 속한 사람은 반드시 무예의 기능을 시험하여 선발하고, 능하지 못한 사람은 관(官)에서 포(布) 2필을 징수하여 군수별창(軍需別倉)으로 보내 상번군(上番軍)의 초식(稍食) 비용으로 삼습니다. 상번(上番)하는 사람은 1만 명을 1번(番)으로 삼아 서로 교대하고, 필요한 비용은 군자별창(軍資別倉)에서 지출합니다. 오위장(五衛將)은 군사들을 통솔하여 항상 무예를 익히게 하고, 때때로 취재(取才)하여 음관(蔭官)을 주면, 이미 궁궐을 숙위(宿衛)하고도 또한 군사들을 진작흥기(振作興起)시키기에 충분할 것입니다.

57) '塾學' 은 蒙齋를 말하고, '學校' 는 鄕校나 四學을 말한다.

臣似聞近來都試[314], 或賜直赴云, 更於五衛下番之時, 設場試才, 一萬人中取二三人, 直赴殿試, 每番如是, 每年如是, 以爲常式, 人皆慕之, 上京不知其苦, 臨番樂赴之矣. 臣伏念, 此法旣擧, 則一萬交遞宿衛之數, 不難辨得. 而凡法之不行, 自上犯之, 未有綱不擧而目張者矣. 必自族親衛[315]始, 以及公卿大夫士之子弟, 皆充其衛, 如祖宗朝時, 然後京中各坊, 至於外方郡邑, 皆不令而行矣. 且今束伍, 不可廢也. 臣意, 以爲考其鄕約廳座目, 公私賤十五以上, 試取武才, 能者皆充定[316], 而私賤則本主家內使喚者勿充, 公賤無才者, 則收布如規. 束伍每一人, 以軍資倉布, 量宜定給, 以爲資, 其中最有才者, 公賤則免賤, 私賤則以價給本主, 亦使免賤, 充五衛, 所食出於別倉.

---

314) 都試(도시) : 조선시대, 武術에 뛰어난 사람을 뽑기 위해 매년 시행하던 武科 시험의 하나. 太祖 4년(1395)에 처음 시행했으며, 이에 합격한 사람은 邊將을 제수하거나 殿試에 응시할 자격을 주었음.

315) 族親衛(족친위) : 조선시대, 五衛의 右衛(虎賁衛)에 소속되어있던 부대. 왕실과 혈연관계에 있는 사람들이 소속되어 遞兒職을 받으면서 일정 기간 복무하게 했음. '遞兒職' 이란 일정한 기간 동안 근무하며, 1년에 네 차례 근무 성적에 따라 교체되고, 근무기간 동안 녹봉을 받는 벼슬.

316) 充定(충정) : 軍役 따위에 보충하여 정함.

臣은 근래 도시(都試)에서 (우수한 성적을 얻은 사람에게는) 간혹 곧바로 (殿試에) 응할 수 있는 자격을 부여 한다는 말을 들은 것 같습니다. 그런데 또한 오위의 군사들이 하번(下番)할 때에도 재능을 시험하는 마당을 베풀고 1만 명 가운데 2~3명을 뽑아 곧바로 전시(殿試)에 응할 수 있게 하되, 매번(每番) 이렇게 하고 매년(每年) 이렇게 하여 일정한 법식으로 만들면, 사람들이 모두 흠모하여, 상경(上京)할 때에는 그 수고로움을 알지 못하고, 번(番)에 임할 때에는 기꺼이 달려올 것입니다. 臣이 엎드려 생각하건대, 이 법을 이미 시행한다면 숙위를 교체하는 1만 명의 숫자는 어렵지 않게 채울 수 있을 것입니다.

무릇 법이 실행되지 않는 것은 윗사람부터 어기기 때문이니, 강령(綱領)이 세워지지 않았는데 절목(節目)이 베풀어지는 경우는 없습니다. 조종조(祖宗朝) 때처럼 반드시 족친위(族親衛)로부터 시작해서, 공경(公卿)·대부(大夫)·사(士)의 자제(子弟)까지 모두 그 위(衛)를 채운 다음에야, 서울의 각 방(坊)과 지방의 군읍(郡邑)에 이르기까지 모두 명령을 내리지 않고도 시행될 것입니다. 또한 지금의 속오군(束伍軍)은 폐지할 수 없습니다.

臣의 의견은, 향약청(鄕約廳)의 좌목(座目)을 살펴서 공천(公賤)·사천(私賤)으로 15세 이상의 사람들에게 무재(武才)로 시취(試取)하여, 능한 사람은 모두 속오군에 배정하되, 사천으로서 본래의 주인이 집안에서 부리는 자는 배정하지 않고, 공천으로서 재능이 없는 자는 규정에 따라 포(布)를 징수합니다. 속오군은 1명마다 군자창(軍資倉)의 포(布)로 알맞게 헤아려 급료를 정함으로써 비용으로 삼게 합니다. 그 가운데 가장 재능이 있는 자는, 공천(公賤)은 면천(免賤)시키고, 사천(私賤)은 본래의 주인에게 몸값을 지불하고 역시 면천시켜, 오위(五衛)에 채우고 급료는 군자별창에서 지출합니다.

良民則勿充束伍, 上番如舊, 而所食亦出於別倉, 試才與五衛同. 此外諸色軍兵之號, 皆可革罷也. 且漕水軍[317], 皆有定數, 其在遠地者, 自所居官收布如規, 以送沿海邑, 以助其役. 且習藝之法, 管子内政篇, 甚悉且便, 倣而行之, 則雖無營將巡歷之勞, 而人各自習, 技亦自精. 殿下取覽内政篇, 試行於國中焉.

所謂軍資別倉者, 臣謹按國典, 軍資倉外, 又置別倉, 凡有公收之物, 皆貯之, 諸道魚箭鹽盆等收稅貿穀, 皆補軍資, 遙隔諸邑亦置倉, 鎭將軍官教官供給之用, 皆出於此倉云. 此實今日所當汲汲修擧者也.

317) 漕水軍(조수군) : 漕運(稅穀을 배로 輸送하는 것)에 종사하는 水軍. 漕軍.

양민(良民)은 속오군에 채우지 않습니다. (束伍軍이) 상번(上番)할 때에는 구규(舊規)대로 하되, 급료는 역시 군자별창(軍資別倉)에서 지출하며, 시재(試才) 또한 오위와 같습니다. 이 밖에 여러 부서의 군병(軍兵)의 이름은 모두 혁파할 수 있습니다.

또한 조수군(漕水軍)은 모두 정해진 숫자가 있거니와, 먼 곳에 사는 사람은 거주지의 관아에서 규정대로 포(布)를 징수하여 연해(沿海)의 읍(邑)으로 보냄으로써 그 역(役)을 돕도록 합니다.[58] 또한 무예를 익히는 방법은 『관자(管子)』『내정편(內政篇)』에 모두 편리하게 갖추어져 있습니다. 이것을 모방하여 시행한다면 비록 영장(營將)이 순력(巡歷)하는 수고로움이 없더라도 사람들이 각자 스스로 익힐 것이요, 기예(技藝) 또한 저절로 정밀해질 것입니다. 殿下께서 『내정편』을 읽어보시고, 나라 안에 시험삼아 시행하소서.

이른바 **군자별창(軍資別倉)**이란, 臣이 삼가 국전(國典)을 살피건대, 군자창(軍資倉) 외에 또 별창(別倉)을 설치하여, 무릇 공적(公的)으로 거둔 물건이 있으면 모두 이곳에 저축하니, 여러 도(道)의 어살(魚箭)·염분(鹽盆) 등에서 거둔 세(稅)를 곡식으로 바꾸어 모두 군자(軍資)에 보충하며, (鹽盆이 있는 곳과) 멀리 떨어진 여러 고을들에도 역시 (소금) 창고를 설치하고 (稅로 거둔 소금을 실어다가 곡식으로 바꾸어 쌓아두고)[59] 진장(鎭將)·군관(軍官)·교관(敎官)의 봉급을 주는 비용을 모두 여기에서 지출한다고 했습니다. 이것은 실로 오늘날 마땅히 부지런히 보완해서 시행해야 할 것입니다.

---

58) 漕軍籍에 편성되어 있으면서 沿海로부터 멀리 떨어진 곳에 거주하여 漕軍으로 복무하지 않는 경우, 布를 징수하여 漕軍으로 복무하는 사람을 돕게 한다는 것. 漕軍籍에 편성되어 있으나 漕軍으로 복무하지 않는 사람을 '漕保'라 하며, 漕保에게서 징수하는 布를 '漕軍布'라 하였다. 漕保는 漕軍布를 바쳐 漕軍의 비용을 돕게 하라는 것이다.

59) 이 부분은 『經國大典』「戶典」〈魚鹽〉條를 참조하여 보충했음.

各處魚鹽, 無一物入於私門, 各島監牧[318]別將[319]之所私用, 及不入五衛者, 與不入束伍者, 所收之布, 皆輸于此倉. 内需各司各官, 及各寺[320]位奴婢[321]之貢, 田地之出, 亦摠計其數, 而凡闕内各司之所用, 有常式, 忠勳本府之所用, 亦有定數, 而其外剩數一切, 皆收之此倉. 五衛上番之人所食, 皆出於此；各曹各司各官立番下吏之食, 皆出於此；官員騶從[322]之價, 亦出於此. 一應[323]應需之物, 量入爲出, 則不患不均矣. 恩例賜牌, 亦當依國典施行, 而第念今日異於平時, 更加節量, 可也. 此以上五條, 養人材節財用之術也.

所謂内需者, 王者無私之道, 則民間有弊之意, 前後儒臣, 言之切矣, 論之詳矣. 臣謹按國典, 内用米布雜物奴婢, 別提[324]典掌, 而厥後稍變其規, 以吏部郎官[325], 與知其出納, 而其實不能關涉[326]矣.

---

318) 監牧(감목) : 조선시대, 나라에서 설치한 牧場에서 말을 기르는 일을 맡은 관리. 監牧官.

319) 別將(별장) : 조선시대에는 五衛나 訓鍊都監 등에도 '別將' 이 있었으나, 이곳에서 말하는 '別將' 은 諸鎭 · 山城 · 나루 · 浦口 등의 수비를 담당한 軍官을 뜻한다.

320) 各寺(각시) : '寺(시)' 는 官廳으로서, '各寺' 는 司僕寺 · 內資寺 등을 말함.

321) 位奴婢(위노비) : 位田 · 位畓 등과 마찬가지로, 여러 官衙에 딸린 노비.

322) 騶從(추종) : 馬夫, 또는 상전을 뒤따라 다니는 하인.

323) 一應(일응) : 모두. 一切(일체).

324) 別提(별제) : 조선시대, 戶曹 · 刑曹 · 校書館 · 內需司 등에 딸린 6品의 벼슬 이름.

325) 吏部郎官(이부낭관) : '吏部' 는 吏曹. '郎官' 은 각 官衙의 堂下官을 이르는 말. 주로 六曹의 正郎 · 佐郎이나 그밖에 실무를 담당하는 6품의 官員을 지칭함.

326) 關涉(관섭) : 關係를 맺고 干涉함.

각지의 어살(魚箭) · 염분(鹽盆)에서 거둔 세는 하나라도 사문(私門)으로 들어가게 해서는 안 됩니다. 각 도(島)의 감목(監牧) · 별장(別將)이 사사롭게 쓰는 것, 그리고 오위(五衛)에 들지도 속오군(束伍軍)에 들지도 않은 자들에게 거둔 포(布)는 모두 이 창고로 옮깁니다. 내수사(內需司)와 각사(各司) · 각관아(各官衙) 및 각시(各寺)에 딸린 노비들이 (身役 대신) 바치는 공물(貢物)과 전지(田地)의 소출 또한 그 숫자를 모두 계산하고, 무릇 궐내(闕內) 각사(各司)의 비용을 일정하게 책정하며, 충훈본부(忠勳本府)의 비용 또한 일정한 액수를 두어, 그 밖의 남는 액수 일체를 모두 이 창고에 거두어 둡니다.

오위(五衛)의 상번(上番)하는 군사의 급료는 모두 이 창고에서 지출하고, 각조(各曹) · 각사(各司) · 각관아(各官衙)의 번(番)을 서는 하리(下吏)의 급료 또한 모두 이 창고에서 지출하며, 관원(官員)의 추종(騶從) 비용 또한 이 창고에서 지출합니다. 모든 수요(需要)에 응하는 물건은 수입을 헤아려 지출한다면 고르지 못함을 근심하지 않을 것입니다. 은례(恩例)와 사패(賜牌) 또한 마땅히 국전(國典)에 따라 시행하되, 다만 지금은 평시(平時)와 다르다는 점을 생각하시어 다시 수량을 절약하시는 것이 옳을 것입니다.

이상의 다섯 조목은 '인재(人才)를 기르고 재용(財用)을 절약하는 방법' 입니다.

이른바 내수사(內需司)란, '왕자(王者)는 사사로움이 없어야 한다' 는 도리와 '민간(民間)에 폐단이 있다' 는 뜻으로, 전후(前後)의 유신(儒臣)들이 절실하게 말하고 자세히 논한 바 있습니다. 臣이 삼가 국전(國典)을 살펴보니, (대궐) 안에서 쓰는 쌀 · 베 · 잡물(雜物) · 노비는 별제(別提)가 맡아서 관리한다고 했습니다. 뒤에 그 규정을 조금 바꿔서, 이조(吏曹)의 낭관(郎官)이 함께 그 출납(出納)을 관리하도록 했습니다만, 실제로는 간섭할 수 없었습니다.

진실로 능히 변통(變通)해서 공정하게 처리해야 하니, 관원(官員)이 담당

苟能變通而處之以公, 典以官員, 勿付中官[327]. 內用恒定有數, 其餘歸之軍需. 自上如此然後, 下之忠勳府各司官屯寺位等, 田地之出, 及奴婢之貢, 皆輸之別倉. 又沿海鹽盆魚箭船稅, 皆入別倉, 無一物之私用, 而一國之貨利, 皆爲軍國之需矣. 此時有卜式[328], 則必慷慨自納其穀, 其可各私其有, 以蠹公室乎? 至於宮家設庄, 方今之第一大弊也. 不有以革之, 則國不爲國矣. 皮之不存, 毛無所傅. 若失民心, 至於無國, 雖有宮庄, 其能獨保乎? 可謂不思之甚也. 似聞儒臣建白, 方有査定之擧, 然自上若無痛革之令, 則在下者, 疇敢明査, 以觸宮家之怒乎? 臣恐如畫脂鏤氷[329], 徒有査定之名, 而無其實也.

所謂貢案[330]者, 國家任土作貢之式, 出於古法, 而燕山以來, 貢物甚繁, 民不堪命.

---

327) 中官(중관) : 조선시대, 內侍府의 官員을 두루 이르는 말.

328) 卜式(복식) : 중국 漢나라 武帝 때의 인물로, 본래 羊을 치는 사람이었음. 武帝가 흉노족을 토벌할 때, 卜式은 자기 재산의 절반을 軍事費로 헌납하였다. 武帝가 卜式에게 포상으로 20만 전에 해당하는 4백 명분의 노역을 면제시켜주자, 복식은 그 포상에 상당하는 돈을 또 다시 국가에 헌납하였다고 한다.

329) 畫脂鏤氷(화지누빙) : 기름에 그림을 그리고 얼음에 조각을 함. 헛수고를 하거나, 外觀만 있고 實質이 없음을 비유하는 말. '鏤'는 '아로새기다'의 뜻.

330) 貢案(공안) : 各地에 부과한 貢物의 품목과 수량을 기록한 장부.

하도록 하고, (內侍府의) 중관(中官)에게 맡기지 마십시오. 대궐 안의 쓰임새를 항상 일정한 액수로 정하고, 그 나머지는 군수(軍需)로 돌리십시오. 위로부터 이와 같이 한 다음에야, 아래에서 충훈부(忠勳府)·각사(各司)의 관둔전(官屯田)과 관아(官衙)에 딸린 전답의 소출(所出) 및 노비의 공물(貢物)들을 모두 군자별창(軍資別倉)으로 수송할 것입니다.

또 연해(沿海)의 염분(鹽盆)·어살(魚箭)·선세(船稅)는 모두 군자별창(軍資別倉)으로 들여서 한 물건이라도 사사로이 씀이 없게 함으로써, 한 나라의 화리(貨利)가 모두 군국(軍國)의 수용(需用)이 되는 것입니다. 이때 복식(卜式)과 같은 사람이 있으면 반드시 강개(慷慨)하여 스스로 그 곡식을 납부하는 것이니, 각각 그 소유를 사사롭게 하여 공실(公室)을 좀먹을 수 있겠습니까?

여러 궁가(宮家)가 농장(農庄)을 설치한 것은 오늘날의 제일 큰 폐단이니, 이것을 혁파하지 않는다면 국가가 존립할 수 없을 것입니다. 가죽이 없어지면 터럭 역시 붙어 있을 곳이 없습니다. 만약 민심(民心)을 잃어 나라가 없어지게 되면, 비록 궁장(宮庄)이 있더라도 능히 홀로 보전할 수 있겠습니까? 생각하지 못함이 심하다고 하겠습니다. 듣자하니, 유신(儒臣)이 건백(建白)하여 바야흐로 사정(査定)을 거행할 것이라 합니다. 그러나 위로부터 만약 '통렬하게 개혁하라'는 명령이 없다면, 아랫사람이 누가 감히 밝게 사정(査定)하여 궁가의 노여움을 범하겠습니까? 臣은 기름에다 그림을 그리고 얼음에다 조각을 새기는 것처럼 헛수고가 될까 두려우니, 한갓 사정(査定)이라는 이름만 있을 뿐 그 실효(實效)는 없을 것입니다.

이른바 공안(貢案)이란 국가가 땅을 맡기고 공물(貢物)을 생산하게 하는 제도로서, 고법(古法)에서 나온 것입니다. 그런데 연산조(燕山朝) 이래로, 공물이 매우 번다하여 백성들이 명령을 감당할 수 없었습니다.

그 뒤에 (貢物을) 자못 절감(節減)해 주었지만, 그래도 미진한 점이 있습니

厥後頗加節減, 猶有未盡. 亂離之後, 式貢不均, 無用之物, 不緊之需, 徒爲民弊而已, 則今日儒臣之必欲改之者, 豈非急務乎? 然八道均行大同之法, 一年恒定御用之數, 市上貿用, 不求遠方, 則今日貢案, 不期改而自改矣. 孟子論周室頒祿之制, 曰"君十卿祿." 以此爲準, 則御用之數, 亦可定矣.

所謂賦稅者, 孟子曰"什一, 天下之中正. 多則桀, 寡則貊."

다. 난리(亂離) 뒤로는 공안의 절도(節度)가 고르지 못하여, 쓸모없는 물건과 긴요하지 않은 요구는 한갓 민폐(民弊)만 끼칠 뿐이니, 오늘날 유신(儒臣)들이 반드시 공안을 개정하고자 하는 것이 어찌 급무(急務)가 아니겠습니까? 그러나 팔도(八道)에 고르게 대동법(大同法)을 시행하고, 한 해의 어용(御用)의 숫자를 일정하게 정한 다음, 시장(市場)에서 사다가 쓰고 먼 지방에 요구하지 않는다면, 지금의 공안은 개혁을 기약하지 않아도 저절로 개혁될 것입니다. 맹자(孟子)는 주(周)나라 왕실에서 녹(祿)을 배분한 제도를 논하면서 '임금은 경(卿)이 받는 녹의 10배를 받는다' 고 했습니다.[60] 이것을 준거(準據)로 삼는다면 어용의 숫자 또한 정할 수 있을 것입니다.[61]

이른바 **부세(賦稅)**란, 맹자(孟子)는 "10분의 1이 천하의 중정(中正)이니, 이것보다 많으면 걸(桀)이요, 이것보다 적으면 맥(貊)이다."라고 했습니다.[62] 그렇다면 10분의 1을 징수하는 법에서 조금이라도 덧보태도 안 되고, 조금이

60) 『孟子』萬章下 제2장 참조.

61) 大同法은 各地의 貢物(특산물)을 쌀로 통일하여 바치게 한 납세제도로서, 宣祖 때부터 논의되고 시행되기 시작했다. 栗谷 李珥는 1569년에 지은 「東湖問答」에서 '代貢收米法' (貢物 대신 쌀을 걷는 제도)을 건의했던바, 이것이 大同法의 모태가 되었다고 한다. 壬辰倭亂 당시 軍糧이 부족하자 代貢收米法을 시행했으나, 정착되지 못하고 폐지되었다. 光海君 때에 京畿道에 한해서 代貢收米法을 시행하기 시작했고, 仁祖 때에는 江原道에, 孝宗 때에는 忠青道 · 全羅道에 확대하여 시행하게 되었다. 草廬는 大同法을 전국적으로 시행하면 貢案의 폐단은 저절로 혁파될 것이라고 주장한 것이다. 또 御用에 필요한 各地의 特産物은 現地에 요구하지 말고 市場에서 구입해서 쓸 것이요, 御用의 숫자는 '임금은 卿이 받는 녹의 10배를 받는다' 는 周禮의 원칙에 따라 책정하면 된다는 것이다.

62) 『孟子』滕文公上 제3장, 告子下 제10장 참조. 賦稅의 稅率은 10분의 1이 가장 바람직하거니와, 이보다 많이 징수한다면 桀처럼 탐욕스러운 군주라는 것이다. 또 城郭 · 宮室 · 宗廟 · 祭祀 · 接賓客 등의 文明 생활을 유지하려면 10분의 1을 징수하는 것이 불가피한바, 이보다 적게 징수한다면 文明 생활을 포기하는 野蠻이라는 것이다.

然則什一之法, 一毫添不得, 一毫減不得也. 臣謹按國典, 貢重而稅輕, 異於先王之法矣. 今者井授之制雖廢, 量田之法有據. 以結卜[331]之等差, 校田畝之所入, 則雖不中, 不遠矣. 若諸道皆擧量田之法, 然後勿分稅與貢, 通作什一之數, 以取於民, 則一開田案, 八道之歲入, 可坐而數也. 經用[332]之外, 如有餘裕, 則百官之祿, 可以加矣 ; 凶年之備, 亦可賴矣. 軍國之用, 自在其中, 而無不裕矣. 至於免稅之法, 亦有可論者, 國典田無稅者, 乃驛田[333]院田[334]之類, 莫非爲公, 而內需司田, 亦在無稅之中, 恐非王者無私之道也. 況夫諸宮家及功臣田民免稅之規, 非載於國典, 而弊則甚焉.

331) 結卜(결복) : 租稅를 매기기 위해 田畓의 면적을 나타내는 단위. '結' 은 '목(먹)' 으로서 '1백 짐' 에 해당하고, '卜' 은 '짐' 으로서 '10 뭇' 에 해당함. '짐' (卜 또는 負)은 '등 짐' 으로서, 등에 질 수 있는 분량. '뭇' (束)은 묶음.

332) 經用(경용) : 해마다 항상 일정하게 드는 비용. 經常費.

333) 驛田(역전) : 조선시대, 각 驛에 운영비 충당을 위해 지급한 田地.

334) 院田(원전) : 院에 딸린 田畓. '院' 은 公務로 여행하는 官吏들이 묵는 집으로, 驛과 驛 사이에 있었음.

라도 깎아서도 안 됩니다. 臣이 삼가 국전(國典)을 살펴보니, 공(貢)은 무겁고 세(稅)는 가벼워, 선왕(先王)의 법도와는 달랐습니다. 오늘날 정전(井田)을 주는 제도는 비록 폐지되었지만, 양전(量田)의 법은 근거할 바가 있습니다. 결복(結卜)의 등차(等差)로 전답의 소입(所入)을 교정하면,[63] 비록 적중(適中)하지는 않더라도 멀리 벗어나지는 않을 것입니다. 만약 여러 도(道)가 모두 양전(量田)의 법을 시행한 다음에, 세(稅)와 공(貢)을 구분하지 않고 10분의 1의 세율로 통합하여 백성들에게 징수한다면, 전안(田案)을 한 번 열면 팔도(八道)의 세입(歲入)을 앉아서 따질 수 있을 것입니다. 경상(經常)의 용도 외에 만일 여유가 있다면, 백관(百官)의 봉록을 올려줄 수도 있고, 흉년도 대비할 수 있으며, 군국(軍國)의 비용도 그 가운데 있어서, 여유롭지 않음이 없을 것입니다.

면세(免稅)의 법규에 대해서도 논의할 만한 것이 있습니다. 국전(國典)에서 세(稅)가 없는 전답은 바로 역전(驛田)·원전(院田) 등으로서 모두 공용(公用)을 위한 것입니다. 내수사전(內需司田)도 또한 세가 없는 선납에 포함되어 있는바, 아마도 '왕자(王者)는 사(私)가 없다'는 도리에 어긋나는 것 같습니다. 하물며 여러 궁가(宮家) 및 공신(功臣)의 전답과 노비에 대해서 세를 면제하는 규정은 국전(國典)에 실려 있지 않으며, 그 폐단은 매우 심합니다.

---

63) 같은 면적의 田畓이라도 土地의 비옥한 정도에 따라 생산량은 다를 수 있는데, 이를 '結卜의 等差'라 한 것. '結·卜'은 생산량을 헤아리는 단위. '結卜의 等差로 전답의 所入을 교정하라'는 것은 결국 '토지의 비옥한 등급에 따라 면적당 稅率을 달리 책정하라'는 뜻.

臣之妄意, 職田之規廢, 而諸宮家功臣, 獨蒙偏恩, 有此免稅之別典歟? 沿革顚末, 臣不暇消詳, 而概論爲政之大體, 則勳戚錫賚[335]之物, 雖或異諸群臣, 若其田稅公共之賦, 豈容獨蠲乎? 如內需司諸宮家功臣各衙門免稅之規, 一切革罷, 使一國之民, 曉然知朝家同仁一視之意, 則上杜僥倖之路, 而下無不均之歎矣.

所謂人役者, 臣謹按國典, 外居奴婢[336], 年十六歲以上, 六十歲以下, 收貢各綿布一疋. 臣不敢知此布升尺[337]之幾何, 而今者各邑徵布, 多寡不同, 苦歇[338]懸殊. 當酌以國典, 參以今行之規, 公賤及良民之補保者, 皆以五升布三十五尺二疋, 定爲通行之規. 私賤之貢於本主者, 亦同此式. 本主如或加徵, 隨現懲治, 則亦無不均矣.

---

335) 錫賚(석뢰) : (선물 등을) 下賜함.

336) 外居奴婢(외거노비) : 主人이 거느리고 함께 사는 노비를 '率居奴婢' 라 하고, 주인집과 멀리 떨어져 살면서 주인집을 돕는 노비를 '外居奴婢' 라 함. 外居奴婢는 주로 山直(산지기)이나 墓直(묘지기)을 맡았음.

337) 升尺(승척) : '升' 은 피륙(疋로 된 베 · 무명 · 비단 등)의 幅을 나타내는 단위로 '새' 라고도 한다. 날실 '80 올' 을 '한 새' 로 친다. '尺' 은 피륙의 길이를 나타내는 단위로 '자' 라고도 한다.

338) 苦歇(고헐) : 힘듦과 편안함. '苦' 는 勞苦, '歇' 은 休息.

臣의 망령된 의견으로는, 직전(職田)의 법규가 무너지면서 여러 궁가와 공신만 홀로 치우친 은혜를 입어서,[64] 이처럼 별도로 세를 면제받게 된 듯합니다. 그 연혁(沿革)의 전말(顚末)을 臣이 소상히 밝힐 겨를은 없습니다. 다만 위정(爲政)의 대체(大體)를 대강 논하자면, 훈척(勳戚)들에게 하사하는 물건은 비록 간혹 여러 신하들과는 다를 수 있으나, 그 전답의 세(稅)와 공공의 부(賦) 같은 것을 어찌 홀로 면제받을 수 있겠습니까? 내수사와 여러 궁가 · 공신 · 각아문(各衙門)에 대한 면세 규정 같은 것을 일체 혁파하여, 한 나라의 백성들로 하여금 조정에서는 모든 사람을 똑같이 어질게 대한다는 뜻을 분명히 알게 한다면, 위로는 요행의 문로(門路)가 막히고, 아래로는 (賦稅가) 고르지 못하다는 탄식이 사라질 것입니다.

이른바 인역(人役)이란, 臣이 삼가 국전(國典)을 살피니, 16세 이상 60세 이하의 외거노비(外居奴婢)에게 면포(綿布) 1필을 공물(貢物)로 징수한다고 했습니다. 그런데 臣은 이 면포의 승(升) · 척(尺)이 얼마인지를 감히 알 수 없습니다. 오늘날 각 고을에서 포(布)를 징수할 때, 많고 적음이 같지 않으니, 고헐(苦歇)이 현격하게 다릅니다. 마땅히 국전을 참작하고 또 현행의 규정을 참고하여, 공천(公賤) 및 양민(良民)으로서 보(保)를 채우는 자는 모두 5승포 35척짜리 2필을 공통으로 시행하는 규격으로 정하고, 사천(私賤)이 본래의 주인에게 공물을 바칠 때도 이 규격에 따르게 합니다. 본래의 주인이 만일 추가로 더 징수할 경우, 드러나는 대로 징치(懲治)한다면, 또한 고르지 못함이 없을 것입니다.

---

64) 職田制는 朝鮮 前期 현직 관리에게만 收租地를 分給한 토지제도로, 壬辰倭亂을 겪으면서 폐지되었다. 職田制가 폐지되면서, 관리들에게 부여되었던 해당 토지의 收租權이 정부로 돌아간 것이다. 이처럼 직전제의 폐지로 일반 관료들은 收租權을 상실하고 말았음에도 불구하고, 宮家와 功臣은 자신들에게 주어진 收租權을 계속 유지했거니와, '홀로 치우친 은혜를 입었다' 고 하는 것은 이를 말한 것이다.

又按國典, 軍士給保[339]有差, 二保每朔綿布半疋, 濫收者論罪, 然今若立人役一同之規, 則凡其收布, 皆置于軍資別倉, 如今現行御營廳之規, 束伍之在鄕者, 自本官分給之, 則擧一國出布之民, 無有苦歇之異同矣.

所謂量田者, 二十年一改量, 祖宗之法, 今三南雖已行之, 而今去甲戌, 已過二十六年矣. 川谷變遷, 經界互奪, 書員多弄術之奸, 守令有隱結[340]之弊, 趁今修擧, 不可已也. 六道爲急, 而京畿則土瘠而賦重, 今雖打量[341], 其等第[342]皆從中下, 則賦役均, 而人不怨矣.

所謂汰冗官[343]者, 曾子曰 "生之者衆, 食之者寡, 則財恒足矣."[344] 竊觀, 今日朝廷, 冗官多, 則食者衆矣 ; 騶從多, 則食者衆矣 ; 胥吏多, 則食者衆矣. 奈之何國不貧, 而民不窮也?

---

339) 給保(급보) : 現役에 복무하는 군사에게 保人(保丁)을 줌. '保' 는 병역을 부담하는 장정 조직의 단위로, 2~3명의 장정을 1保로 삼고, 그 중에서 한 사람은 現役에 종사하게 하고, 나머지 사람은 現役의 뒷바라지를 하게 하는 제도를 말함. 여기서 現役의 뒷바라지를 하는 사람을 '保人' 또는 '保丁' 이라 했음.

340) 隱結(은결) : 국가의 토지대장에 올리지 않고 숨겨놓은 논밭, 또는 그 논밭에서 받는 租稅.

341) 打量(타량) : 측량함. '打' 는 무의미한 語助辭.

342) 等第(등제) : 일정하게 차례를 정함, 또는 그 차례. 등급을 매겨 놓은 차례

343) 汰冗官(태용관) : 冗官을 淘汰시킴. '冗官' 은 쓸데없이 남아도는 官吏.

344) 『大學章句』 傳10章에 보임.

또 국전(國典)을 살펴보니, 군사(軍士)에게 보인(保人)을 지급하는 데에도 차등이 있었고, 2보(保)가 매월 초하루에 면포 반필(半疋)을 바치고, 넘치게 징수하는 자는 죄를 논한다고 했습니다. 그러나 지금 만약 '인역(人役)을 모두 같게 통일하는 규칙'을 세워, 거둔 면포를 모두 군자별창(軍資別倉)에 쌓아두기를 현행 어영청(御營廳)의 규정과 같이 하고, 속오군(束伍軍)으로서 고향에 있는 자에게는 본관(本官)으로부터 나누어준다면, 한 국가에서 면포를 바치는 모든 백성이 고헐(苦歇)의 차이가 없게 될 것입니다.

이른바 양전(量田)이란, 20년에 1회씩 전답(田畓)을 다시 측량하는 것이 조종(祖宗)의 법도였습니다. 지금 삼남(三南)에서는 비록 이미 행하였습니다만, 갑술년(甲戌年, 1634년)은 이미 26년이나 지났습니다. 산천과 계곡도 변천하였고, 전답의 경계도 서로 침범하고 있으며, 서원(書員)들이 농간도 많이 부리고, 수령(守令)들은 은결(隱結)의 폐단을 낳고 있으니, 서둘러 지금 양전(量田)의 법규를 닦아 시행하는 것은 그만둘 수 없는 일입니다. 6도(道)의 (量田이) 시급하나, 경기도는 토지는 척박한데 부세는 무겁습니다. 지금 비록 측량하더라도, 그 등급은 모두 중(中)·하(下)를 따른다면, 부역(賦役)이 고르게 되어 사람들이 원망하지 않을 것입니다.

이른바 태용관(汰冗官)이란, 증자(曾子)가 말하기를 "생산하는 사람은 많고 먹는 사람은 적다면, 재물이 항상 풍족할 것."이라 했습니다. 그윽이 살피건대, 오늘날 조정에는 용관(冗官)이 많으니 먹는 사람이 많은 것이요, 추종(騶從)이 많으니 먹는 사람이 많은 것이요, 서리(胥吏)가 많으니 먹는 사람이 많은 것입니다. 그러니 어찌 국가가 가난하지 않고 백성이 곤궁하지 않겠습니까?

臣謹按, 我國之大, 比於中朝, 不及一道, 中朝官職衙門, 不倍於我國, 可見我國之官司, 太冗也. 中間因廷臣建請, 多所省併, 而冗員尚多. 至於騶從之多, 尤不可不減約也. 臣又按國典, 各曹各司胥吏, 皆有其數. 爲今之計, 莫若依國典, 更加節減. 且勿令胥吏一司久屬, 循環諸司, 一年交遞, 則無偏利[345]擅弄[346]之弊矣. 闕內使令, 有定數 ; 各道各邑下吏, 亦有定數 ; 工匠, 亦有定數 ; 學宮下人, 亦有定數. 餘者, 下吏附五衛, 官奴爲束伍, 不參者, 收布如法, 則兵食之需, 大有所補矣.

所謂久任者, 臣按國典, 自議政府, 下[347]至外方守令, 有缺, 久任員[348]外, 雖未滿仕[349]者, 擇用, 憲府諫院, 則勿論久任, 故數易[350]之弊, 生矣.

---

345) 偏利(편리) : (특정한 官司의 胥吏들만) 치우치게 利益을 봄.

346) 擅弄(천롱) : 자기 멋대로 농간함. '擅' 은 자기 마음대로 처리하는 것, '弄' 은 弄奸.

347) '下' 字는 木版本에는 없고, 石印本에만 있음.

348) 久任員(구임원) : 복무기한이 정해지지 않아서 오래 근무할 수 있는 직책. '久任官 · 久任官員' 이라고도 함.

349) 滿仕(만사) : 벼슬자리의 任期를 채움.

350) 數易(삭역) : 자주 바뀜. '數' 은 '자주' 의 뜻.

臣이 삼가 살피건대, 우리나라의 크기는 중국(中國)에 비교하면 (中國의) 한 도(道)에도 미치지 못합니다. 그런데 중국의 관직과 아문(衙門)은 우리나라의 배(倍)도 되지 않으니, 우리나라의 관사(官司)가 너무 많다는 것을 알 수 있습니다. 중간에 정신(廷臣)이 건청(建請)함으로써 많이 줄이고 합쳤지만, 쓸데없이 남아도는 관원이 아직도 많습니다. 추종(騶從)의 많음에 있어서는 더욱 감축하지 않을 수 없습니다.

臣이 또 국전(國典)을 살피니, 각조(各曹)·각사(各司)의 서리(胥吏)는 모두 정해진 숫자가 있습니다. 오늘을 위한 계책은 국전에 의거하여 다시 절감(節減)하는 것이 최선입니다. 또한 서리(胥吏)로 하여금 한 관사(官司)에 오래 소속되지 못하게 해야 합니다. 여러 관사를 순환하면서 1년마다 교체하게 하면, 편리(偏利)와 천롱(擅弄)의 폐단이 없게 될 것입니다. 대궐 안의 사령(使令)도 정해진 숫자가 있고, 각 도와 각 고을의 하리(下吏) 또한 정해진 숫자가 있으며, 공장(工匠)도 정해진 숫자가 있고, 학궁(學宮)의 하인(下人) 또한 정해진 숫자가 있습니다. 그 나머지의 사람은, 하리(下吏)는 오위(五衛)에 붙이고, 관노(官奴)는 속오군(束伍軍)으로 삼으십시오. 여기에 참여하지 않는 사람은 법규에 따라 포(布)를 징수하면, 병식(兵食)의 수요에 크게 보탬이 될 것입니다.

이른바 **구임(久任)**이란, 臣이 국전(國典)을 살피건대, "의정부(議政府)로부터 아래로 외방(外方)의 수령(守令)에 이르기까지, 결원(缺員)이 생기면, 구임원(久任員)을 제외하고는 복무기간을 채우지 못했어도 골라서 임용한다. 사헌부(司憲府)와 사간원(司諫院)은 (任期를) 따지지 않고 오래 근무시킨다."고 했거니와, 그리하여 자주 바뀌는 폐단이 생기는 것입니다.[65]

凡官必須擇人，久任然後，可以責效. 昔李珥，進言于宣廟朝曰 "盡收一時人才，而不論新舊，不問貴賤，視官擇材. 以有德量識道理者，居之廟堂[351]；通經術善啓沃[352]者，置之經幄；藻鑑[353]公明者，任以銓衡[354]；生財有道者，任以度支[355]；講禮不差者，授以宗伯[356]；知兵遠猷者，授以司馬；忠信明決者，使治刑獄；幹事無弊者，使主工役；正身糾物者，責以風憲[357]之重；直己盡言者，委以諫諍之職；風力足以憚壓下官者，付以承流宣化[358]之任；廉威足以懷服吏民者，除以分憂[359]之職.

351) 廟堂(묘당) : '朝廷' 을 뜻하기도 하고, '議政府' 의 별칭이기도 함. 여기에서는 '議政府' 를 뜻함.

352) 啓沃(계옥) : 자기의 마음을 열고 진심을 말해 상대에게 부어주는 것. 흉금을 열고 상대를 성의껏 引導함. '啓' 는 열다, '沃' 은 물을 대다.

353) 藻鑑(조감) : 사람을 겉만 보고도 그 人格을 鑑定할 수 있는 識見. 知人之鑑.

354) 銓衡(전형) : 人才를 저울질하여 선발함. 吏曹와 兵曹를 모두 銓曹라 했으나, 여기에서는 '吏曹' 를 말하는 것.

355) 度支(탁지) : 헤아려 지출함. '戶曹' 의 업무를 말하는 것.

356) 宗伯(종백) : '禮曹判書' 의 별칭.

357) 風憲(풍헌) : 벼슬아치를 규찰하며 紀律과 風俗을 바로잡는 일을 맡은 벼슬. '司憲府' 의 별칭.

358) 承流宣化(승류선화) : '임금의 敎化를 받들어 德化를 편다' 는 말로, '監司' 의 직책을 뜻함.

359) 分憂(분우) : '임금의 근심을 나눈다' 는 말로, '守令' 의 직책을 뜻함.

무릇 관직은 반드시 인재를 골라서 오래 맡긴 다음에야 실효(實效)를 책임지울 수 있는 것입니다. 예전에 이이(李珥)가 선조(宣祖)께 진언(進言)하기를, "한 때의 인재를 모두 거두어 쓰되, 신(新)·구(舊)와 귀(貴)·천(賤)을 따지지 말고, 관직을 보고 인재를 고르십시오. 덕량(德量)이 있고 도리(道理)를 아는 사람은 묘당(廟堂, 議政府)에 근무시키고, 경술(經術)에 통달하고 계옥(啓沃)을 잘 하는 사람은 경연(經筵)에 배치하십시오. 조감(藻鑑)이 공명(公明)한 사람은 전형(銓衡, 吏曹)에 임명하고, 재물을 생산함에 대도(大道)가 있는 사람은 탁지(度支, 戶曹)에 임명하며, 예(禮)를 강론함에 어긋남이 없는 사람은 종백(宗伯, 禮曹判書)을 제수하고, 병사(兵事)를 알고 원대한 계책을 세우는 사람은 사마(司馬, 兵曹)를 제수하며, 충신(忠信)하여 밝게 판결하는 사람은 형옥(刑獄, 刑曹)을 다스리게 하고, 일을 주관함에 폐단이 없는 사람은 공역(工役, 工 曹)을 맡게 하십시오. 자기를 바르게 하고 사물을 규찰하는 사람은 풍헌(風憲, 司憲府)의 중책을 맡기고, 자기를 곧게 하고 할 말을 다하는 사람은 간쟁(諫諍, 司諫院)의 직책을 맡기십시오. 풍모와 위력이 부하 관리들을 탄압(憚壓)하기에 충분한 사람은 승류선화(承流宣化, 監司)의 직책을 맡기고, 청렴과 권위가 서리(胥吏)와 백성을 품고 복종시키기에 충분한 사람은 분우(分憂, 守令)의 직책을 제수하십시오. 내외(內外)의 크고 작은 관

65) 조선시대에는 대부분의 관직에 대해 한 사람이 같은 자리에 오래 근무할 수 없도록 규정했는데, 이는 實權의 집중을 막아 국가의 안전을 도모하기 위한 조치였다고 한다. 그리하여 관직의 임기를 짧게 정해두고, 임기가 차면(이것을 '仕滿' 또는 '瓜滿'이라 했음) 다른 부서로 옮기게 했던 것이다. 그런데 또한 缺員이 생기면, 임기가 차지 않은 사람들 중에서도 뽑아 쓸 수 있게 한 것이다(『經國大典』「吏典」〈京官職〉條 참조). 이 때문에 담당 官吏가 자주 바뀌게 되어, 책임 있게 성과를 낼 수 없는 폐단이 생겼던 것이다. 한편, 實權이 집중될 우려가 없거나, 財政關係 등 장기간의 사업이 필요한 부서, 그리고 특별한 숙련이 필요한 관직에 대해서는 久任을 허용했는데, 戶曹·司憲府·司諫院·成均館·奉常寺·內資寺·內贍寺·軍資監·濟用監 등의 특정한 직책이 이에 해당되었다.

內外大小之官, 皆擇其人, 任之專而持之久, 期以成績, 不限日月. 其間才過於位者, 超陞之 ; 才不稱位者, 則左遷之 ; 才位相當者, 雖終身一職, 可也. 如有疾病, 亦不輕遞, 必如漢法, 滿三月乃免. 倘有厭居一官, 托疾辭避者, 則臺諫隨現論遞, 不復授官." 使此言見行於今日, 庶幾官無曠, 而事有擧矣. 今雖不能盡得其人, 一時備員, 而今日取一人, 拔其尤者, 明日取一人, 拔其尤者, 則不借異代, 而不患無人矣.

所謂禁侈習者, 當今之第一急務也. 上自宮家, 下至庶人, 奢侈之習, 罔有紀極, 百弊之生, 皆由於此. 若此不已, 不出數年, 國不爲國矣. 言之舌弊, 思之心寒.

직에 모두 적임자를 골랐다면, 전담(專擔)하도록 맡기고 오래도록 지속시켜, 업적을 이루는 것으로 기약(期約)을 삼고 일월(日月)을 한정하지 마십시오. 그 사이에 재능이 지위보다 지나친 사람은 승진(陞進)시키고, 재능이 지위에 어울리지 못하는 사람은 좌천(左遷)시키십시오. 재능과 지위가 서로 부합하는 사람은 비록 종신토록 한 직책에 있어도 됩니다. 만일 질병이 있더라도 또한 가볍게 교체(交遞)하지 말 것이니, 반드시 한(漢)나라의 법처럼 하여 3개월이 찬 뒤에 면직시키십시오. 만일 한 관직에 (오래) 근무하는 것이 싫어서 질병을 핑계로 피하고자 하는 사람은, 드러나는 대로 대간(臺諫)이 체직(遞職)을 논하여, 다시는 관직을 제수하지 마십시오." 라고 했습니다.[66]

만약 이 말이 오늘날 시행된다면, 거의 관직은 빈 자리가 없을 것이요, 사업도 거행될 것입니다. 지금 비록 적임자를 모두 얻어서 일시(一時)에 관원(官員)을 갖출 수는 없다고 하더라도, 오늘 한 사람을 취하고 그 가운데 뛰어난 사람을 발탁하며, 내일 또 한 사람을 취하고 그 가운데 뛰어난 사람을 발탁한다면, 다른 시대에서 (人才를) 빌려오지 않더라도 사람이 없음을 근심하지 않을 것입니다.

이른바 **금치습(禁侈習)**이란, 오늘날 제일의 급무(急務)입니다. 위로는 궁가(宮家)로부터 아래로는 서인(庶人)에 이르기까지, 사치의 풍습은 기강과 한도가 없어서, 온갖 폐단이 다 여기에서 말미암고 있습니다. 이와 같은 상황이 그치지 않는다면, 몇 년 안에 나라는 나라답지 못하게 될 것입니다. 이것을 말씀드리자니 혀가 아프고, 생각하자니 마음이 한심합니다.

---

66) 『栗谷全書』 卷6 頁24, 〈應旨論事疏〉 참조.

臣謹按五禮儀, 世子納嬪, 幣用段子[360]；王子納幣用綃；諸君用紬或布. 大君婚禮, 衣服用綿紬[361]木綿[362], 夫人盛飾用綿紬木綿. 王女下嫁時, 盛飾用綿紬木綿. 宗親文武官一品以下, 昏幣皆用綿紬木綿. 又按國典, 官舍及堂下官以下, 婚姻人用紗羅[363]綾段[364]罽毯[365]者, 幷杖八十, 其他類是. 祖宗制禮作法之意, 豈不精且美乎? 敎民化俗之方, 豈不正且嚴乎? 而世道日下, 人心日侈, 式至于今, 乃底於此. 近日朝家之令, 非不切禁, 而不能從頭整理, 專責於閭閻小民, 臣竊非之. 且凡法令不嚴則不行, 雖閭閻小民, 亦自上示之以必禁之意, 然後人知避而不犯矣. 臣以爲憲府一員, 專管禁奢侈一事, 久而勿遞. 有犯者, 則其所居坊有司, 及二十五家, 有罰布, 外方亦然.

360) 段子(단자) : 비단의 한가지로, 바탕이 곱고 광택이 있으며 두꺼움. 緞子. '段' 은 '緞' 과 通用.

361) 綿紬(면주) : 명주실로 무늬 없이 짠 피륙. 明紬.

362) 木綿(목면) : 무명. 綿布.

363) 紗羅(사라) : 깁. 지극히 엷고 고와 가벼운 견직물.

364) 綾段(능단) : '綾' 은 무늬가 있는 비단. 綾緞.

365) 罽毯(계담) : 담요.

臣이 삼가 『오례의(五禮儀)』를 살피니, 세자(世子)가 빈(嬪)을 들일 때 폐백으로 단자(段子)를 쓰고, 왕자(王子)가 폐백을 들일 때는 생사(生絲)를 쓰며, 여러 군(君)들은 명주나 혹은 포(布)를 쓴다고 했습니다. 또 대군(大君)의 혼례(婚禮)에는 의복(衣服)으로 면주(綿紬, 명주)와 목면(木綿, 무명)을 쓰고, 부인(夫人)의 성대한 장식(裝飾)에도 명주와 무명을 쓰며, 왕녀(王女)가 시집을 갈 때도 성대한 장식으로 명주와 무명을 쓰고, 종친(宗親)과 문무관(文武官) 1품 이하도 혼례의 폐백으로 모두 명주와 무명을 쓴다고 했습니다. 또 국전(國典)을 살피니, "관사(官舍)에서나, 당하관(堂下官) 이하의 혼인(婚姻)에 사라(紗羅)·능단(綾段)·계담(罽毯)을 쓰는 사람은 모두 80대의 장형(杖刑)에 처한다." 고 했으며,[67] 그 밖의 일에 대해서도 이러한 방식으로 처리했습니다.

조종(祖宗)에서 예(禮)와 법(法)을 지은 뜻이 어찌 정밀하고 아름답지 않겠습니까? 백성과 풍속을 교화하는 방법이 어찌 바르고 엄격하지 않겠습니까? 그런데 세도(世道)가 날로 추락하고, 인심(人心)이 날로 사치하여, 오늘에 이르러서는 이 지경에 이른 것입니다. 근래 조정의 명령이 (奢侈를) 절실하게 금하지 않는 것은 아니나, 윗사람부터 정리(整理)하지 못하고 오로지 여염(閭閻)의 자잘한 백성들만 문책하고 있으니, 臣은 그윽이 잘못되었다고 생각합니다. 또한 무릇 법령은 엄격하지 않으면 시행되지 않습니다. 비록 여염의 자잘한 백성들조차 또한 위로부터 반드시 금지하겠다는 뜻을 보여준 다음에야 (무서워서) 피할 줄을 알고 (法令을) 범하지 않습니다.

臣의 의견은, 사헌부(司憲府)의 한 관원(官員)이 사치를 금하는 업무를 전담하게 하고, 오래 되어도 교체(交遞)하지 않는 것입니다. 만약 (사치를 금하는 법령을) 범하는 사람이 있으면, 그가 살고 있는 방(坊)의 유사(有司)와 25가(家)에 벌포(罰布)를 부과하고, 지방에서도 그렇게 하십시오. 무릇 금령(禁

67) 『經國大典』「刑典」〈禁制〉條 참조.

凡犯禁之大者，全家徙北邊[366]，則庶幾令行而禁止矣．此以上八條，革舊弊復故章[367]之事也．

凡臣所陳，蓋大略也．若夫潤澤之，則是在殿下．殿下欲行王政，則盍反其本歟？本立然後，事不煩而民不擾，衆弊去而庶績熙矣．臣請言其效也．此法行，則鄕約之籍，定矣；五家之統，正矣；社倉之儲，廣矣；學校之政，修矣；科擧之規，立矣；五衛之法，復矣；兵食之資，足矣．何者？五家之統正，則户籍在此，軍籍在此，無人不錄，無役不均．八道之人物，可坐而數；一國之賦役，可坐而定也．臣向所謂刷丁塡額逃不旋踵之弊，去矣；一族見侵切隣波及之弊，去矣；兩班子支閒遊之弊，去矣；良民兒弱偏苦之弊，去矣；歲抄充定民間騷擾之弊，去矣；物故代定官家密箭[368]之弊，去矣；各官色吏[369]舞弄閒丁[370]之弊，去矣；兵營下吏操縱物故之弊，去矣；

366) 全家徙北邊(전가사북변)：罪人을 그 가족과 함께 평안도나 함경도의 북쪽 변방으로 강제 이주시키는 형벌로，'全家徙邊'이라고도 함．조선 世宗 때부터 北邊開拓이 시작되어 남쪽의 백성을 이주시켰는데，이에 응하는 사람이 거의 없자，그 정책의 하나로 全家徙邊을 실시하게 되었다．全家徙邊律은 문서 위조자，좀도둑，牛馬屠殺者，관리로서 백성을 억압하는 자 등 비교적 가벼운 범죄를 처벌하는 방법으로，移民政策을 겸하여 시행되었던 것이다．

367) 故章(고장)：'舊章'과 같은 뜻．옛날부터 내려오는 典章法度．

368) 密箭(밀통)：未詳．'은밀하게 內通함'의 뜻으로 보임．

369) 色吏(색리)：胥吏나 衙前의 별칭．'色'은 '部署'의 뜻．

370) 閒丁(한정)：軍籍에 등록되어 있으면서 兵役에 복무하지 않고 놀고 있는 壯丁．閑丁．

令)을 크게 어긴 사람은 온 가족을 북방의 변경으로 이사시키십시오. 이렇게 한다면 거의 법령이 행해져서 (奢侈가) 금지될 것입니다.

이상의 8조는 구폐(舊弊)를 개혁하고 고장(故章)을 회복하는 일입니다.

무릇 臣이 말씀드린 바는 다만 대략(大略)일 뿐이니, 이것을 윤택(潤澤)하게 하는 것은 殿下께 달려 있습니다. 殿下께서 왕도정치를 행하시겠다면 어찌 그 근본으로 돌아가지 않으시겠습니까? 근본이 선 다음에야, 일이 번거롭지 않아 백성들도 소요(騷擾)하지 않으며, 온갖 폐단이 없어져서 여러 업적이 빛나는 것입니다. 臣은 청컨대 그 공효(功效)를 말씀드리고자 합니다. 이 법이 시행되면, 향약(鄕約)의 적(籍)이 정해지고, 오가(五家)의 통(統)이 바르게 되며, 사창(社倉)의 저축이 많아지고, 학교(學校)의 정사(政事)가 닦여지며, 과거(科擧)의 법규가 세워지고, 오위(五衛)의 제도가 회복되며, 병식(兵食)의 바탕이 풍족해집니다.

무슨 말인가 하면, 오가(五家)의 통(統)이 바르게 되면, 호적(戶籍)이 여기에 있고, 군적(軍籍)이 여기에 있어서, 사람은 등록되지 않은 경우가 없고, 부역(賦役)은 고르지 않은 경우가 없으니, 팔도(八道)의 인구(人口)를 앉아서 헤아릴 수 있고, 일국(一國)의 부역을 앉아서 책정할 수 있습니다. 그러면 臣이 앞에서 말씀드린 '누락된 인정(人丁)을 색출해서 채워도 도망가서 돌아오지 않는 폐단' 이 사라지고, '일족(一族)이 침해를 당하고 절친한 이웃에게까지 파급되는 폐단' 도 사라지며, '양반(兩班)의 자제들이 한가하게 노는 폐단' 도 사라지고, '양민(良民)과 아약(兒弱)만이 치우치게 수고하는 폐단' 도 사라지며, '해마다 결원을 보충하느라 민간(民間)이 소요(騷擾)하는 폐단' 도 사라지고, '죽은 사람을 대신 채울 때 관가와 밀통(密筩)하는 폐단' 도 사라지며, '각 관아(官衙)의 색리(色吏)들이 한정(閑丁)을 농산하는 폐단' 도 사라지고, '병영의 하리(下吏)가 죽은 사람을 조종하는 폐단' 도 사라지며, '여정(餘

餘丁[371]收布之弊, 去矣; 隱壯[372]除役之弊, 去矣; 推奴[373]稱念[374]族隣被侵之弊, 去矣; 逃奴推尋[375]本主見害之變, 去矣; 官奴逃亡一族徵闕[376]之弊, 去矣; 豪强侵虐小民之弊, 去矣; 品官庇護籬下之蔽, 去矣. 德業相勸, 則士相勑勵, 浮誇[377]虛僞之弊, 去矣; 民各有業, 棄本逐末之弊, 去矣. 過失相規, 則鄕隣有鬪, 約正[378]敎諭, 爭訟自息, 官家聽理之煩, 去矣; 國法有犯, 同里皆罰, 人相糾正, 而禁令難行之弊, 去矣; 禮俗相交, 則仁讓之風興, 而侵欺之弊, 去矣; 節儉之俗成, 而奢侈之習, 去矣; 患難相恤, 則貧窮者顧助, 破産流離之弊, 去矣; 誣枉[379]者救伸, 抱寃屈抑之弊, 去矣.

---

371) 餘丁(여정) : 部隊나 隊伍를 편성하고 남은 軍丁. 또는 현역에 복무하는 正軍에 대한 경비 부담과 그 집안 살림을 보살펴주는 일을 맡은 壯丁으로, '保人 · 奉足' 등과 같은 말.

372) 隱壯(은장) : 戶籍에 올리지 않고 壯丁을 숨김, 또는 그런 壯丁. 隱丁.

373) 推奴(추노) : 逃亡한 노비를 推刷(推尋)함, 즉 샅샅이 조사하여 도망간 노비를 죄다 찾아냄.

374) 稱念(칭념) : 잊지 말고 잘 생각해 달라고 초들어서 말함.

375) 推尋(추심) : 찾아내어 가져감.

376) 徵闕(징궐) : 闕한 부분, 즉 (도망가거나 죽어서) 없는 사람의 몫을 징수함. '闕'은 '빠뜨림, 또는 빠진 부분'.

377) 浮誇(부과) : 誇張하여 자랑함.

378) 約正(약정) : 鄕約의 임원. 都約正 · 副約正 등이 있었는데, '都約正'은 鄕約의 최고 職任이었음.

379) 誣枉(무왕) : 없는 일을 꾸며내 남을 억지로 죄에 빠뜨림.

丁)에게 포(布)를 징수하는 폐단' 도 사라지고, '장정을 숨기고 부역을 면제받는 폐단' 도 사라지며, '도망간 노비를 추심(推尋)할 때, 잘 생각해 내라고 초들어, 족린(族隣)이 피해를 보는 폐단' 도 사라지고, '도망간 노비를 추심할 때 본래의 주인이 피해를 보는 변고' 도 사라지며, '관노(官奴)가 도망가서 일족(一族)에게 징궐(徵闕)하는 폐단' 도 사라지고, '호강(豪强)이 영세한 백성들을 침학(侵虐)하는 폐단' 도 사라지며, '품관(品官)이 관내(管內)에서 비호하는 폐단' 도 사라집니다.

덕업(德業)을 서로 권하면, 선비들은 서로 칙려(勅勵)하여 공허하고 거짓된 것을 자랑하는 폐단이 사라지고, 백성들은 각각 생업이 있어서 근본을 버리고 말단을 좇는 폐단이 사라집니다.[68] 과실(過失)을 서로 규제하면, 고을의 이웃이 서로 싸울 때 약정(約正)이 가르치고 깨우쳐서, 다투고 송사하는 것이 저절로 그칠 것이니, 관가(官家)에서 (訟事를) 심리(審理)하는 번거로움이 사라집니다. 국법(國法)을 침범할 경우 같은 마을의 사람들을 모두 함께 서 일족(一族)에게 징궐(徵闕)하는 폐단' 도 사라지고, '호강(豪强)이 영세한 백성들을 침학(侵虐)하는 폐단' 도 사라지며, '품관(品官)이 관내(管內)에서 비호하는 폐단' 도 사라집니다. 처벌하면, 사람들이 서로 규찰하고 바로잡게 되어, 금령(禁令)이 시행되기 어려웠던 폐단이 사라집니다.

예속(禮俗)으로 서로 교제하면, 어질고 사양하는 풍속이 일어나서 침해하고 속이는 폐단이 사라지고, 검소하게 절약하는 풍속이 이루어져 사치하는 풍습이 사라집니다. 환난(患難)에 서로 구휼하면, 빈궁(貧窮)한 사람을 돌보고 도와서, 파산(破産)하고 떠도는 폐단이 사라지고, 무고(誣告)를 당해 억울한 사람들을 구제하고 펴주어, 원통함을 품고 억압에 굴종하는 폐단이 사라집니다.

---

68) 전통 儒教社會에서는 農業을 '根本' 이라 하고, 工 · 商 특히 商業을 '末作' 이라 했음.

社倉設而富室專利之弊, 去矣；蓄積廣而凶年無備之患, 去矣；學校之設廣, 則家塾教訓之有素, 而童稺扞格[380]之患, 去矣；鄕校賓興之有禮, 而人才遺逸之弊, 去矣；十六士農已判, 而少年遊惰之弊, 去矣；五十鄕校從事, 而年老棄業之弊, 去矣；使臣祇迎行於校門之外, 而青衿[381]厭避之弊, 去矣；擧子[382]都目[383], 出於校案之中, 而科場濫雜之弊, 去矣；延英院立而秀俊群居, 講究治道, 論定而官之, 則朝廷用人之方, 無淆雜[384]之弊矣；未遽仕進, 則巖穴求志之士, 無難進之患矣；鄕射貫革之禮是尚, 而士不習射之弊, 去矣；文武兼取之科是設, 而人皆賤武之弊, 去矣. 五衛有取才之規, 而人皆樂焉, 厭苦謀避之弊, 去矣；里社有講藝之式, 而人各習焉, 作輟中廢之患, 去矣；五衛同所而異錄, 貴賤無無別之弊矣；

---

380) 扞格(한격) : 저항해서 다닥침, 충돌함.

381) 青衿(청금) : 깃이 푸른 옷. 儒生이 깃이 푸른 옷을 입었기에, 儒生을 비유하는 말.

382) 擧子(거자) : 鄕試에 급제하고 다시 會試(서울에서 치르는 시험)를 보는 사람. 科擧에 응시할 자격이 있는 사람. '擧人' 이라고도 함.

383) 都目(도목) : 지방 官衙에서 軍丁 · 奴婢 · 奉足 등을 기록해 놓은 문서를 두루 이르는 말.

384) 淆雜(효잡) : 어지럽게 뒤섞여서 亂雜함. '淆' 는 '어지럽게 뒤섞이다' 의 뜻.

사창(社倉)을 설치하면, 부잣집이 이익을 전횡하는 폐단이 사라지고, 저축이 많아져서 흉년에 대비가 없던 근심이 사라집니다. 학교(學校)를 많이 설치하면, 평소에 가숙(家塾)에서 가르침을 받아, 어린아이들이 저항해서 다닥치는 근심이 사라집니다.

향교(鄕校)에서 빈흥(賓興)의 예(禮)를 시행하면, 인재가 (등용되지 못하고) 버려지는 폐단이 사라집니다. 16세에 사(士)와 농(農)을 이미 나누면 소년들이 게을리 노는 폐단이 사라지고, 50세에도 향교에 종사하여 늙으면 학업을 버리는 폐단이 사라집니다. 사신(使臣)을 공손히 맞이함을 교문(校門) 밖에서 시행하면, 유생(儒生)들이 싫어하고 피하는 폐단이 사라집니다. 거자(擧子)의 도목(都目)을 교안(校案) 가운데서 뽑아내면 과장(科場)이 난잡했던 폐단이 사라집니다.

연영원(延英院)을 세우면 준수한 인재들이 함께 생활하면서 치도(治道)를 강구할 것인바, 의론이 정해짐에 벼슬에 임용하면 조정의 인재를 등용하는 방법이 어지러운 폐단이 사라지고, 성급하게 관직에 진출시키지 않으면 암혈(巖穴)에서 뜻을 추구하던 선비도 진출하기 어려운 근심이 없게 됩니다. 시골에서 과녁[貫革]을 쏘는 예(禮)를 숭상하면 선비들이 활쏘기를 익히지 않는 폐단이 사라지고, 문(文)·무(武)를 함께 시험하는 과(科)를 설치하면 사람들이 모두 무(武)를 천시하던 폐단이 사라집니다.

오위(五衛)에 취재(取才)하는 규정을 두면, 사람들이 모두 즐거워해서, 괴로움이 싫어서 회피하고자 했던 폐단이 사라집니다. 마을의 조합에 육예(六藝)를 강마하는 제도를 두면, 사람들은 각각 (활쏘기·말타기를) 익혀서, 하다가 중도에 그만두는 근심이 사라집니다. 오위는 (貴賤을) 함께 소속시키되 기록을 달리 하면, 귀천의 구별이 없는 폐단이 없을 것입니다.

束伍附屬而共業, 賞罰無不均之患矣 ; 五衛爲出身之階, 而有宿衛之實, 無立番之名矣. 別倉爲軍食之府, 而有養材之資, 無齎粮[385]之憂矣 ; 一萬遞立於京城, 而無聚兵生亂之憂矣 ; 累萬藏在於民間, 無緩急無備之患矣. 二百家社倉, 有四百石之儲, 則不但爲凶年之用也 ; 八道列邑, 有一年之蓄, 則不但爲窮民而設也. 兵食俱足, 則於斯二者, 無子貢先去之問矣 ; 内外相制, 則其於表裏, 無秦漢偏重之譏矣. 朝廷尚文, 則武學少而校生多, 可見濟濟[386]之美矣 ; 風俗尚武, 則校生少而武學多, 可致赳赳[387]之盛矣. 得一食則添一兵, 少一食則減一兵, 屈伸在臂, 反覆惟手, 從欲而治, 傒志而應, 臣以爲無事不成也.

385) 齎粮(재량) : (자기가 먹을) 양식을 (자기가) 가지고 다님. '齎' 는 '가지고 다니다' 의 뜻.

386) 濟濟(제제) : 재주 있는 사람이 많은 모양. '濟' 는 '많다' 의 뜻.

387) 赳赳(규규) : 武藝가 있고 용감한 모양. '赳' 는 '헌걸차다, 武藝가 있고 용감하다' 의 뜻.

속오군(束伍軍)을 (五衛에) 부속시켜 함께 근무시키면, 상벌(賞罰)이 고르지 못한 근심이 없어질 것입니다.[69] 오위가 출신(出身)의 사다리가 되면, (궁궐을) 숙위(宿衛)하는 실효가 있고 (다른 사람으로 대신) 번(番)을 세운다는 이름이 사라질 것입니다.

군자별창(軍資別倉)이 군비(軍備)와 녹식(祿食)의 창고가 되고 인재를 양성하는 바탕이 됨에, 양식을 가지고 다녀야 하는 근심이 사라집니다. 1만 명이 서울에서 번(番)을 교체(交遞)하는데, 병사들이 모여서 난리를 일으키는 근심이 없게 되고, 민간(民間)에 수만(數萬)의 군사를 저장해두어 완급(緩急)에 대비가 없는 근심이 없어집니다.

200가의 사창(社倉)에 400석의 저축이 있으면, 다만 흉년의 용도만 되는 것이 아니요, 팔도(八道)의 여러 고을에 1년의 저축이 있으면 다만 곤궁한 백성만 위할 수 있는 것이 아닙니다. 병사(兵士)와 식량(食糧)이 모두 풍족하면 자공(子貢)처럼 '둘 가운데 무엇을 먼저 포기해야 하느냐' 라고 묻는 일이 없어질 것이요, 안과 밖이 서로 견제하면 진(秦)·한(漢)처럼 안과 밖 가운데 어느 한쪽에만 편중했다는 비판이 없어질 것입니다.

조정(朝廷)에서 문(文)을 숭상하면 무학(武學)은 적어지고 교생(校生)은 많아져서 제제(濟濟)의 아름다움을 볼 수 있고, 풍속(風俗)에서 무(武)를 숭상하면 교생(校生)은 적어지고 무학(武學)은 많아져서 규규(赳赳)의 성대함을 볼 수 있습니다. 식량이 한 석 늘면 병사도 한 명 늘리고, 식량이 한 석 줄면 병사도 한 명 줄입니다. 굴신(屈伸)은 팔뚝에 달려있고, 반복(反覆)은 손에 달려 있으니, 원하는 대로 다스리고 뜻하는 바를 기다려서 대응함에, 臣은 이룰 수 없는 일이 없을 것이라고 생각합니다.

---

69) 五衛의 군사들을 取才하여 武藝가 우수한 군사들에게 蔭職을 주거니 殿試에 直赴할 자격을 주듯이, 束伍軍의 군사들도 우수한 군사들은 免賤시키고 武科를 통해 승진할 기회를 준다면, 賞罰이 고르지 못한 근심이 없게 된다는 것.

臣向所陳七弊之去, 皆在其中, 故兹不敢歷數焉. 大槪此法, 先王之美政, 國家之急務也. 統八路之民物, 而無一夫之或漏, 摠一國之貨利, 而無一物之私費. 以先王之政, 行之於範圍之中；以大明之律, 繩之於敎化之餘. 從此令者, 極安極便；違是法者, 極危極苦. 民何憚而不從乎? 臣以爲兹法之行, 不出數年, 國無遊手之徒, 田野多緣畝之民也. 噫! 義理在人, 終不泯滅. 以義制心, 心何不正；以義制人, 人誰不服? 夫民, 以佚道使之, 則雖勞不怨；以生道殺之, 則雖死不怨.

臣이 앞에서 진술한 '일곱 폐단'[70]을 없애는 방법도 모두 이 가운데 있습니다. 그러므로 이에 감히 하나하나 거론하지 않겠습니다.

대개 이 법은 선왕(先王)의 아름다운 정치요, 국가의 시급한 일입니다. 팔도(八道)의 인민과 재물을 통합하여 한 사내라도 혹 누락됨이 없게 하였고, 일국(一國)의 화리(貨利)를 총합하여 한 물건이라도 사사로이 소비됨이 없게 했습니다. 선왕의 정치로 범위(範圍)의 가운데서 행하고, 대명률(大明律)로 교화(敎化)의 나머지에 먹줄을 가했습니다.[71] 이 법령을 따르는 사람은 지극히 안전하고 지극히 편리하나, 이 법령을 어기는 사람은 지극히 위태롭고 지극히 괴로울 것입니다. 그러니 백성들은 무엇을 꺼려서 따르지 않겠습니까? 臣이 생각하기에, 이 법이 시행되면, 몇 년이 지나지 않아서 나라에는 노는 무리가 없어질 것이요, 밭과 들에는 농사짓는 백성이 많아질 것입니다.

아! 의리(義理)는 사람에게 있어서, 끝내 없어지지 않습니다. 의(義)로 마음을 제어하면 마음이 어찌 바르지 않겠으며, 의(義)로 사람을 제어하면 사람이 누구인들 복종하지 않겠습니까? 무릇 백성은, 편안한 도(道)로 부리면 비록 괴롭더라도 원망하지 않으며, 살리려는 도(道)로 죽이면 비록 죽더라도 원망하지 않습니다.[72]

---

70) '윗사람은 다스림을 갈구하는 실공이 없음'[上無求治之實], '아랫사람은 일을 책임지는 실공이 없음'[下無任事之實], '경연은 도를 강론하는 실공이 없음'[經筵無講道之實], '학교는 선비를 양성하는 실공이 없음'[學校無造士之實], '여러 방책들은 백성을 구제하는 실공이 없음'[群策無救民之實], '사람들의 마음은 선을 향하는 실공이 없음'[人心無向善之實], '조정은 가르치고 명령하는 실공이 없음'[朝廷無敎令之實]을 말함.

71) '先王의 정치로 範圍 가운데서 행한다'는 것은 '일정한 범위 안에서는 先王의 정치로 敎化한다'는 뜻이며, '大明律로 敎化의 나머지에 먹줄을 가한다'는 것은 '敎化에 따르지 않는 부류에 대해서는 大明律의 형벌로 裁制를 가한다'는 뜻임.

72) 『孟子』 盡心上 제12장에서는 "以佚道使民, 雖勞, 不怨 ; 以生道殺民, 雖死, 不怨殺者."라고 했음.

財物用之以義, 則雖千金不足惜; 擯於無謂, 則雖一毫有所愛. 此殿下立心之正道, 今日爲政之要法也. 雖然, 君子風也, 小人草也. 上之所爲, 下之所效, 故子曰 "以身教者從, 以言教者訟." 程子曰 "有關雎[388]麟趾[389]之意, 然後可以行周官[390]之法度." 然則此法雖美, 殿下無躬行之實, 則民不信從矣. 殿下欲行此法, 則盖[391]亦反其本矣. 昔李珥嘗述一書, 名之曰聖學輯要. 以進于宣祖大王, 帝王爲學爲治之具, 備矣. 臣謹就其中, 略採其修己切要之說, 爲殿下申複焉. 伏願殿下, 虛心遜志, 勿厭煩勞, 以垂睿察焉.

所謂修己之目有七, 而一曰立志者, 發憤勇猛, 致治期於三代之盛也. 張子之言曰 "爲天地立心, 爲生民立道, 爲去聖繼絶學, 爲萬世開太平." 此立志之目也.

388) 關雎(관저) : 『詩經』 國風 「周南」에 보이는 詩의 제목. 〈關雎〉는 周나라 文王과 그 后妃의 德을 노래한 詩라 함.

389) 麟趾(인지) : 『詩經』 國風 「周南」에 보이는 詩의 제목. 〈麟趾〉는 임금의 집안에 훌륭한 자손들이 많음을 노래한 詩라 함.

390) 周官(주관) : '周禮' 의 다른 이름, 또는 『書經』 「周書」의 篇名 가운데 하나. 『書經』 「周書」의 〈周官〉에서는 周禮 三公六卿 체제의 핵심을 소개하고 있음.

391) '盖' 는 木版本에는 '盍' 으로 되어 있으나, 문맥상 '盖' 가 더 타당해 보임. '盍' 은 '어찌하여 ~하지 않느냐' 는 뜻의 疑問詞.

재물(財物)은 의(義)로 쓰면 비록 천금(千金)이라도 아깝지 않으나, 말도 안 되는 곳에 낭비한다면 비록 터럭만큼이라도 아까운 것입니다. 이것이 殿下께서 마음을 세우는 바른 도리요, 오늘날 위정(爲政)의 요법(要法)입니다. 비록 그러나, 군자(君子)는 바람과 같고 소인(小人)은 풀과 같아서, 윗사람이 하는 일을 아랫사람이 본받는 것입니다. 그러므로 공자(孔子)는 “몸으로 가르치면 (사람들이 몸으로) 따르고, 말로 가르치면 (사람들이 말로) 다툰다.” 라고 했으며, 정자(程子)는 “관저(關雎)와 인지(麟趾)의 뜻이 있은 다음에야, 주관(周官)의 법도를 행할 수 있다.” 고 했던 것입니다. 그렇다면, 이 법이 비록 아름답다고 하더라도 殿下께서 몸소 행하시는 실공(實功)이 없다면 백성들은 믿고 따르지 않을 것입니다. 殿下께서 이 법을 행하시고자 하신다면, 대개 또한 근본으로 돌아가야 할 것입니다. 예전에 이이(李珥)가 일찍이 『성학집요(聖學輯要)』라는 한 권의 책을 지어 선조대왕(宣祖大王)께 바친 바 있는데, 제왕(帝王)의 학문과 통치(統治)의 도구가 갖추어져 있습니다. 臣이 삼가 그 가운데 나아가 수기(修己)에 절요(切要)한 학설을 대략 뽑아서, 殿下를 위해 다시 말씀드리고자 합니다. 엎드려 바라옵건대, 殿下께서는 마음을 비우고 뜻을 겸손하게 하시어, 번거로움과 수고로움을 싫어하지 마시고, 깊고 밝게 살펴보시기 바랍니다.

이른바 **수기(修己)**의 조목은 일곱 가지가 있습니다. 첫째는 **입지(立志)**로서, 용감하게 분발하여, 다스림을 이루어 ‘삼대(三代)의 융성함’ 을 기약하는 것입니다. 장자(張子)의 말씀에 “천지(天地)를 위해서 마음을 세우고, 생민(生民)을 위해서 도(道)를 세우며, 옛 성인(聖人)을 위해서 끊어진 학문을 잇고, 만세(萬世)를 위해서 태평(太平)을 연다.” 고 했으니, 이것은 ‘입지(立志)의 조목’ 입니다.

程子之言曰"君道之大, 在乎稽古正學. 君志正而天下之治成矣. 所謂定志者, 以聖賢之訓, 爲必當從, 以先王之治, 爲必當法, 不爲後世駁雜之政所牽制, 不爲流俗[392]因循之論所遷惑, 自知極於明, 信道極於篤, 必期致世如三代之隆而後已." 此則殿下所當奮發處也. 朱子之言曰"陽氣發處, 金石亦透, 精神一到, 何事不成?" 程子之言曰"爲國而至於祈天永命, 養形而至於延年益壽, 學而至於聖人, 此三事分明人力可以勝造化." 此立志之效也.

392) 流俗(유속) : 時流에 휩쓸리는 低俗한 선비.

정자(程子)의 말씀에 "군도(君道)의 위대함은 옛 일을 상고(詳考)해서 학문을 바룸에 있다. 임금의 뜻이 바름에 천하의 다스림이 이루어진다. 이른바 '뜻을 정함' 이란, 성현(聖賢)의 가르침을 마땅히 따라야 할 것으로 삼고, 선왕(先王)의 다스림을 마땅히 본받아야 할 것으로 삼아서, 후세의 잡박한 정치에 견제(牽制)를 당하지 않고, 유속(流俗)의 구태의연한 논의에 흔들리거나 미혹되지 않으며, 스스로의 앎은 지극히 밝고, 도(道)를 믿음은 지극히 독실(篤實)하여, 반드시 세상을 삼대(三代)의 융성했던 시절과 같이 만든 다음에야 그만두겠다고 기약하는 것이다."라고 했으니, 이것은 殿下께서 마땅히 분발(奮發)해야 할 곳입니다.

주자(朱子)의 말씀에 "양기(陽氣)가 발하는 곳에서는 쇠와 돌 또한 뚫리니, 정신(精神)이 한 곳에 이르면 무슨 일인들 이루어지지 않겠는가?"라고 했으며, 정자(程子)의 말씀에 "나라를 다스려 하늘의 영원한 명(命)을 기도(祈禱)하는 데 이르고,[73] 육체를 길러 수명(壽命)을 연장하는 데 이르며, 배움을 통해 성인(聖人)에 이르는 것, 이 세 가지는 분명 사람의 노력이 (天地의) 조화(造化)를 이길 수 있는 것"이라고 했으니, 이것은 '입지(立志)의 공효(功效)' 입니다.

---

73) 古代에는 政治를 '天命을 위임받은 君主가 天命을 대행하는 것' 으로 규정하고, 한 國家의 興亡은 궁극적으로는 하늘이 결정한다고 보았으니, 이른바 '天命思想' 이 그것이다. 天命의 구체적인 내용은 물론 '善政(仁政)을 베풀어 백성들이 잘 살 수 있도록 하라' 는 것이다. 하늘은 자신이 命을 위임한 君主가 善政을 베풀면 그 王朝가 지속되게 하는데 이것을 '天命의 持續' 이라 하고, 暴政을 베풀면 그에게 위임했던 命을 회수하여 다른 賢者에 주는데 이를 '革命' 이라 한다. '하늘의 영원한 命을 기도한다' 는 것은 '天命의 持續을 기도한다' 는 것으로, '善政을 베풀어 王朝의 지속적 번영을 기도한다' 는 뜻이다.

嗚呼! 古人有言曰 "有志者, 事竟成." 未有無志而有成, 亦未有有志而不成者也. 今殿下非無有爲之志, 而三年不能, 五年不能, 七年不能, 已過十年之久, 而猶未見尺寸之效, 則豈但當今之恨? 抑亦千古之所共恨也.

二曰收斂者, 整齊嚴肅, 存心以窮理之本也. 子曰 "不重則不威." ; 張子之言曰, "義理之學, 須深沈, 方有造, 非淺易輕浮之可得也." 此言收斂容止[393]之則也. 詩曰 "無易由言, 無曰苟矣. 莫捫朕舌, 言不可逝矣." ; 記曰 "王言如絲, 其出如綸 ; 王言如綸, 其出如綍[394]." 盖王言雖微, 其利害之效, 則甚大也. 此言收斂言語之節也.

393) 容止(용지) : 容貌와 行動擧止.

394) '絲(사)' 는 명주실처럼 곱고 가는 줄, '綸(륜)' 은 낚싯줄 정도의 가는 줄, '綍(불, 발)' 은 喪輿나 棺을 끌 때 쓰는 굵은 밧줄.

오호라! 옛 사람의 말씀에 "뜻이 있는 사람은 마침내 일이 이루어진다."고 했습니다. 뜻이 없이 일이 이루어지는 경우는 없으며, 또한 뜻이 있는데 일이 이루어지지 않는 경우도 없습니다. 이제 殿下께서는 유위(有爲)의 뜻이 없지 않으신데, 3년에도 이루지 못하셨고, 5년에도 이루지 못하셨고, 7년에도 이루지 못하셨고, 이미 10년이란 오랜 세월이 지났어도 오히려 척촌(尺寸)만한 효과도 보지 못하셨습니다. 이것이 어찌 다만 오늘의 통한(痛恨)이겠습니까? 또한 천고(千古)의 사람들이 함께 한탄(恨歎)할 바일 것입니다.

둘째는 **수렴(收斂)**으로서, (몸을) 가지런하고 엄숙하게 하여, 마음을 보존함으로써 이치를 탐구하는 근본으로 삼는 것입니다. 공자(孔子)께서는 "신중하지 않으면 위엄이 없다."고 하셨고, 장자(張子)의 말씀에 "의리(義理)의 학문은 모름지기 깊게 가라앉아야만 바야흐로 성취함이 있는 것이니, 얕고 쉽고 가볍고 뜨는 사람이 이룰 수 있는 것이 아니다."라고 했으니, 이것은 '행동거지(行動擧止)를 수렴하는 법칙'을 말씀한 것입니다.

『시경(詩經)』에서는 "가볍게 말하지 말고, 함부로 지껄이지 말지어다. 내 혀는 아무도 건드리지 못하지만, 한 번 뱉은 말은 쫓아가서 잡을 수 없다네."[74]라 했고, 『예기(禮記)』에서는 "왕의 말씀이 명주실과 같다면 그것이 나가서는 낚싯줄처럼 되고, 왕의 말씀이 낚싯줄과 같다면 그것이 나가서는 동아줄처럼 된다."[75]고 했습니다. 대개 임금의 말씀은 비록 미약해도, 그 이해(利害)의 효과는 매우 큰 것입니다. 이것은 '언어(言語)를 수렴하는 절목'을 말한 것입니다.

74) 『詩經』「大雅」〈抑〉에 보임.
75) 『禮記』〈緇衣〉에 보임.

孟子曰 "學問之道無他, 求其放心[395]而已矣." ; 朱子之言曰 "此心收斂, 都在義理上安頓[396], 則自於物欲上輕, 於義理上重." 此言收斂其心之法也. 嗚呼! 存諸內者, 必形諸外, 未有箕踞[397]而心不慢者, 亦未有表端而影不直者也. 伏願殿下, 不問動靜, 常存此心, 無事而虛寂, 以養其體, 有事而照察, 以正其用, 則豈有應事之際, 毫釐[398]之差乎?

三曰窮理者, 窮究事物之理, 以致其知也. 子曰 "不明乎善 不誠乎身矣." 程子之言曰 "窮理亦多端. 或讀書, 講明義理 ; 或論古今人物, 而別其是非 ; 或應接事物, 處其當否, 皆窮理也." 嗚呼! 人性本善, 循理而行, 宜無難事, 惟其知之不至, 故但知其難, 而不知其樂. 知之而至, 則循理爲樂, 不循理爲不樂. 何憚而不循理, 以害吾樂乎?

---

395) 放心(방심) : 마음을 놓음, 또는 밖의 사물을 향해 달아난 마음.

396) 安頓(안돈) : 사물을 잘 정돈함.

397) 箕踞(기거) : 두 다리를 삼태기 모양으로 쭉 뻗고 앉음.

398) 毫釐(호리) : 터럭의 끝.

맹자(孟子)는 "학문(學問)의 방도(方道)는 다른 것이 없다. 달아난 마음을 되찾는 것일 뿐이다."라 했고, 주자(朱子)의 말씀에 "이 마음을 수렴하여 모두 의리(義理) 위에 정돈한다면, 저절로 물욕(物欲)에는 가볍고 의리(義理)에는 무겁게 된다."고 했으니, 이것은 '마음을 수렴하는 방법'을 말한 것입니다.

오호라! 마음속에 보존하고 있는 것은 반드시 형체가 밖으로 드러납니다. 두 다리를 쭉 뻗고 앉아 있으면서도 마음이 게으르지 않은 경우는 없으며, 또한 겉모습이 단정한데도 그림자가 곧지 않은 경우도 없습니다. 엎드려 바라옵건대, 殿下께서는 움직일 때이든 고요할 때이든 항상 이 마음을 보존하소서. 일이 없을 때에는 텅 비고 고요하게 하여 그 본체[體]를 기르시고, 일이 있을 때에는 밝게 살피시어 그 쓰임[用]을 바루신다면, 일에 대응하시는 즈음에 어찌 털끝만한 어긋남이라도 있겠습니까?

셋째는 **궁리(窮理)**로서, 사물(事物)의 이(理)를 궁구(窮究)하여 자기의 앎을 이루는 것입니다. 공자(孔子)는 "선(善)에 밝지 않으면, 자신(自身)에게 참될 수 없다."고 했으며, 정자(程子)의 말씀에 "이(理)를 궁구하는 데에는 또한 많은 단서(端緖)가 있다. 혹은 책을 읽고 의리(義理)를 강명(講明)하며, 혹은 고금(古今)의 인물(人物)을 논하여 그 시비(是非)를 분별하고, 혹은 사물을 응접하여 그 당부(當否)를 처리하는 것이니, 이것이 모두 궁리(窮理)이다."라고 했습니다.

오호라! 사람의 본성(本性)은 본래 착하니, 이(理)를 따라서 행동하면 마땅히 어려움이 없는 것입니다. 오직 그 앎이 지극하지 못하기 때문에, 그러므로 (理를 따라 행동함의) 어려움만 알고 그 즐거움은 모르는 것입니다. 앎이 지극해지면, 이(理)를 따름이 즐거운 일이 되고, 이(理)를 따르지 않음은 즐겁지 못한 일이 됩니다. 무엇을 꺼려서, 이(理)를 따르지 않음으로써 나의 즐거움을 해치겠습니까?

今殿下, 聰明睿智, 出於天性, 宜不待於學問, 然先儒曰 "氣質之用少, 而學問之功多矣." 伏願殿下, 於處事應物之際, 讀書稽古之間, 必求是非得失之極[399], 以爲開發聰明, 啓明心地之實焉.

四曰誠實者, 省察其心之所發, 以盡其實也. 曾子曰 "誠其意者, 毋自欺也." 朱子之言曰 "無是誠則無是物, 視不明則不能見是物, 聽不聰則不能聞是物, 推此類求之, 可見." 嗚呼! 天有實理, 故氣化流行而不息 ; 人有實心, 故工夫緝熙[400]而無間. 人無實心, 則悖乎理矣. 强仁行義, 不能持久 ; 銳進速退, 不克有終. 如此之類, 皆無實心故也. 昔文王有百里之地, 而誠意正心之功, 著於四方, 無不周遍, 此乃誠意之效也. 伏願殿下, 以文王爲師焉.

---

399) '極' 에는 '極致 · 極盡' 이라는 뜻과 함께 '標準' 이라는 뜻이 있음.

400) 緝熙(즙희) : '緝' 은 계속 이어지다, '熙' 는 밝게 빛나다.

이제 殿下께서는 총명예지(聰明睿智)를 천성(天性)으로 타고나셨으니 마땅히 학문(學問)을 기다리지 않아도 될 것 같습니다만, 선유(先儒)가 말하기를 "기질(氣質)의 쓰임새는 적고, 학문(學問)의 공효(功效)는 많다."고 했습니다.[76] 엎드려 바라옵건대, 殿下께서는 사물에 대처하고 수응(酬應)하는 즈음과 책을 읽고 옛일을 상고하는 사이에, 반드시 시비득실(是非得失)의 표준을 탐구하여, 총명(聰明)을 개발(開發)하고 심지(心地)를 계명(啓明)하는 실효(實效)를 이루십시오.

넷째는 **성실(誠實)**로서, 그 마음이 발하는 바를 성찰(省察)하여, 그 참됨을 극진(極盡)하게 하는 것입니다. 증자(曾子)는 "그 뜻을 참되게 하는 사람은 자신을 속임이 없다."고 하였고, 주자(朱子)의 말씀에 "이 참됨이 없으면 이 사물이 없다. 보는 것이 밝지 않으면 이 물건을 볼 수 없고, 듣는 것이 밝지 않으면 이 사물을 들을 수 없으니, 이러한 예(例)를 미루어 탐구하면 알 수 있다."고 했습니다.

오호라! 하늘에는 참된 이치가 있으므로 기화(氣化)가 유행(流行)하여 쉼이 없고, 사람에게는 참된 마음이 있으므로 공부(工夫)가 계속 빛나서 간단(間斷)이 없는 것입니다. 사람에게 참된 마음이 없다면 천리(天理)에 어긋나게 됩니다. 인(仁)에 힘쓰고 의(義)를 행하되 오래 지속하지 못하고, 날카롭게 전진하고 빠르게 후퇴하여 끝을 맺지 못하니, 이러한 예(例)들은 모두 참된 마음이 없기 때문입니다. 옛날에 문왕(文王)은 1백리의 땅을 지니고 있었으나, 성의(誠意)·정심(正心)의 공효(功效)가 사방(四方)에 드러나서 널리 퍼지지 않음이 없었으니, 이것이 바로 성의(誠意)의 공효입니다. 엎드려 바

76) 선천적으로 타고난 聰明睿智는 '氣質'에 해당된다. 타고난 氣質은 聰明한 사람도 있고, 愚鈍한 사람도 있다. "氣質의 쓰임새는 적고, 學問의 功效는 많다."는 말은, 自身의 成就를 左右하는 요인은 '선천적 氣質'이 아니라 '후천적 努力'이라는 뜻임.

五曰養氣者, 矯氣質而養眞氣也. 子思曰 "果能此道, 雖愚必明, 雖柔必强." 謝氏之言曰 "克己須從性偏難克處, 克將去." 孟子曰 "我善養吾浩然之氣." 朱子之言曰 "至大, 初無限量 ; 至剛, 不可屈撓[401]. 惟其自反而縮, 則得其所養, 而本體不虧, 充塞無間矣." 嗚呼! 昔齊宣王曰 "寡人有疾, 寡人好勇." 孟子曰 "王請無好小勇." 又曰 "王請大之." 伏願殿下, 必如文王之勇, 武王之勇, 以副臣民之至望焉.

401) 屈撓(굴요) : '屈' 은 굽히다, '撓' 는 휘다.

라옵건대, 殿下께서는 문왕을 스승으로 삼으십시오.

다섯째는 양기(養氣)로서, 기질(氣質)을 바로잡아 참된 기운을 기르는 것입니다. 자사(子思)는 "과연 이 방도(方道)[77]에 능하면, 비록 어리석은 사람이라도 반드시 현명해지고, 비록 유약(柔弱)한 사람이라도 반드시 강해진다." 고 했고, 사씨(謝氏)의 말씀에 "극기(克己)는 모름지기 성품이 치우쳐 이기기 어려운 곳으로부터 이겨나가는 것" 이라 했습니다. 맹자(孟子)는 "나는 나의 호연지기(浩然之氣)를 잘 기른다." 고 했고, 주자(朱子)의 말씀에 "지극히 크다는 것은 애초에 한량(限量)이 없음을 말하고, 지극히 굳세다는 것은 굽히고 휠 수 없음을 말한다. 오직 스스로 반성해서 곧으면 그 기르는 바를 얻을 수 있으니, 본체(本體)가 이지러지지 않고 가득 차서 틈이 없게 된다." 고 했습니다.[78]

오호라! 옛날에 제선왕(齊宣王)이 "과인(寡人)은 단점(短點)이 있으니, 과인은 용맹(勇猛)을 좋아한다." 라고 하자, 맹자(孟子)가 "청하옵건대, 왕(王)께서는 작은 용맹[79]을 좋아하지 마십시오." 라고 했고, 또 "청하옵건대, 왕(王)께서는 큰 용맹을 가지십시오." 라고 했습니다. 엎드려 바라옵건대, 殿下께서는 반드시 '문왕(文王)의 용기' 나 '무왕(武王)의 용기'[80]와 같이 하시어, 신민(臣民)의 지극한 소망에 부합하도록 하십시오.

---

77) '이 方道' 란 '工夫를 하지 않음이 있을지언정, 한다면 모르는 것을 남겨두지 않는 것' 이요, '남이 한 번에 능하면 자기는 백 번을 노력하고, 남이 열 번에 능하면 자기는 천 번을 노력하는 것' 을 말함. 『中庸章句』 제20장 참조.

78) 맹자는 "나는 나의 浩然之氣를 잘 기른다." 고 말한 다음, "浩然之氣는 지극히 크고 지극히 굳세니, 곧게 길러서 해침이 없으면 天地의 사이에 가득 차게 된다." 고 했거니와, 朱子의 말은 이것을 설명한 것임.

79) '작은 용맹' 이란 칼을 어루만지면서 상대방을 노려보고 '네가 어찌 감히 나를 당할 수 있겠느냐? 고 호언장담하는 것. 『孟子』 梁惠王下 제3장 참조.

80) '文王의 용기' 란 侵略者를 물리쳐서 天下의 백성을 편안하게 한 것, '武王의 용기' 란 暴君(商나라 紂임금)을 征伐하여 天下의 백성을 편안하게 한 것. 『孟子』 梁惠王下 제3장 참조.

六曰正心者, 正其心, 以爲一身之主也. 孟子曰 "存其心, 養其性." 朱子之言曰 "莊敬[402]之功至, 而無人欲之私以亂之, 則其未發也, 鏡明而水止." 此言涵養[403]之意也. 子曰 "操則存, 舍則亡." 范氏之言曰 "一念之善, 則祥風和氣, 皆在于此 ; 一念之惡, 則妖星[404]札瘥[405], 皆在于此. 是以, 君子, 愼其獨." 此言省察[406]之功也. 程子之言曰 "顔子心麤." 李珥以爲顔子正心工夫有未盡也, 此言似精. 盖此心之體, 本自正大, 直與天地相似. 伏願殿下, 於此特垂睿念焉.

七曰檢身者, 敬其身, 以爲齊家治國平天下之本也. 子曰 "君子無不敬, 敬身爲大." 記曰 "姦聲亂色, 不留聰明 ; 淫樂慝禮, 不接心術. 惰慢邪僻之氣, 不設於身體, 使心志百體, 皆由順正." 此言敬身謹禮之功也.

---

402) 莊敬(장경) : 엄숙하고 공경함.

403) 涵養(함양) : 未發時(마음이 아직 외부의 사물과 접촉하지 않았을 때)에 마음을 잘 보존하여 本性을 기르는 것. '存養'(存心養性)이라고도 함.

404) 妖星(요성) : 凶한 징조를 나타낸다는 奇怪한 별. '妖'는 '怪異하다, 災殃'의 뜻.

405) 札瘥(찰차) : 疾病이나 不幸. '札'은 '일찍 죽다, 전염병에 걸리다'의 뜻. '瘥'는 전염병.

406) 省察(성찰) : 已發時(마음이 외부의 사물과 접촉함으로써 여러 생각과 감정을 일으킬 때)에, 그것이 人心인지 道心인지를 잘 살피는 것.

여섯째는 정심(正心)으로서, 그 마음을 바루어 한 몸의 주재자(主宰者)로 삼는 것입니다. 맹자(孟子)는 "그 마음을 보존하여 그 본성(本性)을 기른다." 고 했고, 주자(朱子)의 말씀에 "장경(莊敬)의 공효(功效)가 지극하여 인욕(人欲)의 사사로움이 마음을 어지럽힘이 없으면, 마음이 아직 발하지 않았을 때에는 거울처럼 밝고 연못의 물처럼 고요하다."고 했습니다. 이것은 '함양(涵養)의 뜻' 을 말한 것입니다.

공자(孔子)는 "잡으면 보존되고, 놓으면 사라진다."고 했고, 범씨(范氏)의 말씀에 "한 생각이 착하면 상서로운 바람과 온화한 기운이 모두 그 속에 있고, 한 생각이 악하면 요성(妖星)과 찰차(札瘥)가 모두 그 속에 있다. 그러므로 군자(君子)는 그 홀로 있을 때에 삼간다."고 했습니다. 이것은 '성찰(省察)의 공효' 를 말한 것입니다.

정자(程子)의 말씀에 "안자(顏子)는 마음이 거칠었다."라 했고, 이이(李珥)는 "안자(顏子)의 정심(正心) 공부에 미진한 점이 있었다"[81]고 했으니, 이 말이 정밀한 것 같습니다. 대개 이 마음의 본체(本體)는 본래 스스로 정대(正大)하여, 곧 천지(天地)와 서로 흡사한 것입니다. 엎드려 바라옵건대, 殿下께서는 특히 이에 대해서 예념(睿念)하소서.

일곱째는 검신(檢身)으로서, 그 몸을 공경하여 제가(齊家) · 치국(治國) · 평천하(平天下)의 근본으로 삼는 것입니다. 공자(孔子)는 "군자(君子)는 공경하지 않음이 없으나, 몸을 공경함이 가장 중요하다."고 했으며, 『예기(禮記)』에서는 "간사한 소리와 음란한 빛깔에 귀와 눈을 기울이지 않고, 음란한 음악(音樂)과 사특(邪慝)한 예(禮)를 마음에 접하지 않는다. 게으르고 거만하고 사특하고 편벽된 기운을 몸에다 베풀지 않아서 심지(心志)와 백체(百體)

81) 이에 대한 자세한 논의는 『栗谷全書』 卷33 頁23-24에 보임.

詩曰"敬愼威儀[407], 惟民之則." 北宮文子[408]曰"君子, 在位可畏, 施舍[409]可愛, 進退可度, 周旋[410]可則, 容止可觀, 作事可法, 德行可象, 聲氣可樂[411], 動靜有文, 言語有章, 以臨其下." 此言威儀容止之則也. 召公[412]告武王曰"不役耳目, 百度惟貞. 夙夜罔或不勤. 不矜細行, 終累大德." 蔡氏之言曰"人主一身, 萬化之原, 苟於理, 有毫髮之不盡, 卽遺生民無窮之害." 此言戒飭[413]無怠之意也. 易曰"含弘光大." 程子之言曰"知識明則力量自進." 又曰"心大則百物皆通；心小則百物皆病." 此言恢進德之量也. 書曰"后德惟臣, 不德惟臣." 范氏之言曰"人君之心, 惟在所養. 君子養之以善則智；小人養之以惡則愚." 此言親正士之道也.

---

407) 威儀(위의) : 위엄이 있는 거동.

408) 北宮文子(북궁문자) : 춘추시대 衛나라 襄公 때의 大夫. 姓은 北宮, 名은佗.

409) 施舍(시사) : 은혜를 베풂, 부역을 면제함.

410) 周旋(주선) : 빙빙 돎, 왔다 갔다 함, 起居動作, 돌보아줌.

411) '德行可象, 聲氣可樂' 은 木版本에는 '德行可聲, 象氣可樂' 이라고 잘못 인쇄되어 있음. 北宮文子의 原文은『春秋左傳』襄公31年 11月條에 보임.

412) 召公(소공) : 召公은 武王의 아우로서, 당시 太保(벼슬 이름으로, 三公 가운데 하나)의 자리에 있었음. 召公의 이 말은『書經』「周書」〈旅獒(여오)〉에 보임.

413) 戒飭(계칙) : 경계하고 삼감.

로 하여금 모두 순조롭고 바른 데서 말미암게 한다."고 했습니다. 이것은 '몸을 공경하고 예(禮)를 삼가는 노력'을 말한 것입니다.

『시경(詩經)』에서는 "위의(威儀)를 공경하고 삼가는지라, 오직 백성의 법이 된다."고 했는데, 이에 대해 북궁문자(北宮文子)는 "군자(君子)는 자리에 있으면 두려워할 만하고, 은혜를 베풀면 사랑할 만하고, 진퇴(進退)는 법도로 삼을 만하고, 주선(周旋)은 법칙으로 삼을 만하고, 용지(容止)는 볼 만하고, 일을 처리함은 본받을 만하고, 덕행(德行)은 본받을 만하고, 소리를 내는 것은 즐거워할 만하고, 동정(動靜)에는 문채(文彩)가 있고, 언어(言語)에는 법식이 있어서, 이로써 아랫사람에게 임한다."고 했습니다. 이것은 '위의(威儀)와 용지(容止)의 법칙'을 말한 것입니다.

소공(召公)이 무왕(武王)에게 고하기를 "귀와 눈에 부림을 당하지 않으면 모든 법도(法度)가 올바르게 됩니다. 새벽부터 밤늦게까지 혹시라도 부지런하지 않음이 없게 하소서. 자잘한 행실을 삼가지 않으면 마침내 큰 덕(德)에 누를 끼칩니다."라 했는데, 이에 대해 채씨(蔡氏)는 "임금의 한 몸은 온갖 교화(敎化)의 근원이다. 진실로 이(理)에 터럭만큼이라도 미진함이 있다면, 생민(生民)에게 무한한 해(害)를 끼친다."고 했습니다. 이것은 '경계하고 삼가서 게으름이 없어야 한다는 뜻'을 말한 것입니다.

『주역(周易)』에서는 "큰 덕을 머금어 밝고 크게 하라."고 했는데, 이에 대해 정자(程子)는 "지식(知識)이 밝으면 역량(力量)이 저절로 진보한다."고 했고, 또 "마음이 크면 온갖 사물이 모두 통하고, 마음이 작으면 온갖 사물이 모두 병든다."고 했습니다. 이것은 '덕(德)에 나아가는 도량(度量)을 넓힐 것'을 말한 것입니다.

『서경(書經)』에서는 "임금의 덕(德)은 오직 신하에게 달려 있으며, 부덕(不德) 또한 오직 신하에게 달려 있다."고 했는데, 이에 대해 범씨(范氏)는 "임금의 마음은 오직 기르는 바에 달려 있다. 군자(君子)가 선(善)으로 기르면 지

書曰 "有言逆于汝心, 必求諸道 ; 有言遜于汝志, 必求諸非道." 胡氏之言曰 "隱公[414]不敢忘僖伯之忠, 而不能聽其言, 與郭公[415]善善而不能用, 其於亡國, 一也, 其及宜矣." 此言從諫以改過也. 易曰 "不遠復, 無祇悔." 饒氏之言曰 "人之一心, 善端綿綿, 本自相續. 小有所差, 而其慊然[416]不自安之意, 已萌於中, 是卽天地生物之心之所呈露, 而孟子所謂惻隱之心者也." 此言改過以從善也. 書曰 "惟新厥德, 終始惟一." 鄭氏之言曰 "覽鏡而面目有汚, 則必滌之 ; 振衣而領袖有垢, 則必濯之 ; 居室而几案窓壁有塵, 則必拂之 ; 至於方寸之中, 神明之舍[417], 汚穢垢塵日積焉, 而不知滌濯振拂之, 不能充其類, 甚矣."

---

414) 隱公(은공) : '隱公' 은 魯나라의 임금. 隱公이 '棠' 으로 물고기를 구경하러 가려고 하자, 叔父인 僖伯이 말렸다. 그러나 隱公은 듣지 않고 擧動했으며, 僖伯은 病을 핑계 삼아 따라가지 않았다. 몇 달 뒤 僖伯이 죽자, 隱公은 "叔父께서는 寡人에게 遺憾이 있었으나, 나는 그 忠心을 잊을 수 없다." 고 하면서 官爵을 한 등급 올려서 葬禮를 치르게 하였다(『春秋左傳』 隱公 5年條 참조). 6년 뒤 隱公은 公子 羽父(우보)에게 弑害되었다(『春秋左傳』 隱公 11年條 참조).

415) 郭公(곽공) : '郭公' 은 郭나라 임금. 郭은 齊나라 境内에 있던 附庸國이었음. 郭公은 '亡國之君' 이었기에 전해지는 기록이 거의 없는바, 다만 『說文解字』에서는 "착한 사람을 착하게 여기되 등용하지 못하고, 악한 사람을 악하게 여기되 물리치지 못했다. 그리하여 나라를 망친 것이다." 라고 하였다(『說文解字』, '郭' 條 참조).

416) 慊然(겸연) : 마음에 흡족하지 않은 모양. '慊' 은 '마음에 흡족하지 않다' 는 뜻도 있고, '마음에 흡족하다' 는 뜻도 있는데, 여기에서는 前者의 뜻임.

417) 神明之舍(신명지사) : 마음을 달리 일컫는 말. 마음은 사물을 認識하는 '신비하고 밝은 능력' 이 있으므로, 마음을 '神明' 또는 '神明한 집' 이라고 일컫는 것.

혜로워지고, 소인(小人)이 악(惡)으로 기르면 어리석게 된다." 고 했습니다. 이것은 '바른 선비와 친해야 하는 도리' 를 말한 것입니다.

『서경(書經)』에서는 "네 마음에 거슬리는 말이 있거든 반드시 도(道)에서 구하고, 네 뜻에 공손한 말이 있거든 반드시 도(道)가 아닌 것에서 구하라." 고 했으며,[82] 호씨(胡氏)는 "은공(隱公)이 감히 희백(僖伯)의 충성을 잊지 못하면서도 그 말을 들어주지 못한 것과 곽공(郭公)이 착한 사람을 착하게 여기면서도 그를 등용하지 못한 것이, 나라를 망하게 한 것은 동일하니, 그들에게 (禍가) 미친 것은 마땅한 것이었다." 고 했습니다. 이것은 '간언(諫言)을 따라서 허물을 고칠 것' 을 말한 것입니다.

『주역(周易)』에서는 "머지않아 돌아오니, 후회(後悔)할 처지에 이르지 않는다." 라 했고, 요씨(饒氏)는 "사람의 한 마음은 착한 실마리가 면면(綿綿)하여, 본래 저절로 서로 이어져 있다. 그러나 조금이라도 어긋남이 있으면, 이미 마음속에서 겸연(慊然)하여 스스로 편안하지 못한 뜻이 싹트는 것이다. 이것은 곧 '천지(天地)가 만물을 낳는 마음' 이 드러난 것으로, 맹자(孟子)가 말한 측은지심(惻隱之心)이다." 라고 했습니다. 이것은 '허물을 고쳐서 선(善)을 따를 것' 을 말한 것입니다.

『서경(書經)』에서는 "오직 그 덕을 새롭게 하여, 처음과 끝이 한결같게 하라." 고 했고, 정씨(鄭氏)는 "거울을 보고 얼굴이 더러우면 반드시 씻어내며, 옷을 털어서 옷깃이나 소매에 때가 있으면 반드시 빨며, 방에 있으면서 책상이나 창벽(窓壁)에 먼지가 있으면 반드시 털어낸다. 그런데 방촌(方寸) 가운

---

82) '네 마음에 거슬리는 말' 이란 '자기의 過誤를 비판하여 귀에 거슬리는 남의 忠告나 신하의 諫言' 을 뜻하고, '반드시 道에서 구하라' 는 것은 '그것이 道理에 맞는 忠言이 아닌가' 熟考하라는 뜻임. '네 뜻에 공손한 말' 이란 '자기를 칭찬하여 귀에 듣기 좋은 남의 阿諂' 을 뜻하고, '반드시 道가 아닌 것에서 구하라' 는 것은 '그것이 道理에 어긋난 奸邪한 말이 아닌가' 熟考하라는 뜻임.

張子之言曰 "言有教, 動有法, 晝有爲, 宵有得, 息有養, 瞬有存." 此言日新以敦篤也. 曾子曰 "心廣體胖." 孟子曰 "反身而誠, 樂莫大焉." 子思曰 "可以贊天地之化育, 則可以與天地參矣." 此言修身之效也. 嗚呼! 聖人之德, 與天爲一, 神妙不測, 雖似不可企及, 誠能積累工夫, 進進不已, 則未有不至者也. 故踊躍築埋, 孟子所嬉, 而卒爲亞聖[418] ; 暮歸喜獵, 程子所習, 而卒爲大賢 ;

418) 亞聖(아성) : 버금가는 聖人.

데 신명(神明)한 집에 더러운 때와 먼지가 나날이 쌓여도 씻고 털어낼 줄 모른다면, 그 생각을 확충시키지 못함이 심한 것이다."라고 했으며, 장자(張子)는 "말에는 교훈이 있고, 행동에는 법칙이 있으며, 낮에는 일함이 있고 밤에는 얻음이 있으며, 숨 한 번 쉬고 눈 한 번 깜박이는 사이에도 존양(存養)함이 있다."고 했습니다. 이것은 '나날이 새로워짐으로써 돈독(敦篤)하게 할 것'을 말한 것입니다.

증자(曾子)는 "마음은 넓고 몸은 윤택하다."고 했고, 맹자(孟子)는 "자신을 돌이켜 참되면, 이보다 더 큰 즐거움이 없다."고 했으며, 자사(子思)는 "천지(天地)의 화육(化育)을 도울 수 있으면, 천지(天地)와 더불어 참여할 수 있다."고 했습니다. 이것은 '수신(修身)의 공효'를 말한 것입니다.

오호라! 성인(聖人)의 덕은 하늘과 더불어 하나가 되어, 신묘(神妙)하여 헤아리기 어렵습니다. 그리하여 비록 (聖人에) 이르는 것을 바라기는 어려울 것 같지만, 진실로 능히 공부(工夫)를 쌓아, 나아가고 나아가기를 그치지 않는다면, 이르지 못할 것이 없습니다. 그러므로 '무덤을 쌓으면서 떠놀던 것'[83]은 맹자(孟子)가 즐거워했던 일이지만, 마침내 아성(亞聖)이 되었습니다. '저녁에 돌아오면서 사냥을 기뻐한 것'[84]은 정자(程子)가 익힌 것이지만, 마침내는 대현(大賢)이 되었습니다.

---

83) 孟子는 어렸을 때 共同墓地 근처에서 살았었는데, 이때 孟子는 葬事지내는 흉내를 내면서 뛰어놀았다고 한다. 그리하여 孟子의 어머니가 다른 곳(市場 근처, 書堂 근처)으로 이사를 하게 되었는데, 여기에서 '孟母三遷之敎'라는 말이 생겼다. 『列女傳』〈母儀傳〉 참조.

84) 程子(明道)는 16~17세 무렵 사냥을 즐겼다고 한다. 얼마 뒤에 싫증이 나자, 程子는 '이제 사냥은 재미가 없다'고 했다. 그러자 周濂溪(名은 敦頤)가 "어찌 그렇게 쉽게 말하는가? 다만 사냥을 좋아하는 마음이 가라앉아서 드러나지 않는 것뿐이니, 어느 날 다시 싹튼다면 전과 같아질 것이다."라고 했다. 12년의 세월이 흐른 어느 날, 저녁 늦게 歸家하다가 들판에서 사냥하는 사람들을 보고, 程子는 자신도 모르게 기뻐했다고 한다. 『二程遺書』 卷7 참조.

至如太甲, 顚覆典刑[419], 而至於克終允德 ; 成王不察流言, 而至於畢協賞罰. 何必生知然後, 乃可成德乎? 萬善備於性, 而不暇外求 ; 積工由於己, 而不資他力 ; 濟世安民, 亦在於我, 而莫之敢禦. 如是而不事乎學, 以臻昭曠[420], 乃事乎欲, 以究汙下[421], 噫! 不仁甚矣. 夫人以渺然[422]一身, 參天地而竝立, 學問之工至, 以位育[423]爲能事.

---

419) 典刑(전형) : 옛날부터 전해 내려오는 法度. '典' 과 '刑' 모두 '法度' 의 뜻임.

420) 昭曠(소광) : 밝음.

421) 汙下(오하) : 더러운 물이 고이는 낮은 곳. 더럽고 賤함.

422) 渺然(묘연) : 매우 작은 모양.

423) 位育(위육) : '位' 는 天地가 자리를 잡음, 또는 天地가 자리를 잡게 도움. '育' 은 萬物이 자라남, 또는 萬物을 자라나게 도움. 『中庸章句』 제1장에서는 "中和를 이루면 天地가 제 자리를 잡고 萬物이 자라난다(致中和, 天地位焉, 萬物育焉.)" 고 했음.

태갑(太甲)의 경우는 (湯임금의) 전형(典刑)을 전복(顚覆)시켰었지만, 마침내는 진실한 덕(德)을 다할 수 있었습니다.[85] 성왕(成王)은 (管叔 · 蔡叔의) 유언비어를 살피지 못했었지만, 마침내는 상(賞)과 벌(罰)을 조화롭게 베풀었습니다.[86] (이러한 事例들로 볼 때) 어찌 반드시 나면서부터 (모든 것을) 안 다음에야 덕(德)을 이룰 수 있다고 하겠습니까?

모든 선(善)은 자기의 본성(本性)에 갖추어져 있으니 밖에서 구하지 않아도 되며, 공부(工夫)를 쌓음은 자기에게 달린 것이니 남의 힘을 빌리지 않아도 됩니다. 세상을 구제(救濟)하여 백성을 편안하게 함 또한 자기에게 달린 것으로서, 감히 가로막는 사람이 없습니다. 그런데도 학문(學問)을 일삼아서 밝음에 이르지 않고, 욕망(欲望)을 일삼아서 더럽고 천한 곳을 찾아가니, 슬프게도 불인(不仁)이 심한 것입니다.

무릇 사람은 하나의 조그마한 몸뚱이로 천지(天地)에 참여하여 병립(竝立)하는 것입니다. 학문의 노력이 지극하면 천지(天地)를 자리잡게 하고 만물(萬物)을 자라나게 함으로 능사(能事)를 삼는 것입니다.

---

85) 太甲은 商(殷)나라 湯王의 손자로서, 湯王이 죽자 王位에 올랐다. 그런데 太甲은 先王의 典刑을 따르지 않고 여러 無道한 짓을 恣行하였다. 이에 당시의 權威 있는 재상 伊尹은 太甲을 桐 땅으로 내쳤다가('桐'은 湯王의 무덤이 있는 곳으로, 그곳에서 先王의 教訓을 생각하면서 反省하라는 뜻이었음), 太甲의 改過遷善을 확인하고 3년 만에 다시 王位에 복귀시켰다. 『書經』「商書」〈伊訓〉·〈太甲〉 참조.

86) 周나라 武王이 殷을 정벌한 다음 武庚(紂王의 아들)으로 하여금 殷의 遺民들을 다스리도록 封하고, 管叔 · 蔡叔 등으로 하여금 殷을 감독하도록 하였다. 곧이어 武王이 죽고 나이 어린 아들 成王이 卽位했는데, 周公이 攝政하여 도왔다(周公과 管叔 · 蔡叔은 모두 武王의 형제들임). 그러자 管叔 · 蔡叔 등이 "周公이 어린 조카(成王)에게 이롭지 않은 짓을 할 것"이라는 流言蜚語를 퍼뜨렸는데, 이에 周公은 嫌疑를 피하고자 관직을 버리고 동쪽으로 가서 살았다. 후에 '金縢의 祈禱文'(武王이 病患中이었을 때, 周公이 자신의 목숨을 대신 바치고자 했던 기도문)을 보고 周公의 忠誠心을 깨달은 成王은 周公을 다시 모셔와 復權시켰다. 이에 管叔 · 蔡叔 등이 두려워서 마침내 武庚과 함께 반란을 일으켰다. 이에 成王이 周公으로 하여금 그들을 討伐하도록 命했는데, 周公은 管叔을 죽이고 蔡叔을 추방하였다. 『書經』「周書」〈金縢〉·〈大誥〉 참조.

故匹夫而得其君，當以一夫之不被澤爲己憂，況帝王乎？伏願殿下，反求乎己心，企慕乎先聖，上念皇天祖宗付畀[424]之責，下從臣隣衆庶顒若[425]之望，篤信聖學，誠實下手，循序而進，以盡修己之工，使斯世復見堯舜之治，則萬世幸甚．臣所陳七條，有綱領焉，有節目焉，有次序焉．盖以修己爲綱者，自天子至於庶人，一是皆以修身爲本．其本亂而末治者，否矣．故帝王之學，莫先於修己也．然欲修己者，必先立志，故以立志爲首．程子曰"入道莫如敬，未有能致知而不在敬者．"故以收斂次之．居敬以致知，故以窮理次之．窮理旣明，可以躬行，而必有實心，然後乃下實功，故以誠實次之．旣誠於學，則必須矯氣質而養眞氣，以復本然之性，故以養氣次之．養氣以上，皆所以存心，故以存心次之．

424) 付畀(부비) : 주다, 맡기다.

425) 顒若(옹약) : 엄숙한 모양.

그러므로 필부(匹夫)조차도 그 임금을 만나면 당연히 그 혜택을 입지 못하는 사람이 하나라도 있는 것을 자신의 근심으로 삼는 것이니, 하물며 제왕(帝王)이겠습니까? 엎드려 원하옵건대, 殿下께서는 돌이켜 자신의 마음에서 구하고 선성(先聖)을 사모하소서. 위로는 황천(皇天)과 조종(祖宗)께서 맡기신 책임을 생각하고, 아래로는 신하와 수많은 백성의 엄숙한 소망을 따라서, 독실하게 성학(聖學)을 믿고 성실하게 공부에 착수하되, 순서에 따라 나아감으로써 수기(修己)의 공부를 극진히 하십시오. 그리하여 이 세상으로 하여금 다시 요(堯)·순(舜)의 다스림을 볼 수 있게 한다면, 만세(萬世)토록 매우 다행일 것입니다.

臣이 열거한 일곱 조목은 강령(綱領)이 있고, 절목(節目)이 있고, 차서(次序)가 있는 것입니다. 대개 수기(修己)로 강령을 삼은 것은, 천자(天子)로부터 서인(庶人)에 이르기까지 한결같이 모두 수신(修身)으로 근본을 삼기 때문입니다. 그 근본(根本)이 어지러운데 말단(末端)이 다스려지는 경우는 없습니다. 그러므로 제왕(帝王)의 학문은 '자신을 닦음' 보다 앞서는 것이 없습니다. 그러나 자신을 닦고자 하는 사람은 반드시 먼저 뜻을 세워야 하거니와, 그러므로 입지(立志)로 첫머리를 삼은 것입니다. 정자(程子)는 "도(道)에 들어감은 경(敬)만한 것이 없으니, 능히 앎을 이루었으되 경(敬)에 있지 않았던 자는 없었다."고 했습니다. 그러므로 수렴(收斂)이 그 다음인 것입니다. 거경(居敬)으로써 앎을 이루는 것이기 때문에, 그러므로 궁리(窮理)가 그 다음인 것입니다. 이(理)를 궁구함이 이미 밝으면 몸소 행할 수 있는데, 반드시 참된 마음이 있은 다음에 참된 노력을 기울일 수 있습니다. 그러므로 성실(誠實)이 그 다음인 것입니다. 이미 학문(學問)에 참되면, 반드시 기질(氣質)을 바로잡고 진기(眞氣)를 길러서 본연지성(本然之性)을 회복하니, 그러므로 양기(養氣)가 그 다음인 것입니다. 양기(養氣) 이상(以上)은 모두 마음을 보존하기 위한 것이니, 그러므로 존심(存心)이 그 다음인 것입니다.

存心所以正己, 故以檢身次之. 大概修己之法, 此略備焉, 而齊家之說, 臣未之及焉. 請盡言而無誅, 可乎?

夫齊家之道, 不出於正倫理篤恩義, 二者而已. 孝友, 百行之源, 治平之本, 而殿下得於天性, 有過之, 無不盡焉. 四方黎獻[426], 咸仰聖德, 今日民心之不離, 皇天之眷顧[427], 國家之再安, 皆賴乎此也. 臣心誠歎服, 口不容言, 然友愛之過, 或流於昵, 則亦不能無弊. 至於王子公主駙馬[428]之出入無節, 內言易出, 外言易入, 豈不可憂之甚者乎? 朱子曰 "接見有時, 賜與有節." 古之聖王家法, 有如是矣. 若夫敎世子之法, 則禮記及保傅篇[429], 備載矣. 朱子曰 "近世帝王敎子之法, 疎略矣. 僚屬具員, 而無保傅之嚴 ; 講讀備禮, 而無箴規[430]之益.

426) 黎獻(여헌) : 어진 백성.

427) 眷顧(권고) : 돌아보다, 돌보아주다.

428) 駙馬(부마) : '駙馬都尉' 의 준말. '駙馬' 는 '副馬' 와 같은 말로, '豫備의 말'. 駙馬都尉는 '駙馬를 맡은 벼슬'. 魏晉時代 이후, 임금의 사위는 반드시 駙馬都尉의 벼슬을 맡았으므로, 임금의 사위를 '駙馬' 라고 일컫게 됨.

429) 保傅(보부) : 어린 아이를 돌보는 스승. 특히 德義를 돌보는 스승을 '傅' 라 하고, 身體를 돌보는 스승을 '保' 라 했음. '保傅' 는 또한 『大戴禮』의 篇名이기도 함.

430) 箴規(잠규) : 警戒가 되는 규칙. '箴' 은 '바늘, 따끔한 警戒가 되는 말' 이라는 뜻.

존심(存心)은 자신을 바루기 위한 것이니, 그러므로 검신(檢身)이 그 다음인 것입니다. 대개 수기(修己)의 방법은 이것으로 대략 갖추어졌습니다. 그런데 제가(齊家)에 대한 설명은 臣이 아직 언급하지 않았습니다. 청하옵건대, 모두 말씀드려도 꾸짖지 않으시겠습니까?

무릇 **제가(齊家)**의 방도는 **'윤리를 바르게 함[正倫理] · 은의를 두텁게 함[篤恩義]'** 두 가지를 벗어나지 않습니다. 효도(孝道)와 우애(友愛)는 온갖 행실의 근원이요, 치국(治國) · 평천하(平天下)의 근원입니다. 殿下께서도 이를 천성(天性)으로 타고나시어, (孝道와 友愛가) 지나침은 있을지언정 미진함은 없으시기에, 사방(四方)의 착한 백성들은 모두 성덕(聖德)을 우러르고 있습니다. 오늘날 민심(民心)이 떠나지 않고 황천(皇天)이 돌보아 주시어, 나라가 다시 편안해진 것은 모두 여기에 힘입은 것입니다. 臣은 마음속으로 탄복(歎服)했거니와, 입으로 다 말씀드릴 수는 없습니다. 그러나 우애(友愛)가 지나쳐서 간혹 친압(親狎)으로 흐르면 또한 폐단이 없을 수 없습니다. 마침내 왕자(王子) · 공주(公主) · 부마(駙馬) 등의 대궐(大闕) 출입이 절도(節度)가 없어져, 안의 말이 쉽게 새나가고 밖의 말이 쉽게 들어오게 되었으니, 어찌 매우 근심스럽지 않겠습니까? 주자(朱子)는 "(王子 · 公主 등을) 접견(接見)함에는 때가 있고, (膳物을) 하사(下賜)함에도 절도가 있어야 한다." 고 했습니다. 옛 성왕(聖王)의 가법(家法)이 이와 같았던 것입니다.

세자(世子)를 교육하는 방법에 대해서는 『예기(禮記)』와 「보부(保傅)」 편(篇)에 잘 갖추어져 있습니다. 주자(朱子)는 "근래 제왕(帝王)들이 세자(世子)를 교육하는 방법은 매우 소략(疎略)합니다. (教育을 담당하는) 벼슬아치들은 갖추어 놓았으나 보(保) · 부(傅)의 엄격함은 없으며, (世子를 모시고) 강독(講讀)할 때 예(禮)는 갖추나 잠규(箴規)를 보탬은 없습니다. 아침저녁으로 출입(出入)과 거처(居處)를 함께 하여 친밀해서 간격이 없는 자는 환관(宦

至於朝夕所與出入居處，而親密無間者，不過宦官近習[431]掃除趨走[432]之流而已. 所以輔養之具，疎略如此. 是猶家有明月之珠，夜光之璧，而委之衢路[433]之側，盜賊之衝也. 豈不危哉?" 此言當深戒也. 盖人，有所敬而不肆，有所畏而不放，然後能動心忍性[434]，進學修德焉. 後世自六七歲後，便有僚屬，已習爲人上，而無所敬畏. 進講[435]之官，極其尊奉，師道廢絶，接見有時，規諫罕聞. 惟是宦官宮妾，日與親昵，尊之以宴安之樂，慣之以奢侈之習，故事舊習，無非不正. 如是而望世子之學成德立，豈不難哉? 今殿下，擇人授官，教導以正，可謂得輔翼之道也. 雖然，君者，世子之則也. 其所視傚，皆在於上，故竊聞殿下，卽祚[436]以來，絶不近酒，而世子不知酒味，可見文王自家之化也. 殿下一動一靜，爲世子則，尤不可不謹也. 伏願殿下，深念焉.

---

431) 近習(근습) : 宦官 등 임금을 가까이에서 모시는 臣下.

432) 趨走(추주) : 총총 걸음으로 빨리 달림. 여기에서는 '이곳저곳 부지런히 왔다갔다하는 심부름꾼' 을 뜻함.

433) 衢路(구로) : 네거리의 번화한 길.

434) 動心忍性(동심인성) : 마음을 흔들고 성품을 강인하게 함. 孟子는 "하늘이 장차 어떤 사람에게 큰 임무를 내리려고 할 때는, 반드시 먼저 그 心志를 괴롭게 하고, 筋骨(근골)을 힘들게 하며, 肉體를 굶주리게 하고, 몸을 궁핍하게 하며, 하는 일을 어긋나게 만드는데, 이것은 마음을 흔들고 성품을 강인하게 하여(動心忍性), 그의 能力을 키워주기 위함이다." 라고 말한 바 있다. 『孟子』 告子下 제15장 참조.

435) 進講(진강) : 經筵이나 書筵에서, 王이나 世子 앞에 나아가 經書를 강의함.

436) 卽祚(즉조) : 王位에 오름. '卽位' 와 같은 말. '祚' 는 '福, 王의 자리' 의 뜻.

官)·근습(近習)이나 청소부·심부름꾼의 부류에 불과할 뿐입니다. (世子를) 보양(輔養)하는 기구(機具)가 이와 같이 소략(疎略)하니, 이것은 비유컨대 집에 명월(明月)의 구슬과 야광(夜光)의 구슬이 있는데, 번잡한 네거리나 도적(盜賊)의 요충지(要衝地)에 맡겨둔 것과 같습니다. 어찌 위태롭지 않겠습니까?"라고 했습니다. 이 말은 마땅히 깊이 경계해야 합니다.

대개 사람은 공경하는 바가 있음으로써 방자하지 않게 되고, 두려워하는 바가 있음으로써 방탕하지 않게 됩니다. 그런 다음에야 능히 마음을 격동시키고 성품을 인내하여, 학문에 나아가고 덕을 닦을 수 있는 것입니다. 후세에는 (世子가) 6~7세일 때부터 문득 (시중을 드는) 벼슬아치들을 둠으로써, 이미 남의 윗자리에 있는 습관이 생겨, 공경하고 두려워하는 바가 없게 되었습니다. 진강(進講)하는 관리도 높이고 받들기를 지극히 하니, 사도(師道)가 무너지고 끊어진 것입니다. (世子가 書筵官들을) 접견(接見)하는 것은 정해진 때가 있어서, 규제하고 간하는 말은 드물게 듣습니다. 오직 환관(宦官)·궁첩(宮妾)만 날마다 (世子와) 함께 지내면서 친압(親狎)하여, 연안(宴安)의 즐거움으로 받들고, 사치(奢侈)의 풍습을 익히게 합니다. 그러므로 구습(舊習)을 일삼아서, 모두 바르지 못하게 되거니와, 이와 같이 하고서도 세자(世子)의 학덕(學德)이 이루어지기를 바란다면, 어찌 어려운 일이 아니겠습니까?

이제 殿下께서는 사람을 골라 관직(官職)을 주고, (世子를) 바른 길로 교도(敎導)하게 하셨으니, 보익(輔翼)의 방도를 얻었다고 할 수 있겠습니다. 비록 그러나, 군왕(君王)은 세자(世子)의 모범인 것이니, 세자(世子)가 보고서 본받는 것은 모두 성상(聖上)께 있습니다. 그러므로, 그윽이 듣자하니, 殿下께서는 즉위하신 이래 결코 술을 가까이 하지 않으시어 세자(世子)가 술맛을 모른다고 하니, 문왕(文王)께서 집안에서 하신 교화(敎化)를 볼 수 있겠습니다. 殿下의 일동일정(一動一靜)은 모두 세자(世子)의 법칙(法則)이 되는 것이니, 더욱 삼가지 않을 수 없겠습니다. 엎드려 바라옵건대, 殿下께서는 깊이

又如嚴宮禁者, 人主之尤不可忽者也. 辨別內外, 閑以禮法, 然後, 男女得其正矣 ; 克去偏私, 莅以公明, 然後, 好惡當乎理矣 ; 嚴嫡妾[437]之分, 然後, 上和而下敬矣 ; 謹國本[438]之定, 然後, 統一而民安矣. 敎戚屬[439]以謙德, 則義正而恩隆矣 ; 律宦寺[440]以常憲, 則陽長而陰消矣. 然其本, 則在於禮嚴而心公. 何則? 所謂禮嚴者, 宮壼[441]整肅, 尊卑長幼, 秩然有序, 莫敢踰分, 戚屬謹飭, 不敢私通請謁之謂也. 所謂心公者, 一視內外, 少無偏係, 內庭之作善爲惡者, 戚黨之輸忠[442]犯科者, 皆付有司論刑賞, 一裁以正之謂也. 夫然後, 倫理正恩義篤, 推之以治國治天下, 無所往而不得其當矣.

---

437) 嫡妾(적첩) : 正室 부인과 副室 부인.

438) 國本(국본) : 나라의 근본. '國本을 정한다' 는 것은 '王位를 계승할 世子를 책봉함' 을 말함.

439) 戚屬(척속) : 外戚과 妻族.

440) 宦寺(환시) : '宦官' 과 같은 뜻.

441) 宮壼(궁곤) : 대궐의 안 길, 宮內의 깊숙한 곳.

442) 輸忠(수충) : 충성을 다함. '輸' 는 '다하다' 의 뜻.

생각하소서.

또한 궁금(宮禁)을 엄하게 하는 것은 임금이 더욱 소홀히 할 수 없는 것입니다. 내외(內外)를 변별하여 예법(禮法)으로 막은 다음에야 남녀(男女)가 그 올바름을 얻고, 능히 편사(偏私)를 없애서 공명(公明)으로 임한 다음에야 호오(好惡)가 이(理)에 합당하게 됩니다. 적(嫡)·첩(妾)을 엄하게 구분한 다음에야 윗사람들은 화합하고 아랫사람들은 공경하며, 국본(國本)을 신중하게 정한 다음에야 하나로 통합되어 백성들이 편안한 것입니다. 척속(戚屬)을 겸덕(謙德)으로 가르치면 의(義)가 바르고 은(恩)이 융성해지며, 환시(宦寺)를 일정한 법규로 규율하면 양(陽)이 자라고 음(陰)은 소멸합니다.[87)]

그러나 그 근본(根本)은 예(禮)가 엄하고 마음이 공정한 데 있습니다. 왜 그렇겠습니까? 이른바 '예(禮)가 엄하다'는 것은 궁궐이 정숙(整肅)하여, 존비(尊卑)와 장유(長幼)가 질서정연(秩序整然)하여 감히 본분(本分)을 넘지 못하고, 척속(戚屬)은 근칙(謹飭)하여 감히 사사로이 뵙기를 청하지 못함을 말합니다. 이른바 '마음이 공정(公正)하다'는 것은 내외(內外)를 한결같게 보아 조금도 치우치게 관계함이 없어서, 내정(內庭)의 착한 자와 악한 자, 척당(戚黨)의 충성(忠誠)을 다하는 자와 죄과(罪科)를 범하는 자를 모두 유사(有司)에게 맡겨 상벌(賞罰)을 논함으로써 한결같이 바르게 처리함을 말합니다. 이렇게 한 다음에야 윤리(倫理)가 바르고 은의(恩義)가 독실하게 되는 것입니다. 이것을 미루어 국가(國家)를 다스리고 천하(天下)를 다스린다면, 무엇이든 부당(不當)함이 없게 될 것입니다.

87) '陽'은 '君子나 善行'을 비유하는 말이고, '陰'은 '小人이나 惡行'을 비유하는 말임.

至於崇節儉, 所以制人欲而存天理, 萬善之本也. 故傳曰 "儉, 德之恭也; 侈, 惡之大也." 堯之茅茨[443], 禹之惡衣, 文王之卑服[444], 尙矣. 漢文之時, 身衣弋綈[445], 足履革舃[446], 以韋帶劍, 莞蒲[447]爲席, 衣縕無文, 集上書囊, 以爲殿帷, 天下望風成俗, 昭然化之, 豈不美哉? 子孫淫侈, 至有土木衣繡, 廐馬被繢者, 可勝歎哉! 我國先王, 累代以儉約繩家, 量入爲出, 綽有餘裕, 故府庫之蓄, 陳陳[448]積億, 豈不庶且富乎? 屢經變故, 公私罄竭[449], 而人心習俗, 漸入於奢僻[450]. 宮中服用, 已變其儉約, 閭巷小民, 以美麗之衣, 珍盛之饌, 爭能鬪巧.

443) 茅茨(모자) : 띠. 띠로 인 지붕.

444) 卑服(비복) : 허름한 옷. '卑服' 은 木版本에는 '畀服' 으로 되어 있으나, 이는 誤記임, '文王의 卑服' 에 대해서는『書經』「周書」〈無逸〉 참조.

445) 弋綈(익제) : 검은 명주. '弋' 은 '검다' 의 뜻, '綈' 는 '깁(두텁게 짠 비단)' .

446) 革舃(혁석) : 가죽으로 만든 신. '舃' 은 '신' 이라는 뜻.

447) 莞蒲(관포) : '莞' 은 줄기가 가는 대나무, '蒲' 는 부들 또는 왕골.

448) 陳陳(진진) : 케케묵은 모양, 또는 켜켜로 쌓인 모양.

449) 罄竭(경갈) : 다하여 없어짐.

450) 奢僻(사벽) : 사치와 방탕.

숭절검(崇節儉)에 이르러서는, 인욕(人欲)을 억제하여 천리(天理)를 보존하는 것이니, 온갖 선(善)의 근본인 것입니다. 그러므로 전(傳)에서는 "검소(儉素)는 덕(德)의 공손함이요, 사치(奢侈)는 악(惡)의 큰 것이다."라고 했던 것입니다.[88] 요(堯)가 띳집에 살고, 우(禹)가 나쁜 옷을 입고, 문왕(文王)이 허름한 옷을 입은 것은 말할 것도 없습니다. 한(漢)나라 문제(文帝) 때에도, 몸에는 검은 명주옷을 입었고, 발에는 가죽으로 만든 신을 신었으며, 가죽띠에다 칼을 차고, 대나무나 왕골로 자리를 만들고, 무늬가 없는 솜옷을 입고, 상소문을 쌌던 주머니를 모아 전각(殿閣)의 휘장을 만들었거니와, 천하(天下)가 그런 행실을 바라보고 풍속을 이루어, 밝게 교화(教化)되었으니, 어찌 아름답지 않겠습니까? 그런데 그 자손들은 음란하고 사치하여 토목(土木)에 수놓은 옷을 입히고 마굿간과 말에도 수놓은 옷을 입힌 자가 있었으니,[89] 통탄을 이길 수 있겠습니까?

우리나라의 선왕(先王)들도 여러 대(代)에 걸쳐서 검약(儉約)으로 왕실(王室)을 규율하고, 수입을 헤아려 지출함으로써 넉넉히 여유(餘裕)가 있었습니다. 그러므로 창고의 저축은 켜켜로 억만(億萬)이나 쌓여 있었으니, 어찌 많고 또 풍부하지 않았겠습니까? 그런데 여러 차례 변고(變故)를 겪으면서 공(公)과 사(私)가 모두 텅 비게 되었고,[90] 인심(人心)과 습속(習俗)또한 점차 사치와 방탕에 빠졌습니다. 궁중(宮中)에서 입고 쓰는 것은 이미 그 검약(儉約)을 변질시켰고, 여항(閭巷)의 자잘한 백성들도 아름답고 고운 옷과 진수성찬(珍羞盛饌)으로 능력과 기교를 다툽니다. 광대처럼 비천한 자들도 침실을 보

88) '傳' 은『春秋左傳』으로서, 이 말은 '莊公 24年 3月' 條에 보임.

89) 漢文帝의 儉素함과 그 자손들의 奢侈에 대해서는『資治通鑑』「漢紀」孝帝皇帝 建光元年條 참조.

90) '公' 은 國家, '私' 는 個人을 말하는 것으로, 國家의 財政이나 個人의 財産이 모두 蕩盡되었다는 뜻.

倡優[451]之賤, 寢處珍繡, 市井之侈, 過於公卿, 上下無章, 靡費[452]不訾[453], 蓋非一朝一夕之故也. 變化之術, 不可處以常規, 必也殿下以帝堯土階三等[454]爲心, 內殿以馬后[455]躬服大練[456]爲法, 節損宮中用度, 儉約之制, 始于掖庭[457], 使士大夫家, 觀感取則, 達于庶民, 然後痼習可革, 天財不流, 民力漸紓矣. 伍擧[458]之言曰 "私欲弘侈, 則德義鮮少. 德義不行, 則近者騷離[459], 而遠者違拒." 伏願殿下, 致思焉. 嗚呼! 此何等時也? 昔蘇氏讀文侯之命, 而知東周[460]之不復也. 何者? 以其旋旋[461], 與平康之時無異故也. 書曰 "若藥不瞑眩[462], 厥疾不瘳."

---

451) 倡優(창우) : 광대.

452) 靡費(미비) : 써서 없앰. 낭비함.

453) 不訾(부자) : 셀 수 없이 많음. '訾' 는 '財物, 또는 헤아리다' 의 뜻.

454) 土階三等(토계삼등) : 흙으로 쌓은 3단의 계단. 검소하게 만든 집을 뜻함.

455) 馬后(마후) : 馬援의 딸로, 後漢 明帝의 后妃. 儉素하고 法度가 있었으며, 私家의 일로 朝廷에 간섭하지 않았다고 함.

456) 大練(대련) : 누인 명주. 잿물에 삶아 희고 부드럽게 만든 명주.

457) 掖庭(액정) : 後宮, 또는 宮女가 있는 궁전. '掖' 은 '後宮' 의 뜻.

458) 伍擧(오거) : 춘추시대, 楚나라의 大夫.

459) 騷離(소리) : 근심하여 떠나감. '騷' 는 '근심하다' 의 뜻.

460) 東周(동주) : 周나라 平王부터 赧王(난왕)까지의 시대. 周나라의 도읍은 본래 서쪽의 鎬京(長安)에 있었다. 그런데 幽王 때 犬戎의 침략을 당해 幽王이 殺害되자(기원전 771년, 幽王은 '放蕩한 暴君' 으로 惡名이 높았던 임금이었음), 晉나라 文侯가 鄭나라 武公과 함께 太子 宜臼를 平王으로 세우고 도읍을 동쪽의 洛陽으로 옮겼거니와, 이후의 시대를 '東周' 라 한다.

461) 旋旋(선선) : 느긋한 모양.

462) 瞑眩(면현) : 현기증이 나서 머리가 아찔함. '瞑' 의 音은 '면' .

배로 수놓으니, 시정(市井)의 사치가 공경(公卿)보다 지나칩니다. 상하(上下)가 모두 법도가 없어서, 헤아릴 수 없이 낭비하거니와, 그 까닭은 일조일석(一朝一夕)에 생긴 것이 아닙니다.

(이런 風習을) 변화시키는 방책은 상규(常規)로는 대처할 수 없는 것입니다. 반드시 殿下께서는 '요(堯)임금의 토계삼등(土階三等)'으로 마음을 삼고, 내전(內殿)에서는 '마후(馬后)가 몸소 대련(大練)으로 만든 옷을 입은 것'으로 법도를 삼아, 궁중(宮中)의 용도(用度)를 절약해야 합니다. 검약(儉約)의 제도를 후궁(後宮)으로부터 시작하여, 사대부(士大夫) 집안으로 하여금 보고 느끼어 법칙으로 삼게 하고, 서민(庶民)까지 이르게 해야 합니다. 그런 다음에야 고질(痼疾)이 된 풍습을 혁파할 수 있으며, 하늘이 내려준 재물을 낭비하지 않아 백성들의 힘이 점차 펴지는 것입니다. 오거(伍擧)는 말하기를, "사욕(私欲)으로 크게 사치하면 덕의(德義)가 드물게 된다. 덕의가 행해지지 않으면, 가까운 자는 근심하여 떠나며, 먼 자는 어기고 항거한다."고 했습니다. 엎드려 바라옵건대, 殿下께서는 극진히 생각하소서.

오호라! 지금이 어떠한 때입니까? 옛날에 소씨(蘇氏)는 '문후지명(文侯之命)'을 읽고 동주(東周)가 부흥(復興)할 수 없음을 알았다고 합니다.[91] 왜냐하면, 그 느긋함이 평상시의 평안한 때와 차이가 없었기 때문입니다. 『서경(書經)』에서는 "만약 약(藥)이 아찔하지 않으면, 그 병이 낫지 않는다."고 했

91) 蘇氏는 蘇軾(蘇東坡), '文侯之命'은 『書經』 「周書」의 篇名. '文侯'는 晉나라의 임금 '文侯'임. 周나라가 犬戎의 침략을 받고 幽王이 殺害되자, 晉나라 文侯는 鄭나라 武公과 힘을 합쳐 太子 宜臼를 王(天子)으로 擁立했으니, 이가 바로 平王이다. 〈文侯之命〉은 平王이 晉나라 文侯의 功을 기리어 '方伯'(한 지역 諸侯들 가운데의 우두머리)으로 임명하면서 당부한 글이다. 그런데 〈文侯之命〉에는 '臥薪嘗膽을 통해, 國家를 復興시키고 父王의 怨讐를 갚겠다'는 '悲壯한 決意'는 보이지 않고, 태평한 평상시처럼 無事安逸한 내용만 담겨 있다. 그리하여 蘇東坡는 "〈文侯之命〉을 읽고 東周가 復興할 수 없음을 알았다."고 탄식했다는 것이다. 『書傳大全』 卷10 頁51 참조.

七年之病, 求三年之艾, 非百倍其功, 不足以致之矣. 以今日之時勢, 泄泄沓沓[463], 欲徐徐以聽其自適, 非所聞也. 殿下曷不見晉悼公[464]之事乎? 曷不爲衛文公[465]之事乎? 此臣所以首進立志之說, 而惟恐聖學之不成, 由其志之或荒, 故以崇節儉, 終焉. 伏願殿下, 加察焉. 嗚呼! 亂離之初, 人皆遑遑[466], 若不可生, 日月漸久, 人情漸弛, 至有營宮室, 蓄產業, 爲子孫計者, 何異於燕巢堂上, 堗決棟焚, 而顔色不變, 子母呴呴乎? 今日士大夫, 不爲國家根本之計以圖遠, 欲爲子孫永久之謀以傳後, 多行不義, 橫斂苟得, 一經喪亂, 蕩盡無餘, 夫何益之有哉? 蓋亦不思而已. 苟能以子孫之計, 爲國家之謀, 則何事不成? 何功不立? 此在毫釐之間耳, 何不反而求之乎? 殿下視臣之如此也, 以爲國事不可爲也. 人皆奢侈, 我雖節儉, 無補也. 下之忠勳府不革, 則內需司, 何以獨罷乎?

---

463) 泄泄沓沓(예예답답) : '泄泄' 는 앞을 다투어 나가는 모양. '沓沓' 은 빨리 걷는 모양.

464) 晉悼公(진도공) : 春秋五霸 가운데 1인이었던 晉文公의 玄孫으로, 훌륭한 인재를 등용하여 晉나라의 國威를 크게 떨쳤음.

465) 衛文公(위문공) : 衛나라의 제18대 임금으로, 淫風을 一掃하고 정치적 혼란을 극복한 改革君主였음.

466) 遑遑(황황) : 허둥대는 모양.

습니다. 7년 된 병에 3년 된 쑥을 구하자면, 백배로 노력하지 않는다면 이룰 수 없는 것입니다. 오늘과 같은 절박한 시세(時勢)에 태만하며 자기들 임의대로 하려 하니, 이것은 (臣이) 듣지 못한 바입니다.

殿下께서는 어찌 진도공(晉悼公)의 일을 살피지 않으십니까? 어찌 위문공(衛文公)의 일을 실천하지 않으십니까? 이것이 臣이 첫머리에서 '입지(立志)' 에 관한 말씀을 올린 까닭입니다. 그런데 성학(聖學)이 이루어지지 않음은 간혹 그 뜻이 황음(荒淫)한 데서 말미암는 것이 아닌가 생각되어, '절검(節儉)을 숭상하라' 는 말씀으로 끝을 맺는 것입니다. 엎드려 바라옵건대, 殿下께서는 자세히 살펴보소서. 오호라! 난리(亂離)의 처음에는 사람들이 모두 살지 못할 것처럼 허둥대더니, 세월이 점차 오래됨에 인정(人情)도 점차 느슨해져서, 궁실(宮室)을 경영하고 산업(産業)을 쌓아서 자손(子孫)을 위한 계책을 삼는 사람까지 있게 되었습니다. 이것은 당상(堂上)에 깃들인 제비가, 굴뚝이 터져서 용마루에 불이 붙었는데도, 안색(顔色)이 변치 않고 새끼와 어미가 즐겁게 짹짹거리는 것과 무엇이 다르겠습니까?

오늘날 사대부(士大夫)들은 국가(國家)를 위해 근본적 계책으로 원대한 사업을 도모하지는 않고, (自己의) 자손(子孫)을 위해 영구적 방략으로 후세에 전해주려 합니다. 그리하여 불의(不義)를 많이 저질러 횡포한 추렴과 구차한 소득을 일삼거니와, 한 차례 상란(喪亂)을 겪는다면 모두 탕진하여 남는 것이 없으니, 무릇 무슨 이익이 있겠습니까? 대개 또한 생각을 못하는 것일 뿐입니다. 진실로 능히 '(自己의) 자손을 위한 계책' 으로 '국가를 위한 방략' 을 삼을 수 있다면, 어떤 일이 성공할 수 없겠으며, 어떤 공(功)을 세울 수 없겠습니까? 이것은 털끝만한 틈에 달려 있으니, 어찌 돌이켜 탐구하지 않겠습니까?

殿下께서는 신하(臣下)들의 이러한 모습을 보시고는, "국사(國事)는 어찌 할 수 없다. 사람들이 모두 사치(奢侈)하니, 내가 비록 절검(節儉)하더라도 보탬이 없을 것이다. 아래에서 충훈부(忠勳府)를 혁파하지 않으니, 어찌 홀

士大夫之家舍踰制, 則公主之田宅, 何以獨不置乎? 今日臣隣[467]之意, 亦以爲衆人皆然, 我何獨不然? 雖欲有爲, 如王不從何? 時事無可奈何, 寧快耳目之欲耳. 上之内需司不罷, 則忠勳府, 何可革之? 公主之田宅經營, 則吾何不爲子孫計乎? 上下交征如此, 而可以爲國乎? 子思曰 "詩曰 '俱曰予聖, 誰知烏之雌雄?' 抑亦似君之君臣乎! " 不幸而近之矣.

467) 臣隣(신린) : 臣下. 臣下는 임금을 곁에서 보필하기에 '臣隣' 이라고도 하는 것.

로 내수사(內需司)만 혁파할 수 있겠는가? 사대부(士大夫)의 가사(家舍)도 제한(制限)을 넘었는데, 어찌 공주(公主)의 전답과 저택만 그냥 둘 수 없겠는가?"라고 여기는 것입니다.

오늘날 신하(臣下)들의 생각 또한 "모든 사람들이 다 그런데, 왜 나만 그렇게 하지 않겠는가? 내가 비록 무슨 일을 하려고 해도 이처럼 군왕(君王)이 따르지 않으니 어찌하겠는가? 세상일은 어찌할 수 없으니, 차라리 이목(耳目)의 욕망이나 채우겠다. 위에서 내수사(內需司)를 혁파하지 않으니, 충훈부(忠勳府)를 어떻게 혁파할 수 있겠는가? 공주(公主)도 전답과 저택을 경영하는데, 나는 왜 자손(子孫)을 위한 계책을 못 세우겠는가?"라는 것입니다.

상하(上下)가 서로 이익을 다툼이 이와 같으니, 그러면서도 국가(國家)를 다스릴 수 있겠습니까? 자사(子思)는 "『시경(詩經)』에 '모두 자신이 성인(聖人)이라고 말하니, 누가 까마귀의 자웅(雌雄)을 알 수 있겠는가?'라고 했는데, 또한 이 나라의 君臣이 바로 그런 것 같습니다."[92]라고 말씀한 바 있습니다만, 불행하게도 (지금 우리나라가) 여기에 가까운 것 같습니다.

---

92) 이 말은 子思가 衛侯에게 한 말임. 衛侯의 말이 옳지 못함에도 불구하고, 여러 臣下들이 한결같이 옹호하자, 子思는 "임금은 임금답지 못하고, 신하는 신하답지 못하다."고 비판하고, 이러한 일이 계속된다면 "衛나라의 國事가 장차 날로 잘못될 것"이라고 한탄하였다. 衛侯가 그 까닭을 묻자, 子思는 "君主는 자기가 말하고 스스로 옳다고 하는데, 卿·大夫는 감히 그 잘못을 바로잡지 못합니다. 卿·大夫도 자기가 말하고 스스로 옳다고 하는데, 士·庶人은 감히 그 잘못을 바로잡지 못합니다. 임금과 신하가 모두 이미 賢明하다고 자처하고, 여러 아랫사람들은 같은 목소리로 賢明하다고 칭송합니다. 賢明하다고 칭송하면 順從한다고 福을 받고, 잘못을 바로잡고자 하면 拒逆한다고 禍를 당합니다. 이와 같이 한다면 어찌 善이 나올 수 있겠습니까? 『詩經』에 '모두 자신이 聖人이라고 말하니, 누가 까마귀의 雌雄을 알 수 있겠는가?'라고 했는데, 또한 이 나라의 君臣이 바로 그런 것 같습니다."라고 답했다(『資治通鑑』「周紀」 安王 25年條 참조). 인용된 詩는 『詩經』 小雅 〈正月〉의 내용임. 까마귀는 雌·雄이 비슷하여 구별하기 어려운바, 여러 사람들의 賢·愚가 비슷비슷하여 누가 현명한 사람인지 누가 어리석은 사람인지 분간하기 어렵다는 뜻으로 풀이됨.

雖然此在殿下. 何則? 臣聞上行下效, 未聞下行上效也. 聞之孟子曰 "王曰何以利吾國; 大夫曰何以利吾家; 士庶人曰何以利吾身." 未聞 "士庶人曰何以利吾身; 大夫曰何以利吾家; 王曰何以利吾國也." 殿下誠能一日奮然勇躍, 自一念之發, 至於一政事, 無少差謬, 自一身而推, 而至於國家, 無或偏私, 則重門洞開, 萬物咸睹, 青天白日, 奴隷亦仰, 景星慶雲[468], 百工相歌矣. 嗚呼! 殿下加勉焉. 抑臣有所深怪永嘆, 而不能自已者. 自古以來, 人君失德, 自取敗亡者, 理勢然也, 無足恨者. 今日聖明, 有何失德, 而國勢如此其岌岌[469]乎? 臣仰瞻九重[470], 堯天巍矣, 舜日光矣. 德音[471]濬發, 如絲如綸.

---

468) 景星慶雲(경성경운) : 상서로운 별과 상서로운 구름.

469) 岌岌(급급) : 산이 높은 모양. 위태로운 모양.

470) 九重(구중) : '九重' 은 '하늘(九天)' 을 뜻하기도 하고, '궁궐(九重深處)' 을 뜻하기도 하는데, 여기에서는 두 뜻을 겸하는 것으로 풀이됨.

471) 德音(덕음) : 착한 말, 君王의 말. 德이 있다는 평판.

비록 그러나 이것은 殿下께 달린 것입니다. 왜냐하면, 臣은 '윗사람이 행하면 아랫사람이 본받는다'는 말은 들었어도, '아랫사람이 행하면 윗사람이 본받는다'는 말은 듣지 못했기 때문입니다. (臣은) 맹자(孟子)의 "王이 '어떻게 내 나라를 이롭게 할까?' 라고 하면, 대부(大夫)는 '어떻게 내 집안을 이롭게 할까?' 라고 하며, 사(士)·서인(庶人)은 '어떻게 내 몸을 이롭게 할까?' 라고 한다."라는 말씀은 들었어도, "사(士)·서인(庶人)이 '어떻게 내 몸을 이롭게 할까?' 라고 하면, 대부(大夫)는 '어떻게 내 집안을 이롭게 할까?' 라고 하며, 왕(王)은 '어떻게 내 나라를 이롭게 할까?' 라고 한다."는 말은 듣지 못했습니다.

殿下께서 진실로 하루라도 분연(奮然)히 용기를 내어, 한 생각이 싹트는 곳으로부터 하나의 정사(政事)에 이르기까지 조그만 어긋남도 없게 하시고, 일신(一身)으로부터 미루어나가 국가(國家)에 이르기까지 어떤 편사(偏私)도 없게 하실 수 있다면, 겹겹 궁궐문이 활짝 열림에 만물이 모두 바라다보고, 청천백일(靑天白日)에 노예(奴隷)들 또한 우러르며, 경성경운(景星慶雲)에 백공(百工)들 또한 서로 노래할 것입니다. 오호라! 殿下께서는 더욱 노력하소서.

그런데 臣은 깊은 의아심과 긴 탄식을 그칠 수 없는 것이 있습니다. 옛날부터 임금이 덕(德)을 잃어서 패망(敗亡)을 자초한 것은 이치와 형세가 그런 것이니, 족히 한탄할 것이 못됩니다. 오늘날 성명(聖明)께서는 무슨 실덕(失德)이 있으시기에, 국세(國勢)가 이처럼 위태로운 것입니까? 臣이 구중(九重)을 우러러보니, 요(堯)의 하늘이 높고, 순(舜)의 해가 빛나며, 훌륭한 말씀을 깊이 있게 하심은 명주실과 같고 낚싯줄과 같았습니다.[93] 그런데 사방(四方)을

93) 『禮記』〈緇衣〉에서는 "왕의 말씀이 명주실과 같다면 그것이 나가서는 낚싯줄처럼 되고, 왕의 말씀이 낚싯줄과 같다면 그것이 나가서는 동아줄처럼 된다."(王言如絲, 其出如綸; 王言如綸, 其出如綍.)고 했거니와, 앞에서 草廬는 이것을 "대개 임금의 말씀은

而回視四方, 商俗靡靡[472], 周民蹙蹙[473], 殿屎[474]愁苦, 如焚如溺. 臣未嘗不歎息流涕痛哭也. 嗚呼! 聖資天縱[475], 超乎百王之上 ; 睿度[476]海涵[477], 包乎九州之外. 乃聖乃神, 允文允武, 至勇至仁, 極大極廣, 此豈臣之所能測度[478]? 亦豈臣之所可擬議[479]哉? 昔孟子, 告齊王曰 "王之不王, 不爲也, 非不能也." 以齊宣王爲君, 而孟子之言如此, 況殿下之臣民, 豈無所望於王道之行乎? 王道高遠, 似難幾及, 然本之躬行, 循序漸進, 則如行者不退, 終至於赴家, 食者不輟, 終至於飽腹, 初非捕風捉影, 不可求效之比也. 第患人主眞以爲難行, 而莫之爲耳.

---

472) 靡靡(미미) : 쓰러지고 없어지는 모양.

473) 蹙蹙(축축) : 얼굴을 찡그리는 모양.

474) 殿屎(전히) : 끙끙거리며 신음함. '屎' 는 '끙끙거리다' 의 뜻으로 音은 '히' 임.

475) 天縱(천종) : 하늘이 풀어준(놓아준) 것. 하늘이 특별한 뜻에서 許與한 것.

476) 睿度(예도) : 聖王의 度量. '睿' 는 '깊고 밝다, 슬기롭다' 는 뜻으로, 君王에 대한 상징적 修飾語임.

477) 海涵(해함) : 바다처럼 度量이 커서 남을 널리 포용함.

478) 測度(측도, 측탁) : 자나 저울 등 기구를 사용하여 長短 · 輕重 · 遠近 · 高低 · 淺深 등을 잴 때는 '측도' 라고 읽으며, 마음으로 헤아릴 때는 '측탁' 이라고 읽음.

479) 擬議(의의) : 비교하여 의논함.

둘러보니, 상(商)나라의 풍속은 휩쓸리고, 주(周)나라의 백성은 얼굴을 찡그리며, 끙끙거리며 괴로워함은 불에 타는 것 같으며 물에 빠진 것 같습니다.[94] 臣은 일찍이 탄식하면서 눈물을 흘리고 통곡하지 않을 수 없었습니다. 오호라! 殿下의 성(聖)스런 자품(資稟)은 하늘이 내려주신 것으로서 백왕(百王)의 위에 솟아 있고, 슬기로운 도량(度量)은 바다처럼 머금어 구주(九州)의 바깥까지 포용하시니, 바로 성(聖)이요 바로 신(神)이며, 진실한 문(文)이요 진실한 무(武)이며, 지극한 용(勇)이요 지극한 인(仁)이며, 극진한 대(大)요 극진한 광(廣)이십니다. 이것이 어찌 臣이 헤아릴 수 있는 바이겠으며, 또한 어찌 臣이 비교하여 의논할 수 있는 바이겠습니까?

옛날에 맹자(孟子)가 제선왕(齊宣王)께 고하기를 "왕(王)께서 왕도(王道)를 행하지 않음은 '하지 않는 것' 이요, '할 수 없는 것' 이 아닙니다."라고 했습니다. 제선왕과 같은 사람이 임금이었는데도 맹자의 말이 이와 같았으니, 하물며 殿下의 신민(臣民)이 어찌 왕도(王道)의 실행을 바라지 않겠습니까? 왕도(王道)는 고원(高遠)하여 거의 도달하기 어려운 것 같습니다. 그러나 몸소 실천함에 근본하여 차례에 따라 점차 나아가면, 길을 가는 사람이 뒤로 물러서지 않으면 마침내 집에 도달하고 밥을 먹는 사람이 그치지 않으면 마침내 배부르게 됨과 같으니, 애초에 바람이나 그림자를 사로잡는 일처럼 효과를 볼 수 없는 것과는 비교할 수 없습니다. 근심할 것은 다만 임금이 (王道를) 참으로 실행하기 어려운 것으로 여겨서 실천하지 않는 것입니다.

비록 미약해도, 그 이해(利害)의 효과는 매우 큰 것"이라는 뜻으로 해석한 바 있다('修己' 의 둘째 조목으로 '收斂' 을 거론한 부분 참조). 임금의 말은 사람들에 의해 과장되기가 쉬우므로, 임금은 發言을 조심해야 한다는 뜻이거니와, 이러한 맥락에서 "훌륭한 말씀을 깊이 있게 하심은 명주실과 같고 낚싯줄과 같다"는 말은 '훌륭한 말씀' 을 또한 '조심스럽게 하신다' 는 뜻이다.

94) '堯의 하늘' 以下는 당시 '朝鮮의 實情' 을 理想時代였다고 평해지는 '唐虞三代' 에 비유하면서 안타깝게 표현한 것임.

噫! 聖王之政, 布在方冊, 如規矩[480]在手, 可制方圓, 初雖齟齬[481], 後漸純熟, 何患王政之不能行乎? 然人主之病, 凡有二焉. 一則牽於多慾, 以爲王政不能行; 一則溺於流俗, 以爲王政不可行. 牽於多慾者, 義理之公, 常蔽於人欲之私; 溺於流俗者, 聖賢之言, 常屈於鄙俚[482]之談. 後世之治日常少, 職此之由也. 後世之人君, 常曰 "寡人有疾, 寡人好色矣." 又曰 "寡人有疾, 寡人好貨矣." 先王之政, 惡其害己, 訑訑[483]之色, 拒人於千里之外矣. 今殿下, 卽祚以來, 遠聲色絶嗜慾, 孜孜[484]爲政, 莫敢或寧.

---

480) 規矩(규구) : '規' 는 圓을 그리는 데 쓰는 그림쇠(compass), '矩' 는 方形을 만드는 데 쓰는 곱자.

481) 齟齬(저어) : (윗니와 아랫니가) 서로 어긋남. 서로 矛盾됨.

482) 鄙俚(비리) : 더럽고 속됨.

483) 訑訑(이이) : 輕薄하고 자존심이 많아 남의 말을 듣지 않는 모양. '訑' 는 '으쓱거리다' 의 뜻.

484) 孜孜(자자) : 부지런히 힘쓰는 모양.

아! 성왕(聖王)의 정치(政治)는 모두 책(册)에 실려 있습니다. (이것은) 규구(規矩)가 손에 있으면 방원(方圓)을 만들 수 있음과 같아서, 처음에는 비록 어긋나기도 하지만 나중에는 점차 순숙(純熟)해지는 것이니, 어찌 왕도정치(王道政治)를 행할 수 없다고 근심하겠습니까? 그런데 임금의 병(病)은 무릇 두 가지가 있습니다. 하나는 다욕(多慾)에 끌려서 (스스로) 왕도정치를 행할 수 없다고 여기는 것이요, 하나는 유속(流俗)에 빠져서 왕도정치를 행할 수 없는 것으로 여기는 것입니다.[95] 다욕(多慾)에 끌리는 사람은 의리(義理)의 공정함을 항상 인욕(人欲)의 사사로움으로 가리고, 유속(流俗)에 빠진 사람은 성현(聖賢)의 말씀을 항상 더럽고 속된 말에 굴복시킵니다. 후세(後世)에 다스려진 날이 항상 적었던 것은 오로지 여기에서 말미암은 것입니다.

후세(後世)의 임금은 항상 "과인(寡人)은 병통이 있으니, 과인은 여색(女色)을 좋아한다."고 말하거나, 또는 "과인(寡人)은 병통이 있으니, 과인은 재물(財物)을 좋아한다."고 말합니다.[96] (이것은) 선왕(先王)의 정치를 자기에게 손해라고 여겨 미워하고, 으쓱거리는 표정으로 천리(千里) 밖에서 사람들을 막는 것입니다. 이제 殿下께서는 즉조(卽祚)하신 이래 음악과 여색을 멀리 하고 기욕(嗜慾)을 끊고서, 부지런히 정사(政事)에 힘쓰시어 감히 잠시라도 편안을 추구하지 않으셨습니다. 그리하여 안팎의 신민(臣民)들이 모두 성

95) 草廬는 '多慾'에 대해서는 '不能行'이라 표현했고, '流俗'에 대해서는 '不可行'이라고 표현했다. '不能行'이나 '不可行'이나 '文法的 意味'로는 차이가 없다. 그런데 '多慾'은 '임금 자신의 慾望'이 문제되는 것이요 '流俗'은 '鄙俗한 사람들의 懷疑'가 문제되는 것이다. 따라서 前者는 王道政治를 바람직한 추구의 대상으로 인정하면서도 임금이 自暴自棄하여 '스스로 할 수 없다'고 여기는 것이요, 後者는 임금이 流俗에 물들어 王道政治 자체를 '實行이 不可能한 虛荒된 것'으로 여기는 것이다.

96) 이는 孟子가 齊宣王께 王道政治를 권하자, 齊宣王이 孟子에게 한 말임. 齊宣王의 이러한 변명에 대해, 孟子는 '王이 혼자서만 女色과 財物을 누리지 말고 백성들과 함께 누릴 것'(與民同樂)을 청하였다. 『孟子』 梁惠王下 제5장 참조.

中外臣民, 咸仰盛心, 以齊而王, 猶反手也. 後世人君, 常曰 "予小子, 何敢望古道乎?" 天德王道之說, 認爲古人之事, 而不涉於己, 人臣有進言者, 則輒指笑以爲高談無實. 流俗之言, 亦曰 "古道決不可復. 今若革舊更新, 則人心不安, 將至於危亂." 人主深入其說, 故儒者之談, 邁邁落落[485], 終無相合之理矣. 伏聞殿下, 言于筵臣曰 "癸未固盛, 然不若三代之懿." 殿下此言, 宗社生民之福也.

---

485) 邁邁落落(매매낙락) : '邁邁' 는 멀리 가고 돌아보지 않는 모양. '落落' 은 서로 용납하지 않고 거절하는 모양.

대한 마음을 우러르고 있으니, 제(齊)나라로 (天下의) 왕자(王者)가[97] 되는 것은 손을 뒤집는 것처럼 쉬운 일입니다.[98]

후세(後世)의 임금은 항상 "나 같은 소자(小子)가 어찌 감히 고도(古道)를 바랄 수 있겠는가?"라고 말하며, 천덕(天德)과 왕도(王道)의 학설은 고인(古人)에게만 해당되는 것이요 자기와는 관계가 없는 것으로 여깁니다. 신하들 가운데 (古道를) 진언(進言)하는 자가 있으면, 문득 손가락질하면서 '고상한 말로서 현실성이 없다'고 비웃습니다. 유속(流俗)들 또한 "고도(古道)는 결코 회복할 수 없으니, 지금 만약 옛것을 고쳐 새롭게 한다면, 사람들의 마음이 불안해져서 장차 위란(危亂)에 빠진다."고 말합니다. 임금은 그 말을 깊이 받아들여, 유자(儒者)의 말에 대해서는 돌아보지도 않고 거절하니, 끝내 서로 부합될 이치가 없는 것입니다. 엎드려 듣자오니, 殿下께서는 경연(經筵)의 신하들에게 "계미(癸未)의 일은 진실로 성대(盛大)했으나, 삼대(三代)의 아름다움만은 못했다."[99]고 말씀하셨다 합니다. 殿下의 이 말씀은 종사(宗社)와 생민(生民)의 복(福)입니다. 진실로 이 마음을 확충시키어 그 말씀을

---

97) 여기서 '王者'란 '王道政治를 실행하는 王'이라는 뜻으로, '霸者'와 대비되는 말임. '天下의 王者'란 '王道政治를 통해 天下를 統一한 王'을 뜻함.

98) "齊나라로 (天下의) 王者가 되는 것은 손을 뒤집는 것처럼 쉬운 일"이라는 말은 孟子가 公孫丑(공손추)에게 한 말임. 즉 齊나라는 이미 넓은 領土와 많은 百姓을 확보하고 있고, 또 세상 사람들이 虐政에 시달려 仁政을 고대하는 마음이 간절하니, 이런 상황에서는 齊나라 임금이 조금만 노력해서 仁政을 베풀면 바로 天下의 王者가 될 수 있다는 뜻이었음(『孟子』 公孫丑上 제1장 참조). 여기에서는 '朝鮮의 孝宗'도 이미 그런 기반을 확보하고 있으므로, 조금만 더 노력한다면 어렵지 않게 天下의 王者가 될 수 있다는 뜻임.

99) '癸未의 일'이란 1583년 宣祖가 栗谷 李珥를 다시 重用한 것을 말한다. 이 해 2월에 栗谷은 〈時務六條疏〉를 올리고, 9월에 吏曹判書에 除授되었다. 栗谷은 다음 해(1584년) 1월 作故했거니와, 宣祖는 栗谷이 죽기 직전에야 栗谷의 忠誠心을 깨닫고, 栗谷의 改革策을 전폭적으로 수용하고자 했던 것이다. 그러나 栗谷의 죽음으로 改革策은 霧散되고 말았다.

苟充此心, 實踐其言, 則武丁天下, 猶運之掌也. 或問于臣曰 "爲政必本於德, 人主之德, 尙未成就, 則奈何?" 臣答曰 "修身先於治國, 只言其序當然耳. 若必待修身極其至, 然後乃可爲政, 則允德未終之前, 將置國家於何地歟? 程子曰 '後王知春秋之義, 則雖德非禹湯, 尙可以法三代之治.' 程子豈妄語欺人者乎? 但得人主識取捨, 誠好惡, 奮必治之志, 而委任於賢臣, 則德雖未至, 治體[486]已立也. 自此以往, 至於學日就, 德日造, 政日理, 化日廣, 則修身治國, 可以竝臻其極, 三代之盛, 復見於今日, 而桓文之業[487], 可俯而就矣."

---

486) 治體(치체) : 정치의 本體, 정치의 方法.

487) 桓文之業(환문지업) : 齊桓公과 晉文公의 업적. 이들은 '春秋五霸' 라고 불리는 업적을 남겼거니와, 孟子는 "孔子의 門徒는 齊桓公과 晉文公의 일을 말하지 않는다." 고 하여 그들의 霸業을 賤視한 바 있다. 『孟子』 梁惠王上 제7장 참조.

실천하신다면, 무정(武丁)이 천하(天下)를 손바닥 위에서 움직인 것과 같을 것입니다.[100)]

혹자(或者)가 臣에게 묻기를, "정치는 반드시 덕(德)에 근본해야 한다면, 임금의 덕이 아직 성취되지 못했을 경우에는 어찌해야 하는가?"라고 했습니다. 臣이 응답하기를, "수신(修身)이 치국(治國)보다 우선한다는 것은 다만 당연한 순서를 말한 것뿐이다. 만약 반드시 수신(修身)이 지극하기를 기다린 다음에야 정치를 할 수 있다고 한다면, (임금의) 진실한 덕이 이루어지기 전에는 장차 국가(國家)를 어디에다 맡겨야 하겠는가? 정자(程子)는 '후왕(後王)이 춘추(春秋)의 의리를 안다면, 비록 덕이 우(禹)·탕(湯)만 못하더라도 오히려 삼대(三代)의 정치를 본받을 수 있다.' 고 말씀하셨다. 정자(程子)가 어찌 망령된 말로 사람들을 속였겠는가? 다만 임금이 취사(取捨)를 알고 호오(好惡)가 참되어 반드시 다스리고 말겠다는 뜻을 떨치면서 어진 신하에게 맡긴다면, (임금의) 덕(德)이 비록 지극하지 못하더라도 다스림의 본체(本體)는 이미 세워진 것이다. 그 다음부터는, 학문(學問)이 날로 성취되고, 덕(德)이 날로 진보하고, 정치(政治)가 날로 다스려지고, 교화(敎化)가 날로 넓어진다면, 수신(修身)과 치국(治國)이 함께 지극한 데 이를 수 있으니, 삼대(三代)의 융성함을 오늘에 다시 볼 수 있을 것이요, 제환공(齊桓公)·진문공(晉文公)의 업적은 어렵지 않게 이룰 수 있을 것이다."라고 했습니다.

---

100) '武丁'은 商(殷)의 임금. 孟子는 "湯임금으로부터 武丁에 이르는 사이, 어질고 성스러운 임금 6~7명이나 있었으니, 天下가 殷에 歸依한 지가 오래 되었다. 오래되면 변화시키기 어렵다. 武丁이 諸侯의 朝會를 받고 天下를 거느린 것은 손바닥 위에서 움직인 것과 같았다."고 말한 바 있다(『孟子』 公孫丑上 제1장 참조). 湯으로부터 武丁에 이르는 사이에 太甲·太乙·祖乙·盤庚 등이 있었는데, 이들이 모두 賢聖한 君主였다고 한다. 이러한 先王들의 蔭德을 바탕으로 武丁이 어렵지 않게 天下를 잘 다스릴 수 있었다는 것이 孟子의 취지였다. 같은 맥락에서, 草廬는 '孝宗' 역시 太祖 이래 여러 어진 先王들을 계승하고 있으므로, 孝宗도 어진 마음으로 善政을 베푼다면 天下를 쉽게 잘 다스릴 수 있을 것이라고 말한 것이다.

或又問於臣曰 "王政必世而後仁, 收效尙遠, 目前爲急, 如之何?" 臣答曰 "天下之事, 有本有末. 循其本, 則雖若迂遠, 而實易爲功 ; 治其末, 則雖若切近, 而實難爲力. 與其事末而終不見治, 曷若務本而必得其功乎? 昔梁惠王曰 '南辱於楚, 西喪地於秦, 願比死者一洒之.' 孟子曰 '地方百里而可以王.' 夫豈不可爲而孟子言之哉? 況地不改闢, 民不改聚, 德敎沛然[488], 莫之能禦, 則智慧乘勢, 鎡器[489]待時, 欲王而王, 欲霸而霸矣." 或又問於臣曰 "子言然矣. 聖上則有志矣, 如時不可, 何? 宋行仁政, 齊楚惡而伐之, 不可不戒." 臣答曰 "今之時, 與戰國之時不同. 敎化之具與城池之策, 有異. 夫何懼而不爲哉?

488) 沛然(패연) : 비가 주룩주룩 세차게 쏟아지는 모양.

489) 鎡器(자기) : 호미나 괭이 등 농기구.

혹자(或者)가 臣에게 또 묻기를, "왕도정치(王道政治)는 반드시 여러 세대(世代)를 거친 다음에야 (널리) 인정(仁政)을 이룰 수 있으니, 실효(實效)를 거둠이 오히려 멀다. 목전(目前)의 일이 위급(危急)할 때에는 어찌해야 하겠는가?"라고 했습니다. 臣이 응답하기를, "천하(天下)의 일은 근본(根本)이 있고 말단(末端)이 있다. 그 근본(根本)을 따르면 비록 우원(迂遠)한 것 같지만 사실은 공(功)을 이루기가 쉽고, 그 말단(末端)을 다스리면 비록 절근(切近)한 것 같아도 사실은 노력을 하기가 어렵다. 말단을 일삼다가 결국엔 치효(治效)를 보지 못할 바에는, 어찌 근본에 힘써서 반드시 그 공효(功效)를 얻음만 하겠는가? 옛날에 양혜왕(梁惠王)이 '남쪽으로는 초(楚)나라에 모욕을 당하고, 서쪽으로는 진(秦)나라에 땅을 빼앗겼으니, 원컨대 죽은 아들을 위해서 한번 설욕하고자 한다.' 고 하자, 맹자(孟子)는 '땅이 사방 1백리만 되어도 왕자(王者)가 될 수 있다.' 고 답했다. 무릇 어찌 이룰 수 없는 것을 맹자가 말씀하셨겠는가? 하물며 땅을 다시 개간하지 않고 백성을 다시 모으지 않아도, 덕교(德敎)가 성대하면 능히 막을 수 있는 사람이 없으니, 지혜(智慧)로 형세(形勢)를 타고, 농기계로 (밭 갈고 씨앗 뿌릴) 때를 기다리면, 왕자(王者)가 되고 싶으면 왕자도 될 수 있고, 패자(霸者)가 되고 싶으면 패자도 될 수 있다."라고 했습니다.[101)]

혹자(或者)가 臣에게 또 묻기를, "그대의 말은 그럴듯하다. 그런데 성상(聖上)은 의지(意志)가 있으시더라도, 만약 때가 불가(不可)하다면 어찌하겠는가? 송(宋)나라가 인정(仁政)을 베풀면 제(齊)·초(楚)가 미워하여 공격할 것이니,[102)] 경계하지 않을 수 없다."고 했습니다. 臣이 응답하기를, "지금의 때는 전국(戰國)의 때와는 다르다. 교화(敎化)의 도구와 성지(城池)의 방책도

101) 이 부분의 내용은 『孟子』 梁惠王上 제5장과 公孫丑上 제1장을 바탕으로 한 것임.
102) 『孟子』 滕文公下 제5장 참조.

今之議論者, 爲國家慮, 而不識大體, 區區於事爲之末, 憂懼於意慮之外者, 有之；惡士類者, 喜事造言, 無所不道, 佯爲憂國, 而實欲濟私, 外若好善, 而中則忌之者, 有之, 亦難於爲國矣. 然聖上知哲, 賢臣寅協[490], 立心無一毫偏私之累；定計無一毫退轉之念；用人無論親疎貴賤, 惟盡心於國事者, 以爲上品；處事無間大小精粗, 惟有補於大計者, 以爲先務；議論之決, 惟有義理二字；用舍[491]之道, 只去私之一心, 則日去月來, 漸見昭融之象, 心和氣和, 終致蕩平之道矣. 何憂乎驩兜[492]? 何畏乎齊楚? 嗚呼! 昔鄒魯之鬨, 鄒民疾視長上之死而不救. 穆公問於孟子, 孟子不告以嚴肅軍令, 而乃勸行仁政. 夫仁政, 非一朝所可猝辦也.

490) 寅協(인협) : 공경하여 도움. '寅' 은 '공경하다' 의 뜻.

491) 用舍(용사) : 씀과 버림. 用捨.

492) 驩兜(환두, 환도) : 舜이 처벌한 四凶 가운데의 한 명. 『書經』「虞書」〈舜典〉 참조.

다르니, 무릇 무엇이 두려워 (仁政을) 시행하지 않겠는가? 오늘날 의론하는 사람들 가운데는 나라를 위한 생각이라면서, 대체(大體)는 모르고 일의 말단(末端)에만 구구하게 매달려서, (常識을) 벗어난 생각으로 근심하고 두려워하는 자들이 있다. 또한 사류(士類)를 미워하는 자들은 사건(事件)을 기뻐하여 말을 지어냄에 말하지 않는 바가 없고, 나라를 근심하는 척하며 사실은 사욕(私欲)을 채우려 하고, 겉으로는 선(善)을 좋아하는 것 같아도 안으로는 시기(猜忌)하는 자들이 있다. 그리하여 또한 나라 일을 하기가 어려운 것이다. 그러나 성상(聖上)께서는 지혜롭고 밝으시고, 현명한 신하들이 공경하여 보좌하고 있다. 그리하여 마음을 세움에는 터럭만큼도 편사(偏私)의 누(累)가 없고, 계책을 정함에는 터럭만큼도 물러서려는 생각이 없으며, 사람을 등용함에는 친소(親疎)와 귀천(貴賤)을 막론하고 오직 국사(國事)에만 마음을 다하는 자를 상품(上品)으로 삼고, 일을 처리함에는 대소(大小)와 정조(精粗)를 막론하고 오직 대계(大計)에 보탬이 되는 것을 선무(先務)로 삼고, 의론을 결정할 때에는 오직 의리(義理) 두 글자만 생각하고, 용사(用舍)의 도(道)는 다만 사심(私心) 하나를 제거하는 것이다. 이렇게 한다면, 세월이 지나면서 점차 밝게 융화하는 기상(氣象)을 보게 되니, 마음과 기운이 온화하여 결국에는 탕평(蕩平)의 도(道)를 이룰 것이다. 어찌 환도(驩兜)를 근심할 것이며, 어찌 제(齊)·초(楚)를 두려워 할 것인가?

오호라! 옛날에 추(鄒)나라와 노(魯)나라가 싸우는데, 추나라 백성들이 자기들의 어른과 윗사람이 죽는 것을 질시(疾視)하여 구원(救援)하지 않자, (추나라의 임금) 목공(穆公)이 맹자에게 (대책을) 물었다. 그런데 맹자(孟子)는 '군령(軍令)을 엄숙하게 하라' 고 고하지 않고, 바로 '인정(仁政)을 행하라' 고 권했다.[103] 무릇 인정(仁政)은 하루아침에 갑자기 갖출 수 있는 것이 아니

103) 『孟子』 梁惠王下 제12장 참조.

兩陣相當, 矢石交爭, 雖欲行仁政, 勢無及已. 以常情言之, 孰不笑其迂且遠哉? 然旣無敎養之素, 而遽期不戒之成, 則必敗之道也. 寧退而修政, 以爲後圖, 孟子循本之論, 豈云迂哉?" 方今朝廷尙靖, 士論稍張, 內無權倖[493]之臣, 外無朝夕之警, 及今猶可爲也. 稍後則後時而無及矣. 孟子曰 "國家閒暇, 及是時, 明其政刑." 伏願殿下, 汲汲修擧先王之政, 而毋事姑息[494]焉. 噫! 國家億萬年無窮之基, 其可但爲目前之計耶? 此臣所以勸殿下必行仁政, 而無疑也. 臣今疾甚, 就醫受針, 神昏情憊, 作氣爲文, 辭繁語複, 無復倫序, 然非臣之言也, 乃祖宗之法也, 乃聖賢之學也. 伏望殿下, 詳觀熟閱, 舒究深思, 取舍旣定于聖衷, 然後廣咨廷臣, 議其可否, 而進退之, 幸甚幸甚.

493) 權倖(권행) : 임금의 寵愛를 받아 權勢를 누림, 또는 그러한 臣下. '權倖' 은 '權幸' 으로도 씀.

494) 姑息(고식) : 구차하게 우선 당장 편안한 것만을 취함.

다. 두 진영이 서로 맞서서 화살과 돌이 서로 다툰다면, 비록 인정(仁政)을 행하고자한들 형세(形勢)가 미칠 수 없을 것이다. 상정(常情)으로 말하자면, 누가 그것이 우원(迂遠)하다고 비웃지 않겠는가? 그러나 이미 가르치고 기른 바탕이 없으면서 갑자기 '경계하지 않았던 일' 의 성공을 기대한다면, 그것은 '반드시 실패하는 방도' 이다. 차라리 물러나 정사(政事)를 닦음으로써 훗날을 도모하는 것이 나을 것이다. 맹자(孟子)의 '근본을 따르라는 의론' 을 어찌 우원(迂遠)하다고 하겠는가?" 라고 했습니다.

바야흐로 지금은 조정(朝廷)이 한동안 평안하고 사론(士論)이 약간 펼쳐져, 안으로는 권행(權倖)의 신하가 없고 밖으로는 조석(朝夕)으로 경계할 것이 없으니, 지금이야말로 오히려 (무엇인가를) 추진할 만한 때입니다. 조금 지나면 때를 놓쳐서 미칠 수 없습니다. 맹자(孟子)는 "나라가 한가(閒暇)하면, 이때에 이르러 그 정형(政刑)을 밝힌다." 고 했습니다. 엎드려 바라옵건대, 殿下께서는 선왕(先王)의 정치를 닦아서 거행하는 데 급급(汲汲)하시어, 고식(姑息)을 일삼지 마소서. 아! (이는) 국가가 억만년 동안 무궁할 기반(基盤)이니, 다만 목전(目前)의 계책만 되겠습니까? 이것이 臣이 殿下께 반드시 인정(仁政)을 행하시라고 권하면서 (혹시 잘못이 아닐까) 전혀 의심하지 않는 까닭입니다.

臣은 지금 병(病)이 심해서, 의사한테 침(針)을 맞는데도, 정신은 혼미하고 감정은 오그라듭니다. 기운을 일으켜 글을 지어도, 글이 뒤섞이고 말이 반복되어, 다시는 체계와 질서가 없습니다. 그러나 (그 내용은) 臣의 말이 아니라 바로 조종(祖宗)의 법이요, 바로 성현(聖賢)의 학문인 것입니다. 엎드려 바라옵건대, 殿下께서는 자세히 살피며 충분히 검열하시고, 천천히 궁구(窮究)하시며 깊이 생각해 보소서. 殿下의 마음속에서 (臣의 上疏에 대한) 취사(取捨)가 이미 결정되었다면, 그 다음엔 정신(廷臣)들에게 널리 자문(諮問)하시어 그 가부(可否)를 논의하고, 받아들이거나 물리치신다면, 매우 다행이겠습니다.

嗚呼！ 朱子告其君曰“日月逾邁[495], 如川之流, 一往而不可復. 不惟臣之蒼顔白髮[496], 已迫遲暮[497], 而竊仰天顔, 亦覺非復昔時矣.” 千載之下, 可泣鬼神. 臣竊伏聞, 前日聖旨, 有日暮途遠之敎, 不待朱子之言, 而殿下已知日月之逝矣. 伏乞聖明, 懋哉懋哉. 噫！ 今日儒臣, 豈不講明此事, 而愛君之心, 人皆有之. 不量其分, 徑進此言, 亦見其愚之甚, 而莫之懲也. 伏惟聖慈垂憐焉. 嗚呼！ 多辯說者, 不必有才德, 不可以人而廢言, 亦不可以言而取人. 今以臣身之不才, 謂臣言無可取, 不可也；以臣言之有理, 謂臣才有可用, 亦不可也. 伏願殿下, 進臣之言, 而遞臣之職, 則公私幸甚. 臣無任[498]瞻天望聖激切屛營[499]之至, 謹昧死[500]以聞[501]. (終)

---

495) 逾邁(유매) : 지나감, 경과함. '逾邁' 는 木版本과 石印本에 모두 '遹邁' 로 되어 있으나, 이는 誤謬로서, 朱子의 原文에 의거하여 바로잡음. 朱子의 原文은『朱子大全』卷11, 〈戊申封事〉의 마지막 부분임.

496) 蒼顔白髮(창안백발) : 창백한 얼굴과 흰 머리카락. 모두 늙은 모습을 상징함.

497) 遲暮(지모) : 점차 늙어감.

498) 無任(무임) : 견딜 수 없음. '任' 은 '견디다' 의 뜻.

499) 屛營(병영) : 방황하는 모양, 두려워하는 모양. '屛' · '營' 모두 '두려워하다' 의 뜻.

500) 昧死(매사) : 죽기를 무릅씀. 上疏의 내용이 不當하면 死刑도 甘受하겠다는 뜻. '昧' 는 '무릅쓰다' 의 뜻.

501) '聞' 은 '아뢰다' 의 뜻. '臣無任瞻天望聖激切屛營之至, 謹昧死以聞.' 은 上疏文의 마지막에 흔히 쓰는 상투적 표현임.

오호라! 주자(朱子)가 그 임금께 고하기를 "세월이 지나가는 것은 냇물이 흐르는 것과 같아서, 한 번 지나가면 다시는 돌이킬 수 없습니다. 臣의 창백한 얼굴과 흰 머리카락만 이미 늙음에 닥친 것이 아닙니다. 그윽이 천안(天顔)을 우러러보니, 또한 다시는 옛날의 모습이 아니심을 깨달았습니다."라고 했으니, 천 년 뒤에도 귀신(鬼神)을 울리는 말입니다. 臣이 그윽이 듣자오니, 지난날의 성지(聖旨)에 '날은 저물고 갈 길은 멀다'는 가르침이 있었다고 합니다. 주자(朱子)의 말을 기다리지 않아도, 殿下께서도 이미 세월이 흘러가고 있음을 아신 것입니다. 엎드려 바라옵건대, 성상(聖上)께서는 힘쓰시고 또 힘쓰십시오.

아! 오늘날 유신(儒臣)들이 어찌 이 일을 강명(講明)하지 않았겠습니까? 또한 임금을 사랑하는 마음은 누구나 지니고 있습니다. (그런데도 臣은) 제 본분(本分)을 헤아리지 못하고 서둘러 이러한 말씀을 올리니, 또한 그 어리석음이 심하여 징계할 수조차 없음을 드러냈습니다. 엎드려 생각하건대, 자비로운 성상(聖上)께서는 가련히 여기시소서.

오호라! 변설(辯說)이 많은 자가 반드시 재덕(才德)이 있는 것은 아닙니다. 따라서 그 사람됨으로써 그의 말을 버릴 수 없고, 또한 그 말로써 그의 사람됨을 취할 수도 없는 것입니다. 이제 臣의 몸이 재주가 없다고 하여 臣의 말을 취할 것이 없다고 한다면 잘못입니다. 또한 臣의 말이 이치가 있다고 하여 臣의 재주가 쓸 만할 것이라고 한다면 그것도 잘못입니다. 엎드려 바라옵건대, 殿下께서 臣의 말은 받아들이시고, 臣의 관직(官職)은 거두신다면, 공(公)과 사(私)가 매우 다행일 것입니다.[104] 臣은 하늘을 우러르고 성상(聖上)을 바라보며 지극한 간절함과 두려움을 견딜 수 없습니다. 삼가 죽기를 무릅쓰고 아뢰나이다. (終)

---

104) '公'은 '나랏일'을 뜻하고, '私'는 '草廬 자신의 처지'를 뜻함.

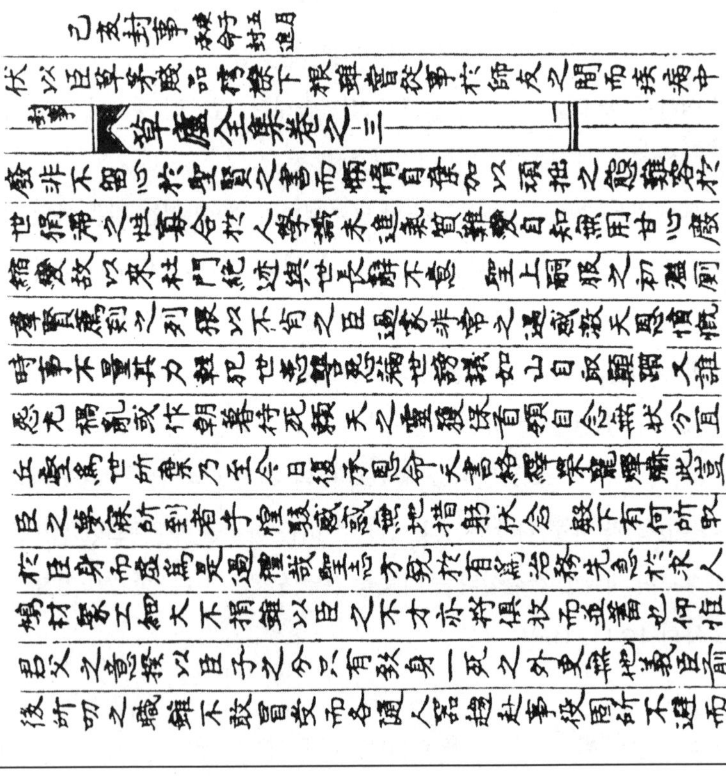

己亥封事 孝廟時封進

伏以臣草芥賤品特蒙 殿下振拔雖嘗從事於師友之間而疾病中

封事 草廬全集卷之三

廢非不留心於聖賢之書而稟性昏愚加以頑拙之態雖容於

世俗滑之性寡合於人學識未進氣質難變自知無用甘心廢

棄故以來杜門絕迹與世長辭不意 聖上嗣服之初濫厠

尊賢待士之列擢以不肖之臣過蒙非常之遇感激天恩猶慨

時事不量其力妄犯世患黽勉出謝也寤寐如山自取顛蹶又誰

恐尤獨亂或作朝暮待死蘇天之靈獲保首領自念無狀分宜

丘壑至為世所棄乃至今日復承恩命天書絡繹寵擢稠疊此豈

臣之夢寐所到者乎惶駭感激無地措躬伏念 殿下有何所取

於臣身而盛意為是過禮哉聖志方銳於有為治務先急於求人

謂材器之細大不揣雜以臣之不才亦將俱收而並蓄也仰惟

君父之意揆以臣子之分只有致身一死之外更無他義臣前

後所叨之職雖不敢冒受而各隨人器始赴事役固所不避而

不許遠大反加過謬臣之狼狽到此尤甚若使小臣才學足以
致用有無關係治亂則公義爲重私情是輕逼逼爲之私有
不敢必遂也今臣之碌碌無用聖鑑所燭臣雖或冒昧而進不
過眠役於具僚之下虛過事顚狂把介轉辭而已何所取哉伏
願 殿下特垂憐察而亟命鐫改焉仍竊伏念臣遭遇 聖上
不世之恩旣不能陳力就列以效臣子之職又有以盡前懷徒
終無一言而已則是臣負國其罪尤大故臣前日之進謹將一
得之說欲效芹曝之誠而不意聞母有病蒼黃下來有不敢獻
焉臣伏覩 殿下有聰明睿智之資有豁達宏大之度乘有爲
之會兼有爲之志由是而爲堯舜之治不難也由是而爲湯武
之業不難也何故臨御十餘年間憂勤雖切實效愈邈勉勉於

封事 草廬全集卷之三

學問上而未見誠正之效聽斷於政敎上而未見治平之盛應
天之誠非不至而變怪之出愈甚憂民之心非不切而倒懸之
急未解所以聖心慊然惟新是圖登崇俊良委任責成朝野顒
顒佇見至治庶幾紀綱振肅生民樂業而以言其紀綱則號令
不行猶昔也百僚曠官猶昔也以言其生民則流離失所依舊
也放辟爲盜依舊也臣誠愚昧反覆思之竊自怪訝昨者伏聞
殿下因災異諭中外之敎則 殿下亦大畏而深察顧閔採救
之策此誠志士盡言之秋也嗚呼災異之作天意深遠固難測
知亦不過仁愛人君而已歷觀古昔明主遇災可以有爲而改
或不修則天必示譴以警動之至於昏暴之君爲天所絶則反
無災異是故無災之災天下之至災也今以 殿下之明聖居
有爲之位値有爲之時而紀綱如是民生如是則宜乎仁愛之

天示此可畏可懼之災大有以警動於 殿下也 殿下之兢
惕修省其可少緩乎竊聞 殿下因此有舉明雪之典人皆以
爲曩日之變祥也非災也 殿下處事每如此則臣恐天之示
警殆無虛日亦不休哉雖然 殿下之民抱冤多矣寄矣當煢
衰此貧弱一室之內雖十男不遺一身之上有三役兼定無家
不恐無人不咨呼苦之聲徹乎彼蒼天之譴告未必不由於此
也以 殿下伸雪一二之冤枉恐不能慰答天心感召和氣而
致位育之功也然則如之何而可也臣聞之程子曰生民之理
有窮聖王之法可改此言正爲今日準備也蓋聖人之法因時
以制時變則法不同矣以舜承堯以禹繼舜聖人之治宜無所
不同而其間禮樂刑政更張多矣其大者舜之舉十六相皆堯
之所未舉去四凶皆堯之所未去也堯之九州舜分之爲十二

封事 草廬全集卷之三 三

禹約之爲九州此豈聖人好爲更變哉不過因時而已降自三
代損益不一忠之弊也則以質承之質之弊也則以文承之文
之弊不救然後天下大亂入于強秦之暴虐漢興尙寬德尊經
術而其弊也崇虛文無實節世祖褒奬節義而其弊也苦節不
中變而爲魏晉之曠蕩以至五胡亂華中原靡爛唐之貞觀可
謂盛矣而救弊未盡其道猶有夷狄之風陵夷至於五季而壞
亂極矣宋懲藩鎭之患釋去兵權收攬威柄而眞宗以後紀綱
漸弛武略不競仁宗雖極仁厚而頹靡之象已著及至神宗値
可變之會奮有爲之志而所信任者非其人後仁義先功利更
變舊章反不如初馴致大禍變夏爲夷[illegible]尙何說哉大明勃興
天日復明報千古酬百王功業豈不卓卓刱作豈不彬彬而終
不克監于成憲以有今日嗚呼痛哉上下數千年間歷代治亂

之迹大學如此其待夫可以錄矣且以我東言之父師八條文
獻無徵是非時遠後從教養闕勝國五百風雨晦冥至于我朝
太祖大王開基定業大綱雖舉節目未備列聖相承隨時創法
不拘一規代有新制令適其宜燕山之朝祖宗典刑蕩然興復
中廟反正可以改紀而初年當國者只是功臣之無識者而已
己卯年間趙光祖等稍欲有為而反為讒賊所害乙巳之禍繼
作士林摩滅萬事瓦裂矣 宣廟朝李珥等遭遇不世之主欲振張
治道未就而歿當是時昇平日久人情狃安有識之士或憂其
衰替之有漸而朝廷朋黨之禍已無救矣壬丁之亂有國無之
丙子之變不亡幸也當時諸臣雖主張顧命是息肩焉哉以一時之
苟活為幸其後有出一氣發一慮以講論當世事者幾希或有留
意於此而有所建白者則亦不過補苴罅漏而已臣愚以為由

封事 草廬全集卷之三 四十

今之道無變今之法則雖堯舜在上伊傅在下無益於成敗之
數也今之所謂法者豈皆祖宗之舊章乎或丁變亂之時權宜
姑設之規有之矣今議者以為金石之典莫敢出見議之討其
於祖宗成憲則怯於膠遂而不能復於近代弊法則膠固循而不
敢改可勝歎哉大抵聖王之法不能無弊故周公治道已有
寢微之勢太公治齊已見篡弒之萌若使齊魯子孫謹守法度
因時制宜則寧有衰亂之禍哉我朝立法雖極周詳然年垂三
百時變事易不無弊端則猶可變通況昏朝之謬規乎彼設故
事當初救弊之法爾何苦而膠守自底危亡哉臣所欲變而通之
者只是滌去近日之謬規以復祖宗之成憲而已伏願 殿下
留念思所以變通焉雖然孟子曰徒善不足以為政徒法不能
以自行今雖盡革弊政盡復先王之美法而苟無上下躬行道

● 寢當作寖

奉之實則亦文具耳臣請以無實之弊先爲陳達焉伏願 殿
下加之意也子思曰不誠則無物曾子曰誠於中形於外苟有
實功豈無實效哉今之治效靡臻由無實而然也今之可言者
非一而擧其大者有七上無求治之實一也下無任事之實二
也經筵無講道之實三也學校無造士之實四也群策無救民
之實五也人心無向善之實六也朝廷無敎令之實七也何謂
上無求治之實也孔子曰我欲仁斯仁至矣曾子曰心誠求之
雖不中不遠在易觀之九五曰觀我生君子無咎象曰觀我生
觀民程子作傳曰九五居人君之位時之治亂俗之美惡係乎
己而已若天下之俗未合君子之道則是己之所爲政化未善
不能免於咎也我生出於己者人君欲觀己之施爲善否當觀
於民也由是觀之人君是一國之本而治亂係焉君得其道而

國不能治者必無之理也今日之人心世道至於如此則 殿
下之政化無乃未善乎政化係於君心則無乃 殿下求治之
心有所未盡其實乎 殿下其反諸身而思之乎嗚呼 殿下
以聖敬之德操有爲之權豈無治平邦域高出百王之志乎只
緣群臣少有承當者訏謨失宜試可弗績議論多歧實德未著
於是聖心悵然始有不可治之歎以沮大有爲之志矣聖心旣
沮不求必治故群臣亦見其然心緩體弛因循玩愒以致下無
任事之實而國勢陵遲無復更振之望此豈 殿下求治之心
不實而然也間者聖志奮發更招賢者若可以有爲而觀我之
生未必盡善仁義德敎之談雖發於經席之上而惠澤之實未
流於閭門之外憂勞惻怛之言雖播於搢紳之間而塗炭之苦
未解於主•蹕之下方今十數邑之賑飢湖西二三斗之賜民特

• 蹕當作華

因糠之寸木車薪之一杯也以此而民心之趨於兵和蒸之盛
於上難矣其可曰求治之實乎上無求治之實故下無任事之
實也惟 殿下念之哉何謂下無任事之實也國家設官分職
各有所司三公統率六卿分理持於有論思之責臺諫有糾察
之責以至庶司小官莫不各有其任監司受任于外節制領省
于邊守令分憂鎮將監戍亦莫不各有其職而今者臺諫風習
牽補度日所謂賢者只欲持身寡過而已不賢者汲引情筆托
公營私在職之人皆無國志少有人言引疾遞事朝遷暮除不
成模樣朝廷一逆旅也官員一過客也譬如郵驛萍去旋來
梗泛于滄波而鳧浪驛舍則莫知所出豈不寒心哉夫總攬責
任於三公而不敢建設大小大官以主銓衡紀綱專委於臺諫
而不過摘抉一二奸細以塞責焉以至庶司之官謾不知所掌

封事 草廬全集卷之三 六

何事惟知積日累月以求遷爲大官悠悠於上小官泛泛於下
其中豈無一二奉公忘私者乎只是形單勢弱不能有所補益
監司以朝家命令奉行爲職任以守令文書上紬爲殿最能明
黜陟者有幾人乎節帥嚴刑以自威剝割以自奉以名士應求
爲大事以軍士汰布爲急務能不除閫外之害者有幾人乎守
令之賢者固有兒極其所謂善治者苟簡無事於上司頗皆干
譽於百姓以字牧爲心者屈指甚鮮鎮長之無狀者惟思肥己
先問軍卒之幾何以計納布之多少而已能以防備爲慮者絶
無而事有惟是管吏之事也傳其任於本末大官不識屬指規
必若詢其後行事庶官悉其生事之任其所爲而拱視至於兵籍
最是大事而委之於戶部何等重處而以爲已物抱爲何言
哉印信之作所以防奸也各曹各司長官所當身掌下官不得

長當作將

擅閒而今則不然罷坐之後付印于胥吏之手投閒抵隙恣其所爲何所不至哉至於外方各邑軍士之老除物故者自本邑代定報送兵營則兵使擲下老除案之下吏下吏操弄其所代者多不入於狀啓之中而徵索人情於已死者之一族此一弊也如此之類不可盡擧此而不變則臣恐國不爲國也曾植曰我國以胥吏而亡李子翊稱之曰此言雖過亦有理焉此由群臣不任事之過也人人各擧其職則胥吏安得下手於其間哉今若以所任非人而欲易之則一時人物不過如此賢才難以猝辨以爲刑法不嚴而欲重之則法重而奸益滋非救弊之策也以爲無可奈何而置之則百弊日增庶績日敗生民日困亂亡必至今日儒臣豈不講論及此而迄未聞有激厲群下久任責實之擧乎是經筵無講道之實也惟 殿下念之哉何謂經筵無講

封事　草廬全集卷之三　七

道之實也古者設三公之官師道之敎訓傅傅之德義保保其身體此法既廢師傅保之責專在於經筵故程子曰君德成就責之經筵經筵之設非爲臨文講讀不失章句而已將以解惑而明道也將以納誨而進德也將以論政而制治也故祖宗朝於經筵官侍之有禮親之有恩其所補益弘多今之侍臣豈皆聞學知道之士至於進講之際趨蹌見笑或彈於入侍至有規避者矣 殿下學問高明義理通貫無資於人故亦循例臨筵不過數墨而已朱子贊文王之德曰化之入人者深澤之及物者廣蓋意誠心正之功薰蒸透徹融液周遍自有不能已者信斯言也 殿下之民不被澤甚矣臣恐 殿下誠正之學實有所未盡也然意不可徒誠心不可徒正必須以格物致知爲先物既格而知既盡則身之所以修家之所以齊國之所以治者

• 彈當作撣

不有以瞭然於心目之間而舉而措之可以驗其實矣如此則身
修不如此則身不修如此則家齊不如此則家不齊如此則國
治不如此則國不治惟其有不知耳知之而至則知如此身安
而國存不如此身不安而國不存何苦而不如此以致危亡乎
若曰知之而不肯爲則亦未嘗眞知而已矣其不能眞知者以
其講學之功無其實故也上之經筵旣無講學之實故下之學
校亦無造士之實也惟 殿下念之哉何謂學校無造士之實
也古者家有塾黨有庠州有序國有學蓋二十五家爲閭閭有
學也五百家爲黨黨有學也王宮國都皆有學也人生八歲自
天子之子以至庶人皆入小學十五擇其俊秀者入大學若是
士農判矣小學之方灑掃應對入孝出恭小子之所以習也大
學之道窮理正心修己治人大人之所以學也由塾而升之庠

庠而序序而學司徒敎之司馬官之是以三代之民無不學學
焉者祿在其中矣其不學者緣南畝出麻絲業耒以事其上故
有君子焉有小人焉上下辨而民志定矣後世師學廢而道學
不一鄕射亡而禮義不興貢士不本於鄕里而行實不修秀士
不養於學校而人材多廢今以區區敎養之官分置州郡之學
做對是習廩食虛糜敎養之效槩乎未聞也祭酒新設有詳學
制可謂盛矣然講經近規文義不問句讀能誦輒登科第不求
性理何關老師招聚講義士已甕鹿記所謂疾其師者此之謂
也間或有若干好名者談前經而騰口論當世而鮮顧修身正
心畧從肚裏過治國平天下辭出許多說亦可羞也士習旣廢
敎化不行人材何從而出乎今日館學之士他日朝廷之人旣
無問學之功寧有適用之策是以學校無造士之效而科第無

敎民之實也此敎所至盡反其古權　殿下念之哉何謂羣襄
世賦敎民之實也古者五家爲比五比爲閭四閭爲族五族爲黨
以相聯屬統治而人無不稽皆有常業役無不均之患賦有定
定之法是以民之從善也輕上之使民也易以民產言之則經
界正井地均田無不受人各食力後世廢然無法富者跨州聯
而貧之上實者轉四方而莫之恤夸民身而衣食不足生齒繁
而流離漸多今之議者皆曰賦稅必減民力乃紓此豈非今日
急務乎然有田者少無田者多利及於州縣之跨而無益於四
方之轉其與王者之政使一夫無不得其所遠矣若欲寬民力
勿奪其農時使力本者得以自盡則一結之田其所出之多至於
一二斗之或相而已哉且國儲有餘兵食自足則賜民田相以
悅其心不亦可乎今則經費常患不足有司之臣別爲料理以

充其數其所料理亦非出於民乎更給而西收朝畫而暮消實
不損上而益下雖有仁政實仁聞而民不被其澤矣豈王者制
產之道乎以民力言之則周禮五百家相葬今則士大夫一葬
數郡不足家禮墳碑四尺今則神道一石千人莫動下民發之
育乎主不顧父母之養甚者及其葬也聚人爲酒食相樂必備石
灰必用至有具石物者豈皆出於慎終歸厚之德哉皆尙虛靡
徒事觀美民由國網不舉上下無章莫之禁故也人有喪從馳
殆於鄕里婚姻喪葬營造耕耘皆雇小民凡有品官各役雜下
使役民非已奴公私赴役之日甚多充伍操習之時甚數雖欲
耕耨乎湖西大同之後朝家之令一切使不得役民而紀綱不
立弊有未行者矣以賦稅言則今之賦其輕而貢則甚重非先
王之法也且三南量田而猶有未盡五道量急而無能舉行諸

宮家各衙門位田免稅國家之賦稅而稍存賑恤沿海鹽盆魚
箭船稅國家之所有而盡入於私門由是國入不足而未免賦
求於民良可慨然夫大同之行或以爲便或以爲不便臣以爲
皆是也所謂便者兩者沿邊郡邑偏受其害設法之初所謂半
減此目前之便也所謂不便者日久則弊生有甚於他法國綱
少弛法不可堪此須慮其不便者大槩此法只有一項緊要難
易處此一事不爲救過則無弊矣所謂一事者御供之物隨
其市上之有無而貿用不復求之於本道則無幾永久可行矣
且各邑守令廉白者皆以此法爲便然下吏先被其害郡縣之
貿物專責於下吏廉價而倍徵波及於一族此監司御使之所
當察也不爲禁防則不出數十年下吏不得保存法不行矣以
兵事言之則古者兵農不分無事則爲比閭族黨受教於司徒

爲尊君長親之行有事則爲伍兩軍師聽命於司馬存親上死
長之心故王者之兵有征無戰後世養民之政不擧然兵之法
徒嚴聚市人而赴敵竭國用而給餉此唐宋兵政之弊也我國
先王選民爲卒寄兵於農各令其衛番上遞代國無餉糧之費
士無羇旅之歎其法甚美而只緣平時無事五衛取才之規廢
而軍士歸於各吏之使喚矣亂後多故州郡籍民之法弛而人
物竭於公家之極擇矣強者悶避弱者流散刷丁填闕從不旋
踵歲抄擬目急搜括何得哀哀赤子襁褓充役一番徵布之數中
產半年之資父耕母織晨夜不休朝供番布夕無所食此其他
良民從母之規不立而良籍日縮有蔭充衛之法不行而閑遊
日衆弱者益弱苦者長苦矣今之議者以爲不祥也況弱徒哉
除其徵布此令一下聞者鼓舞孰不曰吾王之德也然此猶今

使當作史

年一爲之事耳非所以長久救胥之策而況文書未查之前有
依舊還擇之命則民皆失心雖曰明年討減不以爲信愁願仍
甓和氣還收失信於民非細事也若夫束伍則旣有身役又有
賦役兼有此役何以支當兵使營將例有巡邑點閱之事監司
亦有到境結陣之擧一年之內期會者凡幾巡矣春秋兩時習
操之苦又有甚者前期旣有本官摘點之會到坊又有城堞役
使之規往來道路遠近不一東奔西走莫敢或處以兵農兼行
之一身奔走於田野行伍之間挈弓丞時御兵交手聞有傳令
則必疾首相告曰某日操習矣何時耕稼乎某日巡點矣何暇
收獲乎藩籬毁破衆屋無時吁嗟潤兮不我活兮居常悲苦旣
無敵愾之心異日緩急寧有死長之望乎其光伍也稍有形勢
者圖免尤甚窮獘者被抄不能聊生皆思遠走一室不保四隣

封事 草廬全集卷之三 十一

見侵隣之隣族之族無所不及若此不已國無類矣今之議者
甲則曰旣有兵使營將可罷乙則曰不爲無益不可遽罷臣以
爲皆非實見也治不忘亂況此時乎兵要鍊精營將何可罷乎
然徒知營將之不可罷而不知爲根本之討民無所教兵無所
養則臣恐鍊愈精而怨益深兵愈多而亂愈生也至於上番軍
士則國家設爲之法爲宮禁守衛之意也而步兵價布半歸於
本曹之虛費各處分軍多縮於下吏之操縱不復先王五衛之
良法加設御營京砲之新兵百獘日滋憂虞多端益亂離以後
國綱解弛兩班子支不屬五衛故宿衛不可廢而新兵所以設
也其議論者是非不一或曰禍亂之萌不可不慮也或曰不虞之
備有不可廢也臣以爲皆有理也兵衆也聚之於輦轂之下不
有以處之則禍由此作前鑑可戒諸色之軍月費廩料國用難

繕砲手之抄擧家徙京艱食有甚朝家待之或不如一事變之
來難保其無則或者之憂不爲過慮也然宮禁宿衛何可已乎
苟切切然禍亂之是虞而徒欲去其不可去之衛卒則是惡醯
妞而欲棄鹽也其可乎哉以節用言之則易曰節以制度不傷
財不害民程子曰損者損過而就中損浮末而就本實也天下
之害無不由末之勝也夫國家財用皆出於民如有不節而用
度有闕則橫賦暴斂必將有及於民者必先節用此不易之理
也我國大典宮室之制大君六十間公主王子君五十間文武
官二品以上四十間三品以下三十間庶人十間有踰制者毁
之五禮儀昏姻之儀有式喪葬之禮有節冠服之制有法飮食
之器有數祭祀之物有品上下之儀章不同貴賤之等威有別
故風俗尚儉民志有定矣今皆不然其奢侈之弊言之日亦不

足矣今之議者皆曰公主第宅踰制宮家設庄有弊必皆毁破
然後上行下效民俗歸於尚儉此則當今急先務也立治之本
無過於此然立志不立小者易奪義理不明物欲難制侈心未
去財用不惜則第宅朝毁而暮又作矣宮庄名罷而實不罷矣
恭儉豈可聲音笑貌爲哉以足食言之則有子曰百姓足君孰
與不足百姓不足君孰與足盖聖人之立政也賤貨而貴德遠
利而尚廉天子不問有無諸侯不言多少夫務鳩斂而厚蓄積
之積者匹夫之富也務發散而收兆庶之心者人君之富也陸
贄告德宗曰散小儲成大儲損小寶而固大寶也此言當味也
今內需司歲入不知其幾何而認爲私貯典以私入宰相不得
以式貢均節其出入版曹不得以簿書句考其有無此非王者
藏富於百姓者也至於忠勳府之設國家所以厚待功臣而其

● 鹽當作醯

弊至於廣占衆聚諸道列邑無處無之田地兒其抗奴婢從其
貢其歸則不過胥吏之囊橐非特此也至於諸各司各有田民
創設之意非不美矣而末流之弊同歸於府公不有以變通之
則臣恐上下征利而人不見義也今之議者皆曰內需司付之
戶曹爲國家公費然後可爲國事誠至論也 殿下果能行此
則忠勳府各司田民各邑屯田次第歸於公用也然竊聞宮中
用度甚繁至於外司供上不足於肥甘輕暖而取辦於內司王
子公主筵須之物亦皆出於此其爲用也甚要 殿下不先有
以一切去其浮費之習而未免少有因循之念則內需雖朝罷
而夕復矣然臣之所謂必罷者非欲賜牌恩例一切廢閣也依
遵國典不踰限制而已以生物言之則聖人奉天理物之道在
乎六府六府之任在於五官山虞澤衡各有常禁故萬物阜豊

封事 草廬全集卷之三 十三

而財用不乏今五官不修六府不治用之無節取之不時豈惟
物失其性材木所資皆已童赭川澤之産亦已耗竭此乃窮弊
之極也今禁火田之令屢下而屢更初則曰一切禁斷後則曰
今年姑許旣謂之諸處皆禁又謂之山腰許耕操弄之權在於
下吏之手收稅之利歸於官曹之橐矣且屠牛設禁非不嚴切
贖木之弊監司之利也嗚呼孟子之時七雄交兵可謂急矣其
告齊梁之君曰斧斤以時入山林材木不可勝用使民養生送
死無憾王道之始也夫長養山木以爲宮室棺槨之用不亦迂
且遠矣而聖賢之論治如此今之爲政苟循目前之計亦異於
孟子矣以蓄積言之則古者三年耕必有一年之食九年耕必
有三年之食無九年之蓄曰不足無六年之蓄曰急無三年之
蓄曰國非其國臣觀今日之民耕者少食者衆地力不盡人功

不勤雖富室豈亦耕有餘猶况其貧窮者乎今一年之凶不至
於甚而未免飢餓流亡之患由無積蓄故也 聖上軫念中推
遠中臣下奉旨如救水火當時當儲而無所措閑於賽堂而無
不聞所以救民之仁可謂至矣然一舉旋施故公私蕩盡如不幸
有連歲之歉則未知朝廷何以為計嗚呼民之困多矣征賦
而民困力役繁而民困賦役重而民困兵農合而民困用不節
而民困教無蓄而民困救死不贍何暇禮義哉此無救民之實
故人心無向善之實矣惟 殿下念之哉何謂人心無向善之
實也周禮大司徒以鄉三物教萬民一曰六德二曰六行三曰
六藝其不從者以八刑而糾之一曰不孝二曰不睦三曰不婣
四曰不悌五曰不任六曰不恤七曰造言八曰亂民於是征別
淑慝表厥宅里其善者樹之風聲其惡者捍之郊遂是故古人

自幼耳目游處所見皆善至長不見異物易以成就公卿大夫
位稱其德終身居之農工商賈各勤其事所享有限民志有定
而天下之心一也今教化不明民散久矣求冠一變奇袤雜遝
未養雖存時俗始甚 聖上臨御之初人心潛然頗有向善之
念若於此時專務德教丕變風俗則今日之人心豈至於此哉
第緣初年朝著不靖龍亦交爭國是靡定黨禍羅織風俗靡靡
至於頹敗而不可救以言其朝廷則悠習未祛徒見猜嫌其間
善言見善人也或有為人而欲美者或有聞指而非笑者中心
好之者絶鮮矣是故良實少而虛偽盛衒士誠而應清職者未
必其人為守令而懷樂言者未必有績以言其下民則飢寒切
身本心都喪父子兄弟尚如路人也又何說綱常不能相持刑
政不能檢制此無他上之所令反其所好故民不從然則人心

無向善之實者由朝廷無教令之實也惟 殿下念之哉何謂
朝廷無教令之實也子貢問不得已而去於斯二者何先子曰
去食自古皆有死民無信不立若是乎信之於國不可一日無
者也是故雖以商鞅之酷必先立信於徙木立威於棄灰而其
法乃行況聖王之法以忠信爲本不見信於民而能爲國家者
古今天下未之有也我國治法無一定之體朝廷號令多變易
之端一時號牌之法纔設而旋罷三年軍籍之式或擧而久廢
備局之議論不一朝令而夕反方伯之奉行莫適手忙而脚亂
傳聞之役徒爲州縣之大弊報牒之繁只見營門之多事法府
有禁肴之令則曰五日京兆耳借物姑爲藏置或過數日而如
前或閱一月而依舊外方有行會之事則曰高麗工事三日也
凡事只爲應文纔經數縣而旋止未及半道而還廢蓋我國人

封事

草廬全集卷之三 十五

心輕佻持守不能久風俗浮靡變易不可常俗固已薄爲法者
又從而薄之可勝歎哉至於冠笠之制自上親教廣狹之尺度
而士夫或有仍着舊制者他尙何言以此世道而雖有必行之
良法民不信民不信不從矣凡此七弊爲今日之沉痼紀綱之
頹民生之困職此之由七弊未除則雖 聖上勞悴于上士論
馳騁於下亦無保國安民之效矣昔朱子告其君曰此其形勢
如將傾之屋輪奐丹雘雖不覺其有變於外而材木之心已皆
蠹朽腐爛而不可復支持矣苟非斷自聖志濯其心而有以
大警救則何以振已頹之綱紀而厲已壞之風俗乎今之時與
朱子之時又不同內之材木之心已蠹而外之輪奐丹雘亦皆
變矣君臣上下其可束手而坐待其崩頹之患乎臣雖在草野
心懸魏闕目擊時艱不勝嫠婦之憂忘其鄙陋思效涓埃之報

• 工當作公

謹告考周禮制度之可行於時者與夫祖宗憲章之不舉於今
者參以朱子增損呂氏鄉約之法兼取我國儒先經綸當世之
說合爲一論或以進於冕旒之下芹曝之獻雖見笑於傍人螢
爝之光庶有裨於日月矣其意似遠而實近其策似疎而實密
殿下不行王政則已也欲行之則伏望省覽而採用焉大槩其
法爲綱者有三一曰正風俗二曰養人材三曰革積弊所謂正
風俗者即周禮教民之法而其目有三曰鄉約曰五家統曰社
倉所謂養人材者即戴記造士之意而其目有五曰學曰選英
院曰科舉法曰五衛曰軍資別倉此治法之模樣也所謂革積
弊者即隨時變制之意而其目有八曰內需司曰貢案曰賦稅曰
人役曰屯田曰冗官曰入仕曰崇佛習此變通之機要也然
不能明知其原弊之所由起也如醫人之察證下藥則牽於東而

封事 草廬全集卷之三 十六

掣於西得於彼而失於此無以觀會通而行典禮必須先立經
濟司也李珥之所論也先朝大小臣僚章劄所陳與若及近來
朝野疏章所進言者裒合而考覈之且令六曹各司官員及外
方監兵使以至守令食萬戶案者皆爲形止案官吏官奴婢也
田幾何諸宮家各司田畓奴婢幾何諸邑軍兵幾何官舍幾間
官穀幾何其境內鎭上津渡店舍寺刹一一書錄又以所見各
陳弊端而大臣總管而聽命於盡革弊習者率由舊章是要裁定
以爲一代之規則庶幾無弊矣所謂鄉約者創於呂氏詳於朱
子增損於李珥者也其綱有四一曰德業相勸二曰過失相規
三曰禮俗相交四曰患難相恤所謂德業相勸者其目四十餘
所謂過失相規者其目百餘所謂禮俗相交者其目十餘所謂
患難相恤者其目七曲在 宣廟朝諸臣有啓行此法者李珥

以爲不可徑行非以此法爲不可行也蓋必有待而然臣謹按
國制禮刑之典略存鄉約之意而綱領似未盡備節目似未盡
設必取呂氏之制而參酌時宜行之者實則教成俗美民知親
上死長之義矣臣別冊以便看覽一至於進所謂五家統者出
於周禮而載於我國大典者也臣謹按國典綱領徒存節目未
備若書此法使五家爲統統有主二十五家爲小統統有正百
家爲中統統有長二百家爲大統統有有司與鄉約相爲表裡
姓名年歲四祖書于籍無一人或漏則舉目一閱而一國人民
之數可坐而知矣其不入籍者大明律繩之而不爲代死有逃
逋者以誅叛論此則過重不合於三代之法意今不可盡用其
律矣然不在籍者亦大不得相資會集不得參與相訟不爲聽
理聽理則守令有罪其死葬也不得顧見顧見則有罰而有移

封事　草廬全集卷之三　十七

徙者必受文狀付于所徙之官然後許接即周禮所謂徙而授
之節註明其無罪惡之意也無文狀而私自許接者二百家總罰
布則人不得以私自遷移矣所謂社倉者即朱子已行之規而
令列邑糴糶之法是也然列邑之大小不同糶糴之多寡不均
而又不行於里社殊無蓄積以備不虞之意也今須於列邑則
每一結封置四石二石分給二石留儲里社則人各出租有司
主之家給二石而收息又留二石以備不虞公私皆有一年之
蓄則必荒有備緩急有用矣此以上三條正風俗廣儲蓄之具
也所謂學校者即古者家塾黨庠州序國學之規而今國家倣
而行之者也臣謹按李珥所定有學校模範及擇師養士之規
及揭示學宮之規若干條造士之法比畧備矣臣意二百家所
住中間之地立堂齋以朝官生進學生有學行者爲師以社倉

公養之人生十歲自大夫士之子至於庶孼及良民皆受學而依國典有蔭無蔭各有籍焉及其十五歲則選升于四學鄉校而臣謹按國典成均館生進二百之額數不足則四學生徒年十五以上通小學四書一經者及有蔭嫡子通小學者補之云而四學鄉校初入之規則無現文臣意以爲小學四書一經非十五歲丸童稺之所能盡學也當依見行曾時讀之規小學及四書中一書能通者升于四學鄉校其不通者歸于其衛都事每年巡行列邑六十歲及初試入格外皆講二書不通者皆還録于五衛其講也主於敎諭不以揀難汰降爲心邑宰不得以官事差任監司到來時謁聖則祗迎於校門之外不謁聖則不迎邑宰監司待之必有禮如此然後校案無濫入之患生徒有訓迪之道矣臣謹按國典州縣各設外敎官考其勤慢加階云

封事　草廬全集卷之三　十八

此法雖似着實然未免有苟充之患臣意士大夫有齒德學術而去官在鄉者一人以爲師以會講公養之如今之付軍職廩食有差如宋之祠官之禮每月朔望入鄉校講習諸生三十以上通讀以下背講以爲賞罰之地則師長無苟充之患諸生有觀感之地矣此乃周禮鄉先生之意也至於書院之建可養志學之士爲益不淺而但不設師長不係公家故儒生相聚放意自肆旣無畏憚之心又無藏修之效國家設立本意不必如此故議者或詆書院以爲可罷此則出於憤慾非正論也昔李珥請依中朝之制於大處書院設洞主山長之員有俸祿擇有學行可爲師長者及休官退處之人使居其職以導率之此意固善矣而當此國家多事之時旣廩鄉校師長又廩洞主山長力有所不贍則合其書院豈可無待師長之方乎抑臣又念周禮

• 禮當作例

澤宮觀德之規後世廢而不講六藝固是士子所同講習而射
御獨闕臣實未曉其故也臣意鄉校書院講習之時必先行周
禮鄉飮酒鄉射等禮育興一入于朝有實行者當之無則不必
苟充以備全材之用其與尋章摘句用力於無用之地者其功
效豈不相懸乎所謂延英院者卽程子之言也竊聞國家亦嘗
設立一堂於太學之傍遺址尙在云不知創於何時廢於何時
而曩日廷臣亦建白而未行焉今若設一院九公論推薦及巖
穴之賢必招致優禮而不可遽進以官群居切磨俾盡其材時
賜召對咨以治道觀其材識器能然後官之則胡學復見剏制
之實周家可致思皇之盛矣臣且念今日齋郞下僚中不無才
學之人並須精擇於其中俾與公薦所選者公務之暇朝夕遊
居相與討論則庶幾仕學俱進皆爲致用之成才矣所謂科擧

封事　草廬全集卷之三　十九

法者國家取人之規雖不盡出於古者貢士之法而三年大比
科外更無別試廷試之設而雖或設之亦必講經而後取之故
經術之士彬彬可觀矣今者科擧頻設乃後來之弊而不務經
學專事詞章不能通大學章句而出身顯仕者有之至於文官
殿講實是奬勸之美意而朝紳之間惟以啣盃詠詩爲高致視
經學爲苦役爲士者講經亦口誦是熟不求文義此弊不去臣
恐經筵書筵皆爲虛設也今雖不能盡復三代之制而試士必
講經講經必以文義爲主則決不如今日經幄之草草矣且臣
謹按國典祖宗朝用人之方由於試才大則文武小則蔭雜無
有不試而徑用者故實才登而倖門杜矣今則不然國法解弛
仕路便捷人各自售不肯取才故銓曹用人只憑聞見雖有薦
法亦不能無弊不若申明國典以試才爲主也臣又按國典武

材則有經書之講文材則兼武藝之取故即今文臣武材之規
無異兒童之戲蓋由習之無素之致也臣意以爲今日之討必
於文材講經製述之外又設射帿一技如𥙷經之式則周禮司
馬論才取士之盛可復見於今日矣且周禮選官之法必可用
於今而後世興起人才之方莫如材擧臣意以爲館學校主落
官育文武之才者每式年設科時四書三經武經七書皆臨講
武才二技入格者直赴殿試則儒生從事於射御之藝而文武
全才可得而人矣今材擧時多有冒錄紛紜之弊須以學校儒
案自禮曹監營直送于試所不在是案錄者不許錄名若冒入參
榜者拔去錄名官罷職則可以無弊矣所謂五衛者國家設衛
之意美矣有中衛左衛右衛前衛後衛爲自公卿至庶人之子
未入學校者以屬之有兼而各有所屬然後除官取才武藝試

封事　草廬全集卷之三　二十

才之規皆所以獎勸成就之道也挽來此法既壞人無統屬者
禁保生爲事無綱御營兵役守兵束伍之新設不得已之擧也
必也修復五衛之法參酌古今之宜凡民力綸貢興皆入於學
十五歲選升于學校其餘皆屬于五衛五衛之人必試取武技
之能者而其不能者自官收布二疋歸于軍需別倉以爲上番
軍糧食之用其上番者以一萬爲一番交相遞代所食出於軍
資別倉五衛將領之使帥習武藝時時取才以除授官則既有以
宿衛宮禁而亦足以振作興起之矣臣似聞近來都試或臨直
赴云更於五衛下番之時設場試才一萬人中取二三人直赴
殿試每番如是每年如是以爲常式人皆奮勵之上亦不知其善
臨番樂赴之矣臣伏念此法既擧則一萬交遞宿衛之數不難
辨得而凡法之不行自上作之未有綱不擧而目張者矣必自

族親衛始以及公卿大夫士之子弟皆充其衛如祖宗朝時然
後京中各坊至於外方郡邑皆不令而行矣且令束伍不可廢
也臣意以爲考其鄕約廳座目公私賤十五以上試取武才能
者皆充定而私賤則本主家内使喚者勿充公賤無才者則收
布如規束伍每一人以軍資倉布量宜定給以爲資其中最有
才者公賤則免賤私賤則以價給本主亦使免賤充五衛所食
出於別倉良民則勿充束伍上番如舊而所食亦出於別倉試
才與五衛同此外諸色軍兵之號皆可罷革也且漕水軍皆有
定數其在遠地者自所居官收布如規以送沿海邑以助其役
且習藝之法管子内政篇甚悉且便倣而行之則雖無營將巡
歷之勞而人各自習技亦自精　殿下取覽内政篇試行於國
中焉所謂軍資別倉者臣謹按國典軍資倉外又置別倉凡有

封事　草廬全集卷之三　二十一

公收之物皆歸之諸道魚箭鹽盆等收稅貿穀皆補軍資遂隔
諸邑亦置倉鎭將軍官敎官供給之用皆出於此倉云此實今
日所當汲汲修擧者也各處魚鹽無一物入於私門各島監牧
別將之所私用及不入五衛者與不入束伍者所收之布皆輸
于此倉内需各司各官及各寺位奴婢之貢田地之出亦摠計
其數而凡闕内各司之所用有常式志數本府之所用亦有定
數而其外剩數一切皆收之此倉五衛上番之人所食皆出於
此各曹各司各官立番下吏之食皆出於此官員騶從之價亦
出於此一應思需之物量入爲出則不患不均矣恩例賜牌亦
當依國典施行而第念今日異於平時更加節量可也此以上
五條養人才節財用之術也所謂内需者王者無私之道則民
間有欸之意前後儒臣言之切矣論之詳矣臣謹按國典内用

米布雜物奴婢別提典掌而厥後稍變其規以吏部郎官與知
其出納而其實不能關涉矣苟能變通而處之以公與以官員
勿付中官內用恒定有數其餘歸之軍需自上如此然後下之
忠勳府各司官屯寺位等田地之出及奴婢之貢皆輸之別倉
又沿海鹽盆魚箭船稅皆入別倉無一物之私用而一國之貨
利皆爲軍國之需矣此時有卜式則必慷慨自納其穀其可各
私其有以蠧公室乎至於宮家設庄方今之第一大弊也不有
以革之則國不爲國矣皮之不存毛無所傅若失民心至於無
國雖有宮庄其能獨保乎可謂不思之甚也似聞儒臣建白方
有查定之擧然自上若無痛革之令則在下者曷敢明查以觸
宮家之怒乎臣恐如畫脂鏤氷徒有查定之名而無其實也所
謂貢案者國家任土作貢之式出於古法而燕山以來貢物甚

封事　草廬全集卷之三　二十二

繁民不堪命厥後頗加節減猶有未盡亂離之後式貢不均無
用之物不緊之需徒爲民弊而已則今日儒臣之必欲改之者
豈非急務乎然八道均行大同之法一年恒定御用之數市上
貿用不求遠方則今日貢案不期改而自改矣孟子論周室頒
祿之制曰君十卿祿以此爲準則御用之數亦可定矣所謂賦
稅者孟子曰什一天下之中正多則桀寡則貊然則什一之法
一毫添不得一毫減不得也臣謹按國典貢重而稅輕異於先
王之法矣今者井授之制雖廢量田之法有據以結卜之等差
校田畝之所入則雖不中不遠矣若諸道皆擧量田之政然後
勿分稅與貢通作什一之數以取於民則一開田案八道之歲
入可坐而數也經用之外如有餘裕則百官之祿可以加矣凶
年之備亦可賴矣軍國之用自在其中而無不裕矣至於免稅

之法亦有可論者國典田無稅者乃驛田院田之類莫非爲公
而內需司田亦在無稅之中恐非王者無私之道也況夫諸宮
家及功臣田民免稅之規非載於國典而弊則甚焉臣之妄意
職田之規廢而諸宮家功臣獨蒙偏恩有此免稅之別典歟沿
革顚末臣不暇消詳而槩論爲政之大體則勳戚錫賚之物雖
或異諸群臣若其田稅公共之賦豈容獨蠲乎如內需司諸宮
家功臣各衙門免稅之規一切革罷使一國之民曉然知朝家
同仁一視之意則上杜僥倖之路而下無不均之歎矣所謂人
役者臣謹按國典外居奴婢年十六歲以上六十歲以下收貢
各綿布一疋臣不敢知此布升尺之幾何而今者各邑徵布多
寡不同苦歇懸殊當酌以國典參以今行之規公賤及良民之
補保者皆以五升布三十五尺二疋定爲通行之規私賤之貢

封事　草廬全集卷之三　二十三

於本主者亦同此式本主如或加徵隨現懲治則亦無不均矣
又按國典軍士給保有差二保每朔綿布半疋濫收者論罪然
今若立人役一同之規則凡其收布皆置于軍資別倉如今現
行御營廳之規束伍之在鄕者自本官分給之則擧一國出布
之民無有苦歇之異同矣所謂量田者二十年一改量祖宗之
法令三南雖已行之而今去甲戌已過二十六年矣川谷變遷
經界互奪書員多弄術之奸守令有隱結之弊趁今修擧不可
已也六道爲急而京畿則土瘠而賦重今雖打量其等第皆從
中下則賦役均而人不怨矣所謂汰冗官者曾子曰生之者衆
食之者寡則財恒足矣竊觀今日朝廷冗官多則食者衆矣賜
從多則食者衆矣胥吏多則食者衆矣奈之何國不貧而民不
窮也臣謹按我國之大比於中朝不及一道中朝官職衙門不

信於我國可見我國之官司太冗也中間因循臣建請多所省
併而冗員尚多至於騶從之多尤不可不減約也臣又按國典
各曹各司胥吏皆有其數爲今之計莫若依國典更加節減且
勿令胥吏一司久據循環諸司一年交遞則無偏利積奸之弊
矣闕內使令有定數各道各邑下吏亦有定數工匠亦有定數
學宮下人亦有定數餘者下吏附五衛官奴爲束伍不參者收
布也法則兵食之需大有所補矣所謂久任者臣按國典自議
政府下至外方守令有限久任員外郎未滿任者專用憲府諫
院則勿論久任故數易之弊生矣凡官必須擇人久任然後可
以責效昔李珥進言于 宣廟朝曰盡收一時人才而不論新
舊不問貴賤視官擇材以有德望識道理者居之廟堂通經術
善談論者置之經幄廉謹公明者任以銓衡生財有道者任以

度支講禮不差者授以宗伯知兵達略者授以司馬忠信明決
者使治刑獄詳審無滯者使主工役正身糾物者責以風憲之
重直己盡言者委以諫諍之職風力足以彈壓下官者付以承
流宣化之任廉威足以懾服豪民者除以分憂之職內外大小
之官皆擇其人任之專而持之久期以成績不限日月其間才
過於位者超陞之才不稱位者則左遷之才位相當者雖終身
一職可也有疾病亦不輕遞必如漢法滿三月乃免倘有厭
居一官托疾辭避者則臺諫隨見論遞不復擬官使此言見行
於今日庶幾官無曠職而事可濟矣今雖不能盡得其人一時備
員而今日取一人拔其尤者明日取一人拔其尤者則不借異
代而不患無人矣所謂邦本修己者實今之第一急務也上自宮
家下至庶人奢侈之習罔有紀極百弊之生皆由於此若此不

已不出數年國不爲國矣言之可笑思之心寒臣謹按五禮儀
世子納嬪幣用段子王子納幣用綃諸君用紬或布大君婚禮
衣服用綿紬木綿夫人盛飾用綿紬木綿王女下嫁時盛飾用
綿紬木綿宗親文武官一品以下皆幣皆用綿紬木綿又按
國典官舍及堂下官以下婚姻人用紗羅綾段罰違者幷杖八
十其他類是祖宗制禮作法之意豈不精且美乎教民化俗之
方豈不正且嚴乎而世道日下人心日侈式至于今乃底於此
近日朝家之令非不切禁而不能從頭整理專責於閭閻小民
臣竊非之且凡法令不嚴則不行雖閭閻小民亦自上示之以
必禁之意然後人知避而不犯矣臣以爲憲府一員專管禁奢
侈一事久而勿遞有犯者則其所居坊有司及二十五家有罰
布外方亦然凡犯禁之大者全家徙北邊則庶幾令行而禁止

封事　草廬全集卷之三　二十五

矣此以上八條革舊弊復故章之事也凡臣所陳蓋大略也若
夫潤澤之則是在　殿下殿下欲行王政則盍反其本歟本之
然後事不煩而民不擾衆弊去而庶績熙矣臣請言其效也此
法行則鄉約之籍定矣五家之統正矣社倉之儲廣矣學校之
政修矣科擧之規立矣五衛之法復矣兵食之資足矣何者五
家之統正則戶籍在此軍籍在此無人不錄無役不均八道之
人物可坐而數一國之賦役可坐而定也臣向所謂刷丁塡額
逃不旋踵之弊去矣一族見侵切隣被及之弊去矣兩班子支
閑遊之弊去矣良民兒弱偏苦之弊去矣歲抄充定民間騷擾
之弊去矣物故代定官家容箇之弊去矣各官色吏舞弄閑丁
之弊去矣兵營下吏操縱物故之弊去矣餘丁收布之弊去矣
隱壯除役之弊去矣推奴稱念族隣被侵之弊去矣逃奴推尋

本主見害之資去矣官奴逃亡一族徵闕之弊去矣豪强侵虐
小民之弊去矣品官庶孼雖下之弊去矣德業相勸則士相勸
勵浮誇虛僞之弊去矣民各有業棄本逐末之弊去矣過失相
規則鄉隣有關約正教誨爭訟自息官家聽理之煩去矣國法
有犯同里皆罰人相糾正而禁令難行之弊去矣禮俗相交則
仁讓之風興而侵欺之弊去矣儉節之俗成而奢侈之習去矣
患難相恤則貧窮者賴助而流離之弊去矣設社倉救恤抱
吏胥抑勒之弊去矣社倉設而官無專利之弊去矣蓄積廣而凶
年無備之患去矣學校之設廣則家塾教訓之有素而童稚狎
恬之患去矣鄉校賓興之有禮而人才遺逸之弊去矣十六士
衆已到而少年遊惰之弊去矣五十鄉校從事而年老廢業之
弊去矣使臣林迎行於校門之外而主司於厭避之弊去矣擧子

封事　草廬全集卷之三　二十六

郡日出於校衆之中而材藝遺棄之弊去矣延英院立而秀俊
群居講究治道論定而官之則朝廷用人之方無淸雜之弊矣
未遂仕進則設院求志之士無難進之患矣鄉射賓興之禮是
尙而士不習射之弊去矣文武兼取之科見設而人皆賤武之
弊去矣五衛有取才之規而人皆樂焉厭苦謀避之弊去矣里
社有講武之式而人各習焉作輟中廢之患去矣五衛同坊而
異錄責賦無甲無別之弊矣束伍附屬而共業責罰無不均之患
矣五衛爲出身之階而有宿衛之實無立番之名矣別倉爲軍
食之府而有養材之資無虛糜祿之憂矣一萬兵立於京城而無
聚兵生亂之憂矣累萬兵散在於民間無猜忌無備之患矣二百
家社倉有四百石之儲則不但爲凶年之用也八道列邑有一
年之蓄則不但爲窮民而設也兵食俱足則於斯二者無子貢

先去之問矣內外相制則其於表裏無秦漢偏重之譏矣朝廷尚文則武學少而校生多可見濟濟之美矣風俗尚武則校生少而武學多可致赳赳之盛矣得一食則添一兵少一食則減一兵屈伸在臂反覆惟手從欲而治隨志而應臣以爲無事不成也臣向所陳七弊之去皆在其中故茲不敢歷數焉大槩此法先王之美政國家之急務也統八路之民物而無一夫之或漏摠一國之貨利而無一物之私費以先王之政行之於範圍之中以大明之律繩之於敎化之餘從此令者極安極便違是法者極危極苦民何憚而不從乎臣以爲茲法之行不出數年國無遊手之徒田野多緣畝之民也噫義理在人終不泯滅以義制心心何不正以義制人人誰不服夫民以佚道使之則雖勞不怨以生道殺之則雖死不怨財物用之以義則雖千金不

足惜猶於無謂則雖一毫有所愛此 殿下立心之正道今日爲政之要法也雖然君子風也小人草也上之所爲下之所效故子曰以身敎者從以言敎者訟程子曰有關雎麟趾之意然後可以行周官之法度然則此法雖美 殿下無躬行之實則民不信從矣 殿下欲行此法則盖亦反其本矣昔李珥嘗述一書名之曰聖學輯要以進于 宣祖大王帝王爲學爲治之具備矣臣謹就其中略採其修己切要之說爲 殿下申複焉伏願 殿下虛心遜志勿厭煩勞以垂睿察焉所謂修己之目有七而一曰立志者發憤勇猛致治期於三代之盛也張子之言曰爲天地立心爲生民立道爲去聖繼絕學爲萬世開太平此立志之目也程子之言曰君道之大在乎稽古正學君志正而天下之治成矣所謂定志者以聖賢之訓爲必當從以先王

之治爲必當法不爲後世駁雜之政所牽制不爲流俗因循之
論所遷惑自知極於明信道極於篤必期致世如三代之隆而
後已此則　殿下所當奮發處也朱子之言曰陽氣發處金石
亦透精神一到何事不成程子之言曰爲國而至於祈天永命
養形而至於延年益壽學而至於聖人此三事分明人力可以
勝造化此立志之效也嗚呼古人有言曰有志者事竟成未有
無志而有成亦未有有志而不成者也今　殿下非無有爲之
志而三年不能五年不能七年不能已過十年之久而猶未見
尺寸之效則豈但當今之恨抑亦千古之所共恨也二曰收斂
者整齊嚴肅存心以爲窮理之本也子曰不重則不威張子之
言曰義理之學須深沉方有造非淺易輕浮之可得也此言收
斂容止之則也詩曰無易由言無曰苟矣莫捫朕舌言不可逝

矣記曰王言如絲其出如綸王言如綸其出如綍蓋王言雖微
其利害之效則甚大也此言收斂言語之節也孟子曰學問之
道無他求其放心而已矣朱子之言曰此心收斂都在義理上
安頓則自於物欲上輕於義理上重此言收斂其心之法也嗚
呼存諸內者必形諸外未有其跡而心不慢者亦未有表端而影
不直者也伏願　殿下不問動靜常存此心無事而虛寂以養
其體有事而照察以正其用則豈有應事之際毫釐之差乎三
曰窮理者窮究事物之理以致其知也子曰不明乎善不誠乎
身矣程子之言曰窮理亦多端或讀書講明義理或論古今人
物而別其是非或應接事物處其當否皆窮理也嗚呼人性本
善循理而行宜無難事惟其知之不全故但知其難而不知其
樂知之而至則循理爲樂不循理爲不樂何憚而不循理以害

吾學者今　殿下聰明睿知出於天性宜不待於學問然先儒
曰氣質之用少而學問之功多矣伏願　殿下於應事應物之
際讀書格古之間必求是非得失之極以為開發聰明啓明心
地之資焉四曰誠意者必審其心之所發以盡其實也曾子曰
誠其意者毋自欺也朱子之言曰無是誠則無是物視不明則
不能見是物聽不聰則不能聞是物推此類求之可見焉蓋天
有實理故氣化流行而不息人有實心故工夫緝熙而無間人
無實心則悖乎理矣堯仁行義不能持久就進達退不克有終
者此之類皆無實心故也昔文王有百里之地而誠意正心之
功著於四方無不周遍此乃誠意之效也伏願　殿下以文王
為師焉五曰養氣者培氣質而善養其氣也子思曰果能此道雖
愚必明雖柔必強謝氏之言曰克己須從性偏難克處克將去

封事　草廬全集卷之三　二十九

孟子曰我善養吾浩然之氣朱子之言曰至大初無限量至剛
不可屈撓惟其自反而縮則得其所養而本體不虧充塞無間
矣焉乎昔齊宣王曰寡人有疾寡人好勇孟子曰王請無好小
勇又曰王請大之伏願　殿下必如文王之勇武王之勇以副
臣民之至望焉六曰正心者正其心以為一身之主也孟子曰
存其心養其性朱子之言曰持敬之功至而無人欲之私以亂
之則其未發也鏡明而水止此言涵養之意也程子曰操則存舍
則亡范氏之言曰一念之善則祥風和氣皆在于此一念之惡
則妖星厲氣皆在于此是以君子慎其獨此言省察之功也程
子之言曰學者心虛靈本有以為學者正心工夫有未盡也此言
收精神此心之體本自正大直與天地相似伏願　殿下於此
特垂睿念焉七曰修身者敬其身以為齊家治國平天下之本

也子曰君子無不敬敬身爲大記曰姦聲亂色不留聰明淫樂慝禮不接心術惰慢邪僻之氣不設於身體使心志百體皆由順正此言敬身謹禮之功也詩曰敬愼威儀惟民之則北宮文子曰君子在位可畏施舍可愛進退可度周旋可則容止可觀作事可法德行可象聲氣可樂動靜有文言語有章以臨其下此言威儀容止之則也召公告武王曰不役耳目百度惟貞夙夜罔或不勤不矜細行終累大德蔡氏之言曰人主一身萬化之原苟於理有毫髮之不盡卽遺生民無窮之害此言戒飭無怠之意也易曰含弘光大程子之言曰知識明則力量自進又曰心大則百物皆通心小則百物皆病此言恢進德之量也書曰后德惟臣不德惟臣范氏之言曰人君之心惟在所養君子養之以善則智小人養之以惡則愚此言親正士之道也書曰

封事　草廬全集卷之三　三十

有言逆于汝心必求諸道有言遜于汝志必求諸非道胡氏之言曰隱公不敢忘僖伯之忠而不能聽其言與郭公善善而不能用其於亡國一也其及宜矣此言從諫以改過也易曰不遠復無祇悔饒氏之言曰人之一心善端綿綿本自相續小有所差而其慊然不自安之意已萌於中是卽天地生物之心之所呈露而孟子所謂惻隱之心者也此言改過以從善也書曰惟新厥德終始惟一鄭氏之言曰覽鏡而面目有汚則必滌之振衣而領袖有垢則必濯之居室而几案窓壁有塵則必拂之至於方寸之中神明之舍汚穢垢塵日積焉而不知滌濯振拂之不能充其類甚矣張子之言曰言有教動有法晝有爲宵有得息有養瞬有存此言日新以敦篤也曾子曰心廣體胖孟子曰反身而誠樂莫大焉子思曰可以贊天地之化育則可以與天

地參矣此言修身之效也嗚呼聖人之德與天爲一神妙不測
雖似不可企及誠能積累工夫進進不已則未有不至者也故
踊躍築埋孟子所嬉而卒爲亞聖暮歸喜獵程子所習而卒爲
大賢至如太甲顚覆典刑而至於克終允德成王不察流言而
至於畢協賞罰何必生知然後乃可成德乎萬善備於性而不
暇外求積工由於己而不資他力濟世安民亦在於我而莫之
敢禦如是而不事乎學以隳昭曠乃事乎欲以究汙下噫不仁
甚矣夫人以渺然一身參天地而并立學問之工至以位育爲
能事故匹夫而得其君當以一夫之不被澤爲己憂况帝王乎
伏願　殿下反求乎己心企慕乎先聖上念皇天祖宗付畀之
責下從臣隣衆庶顒若之望篤信聖學誠實下手循序而進以
盡修己之工使斯世復見堯舜之治則萬世幸甚臣所陳七條

封事　草廬全集卷之三　三十一

有綱領焉有節目焉有次序焉蓋以修己爲綱者自天子至於
庶人一是皆以修身爲本其本亂而末治者否矣故帝王之學
莫先於修己也然欲修己者必先立志故以立志爲首程子曰
入道莫如敬未有能致知而不在敬者故以收斂次之居敬以
致知故以窮理次之窮理旣明可以躬行而必有實心然後乃
下實功故以誠實次之旣誠於學則必須矯氣質而養眞氣以
復本然之性故以養氣次之養氣以上皆所以存心故以存心
次之存心所以正己故以檢身次之大槩修己之法此略備焉
而齊家之說臣未之及焉請盡言而無誅可乎夫齊家之道不
出於正倫理篤恩義二者而已孝友百行之源治平之本而
殿下得於天性有過之無不盡焉四方黎獻咸仰聖德今日民
心之不離皇天之眷顧國家之再安皆賴乎此也臣心誠歎服

口不容言然友愛之過或流於昵則亦不能無弊至於王子公
主駙馬之出入無節內言易出外言易入豈不可憂之甚者乎
朱子曰接見有時賜與有節古之聖王家法有如是矣若夫
教世子之法則禮記及保傅篇備載矣朱子曰近世帝王教子
之法疎略矣僚屬具員而無保傅之嚴講讀備禮而無箴規之
益至於朝夕所與出入居處而親密無間者不過宦官近習掃
除趨走之流而已所以輔養之具疎略如此是猶家有明月之
珠夜光之璧而委之衢路之側盜賊之衝也豈不危哉此言當
深戒也盖人有所敬而不肆有所畏而不放然後能動心忍性
進學修德焉後世自六七歲後便有僚屬已習爲人上而無所
敬畏進講之官極其尊奉師道廢絶接見有時規諫罕聞惟是
宦官宮妾日與親昵尊之以宴安之樂慣之以奢侈之習故事

封事　草廬全集卷之三　三十二

舊習無非不正如是而望世子之學成德立豈不難哉今 殿
下擇人設官教導以正可謂得輔翼之道也雖然君者世子之
則也其所視傚皆在於上故竊聞 殿下即祚以來絶不近酒
而世子不知酒味可見文王自家之化也 殿下一動一靜爲
世子則尤不可不謹也伏願 殿下深念焉又如嚴宮禁者人
主之尤不可忽者也辨別內外閑以禮法然後男女得其正矣
克去偏私存以公明然後好惡當乎理矣嚴嫡妾之分然後上
和而下敬矣謹國本之定然後統一而民安矣教戚屬以謙德
則義正而恩隆矣律宦寺以常憲則陽長而陰消矣然其本則
在於禮嚴而心公何則所謂禮嚴者宮壼整肅尊卑長幼秩然
有序莫敢踰分戚屬謹飭不敢私通請謁之謂也所謂心公者
一視內外少無偏係內奚之作善爲惡者戚黨之輸忠犯科者

皆付有司論刑賞一裁以正之謂也夫然後倫理正恩義篤推
之以治國治天下無所往而不得其當矣至於崇節儉則所以
制人欲而存天理萬善之本也故傳曰儉德之恭也侈惡之大
也堯之茅茨禹之惡衣文王之卑服尚矣漢文之時身衣弋綈
足履革舃以韋帶劒莞蒲爲席衣縕無文集上書囊以爲殿帷
天下望風成俗昭然化之豈不美哉子孫淫侈至有土木衣繡
厩馬被繢者可勝歎哉我國先王累代以儉約繩家量入爲出
綽有餘裕故府庫之蓄陳陳積億豈不庶且富乎屢經變故公
私罄竭而人心習俗漸入於奢僻宮中服用已變其儉約閭巷
小民以美麗之衣珍盛之饌爭能鬪巧倡優之賤寢處珍繡市
井之徒過於公卿上下無章靡費不貲蓋非一朝一夕之故也
變化之術不可處以常規必也 殿下以帝堯土階三等爲心

封事　草廬全集卷之二　三十三

內殿以馬后躬服大練爲法節損宮中用度儉約之制始于掖
庭使士大夫家觀感取則達于庶民然後痼習可革天財不流
民力漸紓矣伍擧之言曰私欲弘侈則德義鮮少德義不行則
近者騷離而遠者違拒伏願 殿下致思焉嗚呼此何等時也
昔蘇氏讀文侯之命而知東周之不復也何者以其旋旋與平
康之時無異故也書曰若藥不瞑眩厥疾不瘳七年之病求三
年之艾非百倍其功不足以致之矣以今日之時勢泄泄沓沓
欲徐徐以聽其自適非所聞也 殿下曷不見晉悼公之事乎
曷不爲衛文公之事乎此臣所以首進立志之說而惟恐聖學
之不成由其志之或荒故以崇節儉終焉伏願 殿下加察焉
嗚呼亂離之初人皆遑遑若不可生日月漸久人情漸弛至有
營宮室蓄田産業爲子孫計者何異於燕巢堂上突決棟焚而顏

也不廢乎毋呴呴乎今日士大夫不爲國家根本之計以圖遂
欲爲子孫永久之謀以傳後身行不義積斂苟得一經衰亂蕩
盡無餘矣何益之有哉蓋亦不思而已苟能以子孫之計爲國
家之謀則何事不成何功不立此在毫釐之間耳何不反而求
之乎　殿下視臣之如此也以爲國事不可爲也人皆含傷我
雖曰倦無補也下之忠勳府不革則內需司何以罷乎士大
夫之家舍踰制則公主之田宅何爲獨不量乎今日臣謀之意
亦以爲衆人皆然我何獨不然雖欲有爲如王不從何時事無
可爲何事快耳目之欲耳上之內需司不罷則忠勳府何可革
之公主之田宅經營則吾何不爲子孫計乎上下交征也此而
可以爲國乎子思曰詩曰俱曰予聖誰知烏之雌雄抑亦似君
之君臣乎不幸而近之矣雖然此在　殿下何則臣聞上行下

封事　草廬全集卷之三　三十四

效矣聞下行上效也聞之孟子曰王曰何以利吾國大夫曰何
以利吾家士庶人曰何以利吾身未聞士庶人曰何以利吾身
大夫曰何以利吾家王曰何以利吾國也　殿下誠能一日奮
然勇躍自一念之發至於一政事無少差謬自一身而推而至
於國家無或偏私則宮門洞開萬物咸睹青天白日衆隷亦仰
景星慶雲百工相賀矣嗚呼　殿下如始是則臣有所深悸永
嘆而不能自已者自古以來人君失德自取敗亡者理勢然也
無足恨者今日　聖明有何失德而國勢如此其岌岌乎臣仰
瞻九重亮天縱之姿日光之德音渙發如絲如綸而回視四方
商恒僚群構同民慶憂殿民愁苦如焚如溺臣未嘗不歎息流涕
痛哭也嗚呼聖質天縱超乎百王之上恢廣浩蕩包乎九州之
外乃聖乃神允文允武至勇至仁極大極廣此豈臣之所能測

度亦豈臣之所可擬議哉昔孟子告齊王曰王之不王不爲也
非不能也以齊宣王爲君而孟子之言如此況 殿下之臣民
宜無所望於王道之行乎王道高遠似難幾及然本之躬行循
序漸進則如行者不退終至於赴家食者不輟終至於飽腹初
非捕風捉影不可求效之比也第患人主貟以爲難行而莫之
爲耳噫聖王之政布在方冊如規矩在手可制方圓初雖齟齬
後漸純熟何患王政之不能行乎然人主之病凡有二焉一則
牽於多慾以爲王政不能行一則溺於流俗以爲王政不可行
牽於多慾者義理之公常蔽於人欲之私溺於流俗者聖賢之
言常屈於鄙俚之談後世之治日常少職此之由也後世之人
君常曰寡人有疾寡人好色矣又曰寡人有疾寡人好貨矣先
王之政恐其害己訑訑之色拒人於千里之外矣今 殿下即

封事 草廬全集卷之三 三十五

祚以來遠聲色絶嗜欲孜孜爲政莫敢或寧中外臣民咸仰盛
心以齊而王猶反手也後世人君常曰予小子何敢望古道乎
天德王道之說認爲古人之事而不涉於己人臣有進言者則
輒指笑以爲高談無實流俗之言亦曰古道決不可復今若革
舊更新則人心不安將至於危亂人主溺入其說故儒者之談
邈邈落落終無相合之理矣伏聞 殿下言于筵臣曰癸未固
盛德不若三代之懿 殿下此言宗社生民之福也苟充此心
實踐其言則武丁天下猶運之掌也或問于臣曰爲政必本於
德人主之德尚未成就則奈何臣答曰修身先於治國只言其
序當然耳若必待修身極其至然後乃可爲政則允德未終之
前將置國家於何地歟程子曰後王知春秋之義則雖德非禹
湯尚可以法三代之治程子豈妄語欺人者乎但得人主識取

捨誠好惡奮必治之志而委任於賢臣則德雖未至治體已立
也自此以往至於學日就德日造政日理化日廣則修身治國
可以並臻其極三代之盛復見於今日而桓文之業可俯而就
矣或又問於臣曰王政必世而後仁收效尚遠目前爲急如
之何臣答曰天下之事有本有末循其本則雖若迂遠而實易
爲功治其末則雖若切近而實難爲力與其事末而終不見治
曷若務本而必得其功乎昔梁惠王曰南辱於楚西喪地於秦
願比死者一洒之孟子曰地方百里而可以王夫豈不可爲而
孟子言之哉況地不改闢民不改聚德教沛然莫之能禦則智
慧乘勢鎡基待時欲王而王欲霸而霸矣或又問於臣曰子言
然矣聖上則有志矣如時不可何未行仁政齊楚恐而伐之不
可不戒臣答曰今之時與戰國之時不同教化之具與城池之

封事 草廬全集卷之三 三十六

策有異夫何懼而不爲哉今之議論者爲國家慮而不識大體
區區於事爲之末憂懼於意慮之外者有之惡士類者喜事造
言無所不道俾爲憂國而實欲濟私外若好善而中則忌之者
有之亦難於爲國矣然 聖上知哲賢臣寅協之心無一毫偏
私之累定計無一毫退轉之念用人無論親疎貴賤惟盡心於
國事者以爲上品處事無間大小精粗惟有補於大計者以爲
先務議論之決惟有義理二字用舍之道只去私之一心則日
去月來新見昭融之衷心和氣和終致蕩平之道矣何憂乎驩
兜何畏乎齊楚嗚呼昔鄒魯之鬨鄒民疾視長上之死而不救
穆公問於孟子孟子不告以嚴肅軍令而乃勸行仁政夫仁政
非一朝所可辨也兩陣相當矢石交爭雖欲行仁政勢無及
已以常情言之孰不笑其迂且遠哉然既無教養之素而遽期不

戎之成則必敗之道也莫退而修政以爲後圖孟子栢本之論
豈云迂哉方今朝廷尙靖士論稍張內無權倖之臣外無朝夕
之警及今猶可爲也稍後則後時而無及矣孟子曰國家閒暇
及是時明其政刑伏願 殿下汲汲修舉先王之政而毋事姑
息焉噫國家億萬年無窮之基其可但爲目前之計耶此臣所
以勸 殿下必行仁政而無疑也臣今疾甚旣嘗受針神昏情
變作氣爲文辭繁語複無復倫序然非臣之言也乃祖宗之法
也歷聖賢之學也伏望 殿下詳觀熟閱舒究深思取舍旣定
于聖衷然後廣咨廷臣議其可否而進退之幸甚幸甚嗚呼朱
子告其君曰日月迺遇如川之流一往而不可復不惟臣之蒼
顏白髮已迫遲暮而竊仰 天顏亦覺非復昔時矣千載之下
可泣鬼神臣竊伏聞前日聖旨有日暮途遠之教不待朱子之

封事 草廬全集卷之三 三十七

言而 殿下已知日月之逝矣伏乞 聖明懋哉懋哉噫今日
儒臣豈不講明此事而愛君之心人皆有之不量其分徑進此
言亦見其愚之甚而莫之懲也伏惟 聖慈垂憐焉嗚呼多辯
說者不必有才德不可以人而廢言亦不可以言而取人今以
臣身之不才謂臣言無可取不可也以臣言之有理謂臣才有
可用亦不可也伏願 殿下進臣之言而遠臣之職則公私幸
甚臣無任瞻天望聖激切屏營之至謹昧死以聞

● 迺當作逾

鄕約

1. 鄕約總則

① 처음 입약(立約)[1]할 때는 외방(外方)[2]의 수령(守令)이 노소귀천(老少貴賤)을 막론하고 관할 구역 안의 사민(士民)을 친히 인솔하여 모두 한 곳에 모인다[만약 大邑이면 각각의 掌內[3]에서 행한다]. 대성지성(大成至聖)인 공자(孔子)의 위패(位牌)를 북쪽에, 선사(先師)인 안자(顔子)·증자(曾子)·자사(子思)·맹자(孟子)의 위패를 동쪽에, 선사(先師)인 주자(周子)·정백자(程伯子)·정숙자(程叔子)·주자(朱子)의 위패를 서쪽에 모시고[각 位마다 병풍을 설치하고 紙榜을 써서 병풍 위에 붙인다], 가운데에 향로와 향합(香盒)을 설치한 다음 차례대로 서서[아래의 '會集讀法' 條에 보인다] 두 번 절한다. 최존자(最尊者) 1인이 올라가서 향축(香祝)하고 맹세를 아뢰는 글[글은 미리 지어둔다]을 읽는다. 모두 내려와서 자리에 있는 사람들과 더불어 두 번 절하고, 동쪽과 서쪽으로 물러나 서로 읍(揖)한 다음 각자의 자리에 가서 앉는다. 한 사람이 큰 소리로 약문(約文)[4][아래에 보인다]을 읽는다. 모임에 참석한 사람의 이름을 모두 적(籍)에 기록한다[참석하지 않은 사람은 單子를 바친다].

---

1) 立約 : 鄕約의 내용을 정하는 것. 鄕約은 일종의 '契約'으로서, 맨 처음에 그 계약을 성립시키는 절차와 방법을 설명하는 것이다.

2) 外方 : '京中'과 대비되는 말로서, 가가 '서울'과 '地方'을 뜻한다.

3) 掌內 : 鄕約을 시행하는 단위구역.

4) 約文 : 향약의 내용을 기록한 글.

교지(敎旨)[朝廷에서 글을 지어 보내, 백성을 인도하고 풍속을 아름답게 하는 뜻을 보인다]가 있으면, 먼저 다른 곳에 탁자를 설치하여 그것을 모셔 두고, 의식(儀式)에 따라 차례대로 서서 네 번 절하고, 교생(校生) 1인이 교문(敎文)을 읽는데, 자리에 있는 사람은 모두 엎드려서 듣고, 마치면 또 네 번 절한다. 그런 다음에 위의 의식(儀式)을 행한다[서울에서는 漢城府의 官員이 각 坊의 士民을 인솔하여 儀式에 따라 행사한다].

② 외방은 나이가 많고 덕망과 학술이 있는 사람을 택하여 1읍(邑)의 도약정(都約正)[1인]으로 삼는다. 그 다음으로 부약정(副約正)[1인], 그 다음으로 도직월(都直月)[1인], 사화(司貨)[1인]를 삼는다[이상의 所任에는 각각 常人으로 使令 2인을 둔다].

③ 각 장내(掌內)에는 약정(約正)[1인], 색장(色掌)[2인. 常人이 맡는다. 아래도 같다], 별검(別檢)[2인]을 둔다.

④ 경중(京中)의 각 방(坊)과 외방의 각 읍은 5가(家)를 1통(統)으로 삼아 통주(統主)[1인]를 두고, 25가를 소통(小統)으로 삼아 통정(統正)[1인. 모두 常人이 맡는다]과 교훈(敎訓)[1인. 士人이 맡는다]을 두며, 100가를 중통(中統)으로 삼아 통장(統長)[1인. 常人이 맡는다]과 직월(直月)[1인, 士人이 맡는다]을 두고, 200가를 대통(大統)으로 삼아 상유사(上有司)[1인. 有識者가 맡는다]와 하유사(下有司)[1인. 常人이 맡는다]를 둔다.

⑤ 모든 통(統)은 노소귀천을 막론하고 한 사람도 빠짐이 없게 명부(名簿)를 작성한다. 가솔(家率)의 자제로서 15세 이하인 자와 가내(家內)의 사환노비(使喚奴婢)는 가호(家戶)의 역(役)을 부과하지 않고 다만 이름만

기록한다. 각자의 성명(姓名)과 연령 · 4조(四祖)[5]를 모두 적어, 1건은 도약정에게 보내고[도장을 찍는다], 1건은 관(官)에 올리며, 1건은 호조(戶曹)에 올린다.

⑥ 외방의 인가(人家)가 통수(統數)를 채우기에 부족하면 다른 마을과 합쳐서 통(統)을 만든다. 합칠 수가 없는 상태에서 남는 수가 있으면 잠시 (가까운) 통(統)에 붙여둔다.

⑦ 외방의 200가 통(統)마다 몽재(蒙齋)를 세우고, 조관(朝官) · 생원(生員) · 진사(進士) · 유학(幼學) 가운데 학식과 행실이 있는 자로 스승을 삼는다[社倉의 기금으로 1년에 20石씩 계산하여 公養한다. ○ 社倉法은 아래에 보인다]. 태어나서 8세가 되면 조관(朝官)의 자제로부터 서얼(庶孼) 및 양민(良民)에 이르기까지 모두 수학(受學)한다[姓名 · 연령 · 四祖를 모두 징부에 기록하고 도장을 찍는다]. 15세가 되면 본관(本官)에서 강(講)으로 시험하여, 『소학(小學)』 · 『효경(孝經)』과 『사서(四書)』 가운데 1서에 능통한 자는 향교(鄕校)로 진학시키고, 그렇지 못한 자는 오위(五衛)로 돌린다.

⑧ 외방의 향교는 사대부(士大夫) 가운데 나이가 많고 덕행과 학술이 있는 자로서 관직에서 물러나 고향에 있는 사람 가운데 하나를 스승으로 임명하여, 오늘날의 부군직(付軍職)처럼 회부(會簿)[6]로 공양(公養)하고, 송(宋)나라 사관(祠官)의 예처럼 녹봉(祿俸)에 차등을 둔다. (스승은) 매

5) 四祖 : 父 · 祖 · 曾祖 · 外祖.

6) 會簿 : 公費.

월 초하루와 보름에 향교에 가서 여러 생도들을 강습(講習)시키되, 30세 이하는 돌아앉아서 외우게 하여 통과하지 못하면 회초리로 때리고, 30세 이상은 죽죽 읽게 하여 통과하지 못하면 면책(面責)[7]한다.

⑨ 사학(四學) 유생(儒生)의 명부 1건은 예조(禮曹)에 둔다. 향교 유생의 명부 1건은 본관(本官)에, 1건은 감영(監營)에, 1건은 예조에 둔다. 과거를 시행할 때 이 명부에 이름이 없는 자는 과거에 응시할 수 없게 한다. 만약 명부에 함부로 이름을 기입한 자가 있으면, 이름을 기록해준 관리는 처벌하고, 방목(榜目)[8]에 오른 사람은 발라낸다.

⑩ 매년 사학의 교수(敎授)와 외방의 도사(都事)는 학교의 유생을 강(講)으로 시험하되, 60세 이상 및 초시(初試)에 합격한 사람 외에는 모두 강(講)하게 한다. 한 번 읽히고 (모를 경우) 또 읽혔는데도 (『四書』 가운데) 2서에 통하지 못한 자는 오위로 돌려보낸다. 그 강(講)은 깨우침을 위주로 하고, 어려운 내용을 골라서 떨어뜨리려고 하지 않는다.

⑪ 외방의 수령과 감사가 교생(校生)을 대할 때에는 반드시 예(禮)를 갖추어야 하며, 관청의 일을 맡겨서는 안 된다. 감사가 올 때, 문묘(文廟)를 배알하는 경우는 교문(校門) 밖에 나가 공손하게 맞이하고, 배알하지 않는 경우는 맞이하지 않는다.

⑫ 서원(書院)에는 동주(洞主)나 산장(山長)[9]의 임원을 두되, 학행(學行)이

---

7) 面責 : 여러 사람 앞에서 책망함.
8) 榜目 : 과거 합격자의 명단.

있어서 사표(師表)가 될 만한 사람 또는 관직을 쉬고 물러나 있는 사람을 골라 그 직책을 맡김으로써 (院生들을) 통솔하게 한다[俸祿이 있다. 그러나 지금처럼 국가에 일이 많은 때를 당하여, 이미 鄕校의 師長에게 봉록을 주고, 또 書院의 洞主 · 山長에게 봉록을 주는 것은 힘에 부치는 일이니, 各地의 書院이 스스로 감당하여 처리한다].

⑬ 매년 사학과 향교에서는 향음주(鄕飮酒) · 향사(鄕射) 등의 예(禮)를 행하고, 1인을 골라 조정(朝廷)에 빈홍(賓興)[10]한다[방식은 『儀禮』에 보인다. ○ 1인을 賓興하는 것은 行實이 있는 자가 있으면 추천하고, 없으면 억지로 채우지 않는다].

⑭ 성균관과 사학 · 향교의 학생 및 음관(蔭官)으로서 문무(文武)의 재능을 지닌 자에게는, 식년(式年)마다 별도로 과장(科場)을 설치하여, 사서삼경(四書三經)과 무경칠서(武經七書)를 모두 임강(臨講)[11]하게 하고, 무재(武才)의 두 기술에 합격한 자는 곧바로 전시(殿試)에 나가게 한다.

⑮ 국중(國中)에 연영원(延英院)을 설치한다[아래의 해당 조목 참조].

⑯ 200가 소재지에 사청(射廳)을 세우고, 오위의 군사로서 집에 있는 자들로 하여금 아침저녁으로 활쏘기를 익히게 한다[有蔭 · 無蔭은 國典에 따라

---

9) 洞主 · 山長 : 書院의 院長에 해당되는 직책.

10) 賓興 : 周代에 시골의 선비를 발굴하여 추천하던 제도. 學業과 德行이 뛰어난 사람을 '賓' 이라 하여 中央의 國學으로 추천했는데, 이를 '賓興' 이라 하였음.

11) 臨講 : 책을 스승이나 試驗官 앞에 펴 놓고 강독함. '背講(돌아앉아 외움)' 의 반대.

각각 籍이 있다]. 속오군(束伍軍) 또한 이를 따른다.

⑰ 매년 영장(營將)은 무재(武才)를 시험하여, 유능한 자는 오위에 소속시킨다. 상경(上京)하여 번(番)을 설 때 식량은 군자별창(軍資別倉)에서 낸다. 무능한 자는 귀농(歸農)시키고, 법규에 따라 각각 5승 목면(木綿) 35척짜리 2필을 내게 하여 군자별창으로 보낸다. 오위의 군사는 예(禮)로써 대우한다. 재능을 시험할 때에, 능하지 못한 자는 가르치고 곤장을 치지 않는다. 무릇 오위는 1만명을 1번으로 삼아[그 數는 비축된 식량에 따라 加減한다], 궁궐을 수비한다. 오위 장령(將領)의 무재 시험은 법규에 따르고, 각처의 수직사령(守直司令)으로 보내지 않는다. 양민(良民)은 속오(束伍)에 충원하지 않는다. 속오군의 상번(上番)은 구례(舊例)와 같이 하고, 무재 시험은 오위와 동일하게 하며, 식량은 모두 군자별창에서 낸다. 하번(下番)할 때에는 시험장을 열고 재주를 시험하여, 1만명 가운데 2~3인을 뽑아 곧바로 (殿試에) 응하게 하여 급제시킨다. 매번(每番) 이렇게 하고 매년(每年) 이렇게 하여, 일정한 법식으로 삼는다. 속오는 향약청의 좌목(座目)을 살펴, 공사천(公私賤) 15세 이상인 자에게 무재를 시험하여 능한 자를 모두 충원하되, 사천(私賤)인 경우 주인이 집 안에서 사환(使喚)하는 자는 충원하지 않는다. 공천(公賤)으로서 재주가 없는 자는 법규에 따라 포(布)를 징수한다. 속오에 속한 모든 사람에게는 군자창(軍資倉)의 미포(米布)를 알맞게 헤아려 지급함으로써 경비로 삼게 한다. 그 가운데 가장 재주가 있는 자는, 공천이면 면천(免賤)시키고, 사천이면 본래 주인에게 값을 지불하고 면천시켜서 오위에 충원한다. 식량은 군자별창(軍資別倉)에서 낸다. 조수군(漕水軍)은 모두 정해진 숫자가 있거니와, 먼 곳에 사는 사람은 거주지의 관아에서 규정대로 포(布) 2필을 징수하여 연해(沿海)의 읍(邑)으로 보냄으로써 그 역

(役)을 돕도록 한다[國中의 人役은 모두 5승 木綿 35척짜리 2필 또는 쌀 10말을 定式으로 한다. 사천(私賤)이 주인에게 바치는 공물 또한 이 법식과 같이 한다. 주인이 만약 더 징수하면, 드러나는 대로 징계한다].

⑱ 외방의 수령은 매년 한 번씩 각 면(面)에 가서 향약을 읽는 예(禮)를 행한다.

⑲ 사대부(士大夫) 품관(品官)으로서 사사롭게 백성을 부리는 자는 죄가 무거운 경우 집안 전체를 변방으로 이주시킨다.

⑳ 옛 법에 역역(力役)은 3일이었으니[官舍 · 도랑 · 道路 등을 수리한다], 이 외에는 절대로 백성을 부리지 못하도록 한다. 관사(官舍)를 짓거나 수리하는 등의 일은 국전(國典)에 따라 감사(監司)에게 보고하고, 큰 것은 임금께 보고한다. 사사로이 백성을 부리는 자는 처벌한다.

㉑ 향약에 가입하지 않은 자가 있으면, 통주 · 통정 · 통장 · 상유사는 반드시 관에 보고한 다음 (名簿에) 이름을 기록한다. 관에 보고하지 않고 사사로이 이름을 기록한 경우, 본인과 통주 등을 모두 벌하여 세목면(細木綿) 1필을 내게 한다. 원래 이름을 기록하지 않은 자가 드러나면 집안 전체를 변방으로 이주시키고, 상유사 이하의 여러 임원들을 상벌(上罰)에 처한 다음, 200가 모두 벌로 세목면 1필을 내개 하여 군자별창으로 보낸다. 향약에 가입하지 않은 자는 수화(水火)의 재난(災難)에 서로 돕지 못하고, 집회에 함께 참여하지 못하며, 서로 쟁송(爭訟)할 때 심리(審理)를 들어주지 않는다. 심리를 들어주면, 그 관원(官員)을 벌한다. 또 사장(死葬)에도 돌보아주지 않는다. 돌보아주는 자는 벌로 세목면 1필을 내게 한다.

㉒ 도피하여 산택(山澤)에 살고자 하는 자는 집안 전체를 변방으로 이주시킨다. 대명률(大明律)에 "도피하여 산택에 사는 자는 아직 모반(謀叛)을 행하지 않은 것과 동일하니, 우두머리는 교수(絞首)하고 추종자는 100대의 곤장을 친 다음 3천리 밖으로 유배(流配)시킨다. 관병(官兵)에 항거한 자는 이미 모반을 일으킨 것과 동일하니, 우두머리와 추종자를 구분하지 않고 모두 참수(斬首)한다."고 하였다.

㉓ 이사하는 자는 관청에 고하고 문장(文狀)을 받아 이사가는 곳의 관청에 제출한다. (이사간 곳의 관청에서는) 무죄(無罪)임이 밝혀진 연후에 접촉을 허락한다. 문장이 없는데 사사로이 접촉을 허락한 자는 그 통(統)의 상유사 이하 여러 임원을 상벌(上罰)한 다음, 200가와 함께 모두 세목면 1필을 벌로 내게 한다. 사사롭게 스스로 이사한 자는 집안 전체를 변방으로 이주시킨다[사는 곳이 멀리 떨어져 있어 統에 속하지 않은 자는 가까운 統에 책임지운다].

㉔ 외방 200가 통(統) 안에는 사창(社倉)을 설치한다[아래의 해당 조목 참조].

㉕ 도약정이 임무를 잘 수행하여 성과(成果)가 있으면 수령이 감사에게 보고하여, 상달(上達)의 자료로 삼게 한다. 도약정·부약정이 과실(過失)이 있으면 수령이 감사에게 보고한 다음 교체한다.

㉖ 백성이 원왕(冤枉)[12]이 있으면 스스로 수령에게 소청(訴請)하는 것을 허락한다. 수령은 그 시비(是非)를 살펴, 그르면 죄를 주고, 옳으면 약정(約正)을 벌한다. 수령에게 정직하지 않은 점이 있으면 감사에게 스스로 소청하는 것을 허락한다. 감사는 그 시비를 살펴, 그르면 죄를 주고,

옳으면 중대한 경우 수령을 벌한다[백성의 訴寃을 들어주는 것은 朱子도 말한 바 있다].

2. 鄕約凡例

① 처음 입약(立約)할 때, 선성(先聖)과 선사(先師)께 예(禮)를 행하고, 오가통(五家統)을 정하며, 사목(事目)에 따라 도약정·부약정 이하 여러 임원을 선출한다[앞의 설명 참조].

② 도약정·부약정·도직월(都直月)·교훈(敎訓)은 유고(有故)가 아니면 바꾸지 않는다. 사화(司貨)는 1년마다 돌아가면서 바꾸고, 약정·상유사·직월은 3년마다 돌아가면서 바꾸며, 통주·통정·통장·하유사·색장(色掌)·별검(別檢)은 1년마다 돌아가면서 바꾼다.

③ 사창(社倉)의 여러 임원은 모두 도약정이 통솔한다[아래의 해당 조목 참조].

④ 약중(約中)의 최존자(最尊者)를 추대하여 존위(尊位)로 삼는다[3인 혹은 4인이되, 4인을 넘지 않는다].

⑤ 교훈(敎訓)은 각각 통내(統內)에서 문자(文字)를 읽지 못하거나 법(法)을 모르는 자들을 통솔하여 매월 초하루에 한 번씩 모여 한글로 약법(約

12) 寃枉 : 원통하고 억울한 사연.

法)을 해설함으로써, 자세히 알게 한다.

⑥ 외방의 각 장내(掌內)는 매년 4계절 첫째 달의 초하루에 한 번씩 모임을 갖는다[초하루에 무슨 일이 있으면 미리 다른 날을 정하되, 初旬을 넘지 않는다].

⑦ 도약정 · 부약정 · 도직월 · 사화는 매년 한 차례씩 각 면(面)의 약정 · 색장 · 별검 및 각 통(統)의 상유사 · 교훈 · 하유사 · 직월 · 통주 · 통정 · 통장 등과 함께 한 곳에 모여 약법(約法)을 강명(講明)한다.

⑧ 무릇 모일 때 병고(病故)가 있어 참석할 수 없으면, 반드시 사유를 적은 단자(單子)를 만들어 그날 아침 일찍 직월에게 바침으로써[下人은 所志狀을 바친다], 여러 임원들에게 전달해서 보여주도록 한다. 만약 병고를 핑계 삼는 것임을 분명히 알 수 있으면, 직월이 약정에게 보고하여 향약을 어긴 것으로 논한다.

⑨ 선(善) · 악(惡) 2적(籍)을 만든다. 선행과 악행이 있는 자를 직월이 기록하여, 매번 모일 때 약정에게 보고하고 적(籍)에 기록한다. 선행이 두드러진 자와 악행이 큰 자는 반드시 도약정에게 알려 관(官)에 고한다.

⑩ 무릇 선 · 악을 기록하는 것은 모두 향약에 참여한 다음부터 시작한다. 향약에 참여하기 전에 비록 과실(過失)이 있었더라도 모두 깨끗이 씻어내는 것을 허락하여 다시 논하지 않으며, 반드시 여전히 고치지 않은 다음에야 적(籍)에 기록한다. 악적(惡籍)은 허물을 고친 것을 분명히 안 다음에, 회집(會集)할 때 중론(衆論)을 모아 지운다. 선적(善籍)은 비록 허물이 있더라도 또한 지우지 않는다. 반드시 불효(不孝) · 불우(不友) ·

음간(淫奸)·장오(贓汚) 등 크게 도리에 어긋난 행실이 있은 다음에 선적을 지우고 향약에서 쫓아내며, 또한 관(官)에 고하여 죄를 다스린다[향약에서 쫓겨난 다음 행실을 고친 자는 다시 가입하는 것을 허락하되, 가입할 때 자리에 있는 사람 모두가 面責한다. 뒤에도 같다]. 허물을 기록한 것이 지워지지 않은 채 3회에 이르렀는데도 끝내 고치지 않으면, 여럿이 논의하여 향약에서 쫓아낸다[고치면 다시 가입하는 것을 허락한다].

⑪ 직월이 사람들에게 선·악의 행실이 있음을 들어서 알고 있으면서도 고하지 않으면, 약정은 그 까닭을 힐문(詰問)하고, 향약을 어긴 것으로 논한다.

⑫ 무릇 경사(慶事)에는 축의(祝儀)가 있고 상사(喪事)에는 부의(賻儀)가 있으니, 그 재물은 모두 사창에서 낸다[사창의 곡물이 부족하면 따로 거둔다].

⑬ 무릇 공사(公事)는 약정과 직월이 주관한다. 만약 약정이나 직월이 아니면서 멋대로 시비(是非)를 논단(論斷)하면 향약을 어긴 것으로 논한다.

⑭ 무릇 회집(會集)할 때가 아닌데도 마땅히 논의해야 할 큰 일이 있으면, 도약정이 직월로 하여금 존위(尊位)와 논의하여 정하게 한다.

⑮ 사계절 첫째 달 초하루의 회집(會集) 때가 아닌데도 논의해야 할 공사(公事)가 있으면, 직월·약정·상유사가 도약정에게 가서 논의하고 처리한다[무릇 賞罰은 반드시 빨리 시행해야 할 것이 있으니, 때를 가리지 않고 논의하여 처리한다].

⑯ 태(笞) 20대 이하는 장내의 약정이 스스로 판단하고, 태 40대 이하는 도약정이 스스로 판단한다. 이를 넘는 사안은 관(官)에 보고한다.

⑰ 직월 · 약정 · 상유사가 만약 공사(公事)를 빙자하여 사익(私益)을 추구하거나 분명하지 못하고 정직하지 못한 자가 있으면, 도약정이 관(官)에 고하고 고치도록 꾸짖는다. 색장 · 별검 · 하유사 · 통주 · 통장의 경우 각 장내의 약정이 그 과실을 규찰하여 죄를 다스리되, 심한 자는 도약정에게 알려 관(官)에 고하고 바꾼다.

⑱ 각 장내의 약정이 향소(鄕所)[13]와 서로 통보할 때는 관자(關子)를 사용하며, 도약정과 서로 통보할 때에는 첩정(牒呈)을 사용한다. 도약정은 향소와 문서(文書)를 주고받지 않는다.

⑲ 뒤에 가입하는 자가 있으면 모일 때 선성(先聖) · 선사(先師)께 예를 행하고[紙榜은 앞에 보인다], 예를 마치면 초입자(初入者)는 앞자리의 약간 서쪽에 꿇어앉는다. 직월은 고문(告文)[글 또한 미리 짓는다]을 가지고 그 왼쪽에 꿇어앉아 있다가 읽는다[約正 이하 및 자리에 있는 사람은 꿇어앉지 않는다]. 읽기를 마치면, 초입자는 두 번 절한다[자리에 있는 다른 사람들은 절하지 않는다].

⑳ 좌목(座目)은 들어오는 순서대로 기록하고, 매년 겨울 초하루에 모일 때 책으로 정리하여 관(官)에 올린다. 식년(式年)에는 감영과 호조에 올린다.

13) 鄕所 : 留鄕所. 外方의 守令을 보좌하던 자문기관. '關子' 와 '牒呈' 은 公文書의 일종.

3. 鄕 約 文

무릇 향약은 네 가지이니, 첫째는 덕업상권(德業相勸), 둘째는 과실상규(過失相規), 셋째는 예속상교(禮俗相交), 넷째는 환난상휼(患難相恤)이다.

1) 德業相勸

덕업(德業)이란 다음과 같은 것들을 말한다.

• 부모께 효도함

효(孝)는 진실한 마음으로 부모를 사랑하는 것이다. 맛있는 음식이 생기면 모두 부모께 드린다. 부모의 뜻을 받들고 따라서, 감히 어기지 않는다. 항상 공경하고, 응대(應對)할 때는 반드시 순종한다. 자기의 재물을 아끼지 않고 부모가 쓰시도록 맡긴다. 부모께 병환이 있으면 근심하는 마음을 풀지 않고, 반드시 약(藥)을 구하여 정성을 다해 치료한다. 상(喪)을 당해서는 슬픔을 다하고 예법(禮法)에 따라 절차를 지키며, 정성스럽게 제사를 지낸다.

서인(庶人)과 천민(賤民)은 부모의 기일(忌日)에 지방(紙榜)을 써서 제사지내며, 네 명절[14]에는 묘(墓)에서 제사지내되, 묘가 없으면 또한 지방을 써서 제사지낸다. 그밖에 살아계신 부모를 섬기는 일은 위와 같다.

• 국가에 충성함

충(忠)은 정성을 다해 임금을 섬기고, 직분(職分)을 지켜 공사(公事)를 받들며, 자신을 잊고 국가를 위하는 것이다.

---

14) 설날 · 寒食 · 秋夕 · 冬至를 말함.

하인(下人)의 경우에는 정성스럽게 상전(上典)을 섬겨 감히 조금이라도 속이거나 숨기지 않으며, 시키는 일이 있으면 부지런히 일해서 노고를 꺼리지 않고, 얻은 물건이 있으면 반드시 상전께 바치고자 하는 등의 일이다.

• 형제간에 우애함

우애(友愛)란 동기간(同氣間)에 서로 사랑하며, 있는 것과 없는 것을 서로 변통하고, 음식이 생기면 반드시 함께 나누어 먹고, 모든 일에 서로 도와 자신의 일과 다름이 없게 하는 것이다.

• 어른께 공손함

나이가 많은 사람을 공경하는 것이니, 자기보다 20세나 어른이면 보면 반드시 절하고, 10세 어른이면 감히 '너' 라고 말하지 않는 것 등이다.

하인의 경우, 위와 같이 어른을 공경하고, 또 사족(士族)을 공경한다. 사족을 보면 아는 사람이든 모르는 사람이든 반드시 절하고, 말을 공손하게 한다. 만약 소나 말을 타고 있었다면 반드시 내려서 길가에 꿇어앉고, 모든 일에 거만함이 없어야 한다. 비록 동향(同鄕)의 사족이 아니라 하더라도 반드시 이렇게 대접해야 한다.

• 남녀간에 예법이 있음

부부(夫婦)가 서로 공경하여 다투거나 욕하지 않고, 또한 닐압(昵狎)[15] 하거나 소박(疎薄)[16]하지 않는 것이다.

하인의 경우, 감히 남의 아내나 딸을 간음(淫奸)하지 않으며, 마을의 남녀가 길을 가다 만나면 서로 피해 지나가며, 서로 친압(親狎)하지 않는 것이다.

---

15) 昵狎 : 禮法에 어긋날 정도로 친하게 구는 것. 親狎.

16) 疎薄 : 성글게 박대함.

- 말은 반드시 참되고 믿음직스러움
- 행동은 반드시 두텁고 공경스러움
- 성냄을 참고 욕심을 막음
- 착한 일을 보면 반드시 실천함
- 허물을 들으면 반드시 고침
- 종족간에 화목하고 이웃과 사귐

종족(宗族)을 사랑하고, 마을 사람들과 화목하며, 있는 것과 없는 것을 서로 빌려주고, 질병과 환난에 서로 도움을 말한다.

- 자식을 가르침에 방도가 있음

반드시 착한 행실로 자식을 교육하여, 몸을 닦고 일에 힘써 감히 즐겨 놀지 않도록 하며, 만약 남과 말다툼을 하면 곡직(曲直)을 따지지 않고 반드시 그 자식을 매질하고 꾸짖는 것이다.

- 아랫사람을 제어하는 데 방도가 있음
- 기난해도 청렴과 절개를 지킴
- 부유해도 예양(禮讓)을 좋아함
- 남의 물건을 탐내지 않음

남의 물건을 보고 조금도 욕심을 내지 않으며, 길바닥에 떨어진 물건이 있으면 반드시 그 주인을 찾아 돌려주는 것이다.

- 사공(事功)에 힘씀

제 일이든 남의 일이든 모두 마음을 다해 노력하여, 감히 게으르거나 소홀히 하지 않는 것이다.

- 약속을 실천함

약령(約令)을 하나하나 지켜서, 감히 조금이라도 느슨하게 하지 않는 것이다.

- 부탁을 들어줌
- 환난(患難)을 구제함

- 널리 은혜를 베풂
- 남을 착한 곳으로 인도함
- 남의 과실을 타이름
- 남을 위해 일을 도모함
- 대중을 위해 일을 성취함
- 능히 다툼을 해결함
- 시비(是非)를 가림
- 이로운 일을 일으키고 해로운 일을 제거함
- 관직에 있으면 맡은 일을 완수함
- 법령을 두려워함
- 삼가 조세(租稅)를 바침

이상의 일들은 모범이 될 만한 덕업이니, 약원(約員)들은 각자 이를 닦고 서로 권면한다. 이러한 일들을 능히 실행하는 자가 있으면, 약원은 들은 바를 직월에게 알리고, 직월은 사적(私的)으로 장부에 기록했다가 회집(會集)할 때 약정에게 고하며, 약정은 대중에게 물어 그 사실을 확인한 다음 표창한다. 덕업이 특히 남다른 자는 도약정에게 고하고, 도약정은 관(官)에 보고하여 포장(褒奬)을 청한다. 그 밖의 덕업은 선적(善籍)에 기록하여 훗날의 참고자료로 삼는다.

2) 過失相規

과실(過失)이란 몸가짐을 삼가지 않고, 윗사람을 섬김에 예의가 없으며, 아랫사람을 접함에 은혜가 없고, 약령(約令)을 따르지 않는 것 등을 말한다.

무릇 큰 과악(過惡)이 있는 자 및 여러 차례 벌을 논했는데도 끝내 스스로 고치지 않아 약령을 무너뜨린 자는 모두 관(官)에 고하여 죄를 다스린 다음 향약에서 쫓아낸다. 약중(約中)의 사람들은 교류를 끊어, 서로 접촉하거나 대화하지 않는다[허물을 뉘우치고 고치겠다고 청하여 스스로 새로워졌다면, 다시 가입하는 것을 허락한다].

큰 과악(過惡)이란 부모에게 불효함, 부모나 시부모를 때리거나 밀쳐 넘어뜨림, 하인이 상전을 거역함, 형제 사이에 화목하지 않음, 친형(親兄) 및 3촌이나 5촌 숙부를 때림, 하인이 사족(士族)을 능욕하거나 때림을 말한다.

이러한 일들을 범한 것이 비록 무겁더라도 일단은 먼저 벌하고, 그래도 고치지 않은 다음에 관(官)에 고하면 스스로를 규율하게 될 것이다.

이것은 향당(鄕黨)에서 서로 규계(規戒)하는 벌이므로, 그 죄를 다룸이 국전(國典)과는 다르다.

(1) 벌의 종류

① 상벌(上罰)

사류(士類)는 의논하는 일이 끝날 때까지 뜰에 세워둔다. 음식을 먹을 때는 끝자리에 별도로 앉힘으로써 벌을 보여준다. ○ 장자(長者)는 많은 사람이 모인 자리에서 면책(面責)한다. ○ 하인(下人)은 태(笞) 40대를 친다.

② 차상벌(次上罰)

사류는 많은 사람이 모인 자리에서 면책한다. ○ 장자는 반감(半減)한다. ○ 하인은 태 30대를 친다.

③ 중벌(中罰)

사류는 서벽(西壁)에 앉아있는 사람 이상이 면책한다. ○ 장자는 반감(半減)한다. ○ 하인은 태 20대를 친다.

④ 차중벌(次中罰)

사류는 존위(尊位) 및 유사(有司) 이상이 면책한다. ○ 장자는 자리에서 나오게 하여 벌주(罰酒) 1잔을 준다. ○ 하인은 태 10대를 친다.

⑤ 하벌(下罰)

사류는 자리에서 나오게 하여 벌주 1잔을 준다. ○ 장자는 따로 앉혔다가 자리에서 나오게 하여 훈계하고 꾸짖는다. ○ 하인은 하인의 자리에서 면책한다.

⑵ 시행원칙

① 무릇 존자(尊者)에게 과실이 있으면 자제(子弟)가 대신 그 벌을 받게 하되, 자제가 없으면 규례(規例)에 따라 벌포를 내게 한다[아래에 보인다].
② 무릇 존자(尊者)와 장자(長者)는 모두 도약정의 나이를 기준으로 따진다.
③ 하인(下人)이 나이가 많거나 질병이 있어서 태(笞)를 감당할 수 없을 경우에는 대신 벌포를 바치는데, 태 10대당 상목면(常木綿) 1필을 바치는 방식으로 따진다. 무릇 벌포는 사화(司貨)가 맡아서 공용(公用)으로 쓴다[約正이 정한 罰의 布는 鄕約廳에 내고, 官에 고한 罰의 布는 官에 낸다].
④ 약중인(約中人)의 아내와 딸은 비록 좌목(座目)에 이름을 기록하지는 않지만, 선악에 대한 상벌(賞罰)에 있어서는 또한 동일하다.

(3) 시행 벌칙

- 부모와 얼굴빛이 변하도록 서로 힐난(詰難)하는 자
- 3촌 숙부 및 친형(親兄)을 욕하는 자
- 부모의 가르침이나 명령에 따르지 않는 자
- 부모가 가난한데 자식이 부유하면서도 봉양하지 않는 자
- 부모가 돌아가셨는데 슬퍼하지 않고 하루 안에 술을 마시는 자

이상 5가지 과실에 대해서는 도약정 이하가 때를 가리지 않고 회집(會集)을 소집하여 꾸짖는다. 과실을 고칠 것을 청하면, 상벌(上罰)한 다음 악적(惡籍)에 기록하고 기다린다. 만약 따지고 들면서 불복(不服)하여 개과(改過)의 뜻이 없으면, 관(官)에 고하여 죄를 다스린다.

- 거상(居喪) 중에 술에 취한 자
- 제사(祭祀)에 공경하지 않는 자
- 하인으로서 기제(忌祭)와 묘제(墓祭)를 지내지 않는 자
- 5촌 숙부 및 외삼촌과 종형(從兄)을 욕하는 자

이상은 상벌(上罰)

- 부모가 보는 곳에서 거만하게 앉아있는 자
- 소나 말을 타고 부모가 보는 곳을 지나는 자

이상은 차상벌(次上罰), 시부모에 대한 과실은 부모에 대한 과실과 같게 벌하고, 아내의 부모에 대한 과실은 외삼촌에 대한 과실과 같게 벌한다.

- 하인이 상전에게 언사(言辭)가 공손치 못한 자
- 밖에서 상전을 욕하는 자

이상은 상벌(上罰)

• 상전의 가르침이나 명령에 따르지 않는 자
• 상전의 명령을 행함에 있어 모든 일에 정직하지 않고 속여서 이익을 취하는 자

이상은 차상벌(次上罰)

• 상전이 보는 곳에서 소나 말을 타는 자는 중벌(中罰)
• 사족(士族) 앞에서 하인이 언사(言辭)가 공손치 못한 자는 중벌(中罰)
• 하인으로서 사족을 보고 절하지 않는 자
• 소나 말을 타고 내리지 않는 자
• 사족이 보는 곳에서 거만하게 앉아있는 자

이상은 차중벌(次中罰)

• 3촌 숙부 및 친형에게 얼굴빛이 변하도록 서로 힐난(詰難)하는 자는 차상벌(次上罰)
• 5촌 숙부 및 외삼촌 · 종형(從兄)과 얼굴빛이 변하도록 서로 힐난(詰難)하는 자는 중벌(中罰)
• 3촌 숙부 및 형이 보는 곳에서 거만하게 앉아 있는 자
• 소나 말을 타는 자
• 언사가 공손치 못한 자

이상은 중벌(中罰)

• 외삼촌과 5촌 숙부 및 종형이 보는 곳에서 거만하게 앉아 있는 자와 소나 말을 타고 지나가는 자와 언사가 공손치 못한 자는 차중벌(次中罰)

• 장자(長者)를 붙잡고 손찌검 하는 자는 상벌(上罰)
• 장자(長者)를 욕하는 자는 중벌(中罰)

• 장자(長者)가 보는 곳에서 거만하게 앉아 있는 자
• 소나 말을 타고 지나가는 자
• 언사가 공손치 못한 자
이상은 하벌(下罰)

• 형이 교회(敎誨)의 목적이 아닌 사적인 혐의(嫌疑)로 아우를 때린 경우는 중벌(中罰)
• 하인(下人)의 처가 남편을 때린 자는 상벌(上罰), 상처를 입혔으면 관(官)에 고한다.
• 죄 없이 아내를 때린 자는 중벌(中罰), 상처를 입혔으면 상벌(上罰)
• 아내로서 대중 앞에서 남편을 욕한 자는 중벌(中罰)
• 처자(妻子)를 가르치지 못해 악(惡)을 하게 한 자는 중벌(中罰), 가벼우면 하벌(下罰)
• 정처(正妻)를 소박(疎薄)하는 자는 상벌(上罰), 고치지 않는 자는 관(官)에 고한다.
• 가족과 화목하지 못하여 서로 싸우고 따지는 자는 중벌(中罰)
• 마을의 남녀가 예의 없이 닐압(昵狎)하고 음란한 말로 희롱하는 자는 차중벌(次中罰)
• 하인이 남의 아내나 딸과 부둥켜안고 서로 친압하는 자는 중벌(中罰)
• 남녀가 한 방에서 잔 자는 상벌(上罰)

• 무릇 하인으로서 서로 싸우며 구타한 자는 연령의 노소(老少)와 정리(情

理)의 곡직(曲直) 및 맞은 자의 상처(傷處)의 경중(輕重)을 살펴 벌을 논한다.

- 연장자(年長者)의 정리(情理)가 곧고 상처가 없는 경우는 하벌(下罰)[제멋대로 때린 죄로 다스린다]
- 정리는 곧으나 상처가 난 경우는 중벌(中罰)
- 정리가 굽고 상처가 난 경우는 상벌(上罰)
- 정리는 굽으나 상처가 없는 경우는 차중벌(次中罰)

- 연소자(年少者)는 곡직(曲直)을 막론하고 상처가 났으면 관(官)에 고한다.
- 정리가 곧고 상처가 없는 경우는 차상벌(次上罰)
- 정리는 굽으나 상처가 없는 경우는 상벌(上罰)

- 나이가 서로 대등하면 정리(情理)가 굽고 상처가 난 경우는 상벌(上罰)
- (情理는 굽으나) 상처가 나지 않은 경우는 차상벌(次上罰)
- 정리(情理)는 곧으나 상처가 난 경우는 차상벌(次上罰)
- (情理가 곧고) 상처가 나지 않은 경우는 차중벌(次中罰), 대체로 상처가 중대하면 모두 관(官)에 고한다.

- 사인(士人)으로 대등한 자가 서로 욕한 경우는 차중벌(次中罰)
- 사인(士人)으로 대등한 자가 서로 붙잡고 때리는 경우 차상벌(次上罰)

- 사인이 사적으로 하인을 때리는 자는 중벌(中罰), 상처가 심하면 관(官)에 고하는 것을 허락한다.
- 사인이 장자(長者)로서 어린이를 때린 자는 중벌(中罰)
- 남의 아내나 딸과 몰래 간음(姦淫)한 자 및 겁주어 간음한 자는 관(官)에

고한다.

- 남의 도망한 노비를 꾀어서 받아들인 자가 발각되면 집안 전체를 변방에 이주시키고, 노비는 본래 주인에게 돌려준다[해당 統은 모두 벌로서 細木綿 1필을 낸다].
- 소를 잡는 자는 상벌(上罰). 부득이(不得已)한 사유로 소를 잡는 자는 사유서를 갖추어 관(官)에 고한다.
- 남의 재물을 몰래 훔친 자 및 좀도둑은 상벌(上罰), 가벼우면 차상벌(次上罰), 그 물건은 모두 징수하여 본래 주인에게 돌려준다. 고치지 않는 자는 관(官)에 고한다.
- 전답(田畓)에 소나 말을 풀어놓은 자는 초범(初犯)이면 중벌(中罰), 재범(再犯)이면 차상벌(次上罰), 삼범(三犯)이면 상벌(上罰)에 처한다[統主는 直月에게 고하여, 그 횟수를 기록한다]. 만약 전답의 곡식이 이미 성숙했으면, 피해를 적절하게 헤아려 징수하여 그 주인에게 준다.

- 송사(訟事)를 좋아하여 그칠 수 있는데도 그치지 않는 자는 중벌(中罰)
- 이치가 그른데도 송사를 좋아하는 자는 상벌(上罰)
- 무릇 쟁송(爭訟)이 있는 자는 모두 도약정·부약정·직월에게 나아가 그 옳고 그름을 논변하고, 도약정·부약정·직월은 그른 자를 타일러서 쟁송을 그치게 한다. 도약정·부약정이 만약 홀로 판단할 수 없을 경우에는 약중(約中)의 사류(士類)에게 통보하여, 회의를 통해 시비곡직(是非曲直)을 분석하고, 타이른다. 곡직(曲直)이 분명하게 드러났는데도 그른 자가 오히려 쟁송을 그치지 않는다면 상벌(上罰)에 처한다. 만약 향중(鄕中)에서 스스로 판단할 수 없으면 관(官)에 고하여 처리한다.

- 남의 도랑물을 훔친 자

• 남의 밭 경계를 침범한 자

이상은 중벌(中罰)[밭의 경계는 원래의 상태로 되돌린다].

• 남과 약속(約束)하고 물러나서 식언(食言)하는 자는 중벌(中罰)
• 헛된 소식을 함부로 전하고 많은 사람의 귀를 현혹시켜 무릇 말이 진실하지 못한 자는 중벌(中罰)
• 게을러 일하지 않고 남의 집을 방문하여 다만 한적(閑寂)에 힘쓰는 자는 하벌(下罰)
• 가사를 다스리지 않고 대문과 뜰이 정결하지 않은 자는 하벌(下罰)
• 술에 취하여 술주정하고 욕하는 자는 차중벌(次中罰)
• 거짓으로 타인을 헐뜯는 자는 상벌(上罰), 가벼우면 차상벌(次上罰)
• 사람들을 얽어서 서로 싸우게 하는 자는 차상벌(次上罰), 가벼우면 중벌(中罰)
• 무릇 스스로 편리(便利)를 차지하여 사익(私益)을 추구함이 너무 심하고, 남의 이해(利害)를 돌보지 않는 자는 중벌(中罰)[사사로이 곡식을 빌려주고 돌려받을 때 '子母相當의 法'을 지키지 않아, 이자(子)를 본전(母)의 半 이상 받거나 牛馬 · 器物 등을 빼앗는 경우를 말한다].
• 다투어 남의 전답과 노비를 사들이는 자는 중벌(中罰)
• 억지로 남의 전답과 노비를 사들이는 자는 상벌(上罰)
• 너무 인색하여 기구(器具)를 서로 빌려주지 않고 범사(凡事)에 비속(鄙俗)한 자는 차중벌(次中罰)

• 뇌물을 받고 청(請)을 들어 준 자는 중벌(中罰)
• 창질(瘡疾)로 인해 제사(祭祀)를 폐지한 자는 중벌(中罰)
• 이단(異端)을 받들고 믿어 음사(淫祀)를 즐겨 행하는 자는 차상벌(次上

罰)[만약 父母가 그릇된 道를 받들고 믿어서 子息이 간했는데도 듣지 않으면, 子息의 罪가 아니다. 그 父母가 老妄이 들어 처벌할 수 없을 경우, 벌로 細木綿 1필을 낸다].

- 향약을 정한 뒤에 중이 된 자가 있으면, 그 가장(家長)은 상벌(上罰)로 논한 후 해마다 세목면 1필을 바치게 하고[중이 된 자가 60세가 될 때까지로 한정한다], 그 통주(統主)는 상벌(上罰)에 처한다.
- 불가(佛家)의 물건을 접하거나 집안에 둔 자는 중벌(中罰)에 처하고, 그 통주(統主)는 벌로 상목면(常木綿) 1필을 낸다.
- 술가(術家)의 풍수설(風水說)에 현혹되어 조상의 묘를 이장(移葬)하는 자와 까닭 없이 기일이 지나도 장례(葬禮)를 치르지 않는 자는 상벌(上罰)
- 무릇 상사(喪事)를 당해서 사람들이 모였을 때 술상을 차리고 술을 마시는 자는 중벌(中罰)
- 촌민(村民) 및 사찰(寺刹)·가게를 침해하여 괴롭히는 자는 상벌(上罰)
- 관리(官吏)·관노(官奴)로서 마을을 돌아다니며 주구(誅求)를 일삼아 민폐(民弊)를 끼치는 자는 관(官)에 고하여 죄를 다스린다.
- 용도(用度)를 절약하지 않아 스스로 궁핍하게 된 자는 하벌(下罰)[財力을 헤아리지 않고 지나치게 소비하거나 또는 함부로 酒饌을 베풀어, 安貧하지 못하고 道에 어긋나게 살림을 경영함을 말한다].
- 조부(租賦)를 삼가 납부하지 않고 뒤늦게 게으름을 피우는 자는 중벌(中罰)
- 여럿이 모인 자리에서 앉거나 일어나는 데 몸가짐이 단정하지 못하고, 시끄럽게 떠들며 함부로 웃으며, 우스갯소리로 사람들을 기롱(譏弄)하거나 아름답지 못한 말을 하는 자는 심하면 중벌(中罰), 가벼우면 하벌(下罰)
- 무릇 남에게 악담(惡談)을 하는 자는 하벌(下罰), 심하면 차중벌(次中罰)
- 사창(社倉)에 곡식을 납부할 때 채워서 내지 않는 자는 중벌(中罰)[고쳐

서 채우게 한다].

- 말과 되를 감축(減縮)한 자는 차중벌(次中罰)[본래의 기준만큼 더 내게 한다].

- 소임(所任)대로 일을 책임지지 못한 자
- 남을 검거(檢擧)하지 못한 자
- 교훈(教訓)으로서 하인(下人)을 가르치지 않는 자
- 직월(直月)이나 통주(統主)로서 통(統) 안의 선악과 길흉을 고하지 않는 자
  이상은 차중벌(次中罰)

- 무릇 논의가 공평하지 못한 자는 중벌(中罰)
- 무릇 공사(公事)를 빙자하여 폐(弊)를 끼치는 자는 상벌(上罰)
- 무릇 남의 과실(過失)을 보고 곧게 규계(規戒)하지 않고 사사롭게 스스로 비방하여 혐극(嫌隙)을 만드는 자는 차상벌(次上罰)
- 규계(規戒)를 듣기 싫어하는 자는 차상벌(次上罰)
- 약정(約正)·유사(有司)가 아니면서 시비(是非)를 마음대로 논하여 나무람으로써 뭇사람의 마음을 불안하게 한 자는 상벌(上罰)
- 사창(社倉)의 사령(使令)·장무(掌務)·고직(庫直)으로서 유사(有司)에게 품의(稟議)하지 않고 교령(教令)을 따르지 않는 자는 중벌(中罰)
- 남을 매질할 때 용의(用意)가 주도(周到)하지 못한 자는 차중벌(次中罰)
- 하인으로서 불평(不平)이 있을 때 직월에게 고하지 않고 사사롭게 스스로 원망하는 자는 중벌(中罰)
- 무릇 회집(會集)할 때 늦게 도착한 자는 하벌(下罰)
- 무릇 일절 하지 말아야 할 일을 하는 자는, 가장 심한 경우는 차상벌(次上罰), 다음은 중벌(中罰), 가벼우면 차중벌(次中罰)

• 무릇 약령(約令)에 따르지 않는 자[約正 · 有司가 논의하여 처리한 일은 모두 約令에 해당된다]는 초범(初犯)은 차중벌(次中罰), 재범(再犯)은 중벌(中罰)[罰을 받은 뒤에 마음으로 복종하지 않고 원망하는 자는 再犯으로 논한다], 삼범(三犯)은 상벌(上罰), 사범(四犯)은 관(官)에 고하고 향약에서 쫓아낸다. 직월은 그 범약(犯約)의 횟수를 기록하여 매번 회집(會集)할 때 증빙자료로 삼는다. 3회 이하로 이미 벌을 논했는데 고치겠다고 청하는 자는 그 기록을 지운다.
• 무릇 상벌(上罰)은 벌을 준 후에 모두 악적(惡籍)에 기록하며, 불복하고 원망하며 화내는 자는 향약에서 쫓아낸다.

이상의 과실(過失)은 동약인(同約人)이 서로 규계하고 듣지 않으면 직월에게 고한다. 직월은 사적으로 장부에 기록했다가 회집(會集)하는 날 약정에게 고하고, 약정은 의리에 맞게 가르치고 타이른다. 잘못을 사과하고 고치겠다고 청하면 경중에 따라 벌을 논한다. 상벌(上罰)은 사안에 따라 그 허물을 기록한다. 만약 쟁변(爭辨)하면서 복종하지 않고, 허물을 기록한 사람을 원망하며 끝내 뉘우치지 않는 자는 향약에서 쫓아낸다.

• 무릇 과실이 있는 자에게는 스스로 변명하는 것을 허락한다. 말이 곧고 이치에 맞으면 덮어두고 논하지 않으나, 만약 꾸미는 말로 강변하면 한 등급을 올려서 처벌하며, 또 불복(不服)한 다음에는 향약에서 쫓아낸다.

• 백성으로서 직업이 없는 자는 벌로 봄 · 가을마다 세목면 1필을 낸다.

농사지을 수 있는 사람의 많고 적음을 따져 전답(田畓)의 수를 정하고, 봄에 밭 갈고 여름에 김매며 가을에 거둠에 때를 잃지 않도록 한다. 무릇 공장(工匠)도 모두 일정한 업무가 있으니, 노는 자는 벌한다.

• 집 주변에 나무를 가꾸지 않는 자는 벌로 봄 · 가을마다 상목면(常木綿) 1필을 낸다.

뽕나무 · 삼 · 닥나무 · 옻나무 · 과일나무 등 그 지질(地質)에 따라 알맞은 나무를 심는데, 모두 정해진 숫자가 있다.

• 살아있는 소나무를 벤 자는, 큰 나무는 한 그루 당 벌로 세목면 1필을 내게 하고, 어린 나무일 경우 차등을 둔다.

• 도로와 교량을 수리하지 않는 자는 중벌(中罰)

각자 자기 집 앞이나 마을 앞 및 전답 주변의 도로와 교량을 농한기(農閑期)에 수리한다.

3) 禮俗相交

예속(禮俗)으로 교제함에는 네 가지가 있다.

첫째는 존자(尊者) · 유자(幼者)의 배항(輩行)[17]이니 모두 5등급이 있다.

① 존자(尊者)는 자기보다 20세 이상의 어른으로서 아버지의 항렬에 있는 자를 말한다.

만약 스승과 제자의 사이라면 나이가 비록 높지 않더라도 마땅히 존자(尊者)로 대한다.

② 장자(長者)는 자기보다 10세 이상의 어른으로서 형의 항렬에 있는 자를 말한다.

17) 輩行 : 年輩를 따져 그에 합당하게 禮遇하는 것.

만약 장자(長者)가 아버지의 벗이거나 마을의 어른으로서 어릴 때부터 존경한 사람이거나, 또는 덕(德)과 지위가 있어서 존경할 만한 사람이면 마땅히 존자(尊者)로 대한다.

③ 적자(敵者)는 자기보다 위 · 아래로 10세 미만의 차이가 있는 자를 말한다. 자기보다 10세 미만의 어른은 초장(稍長), 10세 미만의 젊은이는 초소(稍少)이다.

④ 소자(少者)는 자기보다 10세 이하 젊은이를 말한다.

⑤ 유자(幼者)는 자기보다 20세 이하 젊은이를 말한다.
나이로 치면 비록 유자(幼者) · 소자(少者)이더라도 덕(德)과 지위가 있어서 존경할 만한 사람이면, 존자(尊者) · 장자(長者)는 마땅히 항례(抗禮)[18]로 부리고 적자(敵者)로 보아야 한다.

둘째는 찾아가 절하기를 청하는 것이니 모두 3조목이 있다.

① 유자(幼者)가 존자(尊者)에게 세수(歲首)에 절하는 것[正月 초하루에 拜謁한다. 만약 그 날에 緣故가 있으면 초이틀 또는 초사흘에 배알한다. 초사흘을 넘겨서는 안 된다], 말씀드리는 것[멀리 갈 때 下直하는 것이다], 뵙는 것[돌아왔을 때 謁見하는 것이다], 하례(賀禮)하는 것[慶事가 있으면 가서 祝賀하는 것이다], 사례(謝禮)하는 것[만약 來訪하거나 膳物을 보냈으면 몸소 가서 謝禮한다. 작은 선물을 보냈으면 다만 문서를 갖추어 깊이 사례해도 되니, 몸소 가지 않아도 된다]

18) 抗禮 : 서로 대등하게 대하는 禮法.

이니, 모두 예현(禮見)이다.

모두 명함(名銜)을 갖추고, 단령(團領) 또는 직령(直領)을 입고[없으면 道袍를 입는다. 아래도 같다], 띠를 두르고 가죽신을 신는다. 만약 질병이 있으면 문서를 갖추어 뜻을 알리고, 비나 눈이 내리면 그 다음 날 행차한다.

그밖에 기거(起居)에 문안(問安)을 드리고, 의심나는 것을 질문하며, 온갖 일을 아뢰고, 부름을 받아 나아가는 것이니, 모두 연현(燕見)이다. 직령(直領)과 가죽신은 모두 함께 착용할 수 있다.

존자(尊者)는 배알(拜謁)을 받아도 보답하지 않는다. 경사가 있으면 글을 보내 축하한다.

소자(少者)는 장자(長者)에게 다만 세배(歲拜) 및 하례(賀禮)·사례(謝禮)를 행하니[다만 來訪했으면 몸소 謝禮한다. 만약 선물을 보냈으면 문서를 갖추어 謝禮한다], 이것은 예현(禮見)이다. 명함(名銜)을 갖추고, 단령(團領) 또는 직령(直領)과 가죽신을 착용한다.

만약 연현(燕見)일 경우 입고 있는 옷 그대로 하나, 다만 사복(私服)으로 뵈어서는 안 된다[私服이란 直領이 아닌 것을 말한다]. 장자(長者)는 세수(歲首)일 경우 명함을 갖추고 입고 있는 옷 그대로 친히 가서 보답하며, 만약 하례(賀禮)나 사례(謝禮)를 받았다면 자제(子弟)로 하여금 명함을 갖추고 가서 보답하도록 한다. 소자(少者)의 집에 경사가 있으면 장자(長者) 또한 마땅히 몸소 하례하는데, 직령을 착용한다.

무릇 적자(敵者)는 세배와 하례·사례[선물을 보냈으면 글로써 謝禮한다]에 서로 왕래한다. 세배[名銜을 갖춘다] 및 하례일 경우 직령을 착용하고, 사례일 경우 입고 있는 옷 그대로 한다.

② 유자(幼者)가 존자(尊者)를 뵐 때, 문 밖에서 말에서 내리고, 밖에서 기다리면서 이름을 알린다.

무릇 존장(尊長)의 집에 갈 경우, 문에 이르면 반드시 주인(主人)의 식사(食事) 여부, 다른 손님의 유무(有無), 다른 중요한 일의 유무 등을 물어서[營爲하는 일이 있음], 모두 방해됨이 없을 경우에[비록 손님이 있더라도, 서로 보는 것을 꺼리지 않는다면 또한 이름을 알린다] 명함을 들이도록 명한다. 방해됨이 있다면 또한 물러나서 기다린다. 만약 적자(敵者) 이하의 집에 갔다면 이렇게 하지 않는다.

주인[존자(尊者)를 말한다. 이하도 마찬가지이다]은 장명(將命)[19]으로 하여금 먼저 나가서 손님을 맞이하게 한다. 손님이 들어오면, 주인은 당상(堂上)에 서서 기다렸다가 손님에게 읍(揖)하고 당(堂)에 오른다. 만약 예현(禮見)이면 두 번 절하고 앉으며, 연현(燕見)이면 한 번 절한다. 유자(幼者)가 절하면 주인은 무릎 꿇고 앉아 약간 머리를 숙인다. 만약 주인이 나이가 훨씬 많고 덕망이 있으면, 손님은 굳게 절을 올리기를 청하며, 주인은 허락했으면 서서 절을 받는다. 주인이 앉으라고 명하면 다시 엎드렸다가 일어난 다음에 나아가 앉는다.

물러날 때는 주인은 당상에 서서 보내고, 손님은 절하고 물러나 대문을 나와 말에 오른다.

만약 주인이 손님보다 나이가 훨씬 많고 덕망이 있는데, 평시에 절을 올릴

19) 將命 : 중간에서 命을 전하는 사람.

경우 주인은 일어나 움직일 필요가 없다. 무릇 손님이 주인을 뵐 때, 특별히 품의(稟議)하거나 아뢸 일이 없으면, 주인이 말을 끝내고 다시 잇지 않으면, 고하고 물러난다. 혹 주인이 피곤한 기색이 있거나, 때마침 중요한 일이 있어서 기다리는 경우라면 모두 고하고 물러나는 것이 옳다. 혹 주인이 음식을 대접하고자 머물기를 청하면, 말로써 사례하고 자리로 돌아온다. 적자(敵者) 이하의 집에 갔을 경우에도 모두 이렇게 한다.

소자(少者)가 장자(長者)의 집에 갈 경우, 또한 문 밖에서 말에서 내려 이름을 알린다. 주인은 장명(將命)으로 하여금 나가서 손님을 맞이하게 한다. 손님이 들어오면, 주인은 계단을 내려오며, 손님이 다가오면 주인은 읍(揖)하고 당(堂)에 오른다. 만약 예현(禮見)이면 두 번 절하고, 연현(燕見)이면 다만 공손히 읍한다.

소자(少者)가 절하면, 주인은 무릎 꿇고 앉아서 반절로 답례한다.

물러날 때는 주인은 계단 아래에서 보내고, 손님은 공손히 읍하고 또한 대문을 나와 말에 오른다. 만약 여러 소자(少者)·유자(幼者)가 일시(一時)에 존장(尊長)의 집에 찾아가 뵐 때에는, 소자들이 먼저 나아가 한 줄로 늘어서서 함께 절하고[禮見이 아니면 여럿이 함께 揖한다], 그 다음에 유자(幼者) 또한 한 줄로 늘어서서 함께 절한다. 무릇 여럿이 함께 뵐 때에는 일일이 나아가 절할 수 없으니, 모름지기 여러 사람이 함께 자리에 나아가 줄을 이루고 동시에 절한다.

무릇 적자(敵者)를 찾아볼 때에는 또한 문 밖에서 말에서 내려 사람을 시켜 이름을 알리고, 문 안에서 기다린다. 주인은 중문(中門)을 나와 맞이한다. 서로 읍하고 길을 나누어 들어가는데, 모든 문마다 손님에게 양보(讓步)하며, 손님은 굳게 사양한다. 주인이 먼저 들어와 계단에 이르면 또 손님에게 먼저 오르라고 양보하고, 손님은 굳게 사양한다. 주인이 먼저 동쪽 계단으로 오르면, 손님은 서쪽 계단으로 오른다. 만약 예현(禮見)이면 주인과 손님이 서로 향하여 두 번 절하고, 연현(燕見)이면 다만 읍하고 나아가 앉는다.

손님이 만약 여럿이 함께 찾아뵐 경우, 여러 사람이 모두 당(堂)에 올라 줄을 이루도록 기다린 다음 주인과 더불어 예를 행한다. 적자(敵者)·소자(少者)·유자(幼者)가 일시에 여럿이 찾아뵐 경우, 먼저 적자와 더불어 예를 행하고, 다음에 소자가 나아가 예를 행하며, 다음에 유자가 나아가 예를 행한다.

물러날 때는 주인은 중문(中門)을 나와 읍하고 보낸다.

손님이 만약 도보(徒步)로 간다면, 주인은 대문(大門)을 나와 읍하고 보낸다.

장자(長者)가 소자(少者)의 집에 갈 경우, 먼저 사람을 보내 이름을 알린다. 주인은 의관(衣冠)을 갖추고[만약 禮見이면 團領이나 直領을 입는다] 기다린다. 손님이 문에 이르러 말에서 내리면 주인은 나아가 맞이하고 읍한 다음 모시고 들어와 당(堂)에 오른다. 예에 보답하면 두 번 절하여 사례(謝禮)한다. 물러날 때는 중문을 나와 읍하고 말에 오를 것을 청한다. 손님은 주인에게 들어갈 것을 굳게 청하고, 주인은 읍하고 몸을 돌려 몇 발짝 걷고 서 있다가, 손님이 말에 오른 다음에 들어온다.

손님이 만약 도보(徒步)로 온다면 대문(大門) 밖으로 나와 맞이하고, 보낼 때에도 또한 이와 같이 한다.

존자(尊者)가 유자(幼者)의 집에 갈 경우, 먼저 사람을 보내 미리 알린다. 주인은 의관(衣冠)을 갖추고[만약 慶事 또는 謝禮에 보답하기 위해 온다면 禮見인 것이니, 마땅히 團領을 입는다] 중문을 나와 기다린다. 손님이 문에 이르면, 조금 피해서 손님이 말에서 내리기를 기다렸다가, 나가서 맞이하고 절한 다음, 모시고 들어와 당(堂)에 오른다. 비록 연현(燕見)이라도 두 번 절하는 예를 올리고자 청하되[禮見이면 반드시 두 번 절한다], 손님이 말리면 그만둔다. 물러날 때는 대문을 나와 보낸다. 손님이 들어갈 것을 청하면, 주인은 절하고 몸을 돌려 몇 발짝 걷고 서서 손님이 말에 오르기를 기다린 다음, 문밖에 나가 멀리 바라보다가, 손님이 백보(百步) 남짓 간 다음에 들어온다.

손님이 만약 도보(徒步)로 온다면 대문(大門) 밖에서 절하고 맞이하며, 보낼 때에도 또한 이와 같이 한다. 그 행차에 따라 읍하는데, 말리면 그만두고, 그 행차가 멀리 가는 것을 바라본 다음에 들어온다.

무릇 존자(尊者)를 뵐 때는 반드시 절하고, 장자(長者)를 뵐 때는 반드시 공손히 읍한다. 존장(尊長)을 모시고 앉아있을 때 손님이 올 경우, 존장이 일어나지 않으면 주인도 일어나지 않는다. 무릇 존장을 모시고 앉아있을 때 만약 적자(敵者) 이하가 오면, 주인[尊長을 모시고 있는 주인을 말한다]은 당(堂) 아래로 내려가지 않고, 사람을 시켜 "아무 손님이 계셔서, 나가 맞이할 수 없다"고 알린다. 손님이 들어와 당에 오르면 주인은 비로소 일어난다. 손님은 먼저 주인과 예를 행하고, 그 다음에 존장께 절한다. 만약 사장(師長) 및 달존(達尊)[20]이 현격하게 다른 사람을 모시고 있는데 적자(敵者) 이하의 사람을 볼 경우, 사장과 달존이 일어나지 않으면 자리에 있는 사람은 비록 주인이라도 또한 감히 일어나지 않는다. 손님은 들어와 당에 올라서, 먼저 사장과 달존께 절한 다음 자리에 나아가 엎드려서 예를 행하고 앉는다. 자리에 있는 자 또한 다만 엎드려서 상견례(相見禮)를 행한다.

③ 무릇 길에서 존자(尊者)를 만났는데, (自己와 尊者가) 모두 도보(徒步)로 갈 경우 (尊者에게) 빠른 걸음으로 나아가 절한다. 尊者가 (自己와) 더불

---

20) 達尊 : 벼슬 · 나이 · 德望을 말함.

어 말하면 대답하고, 그렇지 않으면 절하고 길옆으로 물러나서 존자가 멀리 지나가기를 기다렸다가 간다. 만약 모두 말을 타고 있었다면 반드시 길을 비켜준다. 만약 비킬 수 없는 경우라면 말에서 내려서 (尊者가 지나가기를) 기다린다. 존자가 말에 오를 것을 굳게 청하면, 말에 올라 엎드려서 존자가 수십 보(步) 지나가는 것을 기다렸다가 간다.

무릇 길에서 장자(長者)를 만났는데, (自己와 長者가) 모두 도보(徒步)로 갈 경우 (長者에게) 빠른 걸음으로 나아가 공손히 읍(揖)한다. (長者가) 말을 걸지 않으면 읍하고 길옆으로 물러나서, 장자가 지나가기를 기다렸다가 간다. 만약 모두 말을 타고 있었다면, 길옆에 말을 세우고 엎드려서 공경을 표한 다음, 지나가기를 기다렸다가 간다.

무릇 길에서 존자(尊者)·장자(長者)를 만났는데, 만약 자기는 도보이고 존장(尊長)은 말을 타고 있었다면, 멀리서 바라보고 길을 비킨다. 만약 비킬 수 없다면 빠른 걸음으로 나아간다. 장자가 말에서 내리면 앞으로 나아가 공손히 읍한다. 존자가 말에서 내리지 않으면 말 앞으로 나아가 공손히 읍하고, 존자는 말 위에서 예를 표한다. 만약 존자가 말에서 내리면, 절한다. 만약 자기는 말을 타고 존장(尊長)은 도보일 경우, 멀리서 바라보고 말에서 내려 빠른 걸음으로 나아가 절하거나 읍한다[尊者께는 절하고, 長者께는 揖한다]. 존장이 비록 길을 비켜주더라도 또한 그렇게 하고, (尊長이) 멀리 지나간 다음에 말에 오른다.

무릇 길에서 적자(敵者)를 만났는데, (自己와 敵者가) 모두 말을 타고 있을 경우, 길을 나누어 서로 읍하고 지나간다. 만약 하나는 말을 타고 하나는 도보일 경우, 도보인 사람이 길을 비킨다. 비킬 수 없을 경우, 말을 탄 사람이 내려서 서로 읍하고, (徒步인 사람이) 지나간 다음에 말에 오른다. 만약 모두 도보일 경우, 서로 읍하고 지나간다.

무릇 도보로 가다가, 아는 사람이 말을 타고 지나가는 것을 만나면, 모두 마땅히 길을 비킨다.

셋째는 초청하여 환영하거나 환송하는 것이니 모두 4조목이다.

① 무릇 존자(尊者)를 초청하여 음식을 대접할 경우 반드시 단자(單子)를 갖춘다[만약 禮가 간소한 경우 單子를 갖추지 않는다]. 만약 오로지 다른 손님을 위해 잔치를 베풀 경우에는 존자를 함께 초청해서는 안 된다.

만약 장자(長者)를 초청할 경우 반드시 몸소 갈 필요는 없고, 다만 단자(單子)를 갖추어[禮가 간소하면 글로 청한다] 사람을 시켜 청한다. 존장(尊長)이 이미 다녀갔으면, 다음 날 몸소 가서 사례(謝禮)한다. 적자(敵者)를 초청할 경우 글로써 하고, 다음 날 서로 사례한다. 소자(少者)·유자(幼者)를 초청할 때는 회문(回文)으로써 하고[만약 초청하는 사람이 많지 않으면 또한 마땅히 글로써 한다], 다음 날 손님이 몸소 가서 사례한다.

② 무릇 모임을 가질 때는 나이의 순서로 앉는다. 만약 서얼(庶孼)이거나 사족(士族)이 아닐 경우 별도의 순서로 앉는다. 비록 사족이 아니더라도 학행(學行)이 뛰어나면 또한 나이 순서로 앉는다. 친척(親戚)이 있어서 위차(位次)를 정하는 데 어려움이 있으면 또한 별도의 순서로 앉는다. 만약 이작자(異爵者)가 있으면 별도로 앉히고, 나이의 순서로 하지 않는다.

'이작(異爵)' 이란 당상관(堂上官) 이상 및 시종(侍從)·대간(臺諫) 등을 말한다.

무릇 잔치 또는 영로(迎勞)·출전(出餞)[21]의 경우 모두 오로지 초청받은 사람을 상객(上客)으로 삼고, 혼례(婚禮)의 경우에는 혼인집을 상객으로 삼아, 모두 나이나 벼슬로 순서를 삼지 않는다.

③ 무릇 잔치를 베풀어 처음 앉을 때에는 양쪽 기둥 사이에 별도로 탁자(卓子)를 설치하고[만약 空處에서 잔치를 베풀면 자리 앞의 중앙에 卓子를 설치한다], 그 위에 큰 잔을 놓는다. 주인은 자리에서 내려와 탁자의 동쪽에서 서쪽을 향해 서고, 상객[곧 오로지 초청받은 자를 말한다] 또한 자리에서 내려와 탁자의 서쪽에서 동쪽을 향해 선다. 주인은 잔을 들어 몸소 씻고, 상객은 사양한다. 주인이 잔을 탁자 위에 놓으면 집사(執事)가 나아가 술병을 바치고, 주인은 몸소 술병을 잡고 잔에 술을 따른 다음 집사에게 준다. 집사가 잔을 들어 상객께 바치면, 상객은 그것을 받아 다시 탁자 위에 놓는다. 주인은 서쪽을 향해 두 번 절하고, 상객은 동쪽을 향해 두 번 절한다[비록 幼者·少者를 대할 경우라도 또한 두 번 절한다]. (上客은) 일어나서 술잔을 들고 동쪽을 향해 무릎 꿇고 제사[땅에다 술을 약간 붓는다] 지낸 다음, 바로 마신다. (上客이) 술잔을 집사에게 주고 이어서 (主人에게) 절하면, 주인이 답배(答拜)한다.

만약 소자(少者) 이하가 상객으로서 술을 마신 다음 절할 때, 주인은 평상시의 법도처럼 무릎 꿇고 받는다. 만약 주인이 소자(少者) 이하면, 상객이 술을 마신 뒤에 주인이 절하고, 상객은 무릎 꿇고 반절을 한다.

상객은 앞의 법도처럼 주인에게 술잔을 돌리고, 마친 다음 주인은 여러 손님들에게 술을 올린다.

만약 여러 손님들 가운데 나이와 벼슬이 존경할 만한 자가 있으면, (主人

21) 迎勞·出餞 : '迎勞'는 부임해 온 사람을 환영하고 위로하는 것. '出餞'은 餞別과 같은 뜻으로, 他地로 떠나는 사람을 위해 送別宴을 베푸는 것.

은) 상객에 대한 법도처럼 술을 올리고 두 번 절한다. 단, 손님은 (主人에게) 술잔을 돌리지 않는다. 만약 여러 손님이 적자(敵者) 이하면, 술을 올릴 때 두 번 절하지 않고, 다만 마신 다음 서로 절하며, (여러 손님은) 또한 (주인에게) 술잔을 돌리지 않는다.

(술잔을 올리는 禮를) 마치면 (主人은) 자리로 돌아가 앉고, 비로소 속례(俗禮)에 따라 술을 돌리고 끝낸다.

존자(尊者)가 술을 돌릴 경우 유자(幼者)는 술동이 앞으로 잔을 들고 나아가며, 장자(長者)가 술을 돌릴 경우 소자(少者)는 일어나서 엎드리는 것이 옳다.

④ 무릇 멀리 떠나거나 먼 곳에서 돌아왔으면 영송(迎送)의 예(禮)를 행하는데, 직월(直月)이 그 일을 맡는다. 한 곳에서 모이기로 약속이 정해지면, 각자 술과 안주를 가지고 오며, 다 모이면 법도에 따라 절하고 읍하는 예를 행한다.

이른바 '멀리 떠난다' · '먼 곳에서 돌아온다' 는 것은 혹은 일로 인해 별도로 먼 곳으로 가거나, 혹은 타향으로 부임(赴任)하는 것 등을 말한다. 만약 평상시에 왕래하는 곳이면 일일이 영송하지 않는다.

넷째는 경조(慶弔)에 예물(禮物)을 보내는 것이니 모두 4조목이다.

① 무릇 동약(同約)[22]에 길사(吉事)가 있으면 경하(慶賀)한다.

이른바 '길사(吉事)' 란 급제(及第)하여 생원(生員) · 진사(進士)가 되는 것, 처음으로 벼슬을 하는 것, 당상(堂上) 이상의 계자(階資)에 오르는 것, 아들

22) 同約 : 같은 鄕約에 속함, 또는 그 約員.

의 관례(冠禮) 등으로, 모두 축하할 만한 일이다.

동약(同約)은 날을 정하고 모여 평상시의 법도대로 예를 행하고, 선물(膳物)을 준다.

여럿이 의논하여, 그 예(禮)의 크고 작음을 헤아리고 폐백(幣帛)의 숫자를 정한다.

무릇 경사(慶事)가 있는데 그 집의 힘이 모자라면, 동약의 사람들은 그를 위해 기용(器用)을 빌려주고 일을 맡아서 도와주되, 오직 힘이 닿는 대로 할 것이요, 노고를 꺼리지 말아야 한다.

자녀(子女)가 혼인할 때는[데리고 사는 孫子女와 同生도 같다] 사창(社倉)에서 쌀 3말을 내어 지급하고[下人은 半減한다], 혼인날이 다가오면 회문(回文)을 돌리며, (約員들은) 각자 땔나무 한 짐을 내어 지급하되[下人이면 땔나무를 내지도 않고, 또한 지급하지도 않는다], 남자측이면 신부례(新婦禮)를 행할 때 지급한다. 남자의 초례(醮禮)에는 횃불 들 사람 10명을 내는데, 각자 횃불을 준비해서 간다[下人의 혼인에는 2명이다].

약중(約中)에 나이가 만(滿) 80세 또는 70세 이상이 되는 자가 있으면, 각자 술과 과일을 가지고 공처(空處)에서 모여 축하한다[下人이 나이가 만 70세 이상이 되면, 또한 下人으로 하여금 술과 안주를 가지고 가서 축하하게 한다].

삼년상(三年喪)을 지낸 자가 있으면 또한 마찬가지로 하례(賀禮)하고 위로한다[下人이 능히 三年喪을 행하면, 喪을 마치면 下人이 모여서 위로하고, 또 그 善行을 기록한다].

② 흉사(凶事)에는 조위(弔慰)한다.

죽어서 상(喪)을 치루거나 수재(水災) · 화재(火災)를 당한 것 등을 말한다.

작은 재앙에는 동약이 글로 조위하며, 큰 재앙에는 동약이 날을 정해 함께 가서 조위하고 별도로 글로도 조위한다.

'작은 재앙' 이란 수재 · 화재가 매우 심하지 않은 것을 말하고, '큰 재앙' 이란 수재 · 화재로 가업(家業)을 모두 잃은 것을 말한다. 유자(幼者)일 경우 비록 작은 재앙이라도 몸소 조위한다. 무릇 경조(慶弔)의 모임에는, 비록 자기는 먼저 주인을 만나 축하나 위로를 했더라도, 또한 여러 사람을 따라서 함께 갈 수 있다.

상사(喪事)의 경우, 소식을 들으면 즉시 직월(直月)은 동약에 널리 알리고, 가서 곡(哭)하고 조문한다.

'상사(喪事)' 란 약원(約員) 및 그 부모와 처자(妻子)의 상을 말한다. 죽은 날에 상가(喪家)는 마땅히 직월에게 부고(訃告)하고, 직월은 회문(回文)을 내서 동약에 통보한 다음, 곧 검은 관(冠)과 흰 옷에 검은 띠를 착용하고 가서 곡하고 또 조문한다. 동약이 만약 먼저 부고를 들었으면, 직월의 통보를 기다리지 않고 먼저 갈 수 있다. 생자(生者)를 알지 못하면 조문하지 않고, 사자(死者)를 알지 못하면 곡하지 않는다. 무릇 초상(初喪)에 아직 성복(成服)하기 전이면, 친척 및 가까운 사람이 아니면 감히 들어가서 상주(喪主)를 보지 않고, 다만 밖에서 상구(喪具)를 다스리는 것을 도우며, 주인이 성복하면 비로소 조문한다[弔禮는 아래에 보인다. 下人의 喪이면 統內의 兩班은 모두 사람을 시켜 弔慰한다].

무릇 '동약(同約)' 이란 '한 읍(邑)' 을 들어서 말한다. 그런데 큰 읍이면 각 장내(掌內)에서 행한다. 먼 곳이면 각자 그 정(情)에 따라 스스로 행하면 된다. 각 장내의 경조(慶弔)는 약속(約束)에 따른다.

또한 상례를 의논하거나 온갖 경영할 일들을 돕고, 주인이 성복한 다음에 물러난다.

만약 주인이 성복한 다음이면 손님은 마땅히 소대(素帶)로 조문한다. 만약 처자(妻子)의 상이면 동약은 조문을 행한 다음 모두 물러나되, 다만 친척이나 가까운 사람으로 하여금 상구(喪具)를 다스리게 하고, 성복한 다음에 물러난다.

③ 동약(同約)의 상(喪)에는 치전(致奠)[23]한다.

약원(約員) 자신의 상(喪)을 말한다. 직월이 미리 날을 정하여 동약에게 널리 알리고, 전물(奠物)과 제물(祭物)·부장(賻狀)을 준비하며, 또 먼저 사람을 시켜 상가에 알린다.

동약은 연명(連名)으로 긴 명함(名銜)을 만들어서 먼저 상가에 명함을 들여보내고, 밖에서 가지런히 모이는데, 모두 소복(素服)과 소대(素帶)를 착용한다. 상가는 향불과 자리를 갖춘다. (同約이) 모두 곡하고 기다리면, 호상(護喪)이 나와 손님을 맞는다. (同約은) 가장 나이가 많은 사람을 우두머리로 추대하고 차례대로 청사(廳事)로 들어간다. 집사(執事)가 전물(奠物)을 진설하면, 호상은 손님을 인도하여 영좌(靈座) 앞으로 간다. 손님은 두 줄로 선 다음 엎드려서 슬프게 곡하고 두 번 절한다. 손님[가장 나이가 많은 사람]은 분향(焚香)하고 꿇어앉아 술을 붓고[여럿이 致奠하면 세 잔을 붓는다. ○ 만약 손님 혼자서 致奠하면 다만 한 잔만 붓는다], 엎드렸다가 일어나서 조금 물러나 선다. 호

23) 致奠 : 사람이 죽었을 때 親族이나 벗이 哀悼를 표하는 祭式을 행하는 것.

상이 곡을 그치면, 축자(祝者)는 손님의 오른쪽에 꿇어앉아 제문(祭文)과 부장(賻狀)을 읽은 다음 일어난다. 손님은 자리로 돌아가고, 손님과 주인이 모두 슬프게 곡한 다음, 손님은 두 번 절하고 물러난다.

만약 사자(死者)가 자기보다 유자(幼者)이면, 존자(尊者)는 다만 영좌 앞에 나아가 앉아서 곡하고, 장자(長者) 이하가 전례(典禮)를 행한다.

손님이 계단을 내려가면[상가는 미리 뜰에 자리를 펴둔다], 주인은 곡하면서 나와 뜰의 동쪽 끝에서 서쪽을 향해 선다. 손님은 뜰의 서쪽 끝에서 동쪽을 향해 차례대로 선다. 주인은 서쪽을 향해서 이마가 땅에 닿도록 두 번 절하고, 손님은 동쪽을 향해서 답례로 두 번 절한다. 주인은 사례(謝禮)로 "엎드려 전뢰(奠酹)를 받자오니, 슬픔을 이길 수 없습니다."라고 말하고, 또 두 번 절한다. 손님은 답례로 두 번 절하고 나온다.

만약 사자(死者)가 자기보다 유자(幼者)·소자(少者)이면, 치전(致奠)을 마친 다음 존자(尊者)·장자(長者)는 먼저 나와 사람을 시켜 주인에게 조의(弔意)를 표하도록 한다.

만약 손님 가운데 주인에게 조문하지 않은 자가 있으면, 여러 사람들을 따라 차례대로 서지 않고 다른 곳에 잠시 피했다가, 여러 손님이 물러난 다음에 서쪽 뜰로 나아가 조례(弔禮)를 행한다.

무릇 조례(弔禮)에 손님이 영좌(靈座)에서 물러나면[만약 손님이 靈座 앞에서 절하지 않으면 다만 弔禮를 행한다. 대개 婦女子의 喪에는 親戚이 아니면 靈座에 절하지 않는다], 주인은 상차(喪次)[24]에서 곡하고, 뜰 동쪽으로 나와 서쪽을 향한다. 손님은 서쪽 뜰에서 동쪽을 향해 선다. 주인은 이마가 땅에 닿도록

24) 喪次 : 喪主가 서 있는 자리.

두 번 절하고, 손님은 답배(答拜)한 다음, 손님과 주인이 모두 곡한다. 손님이 나아가 "뜻하지 않은 흉변(凶變)으로 이렇게 망극(罔極)한 일을 당했으니, 어찌 감당하시겠습니까?" 라고 하면, 주인은 "저의 죄가 깊어서 무거운 재앙이 저의 부모께 뻗쳤습니다. 엎드려 왕림하시어 위로하심을 받자오니, 슬픔을 이길 수 없습니다." 라고 말하고[만약 손님이 致奠을 행한 경우에는 "엎드려 奠酹를 받고 아울러 왕림하시어 위로하심을 받자오니, 슬픔을 이길 수 없습니다." 라고 말한다], 또 두 번 절한다. 손님은 답배(答拜)하고, 또 서로를 향해서 슬프게 곡한다. 손님이 먼저 곡을 그치고 너그러운 비유로 주인에게 "명(命)의 길고 짧음에는 정해진 수(數)가 있는 것이니, 지독하게 슬퍼한들 무엇 하겠습니까? 원컨대 효성스러운 생각을 억제하고, 굽혀 예제(禮制)를 따르소서." 라고 말하고 나온다. 주인이 곡하면서 들어가면, 호상(護喪)이 손님을 밖으로 보낸다. 손님이 이미 나가면 주인 이하는 곡을 그친다[무릇 弔禮에는 반드시 名銜을 갖춘다]. 만약 여럿이 함께 조문할 경우, 차례대로 서서 예를 행하고, 손님 가운데 가장 어른이 나가 조문하는 말을 한다. 만약 처자(妻子)의 상에 조문할 경우 다만 한 번 절하고, 조문하는 말은 그에 적절하게 하며, 정(情)이 무겁지 않으면 곡하지 않는다. 조문이 끝나면 또 절하고 물러난다.

장례날이 되면 모두 나아가 회장(會葬)한다.

부모의 상에도 또한 마찬가지이다. 존자(尊者)는 자제(子弟)를 시켜 회장(會葬)한다[尊者는 이미 죽은 約員을 기준으로 나이를 따진다]. 만약 처자(妻子)의 상일 경우 정(情)의 후박(厚薄)에 맡기니, 반드시 몸소 가서 회장(會葬)할 필요는 없다. 다만 직월만 가서 그 역(役)을 돕는 것을 감독한다.

역인(役人)은 100가(家)의 통내(統內)를 벗어나지 않는다. 양반(兩班)의 상에는 100가가 각각 1인을 내서 역(役)을 돕는다. 하인(下人)의 상에는 50가가 각각 1인을 내서 역을 돕고, 나머지 50가는 참여하지 않는다. 양반은 하인의 상에 역인(役人)을 내지 않고, 각각 쌀 1되씩 내서 준다. 무릇 상장(喪葬)의 역인이 다른 통(統)에까지 넘으면, 역을 진 사람과 역을 지게 한 사람 및 통주(統主) · 통장(統長) · 상유사(上有司)를 모두 벌하여, 벌포(罰布) 1필씩을 관(官)에 납부하게 한다[만약 情分이 있어서 스스로 서로 돕고자 하는 자는 들어준다]. 먼 곳에 장사지낼 경우, 그 장지(葬地)에서 가까운 통이 규례(規例)에 따라 역을 돕는다[主人이 음식을 보낸다].

소상(小祥) · 대상(大祥) · 담제(禫祭)에 모두 가서 위로한다.

부모의 상에도 또한 마찬가지이다. 존장(尊長)[喪者를 기준으로 나이를 따진다]은 글로써 위로하고, 몸소 가지 않는다. 무릇 상가(喪家)는 술과 음식을 갖추어 조객(弔客)을 대접할 수 없다. 조객 또한 대접을 받을 수 없으니, 스스로 음식을 가지고 가는 것이 마땅하다.

④ 만약 약원(約員)이 이사(移徙)해서 타향(他鄕)에서 죽은 경우, 동약은 한 곳에 모여 자리를 마련하고 곡하고, 약원 가운데 유자(幼者) 1인을 보내는데, 전구(奠具)와 제문(祭文) · 부장(賻狀)을 가지고 가서 치전(致奠)하도록 한다. (幼者가) 떠나는 날, 동약은 일제히 한 곳에 모여 조복(弔服)을 입고 두 번 절한 다음, 보낸다.

유자(幼者)의 상일 경우, 존자(尊者)는 곡만 하고 절은 하지 않는다.

만약 이미 장례(葬禮)를 치룬 뒤에 치전(致奠)할 경우, 묘(墓)에서 곡하고 치전한다. 기년(期年)이 지났으면 곡하지 않되, 정(情)이 무거우면 곡한다.

위의 예속상교(禮俗相交)의 일은 직월이 주관하되, 기일(期日)이 있으면 기일에 한다. 규집(糾集)을 담당한 자는 그것을 위반하거나 게을리 하는 자를 감독한다. 무릇 약속(約束)대로 하지 않는 자는 약정(約正)에게 고하여 꾸짖고, 또 적(籍)에 기록한다.

• 관혼(冠婚)의 예(禮)

• 상장(喪葬)의 예(禮)

비석의 높이는 4척(尺)이고, 상석(床石)과 석인(石人)은 크고 높게 하지 않는다. 서인(庶人)은 일절 금지한다.

• 제사(祭祀)의 예(禮)

이상은 주자가례(朱子家禮)를 준용(遵用)한다. 방금(邦禁)에도 또한 일정한 법식(法式)이 있다.

• 의복(衣服)의 제도

당상관(堂上官) 이상은 비단옷, 70세 이상은 명주옷, 조관(朝官)은 명주로 만든 삿갓에 명주옷, 유생(儒生)은 베로 만든 삿갓이나 풀로 만든 삿갓에 베옷, 관리(官吏)는 베로 만든 삿갓에 베옷을 입는다. 서인(庶人)은 패랭이에 녹포(鹿布)를 입는데, 없으면 도포(道袍)를 입는다.

• 음식(飮食)의 절제

술을 마실 때는 소란을 피워서는 안 되고, 소를 잡아서는 안 된다.

• 궁실(宮室)의 제도

국전(國典)에 "대군(大君)은 60간, 공주(公主)·왕자군(王子君)은 50간, 문무관(文武官) 2품 이상은 40칸, 3품 이하는 30칸, 서인(庶人)은 10칸으로 정했으며, 이러한 제도를 넘는 것은 헐어낸다." 고 하였다.

• 연회(宴會)의 예(禮)

유밀과(油蜜果)는 쓰지 않으며, 어육(魚肉)은 두 그릇을 넘지 않는다.

이상의 약속을 어기는 자는 처벌한다.

4) 患難相救

환난(患難)에는 일곱 가지가 있다.

첫째는 수재(水災)와 화재(火災)이다. 작은 경우는 사람을 보내 구제하며, 심한 경우는 몸소 많은 사람을 데리고 가서 구제하고 조위(弔慰)한다. 만약 이로 인해서 양식(糧食)이 끊어지면 여럿이 논의해서 재물(財物)로 구제한다.

둘째는 도적(盜賊)이다. 가까운 사람은 힘을 합쳐 쫓아가 체포하고, 힘이 있는 자는 관사(官司)에 고한다. 그 집이 가난하면 그를 돕기 위해 모금(募金)한다. 만약 도적으로 인하여 조석(朝夕)의 공양(供養)을 잃고 또 의상(衣裳)을 잃어 벌거숭이가 되었다면, 여럿이 논의해서 재물(財物)로 구제한다.

셋째는 질병(疾病)이다. 가벼우면 사람을 보내 위문(慰問)하고, 심하면 방문하여 의약(醫藥)으로 치료한다.

직월(直月)이 주관하여, 약중(約中)의 젊은이로 하여금 돌아가면서 위문하고 의약으로 치료하게 한다.

가난하면 여럿이 논의해서 치료의 비용을 돕는다. 만약 온 집안이 와병(臥病)하여 농사를 지을 수 없다면, 동약(同約)이 협력하여 노비와 소를 내어 농사를 지어준다. 병작(竝作)을 줄 수 있는 곳이면, 믿음직한 사람을 골라 준다.

넷째는 사상(死喪)이다. 조문(弔問)과 부의(賻儀)는 앞에 보인다. 만약 가난이 너무 심하여 상사(喪事)를 치룰 수 없다면, 여럿이 논의해서 평상시의 부의 외에 재물을 덧보태 구제한다.

다섯째는 고약(孤弱)이다. 약중(約中)의 사람이 죽었는데 그 자식이 고약(孤弱)하여 의지할 곳이 없는 경우를 말한다. 만약 그 집이 스스로 구제할 수 있을 만큼 넉넉하다면, 친족(親族) 가운데 충신(忠信)하고 일을 맡을 만한 사람을 골라 그 가사(家事)를 처리하고 출납(出納)을 살피게 한다. 친족 가운데 그런 사람이 없으면, 약중(約中)의 친절한 사람이 맡게 한다. 만약 그 집이 가난하여 자급(自給)할 수 없다면 동약(同約)이 협력하여 구제함으로써 터전을 잃지 않도록 한다. 만약 그를 침해하거나 속이는 자가 있으면, 여럿이 힘써 그를 위해 사리(事理)를 분변한다. 만약 그 자식이 점차 자라나면 사람을 골라 가르치게 하고, 또 혼인할 수 있게 한다. 만약 방자하여 검속하지 못하면, 또한 향약에 따라 보살피고 단속하여 불의(不義)에 빠지지 않도록 하되, 끝내 교회(敎誨)할 수 없게 된 다음에는 그만둔다.

여섯째는 무왕(誣枉)이다. 만약 약중(約中)의 사람이 남의 거짓 참소(讒訴)를 입어 과악(過惡)을 스스로 신원(伸寃)할 수 없다면, 형세가 관부(官府)에 호소할 수 있는 경우라면 그를 위해 말해주고, 구제하고 풀어줄 수 있는 방략이 있다면 그를 위해 풀어준다. 혹 그 집이 이로 인해 터전을 잃었다면, 여럿이 함께 재물로 구제한다.

일곱째는 빈핍(貧乏)이다. 약중(約中)에 가난을 편히 여기고 분수를 지키는데 생계가 군색하여 양식이 끊기게 되었다면 재물로 구제한다. 혼인할 때가 지난 처녀가 있다면 동약(同約)이 연명(連名)하여 문서를 바쳐, 관사(官司)에서 구제하게 한다.

이상은 환난상휼(患難相恤)의 일이다. 무릇 마땅히 구휼해야 할 것이 있으면 그 집이 약정(約正) 또는 직월(直月)에게 알린다[가까운 곳에 따라 알린다]. 만약 동약(同約)이 소문으로 들어 알고 있으면, 스스로 알리기를 기다리지 말고 대신 약정이나 직월에게 알린다. 직월은 이 일을 널리 알리고, 또 그를 위해 사람을 모으고, 그 일을 감독한다. 무릇 동약은 재물(財物)·기용(器用)·노복(奴僕)·거마(車馬) 등 모든 있는 것과 없는 것을 서로 빌려준다. 만약 꼭 필요한 용도가 아니거나 방해되는 바가 있는 경우에는 반드시 빌려줄 필요는 없다. 만약 빌려줄 수 있는데 빌려주지 않는 자, 그리고 기한이 지났는데 돌려주지 않거나 빌린 물건을 망가뜨린 자는 약정과 직월이 알면 향약을 범한 허물로 논하고, 적(籍)에 기록한다.

4. 會集讀約法

무릇 향약을 함께 하는 자는 매년 4계절 첫째 달의 초하루에 향교(鄕校) 또는 서원(書院)에 모여 향약을 강명(講明)한다[혹은 별도로 넓고 한가한 곳을 택한다]. 큰 읍(邑)은 각각 그 장내(掌內)에서 행한다[下人과 賤民도 모두 참석한다].

4계절 첫째달의 모임에는 각자 술과 안주 및 점심을 위한 쌀을 가지고 와서 사화(司貨)에게 맡긴다. 사화는 재직(齋直)에게 밥을 짓게 하는데, 다만 밥을 지을 뿐이다. 무릇 그릇과 반찬은 모두 향교의 것을 쓸 수 없으니, 이것을 어기면 향약을 범한 것으로 논한다. 술을 마실 때에는 재직으로 하여금 술만 데우게 한다. 다만 향교의 술잔을 사용할 뿐이요, 그릇은 사용할 수 없다. 이것을 어기면 또한 향약을 범한 것으로 논한다. 정기적인 모임이 아니면 점심만 준비하고, 술과 안주는 가져오지 않는다. 점심은 사화가 주관하고, 술과 안주는 직월이 주관한다.

모이는 날에는 도약정 · 부약정 · 직월 및 여러 임원은 아침 일찍 일어나 모이는 장소에 가서 기다린다.

모두 단령(團領) · 조대(絛帶)와 가죽신을 착용한다. 만약 유생(儒生)이면 모두 두건 · 단령 · 조대에 가죽신을 신는다. 사화는 비록 먼저 도착했더라도 밖에서 있다가 다른 임원과 함께 예(禮)를 행한다.

먼저 장소(長少)의 차례에 따라, 평소의 법식에 따라 동재(東齋)에서 절하고 읍(揖)한다.

부약정 이하는 다른 재(齋)에 모여서, 도약정이 동재에 들어가 옷을 갈아입는 것을 기다린 다음에 동재로 가서 예를 행한다.

선성(先聖)과 선사(先師)의 위패(位牌)를 설치한다[앞의 설명 참조].

동약(同約)은 도착해서, 밖에서 기다린다.

동약의 사람은 모두 약정 · 직월과 복장을 같이 한다. 장자(長者) 이하는 같은 위차(位次)가 되어, 도착하는 대로 바로 나이에 따라 절하거나 읍하고 순서대로 앉는다. 이작자(異爵者)는 또한 장자와 같은 위차이나, 이작자는 별도로 앉는다. 존자(尊者)는 별도로 하나의 위차가 된다[여기서의 長者와 尊者는 모두 約正의 나이를 기준으로 따진다]. 존자가 모두 도착하면, 이작자와 장자가 차례에 따라 존자의 위차에 나아가 읍한 다음, 동쪽 가에 차례대로 선다. 적자(敵者) 이하는 함께 존자의 위차에 나아가 여러 줄로 서서 절한 다음, 적자(敵者)와 소자(少者)는 서쪽 가에 차례대로 서고, 유자(幼者)와 서얼(庶孼)의 무리는 남쪽 줄에 차례대로 섰다가 차례대로 문밖의 자리로 나아간다. 무릇 모임에, 유자 · 소자는 마땅히 먼저 도착해야 하니, 존자 · 장자보다 늦어서는 안 된다.

이미 모두 모였으면, 나이 순서로 문밖에 서는데, 동쪽을 향하여 북쪽에 선다. 약정 이하는 문밖으로 나가 서쪽을 향하여 남쪽에 선다[서는 차례는 아래의 就坐條 참조].

약정은 최존자(最尊者)와 정면으로 서로 마주보게 선다.

약정이 읍(揖)하고 최존자를 맞이하여 문으로 들어가면, 여러 사람들은 뒤따른다. 뜰의 중앙에 이르면, 약정 이하는 동쪽 뜰에 서고, 존자 이하는 서쪽 뜰에 선다. 모두 여러 줄로 북쪽을 향하는데, 동쪽 뜰이면 서향으로 서고, 서쪽 뜰이면 동향으로 선다.

약정은 홀로 한 줄을 이루고, 부약정과 직월이 한 줄을 이룬다. 만약 부약정이 직월보다 나이가 많으면 직월은 별도로 한 줄을 이룬다. 존자와 이작자가 한 줄을 이루고, 장자가 한 줄을 이루며, 적자가 한 줄을 이루고, 소자가 한 줄을 이루며, 유자와 서얼이 한 줄을 이룬다.

서는 자리가 정해졌으면, 모두 두 번 절한다.

소자 이하 2인으로 하여금 먼저 두 번 절하는 예를 행하게 한 다음, 동 · 서로 나누어 서서 '배(拜) · 흥(興)' 과 '향(香)을 올리는 절차' 를 외치게 한다[면저 '鞠躬, 拜, 興, 拜, 興, 平身' 을 외치고, 다음에 '무릎 꿇고 앉으라' 고 외치고, 다음에 '香을 올리라' 고 외치고, 다음에 '拜, 興, 拜, 興, 平身' 을 외치고, 禮를 마친다. ○ 法式의 抄錄을 적어두었다가, 일에 따라 외친다].

도약정이 동쪽 계단으로 올라 향(香)을 올리고 내려와서, 좌우에 있는 모든 사람들과 함께 두 번 절한다[만약 告文이 있으면 이 때 읽을 수 있다]. 예(禮)를 마치면, 직월과 유자는 당(堂)으로 올라가 선성(先聖) · 선사(先師)의 지방(紙榜)을 거두어서 계단 위에서 불사르고, 그 재는 향로에 담는다[이 일을 맡는 執事는 마땅히 미리 정해 둔다].

무릇 오르고 내리는 데는, 도약정 · 부약정 · 직월은 동쪽 계단을 이용하고, 존자 이하는 서쪽 계단을 이용한다.

예(禮)를 마치면, 뜰 중앙으로 가서 동 · 서로 서로 마주본다. 약정이 세 번 읍하고 손님[尊者를 말한다]에게 오르기를 청하면, 손님은 세 번 사양한다. 약정이 먼저 오르면 손님이 뒤따른다. 이미 오르면 예현(禮見)의 의식(儀式)을 행한다.

약정 이하는 계단을 올라 서쪽에 서고, 존자 이하는 계단을 올라 동쪽에 서는데, 모두 북쪽을 바라본다. 존자 이하가 많으면 두 줄로 선다. 직월이 존자를 인도하여 당(堂)에 올라 서쪽 가의 남쪽 자리에 동쪽을 향해 서면, 약정 이하는 당에 올라 동쪽 가의 남쪽 자리에 서쪽을 향해 서고, 부약정 · 직월은 약정의 뒤로 조금 물러나 선다. 약정 이하가 두 번 절하면[이것은 約正이 尊者에게 절하는 것이다], 존자는 답배(答拜)하고 물러나 북벽(北壁) 아래에서 약간 서남쪽을 향해 동쪽에 선다.

직월이 이작자 · 장자를 인도하여 당(堂)에 올라 서쪽 가의 동쪽에서 남쪽을 향해 서면, 약정 이하는 두 번 절하고[이것은 約正이 長者에게 절하는 것이다], 이작자와 장자가 답배한다. 이작자와 장자는 서벽(西壁) 아래의 북쪽 자리로 물러난다.

이제 약정이 당 중앙에서 약간 동남쪽을 향해 서면, 부약정 · 직월이 서쪽에서 북쪽을 향해 두 번 절하고[이것은 副約正 · 直月이 約正에게 절하는 것이다], 약정이 평소의 법식대로 답례한다. 마치면, 부약정 · 직월이 동벽(東壁) 아래의 북쪽에서 서쪽을 향해 두 번 절한다[이것은 副約正 · 直月이 서로 절하는 것이다]. 이제 존자가 서있는 곳에서 남쪽을 향해 두 번 절한다[이것은 尊者가 서로 절하는 것이다].

이제 이작자 · 장자가 존자의 앞에 나아가 동쪽에서 북쪽을 향해 두 번 절하고[이것은 長者가 尊者에게 절하는 것이다], 존자가 답례한다. 이작자 · 장자는 서벽(西壁)의 북쪽으로 물러나 동쪽을 향해 두 번 절한다[이것은 長者가 서로 절하는 것이다]. 마치면, 이작자는 북벽으로 가서 존자의 서동쪽에 차례대로 서고, 장자는 서벽의 북쪽에 차례대로 선다. 이제 약정이 몸을 돌려 동벽에서 서쪽을 향해 서면, 부약정 · 직월이 그 뒤로 조금 물러나 선다.

이제 직월이 적자(敵者)를 인도하여 당에 올라 북쪽에서 동쪽을 향해 서고, 약정 이하와 함께 서로 절한다[이것은 敵者가 約正에게 절하는 것이다]. 마치면, 적자는 존자 · 이작자의 앞에 나아가 동쪽에서 북쪽을 향해 두 번 절하고[이것은 敵者가 尊者에게 절하는 것이다], 존자 · 이작자가 법식대로 답례한다. 적자는 장자의 앞으로 물러나 북쪽에서 서쪽을 향해 두 번 절하고[이것은 敵者가 長者에게 절하는 것이다], 장자가 답배한다. 적자는 서벽 아래의 북쪽, 장자의 남쪽에서 동쪽을 향해 차례대로 서고 동쪽을 향해 두 번 절한다[이것은 敵者가 서로 절하는 것이다].

이제 직월이 소자(少者)를 인도하여 당에 올라 북쪽에서 동쪽을 향해 두 번 절하고[이것은 少者가 約正에게 절하는 것이다], 약정 이하는 법식대로 답례한다. 소자가 존자 · 이작자 앞에 나아가 동쪽에서 북쪽을 향해 두 번 절하고

[이것은 少者가 尊者에게 절하는 것이다], 존자 · 이작자가 법식대로 답례한다. 소자가 장자 · 적자 앞에 나아가 북쪽에서 서쪽을 향해 두 번 절하고[이것은 少者가 長者 · 敵者에게 절하는 것이다], 장자 · 적자가 법식대로 답례한다. 소자는 서벽 적자의 남쪽에서 북쪽으로 올라 동쪽을 향해 서서 두 번 절한다[이것은 少者가 서로 절하는 것이다].

이제 직월이 유자(幼者)를 인도하여 당에 올라 북쪽에서 동쪽을 향해 두 번 절하고[이것은 幼者가 約正에게 절하는 것이다], 약정 이하는 법식대로 답례한다. 유자가 존자 · 이작자 앞에 나아가 동쪽에서 북쪽을 향해 두 번 절하고[이것은 幼者가 尊者에게 절하는 것이다], 존자 · 이작자가 법식대로 답례한다. 유자가 장자 이하의 자리 앞에 나아가 북쪽에서 서쪽을 향해 두 번 절하고[이것은 幼者가 長者 · 敵者 · 少者에게 절하는 것이다], 장자 이하가 법식대로 답례한다. 유자는 남쪽 줄의 서쪽으로 물러나 북쪽을 향해 두 번 절한다[이것은 幼者가 서로 절하는 것이다].

이제 직월이 서얼(庶孼)을 인도하여 당에 올라 유자의 법식과 마찬가지로 예를 행한다. 마치면 남쪽 줄에서 물러나 서쪽에서 북쪽을 향해 서서 두 번 절한다[幼者도 함께 두 번 절한다. 이것은 庶孼이 서로 절하는 것이요, 겸하여 幼者에게 절하는 것이다].

직월이 무릇 손님을 인도함에, 손님이 적자 이상이면[이것은 直月의 나이를 기준으로 따진다] 당 아래로 내려가 인도하여 올라오고, 만약 소자 이하이면 당 가에 서서 그들에게 읍하고[擧手한다] 오르게 한다.

약정이 읍(揖)하고 자리로 나아간다.

존위(尊位)는 북벽의 서동쪽에 앉고, 약정은 북벽의 동쪽에 앉으며, 이작자는 존위의 서쪽에 앉고, 존자 · 장자 · 적자는 서벽의 북쪽에 앉으며[만약 西壁이 좁으면 비록 敵者라도 남쪽 줄에 앉는다], 부약정 · 유사 · 직월은 동벽의 북쪽에 앉는다. 나머지 사람들은 모두 남쪽 줄에 나이 순서로 앉는데, 동쪽에 여러 줄로 앉는다. 서얼(庶孼)과 서족(庶族)으로서 관직이 있는 자[士族이 아니면서 兩班이라 칭하는 자로서 忠贊·別侍 등을 말한다]는 뒷줄에 반(班)을 나누어서 앉되, 서족은 동쪽 가의 서쪽에 앉고 서얼은 서쪽 가의 동쪽에 앉는다. 인원이 많으면 또한 두 줄로 앉는다. 하인(下人)·양인(良人)은 동쪽 가에 앉고, 천인(賤人)은 서쪽 가에 앉는데, 모두 북쪽을 향한다. 나이가 젊은 자는 남쪽 줄에 앉되, 위와 같이 동·서를 나눈다. 인원이 많으면 두 줄로 앉는다.

자리가 정해지면, 직월은 큰 소리로 약문(約文)을 읽는다[鄕約의 凡例와 讀約法은 읽지 않는다]. 한 번 읽고 지나가면, 부약정은 미루어 그 뜻을 설명한다. 깨닫지 못한 자가 있으면 질문하는 것을 허락한다. 이 때, 약중(約中)에 선행이 있는 자는 여럿이 추천하고, 허물이 있는 자는 직월이 규명한다. 약정은 대중에게 그 실상을 묻고, 다른 말이 없으면 직월에게 명하여 적(籍)에 기록한다. 직월이 선(善)을 기록한 장부를 한 번 읽고 나면, 집사(執事)[幼者가 맡는다]에게 명하여 허물을 기록한 장부를 자리에 있는 사람들이 두루 볼 수 있게 하고, 자리에 있는 사람들은 묵묵히 그 장부를 한 번씩 살펴본다. 이것이 끝나면, 이에 먹고 마신 뒤 다른 곳에서 잠깐 쉰다.

일어나면 자리에 있는 사람이 모두 따라 일어나서, 동시에 읍하고, 차례에 따라 각각의 재(齋)로 물러가서 잠깐 쉰다. 다시 모일 때는 모두 각자의 자리로 가서 동시에 읍하고 앉는다.

다시 당상(堂上)에 모여 혹은 행실(行實)의 대요(大要)를 논하고, 혹은 약중(約中)의 일을 논하며, 혹은 경서(經書)의 의문나는 뜻을 질문하고 조용히 강론(講論)한다.

모름지기 강론(講論)은 유익한 일이다. 강론에서는 신괴사벽(神怪邪僻)하거나 어긋나고 난잡한 말, 사사로이 조정(朝廷)이나 주현(州縣) 정사(政事)의 득실을 논하는 말, 남의 허물이나 죄악을 드러내는 말 등을 쉽사리 해서는 안 된다. 여러 사람들은 모두 두 손을 맞잡고 단정히 앉아서, 기색(氣色)을 장엄하게 하고 시선(視線)을 바르게 해야 한다. 기대서 앉거나 뒤를 돌아보거나 시끄럽게 떠들며 웃어서는 안 된다. 어기는 자는 직월이 규명하고, 고치지 않으면 약정에게 고하고 적(籍)에 기록한다. 자리가 끝나기 전에 만약 일이 있어서 일어나는 경우, 마땅히 자리에서 나와 부복(俯伏)한다. 적자 이상이면 약정이 답례하고, 소자 이하이면 답례하지 않는다. 들어올 때도 또한 마찬가지이다. 만약 존자 · 이작자 및 약정이 일어나서 나가는 경우, 자리에 있는 사람들이 부복하고 일어나며, 지위에 있는 사람도 모두 부복하고 일어난다. 들어올 때도 또한 마찬가지이다[일어나서 俯伏한다].

저녁이 되면 해산(解散)한다.

해산할 때, 지위에 있는 사람이 모두 일어나서, 그 지위에 따라 모두 두 번 절한다. 절을 마치면 동시에 읍한다. 존자 이하가 차례에 따라 모두 나간 다음에, 약정 이하가 비로소 나간다.

만약 도약정이 유고(有故)로 참석하지 못하면, 부약정 이하가 또한 모여서 예(禮)를 행할 수 있다. 존자 이하는 모두 부약정의 나이를 기준으로 따진다.

5. 社 倉 法

① 200가 대통(大統)에 하나의 사창(社倉)을 세운다. 각자 기금(基金)으로 15말[下人과 賤民은 10말]을 내어, 상유사(上有司)가 주관하고, 별유사(別

有司) 2인이 그 출납을 관장하게 한다.

② 1호(戶)당 기금으로 각각 4석(石)을 계산해 두면, 200가에 800석이 된다. 혹 한 곳에서 출납하는 것이 어려우면, 중통(中統) 2곳에 법에 따라 각각 400석씩 나누어 둔다.

③ 1호의 기금 2석은 매년 분급(分給)하고, 나머지 2석은 비축하여 흉년에 대비한다. 흉년이 들면 모두 분급한다. 풍년이 들어 받기를 원하는 자가 없으면 4석을 모두 비축한다. 분급할 때에는 1말당 2되를 이자로 받아, 공용(公用)으로 삼는다. 별유사는 봄에 분급하고 가을에 회수한 다음에 교체한다.

④ 하인(下人) 가운데 신임할 만한 자로 장무(掌務) 1인, 고직(庫直) 2인, 사령(使令) 4인을 고른다. 장무와 사령은 유사(有司)의 명령을 받들어 행하고, 고직은 창곡(倉穀)을 관리하고 지킨다.[25] 장무와 사령은 1년마다 서로 교체하고, 고직은 3년마다 서로 교체한다.

⑤ 1호당 4석이라는 기준을 채우기 전에는 1말당 3되의 이자를 받는다. 만약 풍년이 들면 각자 기금으로 10말[下人과 賤民은 5말]을 내어 창곡(倉穀)을 보충한다. 창곡이 이미 그 기준을 채웠으면 그렇게 하지 않는다. ○ 매년 10월 안에 회문(回文)을 돌려 각자 쌀 5되[下人은 3되]를 내게 한다. 유사와 장무가 거두어들이고, 고직에게 맡겨 곧바로 사창에 쌓아두

25) 原文에는 이 다음에 "凡一應出物 皆例減不出"라는 구절이 있는데, 무슨 뜻인지 알기 어려워 飜譯文에서는 생략했음.

었다가, 구급(救急)의 자료로 삼는다. 만약 창곡의 모수(耗數)[26]가 용도(用度)에 충분하다면, 다시는 더 거두어들이지 않는다[本邑의 還上은 1結當 4石으로 따져 지급한다. 정해진 숫자 외에 餘分이 있으면, 또한 社倉을 채우는 데로 移轉할 수 있다].

⑥ (分給)은 2월 초하루에 1호당 벼 1석, 3월 초하루에 벼 1석씩 나누어 지급한다[凶年이면 正月과 4월에도 또 지급한다]. 수납(收納)은 9월부터 시작하여 11월에 마치되, 그 날짜는 매월 초하루 · 11일 · 21일로 정한다.

⑦ 분급할 때에는 정해진 날짜 2일 전에 장무 · 사령이 통주(統主)에게 알린다. 분급하는 날에는 별유사가 몸소 창고(倉庫)로 가서 분급한다[庫直은 사사롭게 스스로 出納할 수 없다].

⑧ 곡식을 거두어들일 때에는 10가마다 1인을 별차(別差)로 삼아 재촉하는 일을 맡게 하고, 부지런히 힘쓰지 않는 자는 벌을 논한다. 만약 별차가 자기 집 및 맡은 구역의 5가에서 거두어들이는 일을 마쳤다면 교체하고, 아직 납부하지 않은 사람으로 다시 별차를 정해 재촉하는 임무를 대신하게 한다.

⑨ 만약 11월이 지났는데도 미납한 자는 상벌(上罰)로 논하고, 그 별차는 중벌(中罰)로 논한다. 만약 12월이 지났는데도 내지 않으면 향약에서

26) 耗數 : '耗數'는 본래 '축이 나서 줄어든 수량'을 말함. 그러나 이곳의 '耗數'는 '耗穀'을 뜻하는 것으로 보임. '耗穀'이란 倉穀을 보관하는 동안 축이 나는 것을 감안하여 약간의 곡식을 더 받는 것(1石에 3되 정도)을 말함.

쫓아내고, 그 별차는 상벌(上罰)로 논한다[교체한 別差가 한 달이 지났는데도 未納한 경우도 동일하다]. 만약 납부한 곡식이 부실(不實)하면, 그 경중에 따라 벌을 논하고 개비(改備)하도록 한다.

⑩ 곡식을 받고서 도망간 집이 있으면, 그 통내(統內)의 100가가 함께 도망간 곳을 찾아낸다. 찾지 못하면, 숫자를 따져 징납(徵納)한다.

⑪ 매년 11월 그믐에 체곡(遞穀)[27]한다. 상유사 이하 여러 임원들이 모두 모여 1년 동안 사용한 숫자를 살핀다. 만약 착오가 있으면, 경중에 따라 해당 임원의 벌을 논한 다음 징납하고 교체한다. 문서에는 모두 서명(署名)한다.

⑫ 체곡(遞穀)할 때에는 1석이라도 거두어들이지 못한 것이 없는 다음에 별유사 이하의 교체를 허락한다.

⑬ 약중(約中)에 외임(外任)으로 부임한 자가 있으면, 감사(監司)는 목면 5필을 보내고, 수령(守令)은 목면 3필을 보내어[종이를 만드는 데 쓴다. 납부한 것이 국가의 곡식을 팔아서 보낸 것이면 안 된다], 사창의 곡식을 보조하도록 한다[6개월을 채우지 못하고 교체된 자는 그렇게 하지 않는다].

⑭ 아내를 얻어 분가(分家)한 자가 있어서 뒤에 가입하면, 처음 들어올 때처럼 기금을 납부한다.

---

27) 遞穀 : 未詳하나, '決算'을 뜻하는 것 같음.

⑮ 몽재(蒙齋)의 사장(師長)에게 1년에 20석씩 지급하는 기금 및 경사(慶事)·상사(喪事)·환난(患難)에 서로 돌보는 재물은 모두 이자로 받은 여분을 사용한다.

〈蒙齋訓戒〉

주자(朱子)가 말하기를 "무릇 어린이들의 배움은 옷 · 갓 · 신발로부터 시작된다. 다음은 언어(言語)와 걸음걸이, 다음은 깨끗이 청소하는 것, 다음은 책을 읽고 글씨를 쓰는 것, 그리고 잡다한 세사(細事)의 알맞은 방도이다. 이러한 것들이 모두 알아야 할 바이니, 이제 조목에 따라 열거하고 「동몽수지(童蒙須知)」라고 이름 짓는다. 수신(修身) · 치심(治心) · 사친(事親) · 접물(接物)과 궁리(窮理) · 진성(盡性)의 요령에 대해서는 본래 성현(聖賢)의 가르침이 있어서 밝게 살필 수 있으니, 마땅히 차례에 따라 밝게 통달해야 할 것이다. 여기에서는 다시 자세히 말하지 않겠다."

1. 의복관구(衣服冠屨)

무릇 사람은 먼저 신체를 단정하게 해야 한다. 관건(冠巾) · 의복(衣服) · 신발 · 버선부터 모두 모름지기 수습(收拾)하여 애호(愛護)하고, 항상 깨끗하고 가지런히 해야 한다. 우리 선친(先親)이 항상 자제들에게 훈계하시기를, "남자에게는 세 가지 긴요한 것이 있으니, 두긴(頭緊) · 요긴(腰緊) · 각긴(脚緊)이 그것이다."라고 하셨다. '두(頭)' 는 두건(頭巾)을 말하는 것으로, 아직 관례(冠禮)를 치르지 않은 자는 두건으로 머리를 묶는 것이다. '요긴(腰緊)' 이란 끈 혹은 띠로 허리를 묶는 것이다. '각(脚)' 은 신과 버선을 신는 것이다. 이 셋은 단단히 묶는 것이 중요하니, 느슨히 하거나 소홀히 해서는 안 된다. 느슨히 하거나 소홀히 하면, 신체가 방자(放恣)하고 단엄(端嚴)하지 못하여,

남들이 경멸(輕蔑)하고 천시(賤視)하게 된다.

무릇 옷을 입을 때에는 반드시 먼저 옷깃을 가지런히 해야 하니, 양쪽 옷깃을 띠로 묶어 빠져나오지 않도록 한다. 음식을 먹을 때에는 잘 살펴 옷을 더럽히지 않도록 하고, 길을 갈 때도 잘 살펴 옷에 진흙이 묻지 않도록 한다.

무릇 옷을 벗을 때에는 반드시 잘 정돈하여 상자(箱子) 안에 넣어 두고, 어지럽게 흩뜨려 놓지 않는다. 정돈해서 두면 더러운 먼지가 묻지 않고, 찾기 쉬워 잃어버리지 않는다. 옷을 입은 지가 오래 되면 때가 끼는 것을 면할 수 없으니, 반드시 부지런히 빨아야 한다. 솔기가 터지면 기운다. 많이 깁는 것이 해로울 것은 없다. 다만 온전하고 깨끗하게 입으면 된다.

무릇 세면(洗面)할 때에는 반드시 수건으로 옷깃을 가려 보호하고, 양쪽의 소매를 걷어서 젖지 않도록 한다.

무릇 힘든 일을 하러 나갈 때에는 반드시 웃옷을 벗어 두고, 다만 편하고 짧은 옷을 입는다. 웃옷은 잘 아껴서, 찢기거나 더럽히지 않도록 한다.

무릇 낮에 입은 옷은 밤에 누울 때에는 반드시 갈아입는다. 그리면 벼룩이나 이가 생기지 않고, 쉽게 낡지도 않는다.

진실로 이렇게 할 수 있다면, 위의(威儀)가 모범이 될 뿐만 아니라 또한 의복의 비용도 줄일 수 있다. 안자(晏子)는 하나의 여우가죽옷을 30년이나 입었다. 그 뜻은 비록 검소함으로 풍속(風俗)을 교화하는 데 있었으나, 그 아낌 또한 도(道)가 있는 것이다. 이것은 몸을 삼가는 데 가장 긴요하니, 소홀히 하지 말라.

2. 언어(言語)와 걸음걸이

무릇 사람의 자제(子弟)가 되었으면, 모름지기 항상 목소리와 기운을 낮추고 지세히고 부드럽게 말해야 한다. 큰소리로 지껄이며 다투거나 뜬소리로 장난치며 웃어서는 안 된다. 부형(父兄)이나 어른이 훈계할 때는 다만 머리를 숙이고 듣는 것이 마땅하니, 함부로 따져서는 안 된다. 어른의 질책에 혹 과오(過誤)가 있더라도 곧장 스스로 따지면 안 된다. 잠시 묵묵히 있다가, 오래 지난 다음 천천히 자세한 뜻으로 조목조목 말하기를 "이 일은 아마도 이러한 것 같습니다. 지난번에는 우연히 빠뜨렸습니다." 또는 "우연히 살피지 못했습니다."라고 말씀드린다. 이렇게 하면 손상(損傷)이나 거슬림이 없고, 사리(事理)도 저절로 밝혀진다. 붕우(朋友)에게도 또한 마땅히 이렇게 한다.

무릇 남의 착하지 못한 행실을 들으면, 아래로 노복(奴僕)의 과오(過誤)까지도 또한 마땅히 덮어두고, 곧장 말하지 말라. 나중에 서로 마주치면 충고해 주어, 그로 하여금 고쳐야 할 것을 알도록 한다.

무릇 걷거나 추창(趨蹌)할 때에는 모름지기 단정해야 하니, 빨리 달리거나, 높이 뛰거나, 머뭇거려서는 안 된다. 만약 부모나 어른이 부른다면, 그때에는 마땅히 빨리 앞으로 달려가야 할 것이요, 느리게 가서는 안 된다.

3. 깨끗하게 청소함

무릇 사람의 자제(子弟)가 되었으면, 마땅히 거처하는 곳을 물 뿌려 쓸고, 책상의 먼지를 털어서 항상 깨끗하게 해야 한다. 책이나 붓 · 벼루 및 온갖 기용(器用)은 모두 마땅히 일정한 곳에 가지런히 정돈해 두고, 가져다 쓴 뒤에는 다시 원래의 자리에 갖다 놓는다. 부형이나 어른의 자리에 책이나 문서 등이 혹 어지럽게 흩어져 있으면 주의해서 정돈해 두는 것이 마땅하고, 쉽사리 가져다 사용해서는 안 된다. 무릇 남의 책을 빌려왔을 때에는 주인의 이름, 빌려온 날짜와 돌려줄 날짜 등을 모두 장부(帳簿)에 기록해둔다. 창(窓) · 벽(壁) · 궤안(几案) · 책 등의 사이에 낙서를 해서는 안 된다. 옛사람이 말하기를 "붓을 망가뜨리고 먹을 더럽히는 것은 자제의 직분을 해치는 것이요, 책상에 글씨를 쓰고 벼루에 글씨를 쓰는 것은 스스로 자기 얼굴에 먹칠하는 것이다."라고 했다. 이것은 가장 아름답지 못한 짓이니, 마땅히 깊이 경계해야 한다.

4. 책을 읽고 글씨를 씀

무릇 책을 읽을 때에는 모름지기 책상을 정돈하여 정결하고 단정하게 하고, 서책(書冊)은 가지런히 정돈해야 한다. 바른 몸가짐으로 책을 대하고, 자세하고 천천히 글자를 살펴, 자세하고 분명하게 읽는다. 모름지기 글자마다 또박또박 소리 내어 읽어야 하니, 한 글자라도 잘못 읽어서는 안 되고, 한 글자라도 빼고 읽어도 안 되며, 한 글자라도 보태 읽어도 안 되고, 한 글자라도 거꾸로 읽어도 안 되며, 억지로 암기해서도 안 된다. 다만 자꾸 읽어서 많이 외움으로써, 자연히 입에 올라 오래되어도 잊어버리지 않게 하는 것이 중요하다. 옛사람이 이르기를 "책을 천 번 읽으면 그 뜻이 저절로 드러난다."고 하였으니, 읽음이 익숙해지면 해설을 기다리지 않고도 스스로 그 뜻을 깨닫게 됨을 말한 것이다. 나는 일찍이 독서에는 '삼도(三到)'가 있다고 했는데, 심도(心到)·안도(眼到)·구도(口到)를 말한 것이다. 마음이 여기에 있지 않으면 눈으로 보는 것이 자세하지 못하게 된다. 마음과 눈이 이미 전일(專一)하지 않으면 다만 부질없이 읽는 것이니, 결코 기억할 수 없고, 기억해도 또한 오래 가지 못한다. 삼도(三到) 가운데 심도(心到)가 가장 급하니, 마음이 이미 이르면 눈과 입이 어찌 이르지 않겠는가?

무릇 서책은 반드시 아끼고 잘 간수해야 하니, 찢어지고 더럽혀지고 구겨지고 접히게 해서는 안 된다. 제양(濟陽)의 강록(江祿)은 독서를 마치지 않았을 때는 비록 급한 일이 생겼더라도 반드시 책을 덮고서 가지런히 정리한 다음에 일어났다고 하니, 이것이 가장 본받을 만한 일이다.

무릇 글씨를 쓸 때에는, 모름지기 먹을 높이 잡고 단정하게 갈아 먹물이 손에 묻지 않게 하고, 붓대를 쌍구(雙鉤)[28]로 높이 잡고 단정한 해서(楷書)로 쓴

28) 雙鉤 : 運筆法의 하나. 엄지손가락·집게손가락·가운뎃손가락으로 붓대를 걸쳐 잡고 약손가락으로 받쳐 쥐는 방법. 單鉤의 對.

다. 손에 붓털이 닿게 해서는 안 된다.

무릇 글씨를 쓸 때에는 글씨의 공(工)·졸(拙) 여하를 묻지 말라. 한 획 한 획을 엄정하고 분명하게 쓰는 것이 중요하니, 휘갈겨 써서는 안 된다.

무릇 글씨를 쓸 때에는 모름지기 원본(原本)을 자세히 보아야 하니, 틀리게 써서는 안 된다.

5. 잡다하고 자잘한 일의 알맞은 방도

무릇 자제(子弟)는 모름지기 일찍 일어나고 늦게 자야 한다.

무릇 시끄럽게 다투고 싸우는 곳에 가까이 가서는 안 된다. 무익(無益)한 일은 해서는 안 되니, 도박(賭博)·새기르기·공치기·공차기·사냥 등이 그것이다.

무릇 음식은 있으면 먹고, 없으면 먹을 것을 찾으려고 생각해서는 안 된다. 다만 죽이든 밥이든 배고픔만 채우면 되며, 굶어서는 안 된다.

무릇 불을 향할 때에는 불 옆에 바싹 다가가지 말라. 거지(擧止)가 아름답지 못하기 때문만 아니라, 또한 옷을 태우는 일을 막기 위한 것이다.

무릇 서로 읍(揖)할 때에는 반드시 허리를 굽힌다.

무릇 부모·웃어른·벗을 대할 때에는 반드시 자기의 이름을 일컫는다.

무릇 웃어른을 부를 때에는 자(字)를 써서는 안 되니, 반드시 '아무개 어른'이라고 말해야 한다. 만약 동생뻘이면 '아무 성(姓)의 아무개 어른'이라고 말한다.

무릇 외출하거나 돌아왔을 때에는 반드시 어른 앞으로 가서 읍(揖)한다. 비록 잠시 외출하는 경우에도 또한 그렇게 한다.

무릇 어른 앞에서 음식을 먹을 때에는 반드시 가볍게 씹고 천천히 삼킨다. 먹고 마시는 소리가 들리게 해서는 안 된다.

무릇 음식물의 많고 적음, 맛있고 맛없음을 비교하고 다투지 말라.

무릇 어른을 곁에서 모실 때에는 반드시 바르게 서고 공수(拱手)하라. 묻는 바가 있으면 반드시 진실하게 대답하고, 함부로 말하지 말라.

무릇 문(門)을 열거나 주렴을 걷어 올릴 때에는 모름지기 천천히 부드럽게 해야 한다. 벼락치듯 놀라운 소리가 나게 해서는 안 된다.

무릇 여럿이 함께 앉을 때에는 반드시 몸을 추슬러서, 좌석을 넓게 차지하지 말라.

무릇 어른을 모시고 길을 나설 때에는 반드시 길의 오른쪽을 차지하고, 머무를 때에는 반드시 왼쪽을 차지하라.

무릇 술을 마실 때에는 취하지 않도록 하라.

무릇 뒷간에 갈 때에는 반드시 상의(上衣)를 벗고, 돌아와서는 반드시 손을 씻는다.

무릇 밤에 다닐 때에는 반드시 등촉(燈燭)을 밝혀라. 등촉이 없으면 다니지 않는다.

무릇 비복(婢僕)을 대할 때에는 반드시 단정하고 엄숙하게 하고, 함께 장난치고 웃지 말라.

그릇을 잡을 때에는 반드시 단정하고 엄숙하게 하라. 깨질까 두렵기 때문이다.

무릇 위험한 곳에는 가까이 가지 말라.

무릇 길에서 어른을 만나면 반드시 바르게 서서 공수(拱手)하고 빠른 걸음으로 다가가 읍(揖)하라.

무릇 밤에 누울 때에는 반드시 베개를 쓰고, 잠옷이 머리를 덮지 않도록 하라.

무릇 음식을 먹을 때, 숟가락을 들었으면 반드시 젓가락은 내려놓고, 젓가락을 들었으면 반드시 숟가락은 내려놓는다. 다 먹었으면 수저를 밥상에 내려놓는다.

○ 잡다하고 자잘한 일의 알맞은 방도는 조목이 매우 많아서, 우선 간략하

게 열거했으나, 그 대강(大綱)은 갖추어졌다. 무릇 이 다섯 편(篇)을 능히 준수(遵守)해서 어기지 않으면, 저절로 근원(謹愿)한 선비가 될 것이다. 반드시 또 성현(聖賢)의 글을 읽어서 이 마음을 크게 하고 진덕수업(進德修業)한다면, 대현군자(大賢君子)의 경지에 들어가는 것도 불가능할 것이 없다. 너희들은 마땅히 힘쓸지어다.

〈學校模範〉

1. 입지(立志)

배우는 자는 먼저 모름지기 뜻을 세워, 도(道)로써 자임(自任)해야 한다. 도(道)는 고원(高遠)한 것이 아닌데, 사람들이 스스로 실행하지 않는 것이다. 모든 선(善)이 나에게 갖추어져 있으니, 다른 데서 구하지 않아도 된다. 의심하여 늦추거나 미리 기다리지 말며, 또 어려워하여 머뭇거리지 말라. 곧바로 "천지(天地)를 위해서 마음을 세우고, 생민(生民)을 위하여 표준을 세우며, 옛 성인(聖人)을 위하여 끊어진 학문을 잇고, 만세(萬世)를 위하여 태평을 열어준다."는 것으로 표적(標的)을 삼으라. 물러서서 스스로를 제한하는 생각이나 고식하여 스스로를 용서하는 습관은 추호도 가슴 속에 싹트지 못하게 할 것이요, 훼손과 명예, 영화와 치욕, 이해(利害)와 화복(禍福) 등이 내 마음을 일절 움직이지 못하게 해야 한다. 이와 같이 분발하고 채찍질하여 반드시 성인이 되겠다고 한 다음에 그친다.

2. 검신(檢身)

배우는 자가 이미 성인(聖人)이 되겠다는 뜻을 세웠으면, 반드시 구습(舊習)을 씻어내고 한결같은 뜻으로 학문을 향해야 한다. 몸과 행실을 검속하고, 평상시에는 일찍 일어나고 늦게 자며, 의관(衣冠)은 반드시 정돈하고, 용모(容貌)는 반드시 장엄하게 하며, 보고 들음은 반드시 단정하게 하고, 거처(居處)는 반드시 공손하게 하며, 걷고 서는 것은 반드시 바르게 하고, 음식은 반드시 절제하며, 글씨는 반드시 경건하게 쓰고, 책상은 반드시 정리하며, 당실(堂室)은 반드시 깨끗하게 한다. 항상 구용(九容)으로 몸을 간직할 것이니, 발의 용모(足容)는 무거우며[경솔하게 걷지 않는다. 어른 앞을 빨리 지나갈 때에는 여기에 구애받지 않는다], 손의 용모(手容)는 공손하며[손은 게으르게 두지 않는다. 만일 일이 없으면 단정하게 거두고 함부로 움직이지 않는다], 눈의 용모(目容)는 바르며[눈을 안정시키며, 시선을 바르게 하고, 눈동자를 굴리거나 곁눈질하지 않는다], 입의 용모(口容)는 그치며[말할 때나 먹을 때가 아니면 항상 입을 움직이지 않는다], 목소리(聲容)는 고요하며[마땅히 形氣를 정돈하여, 가래침을 뱉는 소리 등 잡소리가 나지 않게 한다], 머리의 용모(頭容)는 곧으며[마땅히 머리는 바르고 몸은 곧게 한다. 한쪽으로 기울거나 치우치지 않게 한다], 숨쉬는 용모(氣容)는 정숙하며[마땅히 호흡을 조화롭게 하여, 숨소리가 나지 않게 한다], 서있는 용모(立容)는 덕스러우며[똑바로 서서 기대지 않으며, 의젓하여 덕이 있는 기상을 보인다], 얼굴빛(色容)은 장엄하게 한다[안색을 단정하게 하여 태만한 기상이 없게 한다]. 예(禮)가 아니면 보지 말고, 예가 아니면 듣지 말며, 예가 아니면 말하지 말고, 예가 아니면 행동하지 말라. 이른바 '비례(非禮)' 란 조금이라도 천리(天理)에 어긋나면 바로 '예가 아닌 것' 이다. 조잡한 것으로 말하자면, 광대들의 바르지 못한 모양, 속악(俗樂)의 음란하고 휩쓰는 소리, 더럽고 오만한 놀이, 방탕하고 어지러운 잔치 등이니, 더욱 마땅히 금절(禁絶)해야 한다.

3. 독서(讀書)

배우는 자가 이미 선비의 행실로 몸을 검속했다면 이제 독서(讀書)와 강학(講學)으로 의리(義理)를 밝혀야 하니, 그런 다음에 학문에 나가는 과정도 지향점을 잃지 않는다. 스승을 따라 수업(受業)하되, 배움은 반드시 넓게 하고, 질문은 반드시 살펴서 하며, 생각은 반드시 신중하게 하고, 분변(分辨)은 반드시 밝게 하며, 침잠(沈潛)하고 함영(涵泳)해서 반드시 마음으로 얻는 것을 기약한다. 항상 책을 읽을 때에는 반드시 엄숙한 용모로 단정히 앉아서 마음과 뜻을 오로지 다 바친다. 한 책이 이미 익숙해지면 바야흐로 다음 책을 읽어서, 널리 보는 것을 힘쓰지 말고, 잘 외우는 것을 일삼지 말라. 책을 읽는 순서는 먼저 『소학(小學)』으로 근본(根本)을 배양하고, 다음 『대학(大學)』·『근사록(近思錄)』으로 규모(規模)를 정하며, 다음 『논어(論語)』·『맹자(孟子)』·『중용(中庸)』 및 『오경(五經)』을 읽는데, 간간이 『사기(史記)』와 선현의 성리(性理)에 관한 글을 읽어 의취(意趣)를 넓히고 식견(識見)을 정밀하게 한다. 성현(聖賢)의 글이 아니면 읽지 말고, 무익(無益)한 글도 보지 말라. 독서의 여가(餘暇)에는 때때로 거문고·활·투호(投壺) 등의 예(藝)에 노닌다. 이러한 것들에도 각각 법도가 있으니, 때가 아니면 희롱하지 않는다. 장기와 바둑 등 잡다한 놀이에 한눈을 팔아서 실공(實功)을 방해해서는 안 된다.

4. 신언(愼言)

배우는 자가 선비의 행실로 삼가고자 한다면 모름지기 추기(樞機)[29]를 삼가야 한다. 사람의 과실(過失)은 대부분 말에서 비롯되니, 말은 반드시 충신(忠信)하게 하고, 때에 맞게 말하며, '그렇다' 고 허락하는 말을 신중하게 하고, 목소리를 엄숙하게 하라. 농담을 하지 말고, 시끄럽게 떠들지 말라. 다만 문자(文字)와 의리(義理)에 유익한 말만 하라. 허황되고 난잡하고 괴상하고 신비한 말 및 시정(市井)의 비속한 말을 입 밖에 내서는 안 된다. 무리지어 헛된 말로 날을 보내거나 시정(時政)을 함부로 논하는 것, 그리고 남의 장단(長短)을 비교하는 것 등은 모두 공부에 방해되고 일을 해치는 것이니, 일절 경계해야 마땅하다.

---

29) 樞機 : 사물의 긴요한 곳. 여기서는 '言語' 를 말함.

5. 존심(存心)

배우는 자가 몸을 다스리고자 한다면 반드시 안으로 그 마음을 바르게 하여 사물에 유혹되지 않아야 한다. 그런 다음에야 마음이 태연(泰然)하고 온갖 사악(邪惡)이 물러나서, 바야흐로 참된 덕에 나아갈 수 있다. 그러므로 배우는 자가 먼저 할 일은 마땅히 고요한 가운데 조용히 앉아 마음을 보존하여 혼란하거나 어둡지 않게 함으로써 대본(大本)을 확립하는 것이다. 한 생각이 싹틀 때 반드시 그 선악의 기미를 살펴서, 선이면 그 의리를 극진하게 하고, 악이면 그 싹을 잘라낸다. 이처럼 존양성찰(存養省察)에 힘써서 그치지 않는다면, 동정운위(動靜云爲)가 모두 의리의 당연한 법칙에 부합하게 된다.

6. 사친(事親)

선비에게는 수많은 행실이 있는데 효제(孝悌)가 근본인 것이며, 죄목은 3천 가지나 되나 불효(不孝)가 가장 중대한 것이다. 부모를 섬기는 자는 반드시 일상생활에서는 극진히 공경하여 부모의 뜻을 받드는 예(禮)를 다하고, 봉양할 때는 즐거운 마음으로 극진하게 구체(口體)를 받들며, 병환이 있으면 지극한 근심으로 의약의 처방을 다하고, 상(喪)을 당하면 지극한 슬픔으로 신종(愼終)[30]의 도리를 다하며, 제삿날에는 엄숙하게 추모하는 정성을 다해야 한다. 겨울에는 따뜻하고 여름에는 시원하게 해 드리며, 밤에는 이부자리를 펴드리고 새벽에는 평안하신지 살피며, 외출할 때에는 고하고 돌아와서는 뵙는 등 한결같이 성현의 가르침을 지켜야 한다. 만약 부모님께 과실(過失)이 있으면 정성을 다하여 조용히 간하고 점차 도(道)로써 깨우쳐 드린다. 자기 몸을 돌이켜보아 온갖 행실을 갖추고, 시종 덕을 온전하게 하여, 부모님을 욕되게 함이 없는 다음에야 부모를 제대로 섬긴다고 할 수 있다.

30) 愼終 : 신중하게 葬禮를 치르는 것.

7. 사사(事師)

배우는 자가 성심으로 도(道)를 향한다면 반드시 먼저 스승을 섬기는 도리를 높여야 한다. 사람은 임금 · 스승 · 어버이를 동일하게 섬겨야 하니, 가히 마음을 다하지 않을 수 있겠는가? 같은 곳에 살면 아침저녁으로 찾아뵙고, 다른 곳에 살면 수업(受業)할 때 찾아뵌다. 초하루 · 보름에 여럿이 모일 때에는 예현(禮見)을 행하여 두 번 절하고, 평소에 모실 때에는 극진하게 존경한다. 스승의 가르침을 독실하게 믿고, 가슴에 품어 잊지 말라. 만약 스승의 언론(言論)과 행사(行事)에 의심스러운 점이 있으면, 모름지기 조용히 강문(講問)해서 득실(得失)을 분변(分辨)하되, 곧바로 자기의 견해로써 스승을 잘못이라고 여겨서는 안 되며, 또한 의리를 생각하지 않고 단지 스승의 말씀을 따라서도 안 된다. 봉양(奉養)의 도리는 또한 마땅히 능력에 따라 정성을 다함으로써 제자의 직분을 다하는 것이다.

8. 택우(擇友)

도(道)를 전하고 의혹을 푸는 것은 비록 스승에게 달렸지만, 서로 의지하여 인(仁)을 돕는 것은 실로 벗에게 힘입는 것이다. 배우는 자는 반드시 충신(忠信) · 효제(孝弟) · 강방(剛方) · 돈독(敦篤)한 선비를 골라서 함께 교의(交誼)를 맺고, 서로 과실(過失)을 경계하고 서로 선(善)을 책망(責望)하여 절차탁마(切磋琢磨)함으로써, 벗의 윤리(倫理)를 극진히 해야 한다. 뜻을 세움이 독실하지 못하고, 몸을 검속함이 엄격하지 못하며, 떠돌아다니면서 놀고, 말과 기운만 숭상하는 자들은 모두 함께 사귀어서는 안 된다.

9. 거가(居家)

배우는 자가 이미 몸과 마음을 닦았으면 모름지기 가정생활에서 윤리(倫理)를 다해야 한다. 형은 우애하고 아우는 공손하여 한 몸처럼 보고, 남편은 온화하고 아내는 순종하여 예(禮)를 잃지 말며, 자식을 옳은 방도로 훈계하고 사랑 때문에 총명을 흐리지 말라. 집안의 여러 사람들을 통솔할 때에는 엄격을 주로 하되 서(恕)로 행하며, 그들의 춥고 배고픔을 안타깝게 생각하고, 상하(上下)를 질서있고 엄숙하게 하며, 내외(內外)를 구별하라. 한 집안에서 처하는 일에 마땅히 그 극진한 도리를 다해야 한다.

10. 접인(接人)

배우는 자가 이미 그 집안을 바르게 했으면, 남을 대하는 데로 이를 미루어 나가 한결같이 예의(禮義)를 따라야 한다. 어른을 공손하게 섬기고[예컨대, 寢食과 步行을 모두 어른보다 뒤에 하며, 자기보다 10년 어른이면 兄으로 섬기고, 나이가 곱절 어른이면 더욱 공손하게 대하는 것이다], 어린이를 자애(慈愛)로 어루만져라. 종족(宗族) 간의 화목이나 이웃과의 교제에 있어서도 그들의 환심(歡心)을 얻을 수 있어야 한다. 항상 덕업(德業)을 서로 권하고, 과실(過失)을 서로 규제하며, 예속(禮俗)을 서로 이루어주고, 환난(患難)을 서로 구휼하라. 항상 남을 구제하고 사물을 이롭게 하는 마음을 품어라. 남을 해치거나 사물을 해치는 마음은 조금이라도 마음에 남겨두어서는 안 된다.

11. 응거(應擧)

과거(科擧)는 비록 뜻있는 선비가 급급(汲汲)할 일은 아니나, 또한 근래에는 벼슬에 나아가는 통규(通規)인 것이다. 오로지 도학(道學)에 뜻을 두어 예의(禮義)로써 나아가고 물러나는 자라면 과거를 숭상하지 않아도 된다. 그러나 국가의 일을 하잠에 과거에 응하는 것을 면할 수 없다면, 또한 마땅히 성심(誠心)으로 공부하여 세월을 낭비하지 말 것이요, 다만 과거의 득실(得失)로 자기가 지키는 바를 잃지 않아야 한다. 또한 항상 입신행도(立身行道)와 충군보국(忠君報國)의 마음을 품을 것이요, 구차하게 따듯하고 배부른 것을 추구해서는 안 된다. 진실로 능히 도(道)에 뜻을 두어 게을리 하지 않고, 일상(日常)의 일이 이(理)를 따르지 않음이 없다면, 과거공부 또한 일상의 한 가지 일일 것이니, 어찌 참된 공부를 해치겠는가? 요즘 사람들이 항상 뜻을 빼앗길까 근심하는 것은 득실(得失)에 따라 자기의 생각이 흔들림을 면치 못하기 때문이다. 또한 요즘 선비들의 공통된 병통은 게으르고 방자하여 독서에 힘쓰지 않으면서, 스스로는 "도학(道學)을 사모하여 과거를 탐탁하게 여기지 않는다." 고 여겨, 하는 일 없이 세월만 보내 학문과 과거공부를 모두 이루지 못하는 자가 많은 것이다. 이것은 가장 경계해야 할 것이다.

12. 수의(守義)

배우는 자는 무엇보다도 먼저 '의(義)와 이(利)의 구분' 을 변별해야 한다. 의(義)란 '위하는 바가 없이 하는 것' 이다. 조금이라도 '위하는 바' 가 있으면 모두 '이(利)' 가 되어, 도척(盜跖)의 무리인 것이니, 경계하지 않을 수 있겠는가? 착한 일을 하면서 명예를 구하는 것 또한 '이(利)를 추구하는 마음' 으로서, 군자(君子)는 그것을 도둑질만도 못하게 여긴다. 하물며 나쁜 짓을 해서 이익을 추구함에랴. 배우는 자는 터럭만큼이라도 이익을 추구하는 마음을 가슴에 남겨두어서는 안 된다. 고인(古人)은 부모를 위해 노무(勞務)에 종사함에, 비록 품팔이나 쌀을 짊어지는 것도 마다하지 않았지만, 그 마음은 개결(介潔)하여 이욕(利慾)에 물들지 않았다. 그런데 오늘날의 선비들은 종일토록 성현(聖賢)의 글을 읽으면서도 오히려 이익을 추구하는 마음을 면치 못하니, 어찌 슬프지 않겠는가? 비록 간혹 집안이 가난한데 생계를 꾸리자면 경영하고 계획하지 않을 수 없더라도, 다만 이익을 추구하려는 생각이 싹트게 해서는 안 된다. 사양하고 받고, 취하고 주는 데에 있어서도 그 당부(當否)를 살펴야 하니, 이득(利得)을 보면 의리(義理)를 생각하여, 터럭만큼이라도 구차하게 지나쳐서는 안 된다.

13. 상충(尙忠)

충후(忠厚)와 기절(氣節)은 서로 표리(表裏)가 되니, 스스로를 지키는 기절이 없이 애매한 태도를 취하는 것을 충후(忠厚)라 함도 옳지 않고, 근본의 덕(德)이 없이 과격한 것을 기절이라 함도 옳지 않다. 세상의 풍속이 흐려지고 엷어져서 참된 덕이 날로 손상됨에, 속임수로 아부하는 사람이 아니면 반드시 과격하게 굴며 기절을 숭상하니, 중도(中道)를 행하는 선비는 진실로 보기 어렵다. 『시경(詩經)』에서는 "온화하고 공손한 사람이여, 오직 덕(德)을 닦는 기초로다."라고 하였고, 또 "부드럽다고 삼키지 않고, 굳세다고 뱉지 않는다."고 하였다. 반드시 온화하고 공손하며 근본이 깊고 두터운 다음에 비로소 능히 정의(正義)를 세워서, 대절(大節)에 임함에 (그 뜻을) 빼앗을 수 없는 것이다. 저 비속하고 아첨하는 비부(鄙夫)들은 말할 나위도 없거니와, 명색이 학문하는 선비라고 하면서 자신의 재주와 현명함을 믿고 남을 경멸하고 모욕하는 자들이 있으니, 그 폐해를 이루 말할 수 없다. 조금 얻고 만족하여 기뻐하며 좋아하는 자들이 어찌 참으로 기절이 있을 수 있겠는가? 요즈음 선비의 이러한 병통은 진실로 예학(禮學)이 밝혀지지 않아 허장성세(虛張聲勢)와 교만이 습성(習性)을 이루었기 때문이다. 따라서 반드시 예학을 강명하여 윗사람을 높이고 어른을 공경하는 도리를 다해야 한다. 진실로 이렇게 한다면 충후(忠厚)와 기절(氣節)을 모두 얻을 수 있을 것이다.

14. 독경(篤敬)

배우는 자의 진덕수업(進德修業)은 오직 독경(篤敬)에 달려있으니, 경(敬)에 독실하지 않다면 다만 빈 말일 뿐이다. 모름지기 표리(表裏)가 한결같아서, 조금이라도 간단(間斷)이 없어야 한다. 말에는 가르침이 있고, 행동에는 법(法)이 있으며, 낮에는 하는 일이 있고, 밤에는 얻는 것이 있으며, 눈을 한 번 깜작일 때도 지키는 것이 있고, 숨을 한 번 쉴 때에도 기르는 것이 있어야 한다. 공부가 비록 오래되었어도 효과를 보고자 구함이 없이, 오직 날마다 부지런히 힘써서 죽은 다음에야 그치는 것이니, 이것이 바로 실학(實學)이다. 만약 이것에 힘쓰지 않고 다만 변설(辨說)과 박식(博識)으로 자신을 꾸미는 도구를 삼는다면, 이것은 유학(儒學)을 해치는 도적이니, 어찌 두렵지 않을 수 있겠는가?

15. 거학(居學)

배우는 자가 학궁(學宮)에 거처할 때에는 무릇 행동거지를 한결같이 학령(學令)에 따라야 한다. 혹은 책을 읽기도 하고, 혹은 글을 짓기도 하며, 식후(食後)에는 잠깐 노닐며 긴장을 풀었다가, 돌아와서는 다시 학업을 익힌다. 저녁을 먹은 다음에도 또한 이렇게 한다. 여럿이 함께 생활할 때에는 반드시 강론(講論)을 통해 서로를 자라게 하고, 위의(威儀)로 몸을 간직하여 정제엄숙(整齊嚴肅)하게 한다. 만약 선생(先生)[곧 師長을 말한다]이 학궁에 계시면 읍(揖)하는 예(禮)를 행한 다음, 강문(講問)하고 더 많은 가르침을 청하며, 마음을 비우고 가르침을 받아들여, 늘 간직해야 한다. 무익(無益)한 글에 대해 질문해서 심력(心力)을 잘못 허비해서는 안 된다.

16. 독법(讀法)

매월 초하루와 보름, 제생(諸生)은 일제히 학당(學堂)에 모인다. 먼저 사당(祠堂)에 참배하여 읍(揖)하는 예(禮)를 행한 다음, 자리를 정해 앉는다[만약 師長이 참석했으면 北壁 아래에 앉고, 諸生은 3면에 늘어앉는다]. 장의(掌議)[掌議가 有故이면 有司 또는 글을 잘 읽는 자가 대신한다]는 큰 소리로 '백록동교조(白鹿洞敎條)'와 '학교모범(學校模範)'을 한 번 읽고, 이에 대해 서로 강론(講論)하며, 서로 참된 공부를 권면한다[師長이 참석했으면 質疑한다]. 만약 논의할 일이 있으면 이때 강론하여 결정한다[諸生이 논의할 일이 있으면 師長은 먼저 나간다]. 제생이 연고가 있어 참석할 수 없으면, 반드시 문서를 갖추어 모이는 곳에 알린다. 질병이 있음을 모든 사람들이 알고 있거나, 때마침 출타(出他)했거나, 기일(忌日)을 당한 경우 외에, 핑계를 대어 참석하지 않은 자는, 이런 일이 두 번째이면 10일 동안 모임에서 쫓아낸다. 이렇게 했는데도 또 참석하지 않는다면, 사장(師長)께 고하여 벌을 논한다['모임에서 쫓아내는 것'은 곧 俗稱 '損徒'[31)]이다. 다시 돌아와 모임에 참여하는 것을 허락할 때는 모임에 참석한 모든 사람이 面責한다].

위의 16조목은 스승과 제자 · 벗이 서로 권면(勸勉)하여 경계하고 힘써야 할 내용이니, 가슴 속에 잘 간직하라.

제생(諸生) 가운데 만약 마음을 보존하고 몸을 삼가서 한결같이 모범을 따르고, 학문이 장차 성취되어 칭송할 만큼 드러나는 자가 있으면, 모임을 가질 때 여러 사람에게 의견을 물어서, 모두가 동의하면 선적(善籍)에 기록한다. 그 가운데 더욱 뛰어난 자는 그 실상(實狀)을 기록한 단자(單子)를 만들어 사장(師長)께 알린다. 사장은 그 실상을 관찰한 다음 관(官)에 고하여, 상달(上達)의 자료로 삼게 한다.

만약 제생 가운데 학규(學規)를 준수하지 않거나, 학문의 뜻이 독실하지 않거나, 방탕하게 놀면서 날을 보내거나, 몸가짐을 삼가지 않거나, 방심(放心)하고 추스르지 않거나, 행동거지가 장엄하지 않거나, 언어가 진실하지 않거나, 부모를 섬기는 데 정성을 다하지 않거나, 형제 사이에 우애가 없거나, 가법(家法)이 난잡하여 법도가 없거나, 스승을 존경하지 않거나, 나이 또는 덕이 많은 사람을 모욕하고 예법(禮法)을 경멸하거나, 정처(正妻)를 소박(疎

---

31) 損徒 : 學生이 學令을 위반했을 때 동료들이 배척하여 멀리하는 것, 또는 나쁜 짓을 했을 때 마을에서 쫓아내는 일.

薄)하고 음창(淫倡)에 빠지거나, 함부로 윗사람을 찾아가 청탁하는 것을 즐겨 염치(廉恥)를 돌보지 않거나, 못된 사람과 함부로 사귀어 하류(下流)들에게 몸을 굽히거나, 술을 즐기고 방탕하여 술주정을 낙(樂)으로 여기거나, 쟁송(爭訟)을 좋아해서 그칠 수 있는 것도 그치지 않거나, 재리(財利)를 추구하여 남의 원성(怨聲)을 외면하거나, 착하고 재주가 있는 사람을 시기하여 헐뜯거나, 종족 간에 화목하지 못하고 마을에서 불화(不和)하거나, 제사지내는 데 엄숙하지 못하여 신명(神明)께 소홀히 하거나[한 집안의 祭祀만 뜻하는 것이 아니다. 學宮의 祭祀에 까닭 없이 不參하는 것도 神明께 소홀히 하는 것이다], 예속(禮俗)을 이루지 못하거나, 환난(患難)을 구휼하지 않거나, 외방(外方)의 경우 조부(租賦)를 제대로 내지 않거나, 고을의 수령을 비방하는 경우가 있으면, 이러한 과실(過失)은 벗들이 보고 듣는 대로 서로 규제하고 경계시킨다.

고치지 않으면 장의(掌議)에게 알리고, 여럿이 모임을 가질 때 유사(有司)가 공개적으로 꾸짖는다. 만약 그래도 고치지 않고 강변하면서 복종하지 않으면, 가벼운 경우엔 모임에서 쫓아내고, 무거운 경우엔 사장(師長)께 고하여 재(齋)에서 쫓아내고[齋에서 쫓겨난 자는 學宮에 올 수 없다. 허물을 고친 뒤에 돌아오게 한다], 악적(惡籍)에 기록한다[다만 齋에서 쫓겨난 자만 惡籍에 기록한다]. 재(齋)에서 쫓겨난 뒤에 마음을 바꾸고 허물을 고쳐서, 향선(向善)의 자취가 뚜렷하면 다시 입재(入齋)하는 것을 허락하고, 악적의 기록을 지워준다[다시 入齋할 때 모든 사람들이 面責한다].

만약 끝내 허물을 뉘우치지 않고 죄악을 기름이 더욱 심하며, 도리어 자기를 꾸짖은 사람을 원망한다면, 사장(師長)께 고하여 그 명적(名籍)을 삭제하고, 또 경향(京鄕)의 학당(學堂)에 통문(通文)으로 보낸다[이름이 삭제된 사람이 만약 스스로를 원망하고 징계하여 向善의 자취가 뚜렷하며, 3년이 지나도록 더욱 篤實해졌다면, 다시 入學하는 것을 허락한다]. 무릇 과실(過失)의 적(籍)은 반드시 이 법(法)을 세운 다음부터 기록하기 시작한다. 이 법을 세우기 전의 죄악은 모두 추론(追論)하지 않음으로써, 스스로 새로워지는 것을 허락한다. 여전히 고치지 않은 다음에야 벌을 논한다.

〈擇師養士之規〉

1. 무릇 학행(學行)이 있어서 사람들의 추중(推重)을 받고 사표(師表)의 임무를 감당할 만한 자에 대해, 매년 서울에서는 한성부(漢城府)의 오부(五部)에서, 지방에서는 감사(監司)와 수령(守令)이 잘 살펴보고, 그 실상(實狀)을 확인했으면 이름을 적어 이조(吏曹)에 올린다. 성균관(成均館)의 당상관(堂上官)도 또한 성균관의 제생(諸生)을 모아놓고 공천(公薦)하게 하여, 합당한 자가 있으면 이름을 적어 이조(吏曹)에 보고한다[매년 年末에 서울과 지방에서는 規例에 따라 이름을 적어 보고한다]. 이조에서는 다시 자세히 살펴보고, 자리가 빈 곳에 따라 채우되, 그가 사는 곳에서 가까운 고을을 맡기고, 그의 성과(成果)를 살핀다. 그 가운데 공적(功績)이 특출하고 사풍(士風)을 크게 변화시킨 자는 품계(品階)를 올려 실직(實職)을 준다. 그 다음 부류로 직책에 걸맞은 성과가 있는 자는 곧 사로(仕路)를 열어준다. 그 다음 부류는 임기가 차면 다른 고을로 옮겨주어, 성과가 더욱 드러난 다음에야 사로(仕路)에 들게 한다.

2. 전에 조정(朝廷)의 관직을 받들었던 자는, 파직(罷職)이나 출신(出身) 여부를 물론(勿論)하고, 그 가운데 사표가 될 만한 자를 골라 교관(敎官)을 수여하되, 6품 이상이면 교수(敎授)로 임명하고, 7품 이하면 훈도(訓導)로 임명한다. 성과가 있는 자는 임기가 차는 것을 기다려 복직(復職)시킨다.

3. 서울과 지방에서 추천된 자로 사표(師表)를 감당할 만한 자는, 만약 생원(生員)·진사(進士)이거나 이름이 크게 드러난 자이면, 자격(資格)의 유무에 구애받지 않고 곧 교관(教官)을 수여한다. 그렇지 못한 자는 반드시 그 자격을 살펴서, 요행(僥倖)의 폐단이 없게 한다.

4. 서울과 지방에서 학행(學行)이 쓸 만하다고 추천을 받아 장차 입사(入仕)하려는 자 및 생원·진사로서 입사(入仕)를 감당할 만한 자에 대해서는 먼저 교관(教官)을 시켜 시험하고, 그 능부(能否)를 살펴, 비록 임기가 차기 전이라도 간간이 사로(仕路)에 오르게 한다. 이렇게 함으로써, 교관(教官)과 조정의 선비가 혼연히 한 길이 되게 한다. 그리하여 사류(士類)로 하여금 훈도(訓導)가 영광스러운 직책임을 알게 함으로써, 예전의 비천(卑賤)하다는 이름을 씻어낸다.

5. 학교의 스승은, 이미 그 사람을 정밀하게 선발했으면, 또한 모름지기 예(禮)로 대우하여 자중(自重)하는 선비로 하여금 그 직책에 편안할 수 있게 한다. 감사와 수령은 항상 (학교의 스승을) 넉넉한 예(禮)로 대하고, (학교의 스승으로) 부임하지 않는 자에 대해서는 돈독히 권해 취임하도록 한다. (스승으로 취임할 자가) 명(命)을 전하는 사자(使者)를 맞이할 때에는, 다만 대전(大典)에 의거하여 대문(大門) 밖에서 기다릴 것이요, (使者가 타고 온) 말에까지 가서 서지 않는다. (스승에 대해서는) 다만 그가 가르친 유생(儒生)들의 학문의 능부(能否) 및 몸가짐의 경건함과 방자함을 살펴서 포폄(褒貶)한다. 또 그 늠료(廩料)를 정하여 회부(會簿)에서 지급하되, 고을의 대소(大小)에 따라 차등을 둔다[한 곳에서는 "士大夫 가운데 나이가 많고 덕행과 학술이 있는 자로서 관직에서 물러나 고향에 있는 사람을 스승으로 임명하고, 宋나라 祠官의 例처럼 廩料를 지급한다."고

하였다. 事目에 보인다].

6. 서울과 지방에서 이미 학교에 다니는 자는 형세상(形勢上) 일시(一時)에 태거(汰去)[32]하기 어려우니, 다만 '학교모범(學校模範)' 으로 자신을 규율하도록 한다. 학규(學規)를 준수하지 않는 자는 태거시킬 수 있다. 사학(四學)은 30세 이하의 독실하게 공부하는 자 100명으로 정원(定員)을 삼고[이미 入學한 자에 대해서도 다시 시험하여 뽑는다], 강(講)을 시험하여 그 숫자를 뽑는다. (100명을) 다섯 번(番)으로 나누어, 매번(每番) 20명씩 학교에서 생활하게 하되, 10일을 기한으로 삼아 돌아가게 한다. 정원 내의 유생(儒生)에게는 하루에 두 끼를 제공한다[時節이 平安해지기 전에는 스스로 糧食을 준비한다]. 정원에 들지 못한 자도 또한 다섯 번으로 나누어 학교에 오되 스스로 양식을 준비할 것이니, 공량(公糧)을 먹을 수 없다. 지방의 여러 고을도 또한 강(講)을 시험하여 정원을 뽑는데, 목(牧) 이상은 90명, 도호부(都護府) 이상은 70명, 군(郡)은 50명, 현(縣)은 30명이다. 만약 글에 능한 자가 부족할 경우, 비록 정원을 채우지 못하더라도 다만 글에 능한 자만 뽑고, 그 다소(多少)에 따라 알맞게 정원 내의 유생을 공량(公糧)으로 먹이며[時節이 平安해지기 전에는 스스로 糧食을 준비한다], 또한 다섯 번(番)으로 나눈다. 정원 내에 들지 못한 자도 번을 나누는 것은 동일하되, 공량(公糧)[33]은 먹을 수 없다. 지방의 공량은 감사(監司)와 읍재(邑宰)가 반드시 (基金을) 경영하고 계획하여 이식(利息)의 바탕을 마련함으로써, 모자라거나 끊이지 않도록 한다. 정원 내의 유생이

32) 汰去 : 除籍시키는 것. '一時에 汰去하기 어렵다' 는 것은 '한 번의 잘못으로 제적시키기는 어렵다' 는 뜻으로 보임.

33) 公糧 : 公的인 費用으로 제공하는 糧食.

결원(缺員)이 생기면 정원 밖의 사람을 강(講)으로 시험하여 채운다. 번(番)이 되었는데도 학교에 나오지 않는 자는, 첫 번째는 면책(面責)하고, 두 번째는 손도(損徒)하며, 세 번째는 재(齋)에서 쫓아내고[黜齋시킨 자는 師長께 고하여 學校에 나올 수 없게 하고, 허물을 고쳐 스스로 새로워진 다음에 다시 들어오는 것을 허락한다. 무릇 損徒와 黜齋를 당한 자가 다시 모임에 참석할 때에는 반드시 자리에 있는 모든 사람이 面責한다], 네 번째는 학적(學籍)을 삭제한다[學籍을 삭제한 자는 軍役을 정한다. 반드시 허물을 고치고 스스로 새로워진 다음 처음의 시험을 거쳐야만 다시 들어올 수 있다]. 만약 질병(疾病)이나 사고(事故)가 있어서 학교에 나올 수 없는 자는 사장(師長)께 사유를 갖춘 단자(單子)를 바침으로써 벌을 면한다. 핑계를 대는 자는 들어주지 않는다.

7. 교생(校生)도 또한 모름지기 예(禮)로써 대우한다. 읍재(邑宰)는 (校生들에게) 관청의 일을 맡길 수 없다. (校生들은) 다만 학문에 전념하게 한다. 교관(教官)의 말을 수행(隨行)하는 일도 시킬 수 없으니, 모두 관청에서 차출(差出)해야 한다. 무릇 감사(監司)나 사신(使臣)이 (學校에) 올 때, 문묘(文廟)를 배알(拜謁)할 경우에는 교문(校門) 밖에서 공경히 맞이하고, 배알하지 않을 경우에는 맞이하지 않는다.

8. 2년에 한 번씩 팔도(八道)의 여러 읍에 사신(使臣)을 보내 여러 학생들의 학업을 시험하고 몸가짐을 살피며 교관의 능부(能否)를 평가하여 보고하게 한다. 감사(監司)는 순회(巡廻)할 때마다 매번 시험을 치러 출척(黜陟)을 밝힌다. 수령(守令)이 사목(事目)을 준행(遵行)하지 못하면, 또한 경중(輕重)에 따라 벌을 논한다.

9. 매번 크고 작은 과거(科擧)를 시행할 때에는, 태학(太學)에서는 과거 기일 전에 성균관(成均館)의 당상(堂上)이 관관(館官) 및 당장(堂長)·장의(掌議)·유사(有司)와 명륜당(明倫堂)에 모여, 상재(上齋)·(下齋)의 명록(名錄)과 선악적(善惡籍)을 모두 가져다 놓고, 평소에 보고 들은 바를 참작하여, 반드시 행실에 하자(瑕疵)나 오점(汚點)이 없는 자를 골라 과거에 응시하는 것을 허락한다[鄕約에서 쫓겨난 자 또한 科擧에 응하는 것을 허락하지 않는다]. 사학(四學)에서는 각각의 학교에서 학관(學官)이 당장(堂長)·유사(有司)와 상의(商議)하여, 위와 같은 방법으로 가려 뽑는다. 지방에서는 읍재(邑宰)가 교관(校官) 및 향교(鄕校)의 당장(堂長)·장의(掌議)·유사(有司)와 상의(商議)하여, 위와 같은 방법으로 가려 뽑는다. 시골에 사는 생원·진사로 행실에 하자가 있어 과거 응시에 합당하지 못한 자에 대해서는, 읍재(邑宰)가 한 고을의 공론(公論)을 모아 감사(監司)에게 보고하고 성균관에도 공문(公文)을 보낸다. 만약 학문에 뜻을 둔 선비로서 군적(軍籍)에 이름이 올라 있는 자가 과거 응시를 원한다면, 서울에서는 성균관의 관원이, 지방에서는 수령이 진위(眞僞)를 살펴, 그 실상(實狀)을 확인한 다음에 또한 과거에 응시하는 것을 허락한다.

〈齋規〉

1. 재(齋)에 들어오는 법규는, 사족(士族)과 서류(庶類)를 막론하고 16세 이상으로서 몽재(蒙齋)에 명단이 있는 자에 대해, 해당 관청에서 『소학(小學)』·『효경(孝經)』 및 주자(朱子)의 「동몽수지(童蒙須知)」를 고강(考講)하여, 능통한 자를 올려 보낸다.

2. 재생(齋生) 가운데 나이가 많고 유식한 자 1인을 당장(堂長)으로 추대하고, 또 재생 가운데 학업이 우수한 자 1인을 장의(掌議)로 추대한다. 또 2인을 골라 유사(有司)로 삼고, 또 2인씩 돌아가면서 직월(直月)을 맡는다. 당장·장의·유사는 유고(有故)가 아니면 바꾸지 않고, 직월은 1개월마다 서로 바꾼다. 무릇 재중(齋中)의 논의는 장의가 주재하고, 당장에게 품의(稟議)하여 결정한다[堂長이 有故로 다른 곳에 있으면, 그 때의 모임에 참석한 자 가운데 最長者가 맡는다]. 무릇 재중(齋中)의 집기(什器)와 물건을 출납하는 일 및 재직(齋直)을 부리는 일은 유사(有司)가 맡는다[有司가 아니면 제 마음대로 齋直을 부리고 檢束할 수 없다]. 무릇 물건은 모두 적(籍)에 기록하고, 교체할 때는 적(籍)을 살펴 교부(交付)한다. 무릇 사제(師弟)와 붕우(朋友)가 강론한 말은 모두 직월(直月)이 맡아서 기록하여, 나중에 참고할 자료로 삼는다.

3. 매월 초하루와 보름에는 사제(師弟)가 모두 공복(公服)[官職이 있는 자는

紗帽 · 團領 · 品帶를 착용하고, 儒生은 頭巾 · 團領 · 條帶를 착용한다]을 입고 사당에 가서, 중문(中門)을 열고 두 번 절하고, 분향(焚香)하고[師長이 계시지 않으면 齋中의 年長者가 焚香한다] 또 두 번 절한다[늘어서는 차례는, 師長은 앞줄에 서고, 弟子는 뒷줄의 서쪽에 선다].

4. 매일 오경(五更)에 기침(起寢)하여 침구(寢具)를 정돈한다. 소자(少者)는 빗자루로 방 안을 쓸고, 재직(齋直)은 뜰을 쓸게 한다. 모두 세수하고 머리빗고 의관(衣冠)을 바르게 한 다음 책을 읽는다.

5. 날이 밝으면 모두 상복(常服)[笠子 · 直領 또는 冠巾 · 直領 등을 말한다]을 입고 뜰에 모여 동 · 서로 나누어 서서 서로를 향하여 읍례(揖禮)를 행한 다음, 재(齋)로 가서 책을 읽는다. 스승이 강당에 계시면, 먼저 스승 앞에 나아가 배례(拜禮)를 행한다[스승은 일어나지 않고 다만 그 자리에서 엎드려 答禮한다].

6. 어두워진 다음에는 등불을 밝혀 책을 읽고, 밤이 깊은 다음에 잠자리에 든다.

7. 새벽에 일어났을 때부터 밤늦게 잘 때까지, 하루 동안 반드시 일삼는 것이 있어서 잠시라도 마음을 게을리 해서는 안 된다. 혹은 책을 읽고, 혹은 조용히 앉아서 마음을 보존하며, 혹은 의리(義理)를 강론하고, 혹은 업(業)을 청하고, 혹은 더 많은 가르침을 청하는 것이 모두 학문(學問)에 해당되는 일이다. 여기에 어긋나는 일이 있으면 배우는 자가 아니다.

8. 집에 돌아갔을 때에는 결코 재중(齋中)에서 익힌 것을 잊어서는 안 된

다. 부모를 섬기고, 사람을 응접하며, 몸을 간직하고, 일을 처리하며, 마음을 보존함에 있어서 천리(天理)를 따르고 인욕(人欲)을 제거하는 데 힘써야 한다. 만약 재(齋)에 들어와서는 닦아서 삼가다가 나와서는 풀어 놓는다면, 이것은 두 마음을 품는 것이니, 용납해서는 안 된다.

9. 직월(直月)은 선악적(善惡籍)의 기록을 맡는다. 제생(諸生)이 재(齋)에서 생활하는 것이나 집에 돌아가서 하는 일을 살펴서, 만약 언행이 이치에 맞는 일 또는 학규(學規)를 어기는 일이 있으면 모두 기록하여 매월 초하루에 사장(師長)께 바친다[무릇 學規를 어기는 자는 直月이 堂長·掌議에게 알려 함께 規責한다. 만약 고치지 않으면 그때 師長께 고한다. 만약 고쳤다면 그 기록을 삭제하고 師長께 고하지 않는다]. 착한 자는 권장하고, 악한 자는 고치도록 타이른다. 끝내 가르침을 받아들이지 않는다면 재(齋)에서 쫓아낸다.

10. 제생(諸生)은 비록 모임을 갖는 때가 아니라도 반드시 매월 한 번씩 강당에 모여[초하루에는 반드시 모인다. 초하루가 有故이면 그 다음으로 잡되, 3~4일을 벗어나지 않는다. 有司는 모임을 갖는 날에 앞서 回文을 돌려 널리 알린다], 의리(義理)를 강론하고, 또 직월(直月)을 바꾸어 정한다.

〈學宮揭示〉

부자유친(父子有親)

군신유의(君臣有義)

부부유별(夫婦有別)

장유유서(長幼有序)

붕우유신(朋友有信)

위의 오륜(五倫)은 요(堯)·순(舜)이 설(契)로 사도(司徒)를 삼고 "공경해서 다섯 가지 가르침을 베풀라"고 당부한 그것이다. 배우는 자는 이것을 배울 따름이다. 이것을 배우는 순서에는 또한 다섯 가지가 있으니, 아래와 같다.

널리 배운다(博學之)

살펴서 묻는다(審問之)

신중하게 생각한다(愼思之)

밝게 분변한다(明辨之)

독실하게 실행한다(篤行之)

위는 배움의 순서이다. 배우고 묻고 생각하고 분변하는 것은 모두 '이(理)를 궁구(窮究)하는 것'이다. '독실하게 실행하는 일'에는 수신(修身)부터 처사(處事)·접물(接物)에 이르기까지 또한 각각 요령이 있으니, 아래와 같다.

말은 진실하고 믿음직스럽게 한다(言忠信)
행실은 두텁고 경건하게 한다(行篤敬)
성냄을 징계하고 욕심을 막는다(懲忿窒慾)
착한 곳으로 옮겨가고 허물을 고친다(遷善改過)

위는 수신(修身)의 요령이다.

의를 바루고 이익을 꾀하지 않는다(正其義 不謀其利)
도를 밝히고 공효를 따지지 않는다(明其道 不計其功)

위는 처사(處事)의 요령이다.

자기가 원치 않는 일을 남에게 베풀지 말라(己所不欲 勿施於人)
행했는데 얻지 못하면 돌이켜 자기에게 까닭을 찾는다(行有不得 反求諸己)

위는 접물(接物)의 요령이다.

주자(朱子)가 말하기를, "그윽이 살피건대, 옛 성현(聖賢)이 사람을 가르쳐 학문을 하게 한 뜻은 모두 의리(義理)를 강명하여 자신을 닦은 다음 그것을 미루어 남에게까지 미치도록 한 것이요, 한갓 많이 보고 기억하는 데 힘써 글을 잘 지음으로써 명예(名譽)를 낚고 이록(利祿)을 얻으려는 것이 아니었다. 요즈음 학문을 하는 자들은 이미 이것과 반대로 되었다. 그러나 성현이 사람을 가르치던 방법이 모두 경전(經典)에 갖추어져 있으니, 뜻있는 선비는 진실로 마땅히 자세히 읽고 깊이 생각하며 물어서 분변해야 할 것이다. 진실로 이(理)의 당연함을 알고 자신을 반드시 그러하도록 책망한다면, 어찌 남이 규구(規矩)와 금방(禁防)의 도구를 베풀기를 기다린 다음에야 지키고 따를 바가 있겠는가? 근래에 학교에 규칙이 있으나, 그 배우는 자를 대함이 이미 천박(淺薄)하고, 그 법(法) 또한 반드시 고인(古人)의 뜻인 것은 아니다. 그러므로 이 학당(學堂)에서는 그것을 베풀지 않고, 다만 성현들이 사람을 가르쳐 학문을 하게 한 큰 단서(端緒)를 골라 위와 같이 조목으로 열거하고, 문 위의 현판(懸板)에 게시하는 것이다. 제군(諸君)이 서로 강명(講明)하고 준수(遵守)하며 자신에게 책망한다면, 무릇 생각하고 말하고 행동하는 즈음에 경계하고 삼가며 두려워함이 반드시 저 근래의 학규보다 더 엄격하게 될 것이다. 그렇지 않고 혹 여기에서 버리라고 말한 것을 벗어난다면, 반드시 이른바 저 근래의 학규를 취하지 않을 수 없으니, 제군들은 또한 잘 생각할지어다."

〈六藝〉

1. 예(禮)

반드시 『주자가례(朱子家禮)』를 읽는다. 능통하지 못한 자는 벌한다.

2. 악(樂)

채서산(蔡西山)의 『율려서(律呂書)』가 있다.

3. 사(射)

무릇 모임을 가질 때에는 반드시 활을 쏜다.

4. 어(御)

5. 서(書)

글씨를 쓸 때는 반드시 해서(楷書)로 바르게 쓴다.

6. 수(數)

암산(暗算)이나 곱하기 · 나누기를 계산하지 못하는 자는 벌한다.

〈延英院〉

정자(程子)가 양현(養賢)을 논한 차자(箚子)에서 말하기를, "삼대(三代)의 양현(養賢)은 반드시 학문을 근본으로 하였기 때문에 덕화(德化)가 행해지고 치도(治道)가 나왔던 것입니다. 본조(本朝)에서는 당(唐)의 구제(舊制)를 따라, 관각(觀閣)의 청류(淸流)들이 문자(文字)의 직책에 그치고 있으니, 명실(名實)이 바르지 못합니다. 현자(賢者)를 초청하고 인재를 길러 시정(時政)을 보좌하고 화육(化育)을 돕고자 한다면, 장차 무엇을 좇아 이루겠습니까? 옛 철왕(哲王)이 자신을 비우고 치도(治道)를 구한 까닭은 어찌 일찍이 천하의 인재를 다 등용함으로써 자신의 덕을 이루고자 한 것이 아니겠습니까? 신(臣)은 조정(朝廷)에서 연영원(延英院)을 설치하여 사방(四方)의 현자를 우대할 것을 청하고자 합니다. 무릇 공론(公論)으로 추천된 사람과 암혈(巖穴)에 숨어있는 현자(賢者)를 반드시 초치(招致)하여 넉넉하게 예우(禮遇)하며 자품(資品)을 보아 녹봉을 지급하되, 성급하게 관직에 진출시키지 않고 다만 조칙(詔勅)에 응하도록 하는 것입니다. 무릇 정치(政治)의 일이 있으면 자세히 강정(講定)하게 맡기고, 전례(典禮)의 일이 있으면 토론하게 하며, 국가를 경영하는 계획을 아뢸 수 있게 하고, 치란(治亂)을 강구할 수 있게 합니다. 여럿이 함께 생활하면서 절차탁마(切磋琢磨)하여 날마다 그 재능을 다 발휘하게 하고, 정부(政府)와 근시(近侍)의 신하들로 하여금 서로 접촉하게 하면서, 때때로 소대(召對)의 기회를 주고 치도(治道)를 자문(諮問)하면, 그 재능과 식견을 살필 수 있을 것입니다. 여러 해 동안 관찰하면 인품이 더욱 분명해질 것이니, 그런 다음에 현자(賢者)는 벼슬에 나가게 하고 능자(能者)는 직책을 맡게 하여, 혹은 군현(郡縣)을 맡기고, 혹은 선비들의 사표(師表)로 삼습니다. 그 덕업(德業)이 더욱 탁월한 자는 점차 수신(帥臣)·직사(職事)의 임무로 승진시켜, 보필(輔弼)로 삼고 공경(公卿)으로 삼으면, 모든 설시(設施)가 알맞게 될 것입니다. 이렇게 하면 (巖穴에 숨어있던 賢者들이) 무리를 이끌고 함께 나와, 초야(草野)에 버려진 현자가 없을 것이니, 폐하(陛下)의 현자를 높이고 선비를 우대하는 마음도 천하를 저버림이 없다고 하겠습니다."

한 곳에서는 이르기를, "오늘날 재랑(齋郎) 40여명 가운데, 총명하고 학문을 지향하는 선비로서 나이가 20세 이상 40세 이하인 자를 골라, 그 직책을 수행하면서 한 달 가운데 보름을 기준으로 서로 교체하여, 한 편은 연영원(延英院)에 취학하고 한 편은 재(齋)를 지키면서 받은 책들을 소리 내어 익히게 하는데, 좨주(祭酒)와 사업(司業)이 이를 주관한다. 그 책은 『소학(小學)』·『주자가례(朱子家禮)』·『사서(四書)』·『근사록(近思錄)』·『심경(心經)』·『육경(六經)』·『주자대전(朱子大全)』·『주자어류(朱子語類)』·『의례경전통해(儀禮經傳通解)』·『강목(綱目)』 등이다. 이 책들을 차례에 따라 강독하되, 날마다 과정(課程)이 있어서, 어디에서 시작하여 어디에서 마쳤는지를 각각 적(籍)을 만들어 기록하게 한다. 이들에게는 벼슬한 날을 따지지 말고, 오직 학업을 마치는 것을 기다렸다가, 혹은 다른 직책으로 옮겨주고, 혹은 곧장 6품직에 나가게 한다."

孝宗朝己亥疏狀及鄉約手抄

草廬李先生手抄

鄉約

一 初立約時外方守令親率境內士民毋論老少貴賤皆會于一處（若大邑則各於掌內行之）設大成至聖孔子之位於北先師顔子之位先師曾子之位先師子思子之位先師孟子之位於東先師周子之位先師程伯子之位先師程叔子之位先師朱子之位於西（各位設屛風以紙榜褾記粘于屛上）設香爐香合於中序立（見下）會集再拜最尊者一人升上香祝讀誓告之文（文預撰）皆降與在位者皆再拜退東西相向揖就坐一人抗聲讀約文（見下）叅會者姓名皆錄于籍（不叅者呈單子）有 敎旨（自朝廷製文以示導民善俗之意）則先於別處設卓置 敎文序立如儀四拜校生一人讀 敎文在位者皆伏聽畢又四拜然後行上儀（京中則漢城府官員率各坊士民行事如儀）

一 外方擇有齒德學術者爲一邑都約正一人 其次爲副約正一人

其次都直月一人司貨一人以上所任各置使令二人以賤人爲之

一各掌內置約正一人色掌二人以常人爲之下同別檢二人

一京中各坊及外方各邑以五家爲統置統主一人二十五家爲小統置統正一人皆以書人爲之教訓一人以士人爲之百家爲中統置統長一人以常人爲之直月一人以士人爲之二百家爲大統置上有司一人以有識者爲之下有司一人以常人爲之

一毋論老少貴賤皆錄無使一人或漏其所率一二弟十五歲以下及家內使喚奴則不爲家戶之役但錄名而已各人姓名年歲四祖皆書一件置都約正踏印一件官上一件戶曹上

一外方人家不足於統數則與他村合爲統不可爲合而有餘數則姑附于統

一外方二百家統中設立蒙齋以朝官生進紛學中有學行者爲師以社倉租二十石一年計給而公養之○社倉法在下人生八歲自朝官之子以至庶孼及良民皆受學焉姓名年歲四祖皆錄于籍踏印及其十五歲自本官考講小學孝經四書中一書能通者升于鄉校不通者還于五衛

一外方鄉校以士大夫有齒德學術而去官在鄉者一人爲師以會簿公養之如今之付軍職廩食有差如宋祠官之例每月朔望入鄉校講習諸生三十歲以下背誦不通者榎楚以上通讀不通者面責

一四學儒生名錄一件在禮曹鄉校儒生名錄一件在本官一件在監營一件在禮曹科舉時不在是錄者不許赴舉若有濫入者錄名官有罰糸搆者拔去

一每年四學教授外方都事考講學校儒生六十歲及初試

入格者外皆講曾讀時讀二書不通者還于五衛其講也
主於敎諭不以棣難汰降為心

一 外方邑宰監司待校生必有禮不得以官事差任監司
到來時謁　聖則祇迎於校門之外不謁　聖則不迎

一 書院置洞主山長之員擇有學行可為師表者及休官退
處之人使居其職以導率之 有俸祿當此國家多事之時姑罷鄕校師長又罷洞主山長力有所不贍則各
其書院自當料理

一 每年四學鄕校行鄕飮酒鄕射禮等禮賓興一人于朝
儀註見儀禮○賓興一人有實行者當之無則不可為充

一 館學校生蔭官有文武之才者每式年別設科場四書
三經武經七書皆臨講武才二技入格者直赴殿試

一 國中立延英院 見下本條

一 二百家所在之地立射廳使五衛之在家者朝夕習藝 有弦無弦依國典各有
籍 束伍亦附焉

一 每年營將講試武才其能者仍屬五衛京中立番所食
出於軍資別倉不能者歸農各出五升木綿三十五尺
二疋如規輸于軍資別倉五衛之士待之以禮試才之時
敎其不能者勿施棍杖凡五衛一萬為一番 其數則視食當加減 守衛
宮禁五衛將領之試才如規勿使分送各處守直使令為
良民勿充束伍上番如舊而試才與五衛同所食皆出於別
倉下番之時設場試才一萬人中取二三人直赴及第每番
如是每年如是以為常式束伍則考其鄕約廳座目公私
賤十五歲以上試取武才能者皆充定而私賤則本主家內
使喚者勿充公賤無才者則收布如規束伍每人以軍

資倉米布量宜定給以為資貝其中最有才者公賤則免
賤私賤則以価給本主亦使免賤以充五衛所食出於軍
資別倉漕水軍皆有定數其在遠地者自所居官
收布二疋如規以送沿海邑以助其役（國中人役皆以五升木綿三十五尺二疋式貳米十斗為
定）私賤之貢於本主者亦同此式本主如或加徵則隨現徵
治

一 外方守令每年各面一到行讀法禮

一 士大夫品官私自役民者有罪重則全家徙邊

一 古法力役三日（治官舍溝渠道路等事）此外絶勿役民官舍營修等
事依國典報于監司大者啓 聞私自役民者有罰

一 有不入鄕約者統主統正統長上有司必告官然後錄
名不告官而私錄則當身與統主等皆罰出細木一疋
元不錄者現露則全家徙邊上有司以下諸所任上罰
後與二百家皆罰出細木綿一疋納于軍資別倉不在籍
者水火不得相資會集不得與參相訟不為聽理聽理
則官員有罪其死葬不得顧見顧見者罰出細木綿一
疋

一 有謀避逃居山澤者全家徙邊大明律逃居山澤者以謀
叛未行同為首者絞為從者杖一百流三千里其拒敵官
兵者以以謀叛已行同不分首從皆斬

一 移徙者告官受文状付于所往之官明無罪悪然後許
接無文状而私自許接者其統内上有司以下諸所任上
罰後與二百家皆罰出細木綿一疋私自移徙者全家徙
邊（其居間遠不属于統者近統當之）

一外方二百家統中置社倉(見下本條)
一都約正善任有效則守令報于監司以為上達之地都副
約正有失則守令報于監司後改差
一民有冤枉者許其自下于守令守令按其是非非則
加罪是則約正有罰其有不直於守令則許其自訴于
監司監司按其是非非則加罪是則大者守令有罪(民聽許冤朱子說亦云)

鄉約凡例

一初立約時禮先聖先師定五家統擇出都副約正以下諸
任一依事目(見上)
一都副約正都直月教訓非有故則不遞司貨一年輪遞約
正上有司直月三年輪遞統主統正統長下有司色掌別
檢一年輪遞
一社倉諸任皆統於都約正(見下本條)
一推約中最尊者為尊位(或三員或四員毋過四員)
一教訓各率其統內庶民之不解文不知法者每朔一會以
諺語解釋約法使詳知之
一外方各掌內每年四孟朔日一會(朔日有故則預定期日不出初旬)
一都副約正都直月司貨每年一度與各面約正色掌別檢
及各統上有司教訓下有司直月統主統正統長會于一處
講明約法
一凡會時有病故不能參則必具由成單于其日早朝呈于
直月(下人則呈所志狀)傳示諸位君明知托故則直月告于約正論
以犯約

一 爲善惡二籍 其有善有惡者 直月記之 每會時告于約正 書于籍 善之尤者 與惡之大者 必報于都約正告官

一 凡善惡之記 皆自條約後爲始 約前雖有過失 皆許令洗滌 不復論說 必仍舊不改 然後乃書于籍 惡籍則明知改過 然後於會集時 僉議更書 善籍雖有過 亦不更 必有不孝不友淫奸贓汚等大段悖理之行 然後乃更善籍 而黜約 且告官治罪 (黜約而悛改者 許更入 入時滿坐面責 後同) 籍過未更 至三而終不改 則僉議出約 (悛改則許復入)

一 直月聞人有善惡之行 知而不告 則約正詰其故 論以犯約

一 凡慶事有贈 喪事有賻 其物皆出於社倉 (社倉穀物不足則收合)

一 凡公事 約正直月主之 若非約正直月擅斷是非者 論以犯約

一 凡非會集而有大事當議者 則都約正使直月議于尊位而定之

一 非四孟朔會集時 有可議公事 則直月約正上有司 報都約正議處 (凡賞罰或有遽施者 無時議處)

一 笞二十以下 則掌內約正自斷 笞四十以下 都約正自斷 過此則告官

一 直月約正上有司 若有憑公營私 不明不正者 都約正報官駁改 色掌別檢下有司統主統長 則各掌內約正糾察其失 治罪 甚者報于都約正 告官改定

一 各掌內約正與鄕所相通時 用關子 通于都約正則用牒呈 都約正則不與鄕所通文字

一 有後入者 則於會時 禮先聖先師 (紙榜見上) 畢 初入者跪于前

少西直月持告文(文亦預撰)跪于其左讀之(約正以下及在位者不跪)讀畢初

入者再拜(他在位者不拜)

一座目隨入隨錄每年冬朔會集時改成冊官上式年則

監營及戶曹上

鄉約文

凡鄉之約四一曰德業相勸二曰過失相規三曰禮俗相交四

曰患難相恤

德業相勸

德業謂孝於父母

孝謂實心愛親所得甘旨皆以奉親承順其志不敢

違逆常時恭敬應對必順不惜己財任親之用父母有

病憂念不弛必求其藥盡心救療臨喪盡哀守制以

禮祭祀以誠之類庶賤則父母忌日書紙榜以祭四名日祭

于墓無墓則亦書紙榜以祭餘存親之事同上

忠於國家

忠謂盡誠事君守職奉公忘身許國之類下人則事上典以

誠不敢少有欺隱有所使令奔走服役不憚勤苦凡有所

得之物必欲獻于上典之類

友于兄弟

友謂同生相愛有無相通所得飲食必與分食凡事相救助

無異一身之類

弟于長上

謂恭敬年長者二十歲以長則見之必拜十歲以長則不敢

爾汝之類下人則敬長者如右而又恭敬一族見一族則知

與不知間必拜言語恭遜若騎牛馬則必下跪于路側事
無慢雖非同鄕待之皆當如此
男女有禮
謂夫婦相敬不相鬪詰且不昵狎亦不踈薄之類下人則不
敢淫奸他人妻女里中男女路次相遇則相避而行不相
親狎之類
言必忠信　行必篤敬　懲忿窒欲　見善必行　聞過必改　睦族
交隣謂愛族黨和隣里有無假貸疾病患難相救助之
類
敎子有方
謂敎子必以善行使之修身勤事不敢嬉游若與人相詰則
勿論曲直必撻詬其子之類
御下有法　貧守廉介　富好禮讓　不貪他物
謂見人之物不生毫髮欲心路中若有遺棄之物則必推
其主而給之
能勤事功
謂己事他事皆盡心用力毋敢葸忽之類
能踐約信
謂約令一一遵行無敢少緩之類
能受寄托　能救患難　能廣施惠　能導人為善　能規人過失
能為人謀事　能為衆集事　能解鬪爭　能決是非　能
興利除害
能居官擧職　能畏法令　能謹租賦之類
右件德業可勸者同約之人各自進修互相勸勉有能行

者則同約隨所聞告于直月直月私作置簿會集時告
于約正約正詢于衆得其實然後表表特異者告于都約
正都約正報官請褒奬其餘則書于善籍以憑後考

過失相規

過失謂持身不謹　事上無禮　接下無恩　不遵約令之類

凡有大過惡者及累次論罰終不自悛壞敗約令者皆告
官治罪後黜約約中人絶之不相接話 悔過請改自新則許復入
大過惡謂不孝父母者毆打及擠跌父母舅姑者下人背逆
上典者兄弟不和者毆打同生兄及三寸五寸叔父者下人
凌辱毆打士族者之類
此等所犯雖重而姑先罰之不悛然後告官則自有其律
此則鄕黨間相興規戒之罰故其所科罪與國典不同

上罰 士族則立之庭下書其罪狀乃上廳飲食使人勿與共坐 以示罰○長者則滿座面責○下人則笞四十
次上罰 士族則滿座面責○長者則半減○下人則笞三十
中罰 士族則面辭以上面責○長者則半減○下人則笞二十
次中罰 士族則尊位及有司以上面責○長者則出位坐罷一執○下人則笞一十
下罰 士族則出位坐罰一執○長者則起立 出坐受規責○下人則下人處面責

凡尊者有過失則使子弟代受其罰無子弟則罰布如例 下見
凡稱尊者長者皆以都約正年次計之
下人年老及有病不堪受笞者則贖以罰布每笞一十贖常
木綿一疋以次加等凡罰布司貨掌之以爲公用 自約正糧罰之布都約廳納吉官罰布亦納
約中人妻妾雖不以名字錄于座目而凡有善惡賞罰則亦同
與父母變色相詰者
叱辱三寸叔父及同生兄者

●● 罷當作罰　● 興當作與

不從父兄教令者
親貧子富而不養者
親死不哀一日內飲酒者
　右五過都約正以下無時會集召而責之請改過則上罰後書
　于籍以俟若爭辯不服無改過之意則告官治罪
居喪以酣酒者
祭祀不敬者
下人不行忌祭墓祭者
叱辱五寸叔父及外三寸從兄者
　右上罰
父母所見處詬詈者
騎牛馬過父母所見處者
　右次上罰　凡罰罪姑與父母同　妻父母與外三寸同
下人於上典前言辭不恭者
外處罵上典者
　右上罰
不順從上典之教令者
行上典之令而凡事不直欺罔取利者
　右次上罰
上典所見處騎牛馬者　中罰
士族前下人言辭不恭者　中罰
下人見士族而不拜者　騎牛馬不下者
士族所見處詬詈者
　右次中罰

與三寸叔父及同生兄嫂之相詰者　次上罰

與五寸叔父及外三寸從兄嫂之相詰者　中罰

三寸叔父及兄所見處路坐者　騎牛馬者　言辭不恭者

右中罰

外三寸及五寸叔父從兄所見處路坐者　騎牛馬過者　言辭不恭者　次中罰

扶執長者下手者　上罰

叱辱長者者　中罰

長者所見處路坐者　騎牛馬過者　言辭不恭者

右下罰

恐以私憾打傷非法於敎誨者　中罰

下人妻打夫者　上罰　傷打則告官

無罪而打妻者　中罰　傷打則上罰

妻於衆中罵夫者　中罰

不能敎其妻子使作惡者　中罰　輕則下罰

踈待正妻者　上罰　不悛者告官

不能睦族相與鬪詰者　中罰

里中男女無禮敎混雜淫戲之言者　次中罰

下人與他人妻女扶執相押者　中罰

男女同室寢處者　上罰

凡下人相鬪毆打者察其年歲老少情理曲直被毆輕重論罰

年長者理直而被毆無傷則　下罰 詰理非

理直而傷打則　中罰

理曲而傷打則　上罰

理曲而所毆無傷則　次中罰
年少者不論曲直傷打則告官
理直而所毆無傷則　次上罰
理曲而所毆無傷則　上罰
年次相敵則理曲而傷打則　上罰
不傷打者　次上罰
理直而傷打則　次上罰
不傷打者　次中罰　大於傷處重大則皆告官
士人敵者相詬罵則　次中罰
士人敵者相扶執毆打則　次上罰
士人私打下人者　中罰　重傷則許其告官
士人長次者毆打幼少者　中罰

諸奸他人妻妾及女者及和奸者告官
誘納他人逃奴婢者現露則全家徙還奴婢還本主 饑饉時者相本絹一疋
屠牛者　上罰 若不得已之故而宰殺牛者具由告官
諸盜他人之物及草稼者　上罰　輕則次上罰 皆徵其物
還本主不償者告官
放牛馬于田禾者初犯　中罰　再犯次上罰　三犯上罰 禁主告于官司
踐其蹂殺者田穀已盛後則量宜徵給其主
好訟而可已不已者　中罰
非理好訟者　上罰
凡有爭訟者皆就都尉約正直月辨其曲直都尉約正直
月間論曲者以其訟都尉約正若不能獨對則通約中
士類會議分釋開諭其是明者而曲者猶不止則上罰之

自約中不能自斷則聽其告官

盜人溝水者

侵耕他人田界者

右中罰 田則退陳

與人要約退而食言者 中罰

妄傳屋報熒惑衆聽凡言語不實者 中罰

懶惰不事事尋訪人家只務閑適者 下罰

家事不治門庭不潔者 下罰

醉酒酗罵者 次中罰

誣毁他人者 上罰 輕則次二罰

搆會人使相鬪者 次上罰 輕則中罰

凡自占便利營私太甚不恤他人之利害者 中罰 社穀斂散之時

不限子女相當之法徵贅過半歲奪取牛馬器物之類

爭買人田沓奴婢者 中罰

抑買人田沓奴婢者 上罰

太慳吝不以器具相假借凡事鄙俗者 次中罰

受賂而干請者 中罰

因瘡疹廢祀者 中罰

崇信異端好行淫祀者 次上罰 若父母崇信左道子諫不聽則非子之罪也其父母老妄不加可罰

者罰出細木綿一疋

立約後有爲僧者其家長論以上罰後歲納細木綿一疋 限僧年六十

其統主上罰

僧物接置者 中罰 其統主罰出常木綿一疋

惑於術家風水之說移葬先墓及無故過期不葬者 上罰

凡二喪事聚會時設盃盤飮讌者　中罰
侵苦村民及寺刹店舍者　上罰
官吏官奴周行閭里誅求作弊者報官治罪
用度不節自取貧乏者　下罰（不量財力過爲多費或妄設酒饌而不能安貧非道營求之類）
不謹納租賦後時怠緩者　中罰
衆會處坐起不端喧譁妄笑戲言譏人及發不義之言者
重則中罰　輕則下罰
凡向人發惡言者　下罰　重則次中罰
社倉穀納不以實者　中罰改備
斗升減縮者　次中罰（加捧準納）
所任不能任事者　不能檢擧他人者
敎訓不敎下人者
直月統主不告其統內善惡吉凶者
右次中罰
凡論議不公平者　中罰
凡憑公作弊者　上罰
凡見人過失不直規戒而私自非議搆成嫌隙者　次上罰
惡聞規戒者　次上罰
非約正有司而擅論是非有所譏議使衆心不安　上罰
社倉使令掌務庫直輩不稟有司不從敎令者　中罰
撻人時不用意者　次中罰
下人有不平之事而不告直月私自怨言者　中罰
凡會集時晩到者　下罰
凡一切不應爲而爲之者最重者次上罰　次則中罰　輕則次

中罰

凡不從約令者 約正有司論議處置之事皆爲約令

初犯 次中罰 再犯 中罰 受罰後心不服而有怨言者論以再犯

三犯 上罰 四犯則告官黜約直月記其犯約度數每於會集
時憑考三度以下已論罰而請改者爻其記

凡上罰受罰後皆記于恶籍不服而怨怒者黜約
右件過失同約之人互相規戒不聽則告于直月直月私作置
簿會集之日告于約正約正以義理誨諭之謝過請改則
隨輕重論罰上罰則記其過以事若其爭辨不服怨咎記
過之人終不悔悟者黜約

凡有過者許其自明辞直理順則棄之勿論言飾辞强辯
者添罰加一等又不服然後黜約

民無職業者 罰出細木綿春秋各一疋
計其鋤手之多寡分定爲田畓之數春耕夏耘秋穫不失
其時凡工匠皆有常業游手者罰

宅不毛者 罰出常木綿春秋各一疋
桑麻楮漆果木之類隨其地之宜種樹皆有數

生松斫伐者 一大株罰細木綿一疋穉松有差

道路橋梁不治者 中罰
各其家前里前及各其田畓邊農前農後修治

禮俗相交

禮俗之交四一曰尊幼輩行凡五等其一曰尊者謂長於己
二十歲以上在父行者
若是師弟子之間則年雖不高當待以尊者

其二曰長者謂長於己十歲以上在兄行者
若長者或是父執或是洞長自少致敬者或是有德位
可尊之人則當待以尊者
其三曰敵者謂年上下不滿十歲者長者為稍長少者
為稍少
其四曰少者謂少於己十歲以下者
其五曰幼者謂少於己二十歲以下者
年雖幼少而若是有德位可尊之人則尊長當使之抗
禮視以敵者
二曰造請拜揖凡三條 其一曰幼者於尊者歲首拜之 正月初旬
拜揖若其日有故則當拜于翌日或三日不可過三日也 及辭 遠行下直 見 回還謁見 賀 有慶事則往賀 謝 若未訪及饋遺則躬謝遺微物則只當具狀案謝不必躬往 皆為禮見
皆具名衘着團領或直領 無則道袍下同 帶靴若有疾則具狀達
意雨雪則行次翌日
此外候問起居質疑白事及被召而進皆為燕見
直領靴鞋皆可通着
尊者受謁不報
有慶則貽書賀之
少者於長者只行歲首之拜及賀謝 旦未訪則躬謝若饋遺則具狀謝之 此為禮見
具名衘着團領或直領及靴
若燕見則惟所服但不可以私服見 私服謂非直領也 長者於歲首則
具名衘親往報之如其服若賀謝則使子弟具名衘代報其禮
少者之家有慶則長者亦當躬賀着直領
凡敵者於歲首之拜及賀謝 饋遺則謝以書 相往還

肅旨之拜揖 及賀則言何其德 謝則惟所祝

其二曰幼者見尊者門外下馬俟於外次乃通名

凡往尊長之家至門必問主人食否有他客否有他幹否

有所否言之事 度無所妨 雖有客不妨相見則亦通名 乃命展刺有妨則且退後

日至敵者以下家則否

主人敵者以下謂此 使將命者先出迎客 客趨入 主人立俟于堂上揖客

升堂若禮見則再拜而坐 揖見則一拜

幼者拜則主人跪而扶之 言辭主人若堅辭則客堅

請終拜 主人許則受而答之 主人命之坐則乃侍坐 其次

次就坐

退則主人起送于堂上 客拜而退出大門上馬

乃主人於客若堅辭終不肯終拜者則主人不必受拜

客見主人 則無言亦可之事 則主人語終不更端則告退 主

人有倦色 或方幹事而有所俟者 皆告退可也 主人有

所論而請留 則辭謝而退 其下至敵者以下皆做此

少者至長者之家 亦於門外下馬 通名 主人使將命者出

迎 客趨入 主人降階 客趨進 主人揖之升堂 若禮見則

再拜 揖見則只恭揖

少者拜則主人跪以手扶以答之

退則主人送于階下 客恭揖而亦出門上馬

若於尊長之家 少者幼者同時敵見 則少者先進再拜

敵拜 則非禮非敵拜 而後幼者亦再一行敵拜 凡敵見不可續續進

拜 須俟諸人皆就位 然後同時敵拜

凡見敵者 亦門外下馬 使人通名 俟于門內 主人出中門迎之

稍揖分路而進至中門讓於客客固辭主人先入至階又讓
客客固辭主人先升自東階客升自西階若禮見則主人
與客相向再拜訖見則只揖而就坐
客多若旅見則俟諸人皆升堂序列然後乃與主人行
禮敵者少者幼者一時旅見則先與敵者行禮次進少
者行禮次進幼者行禮

退則主人出中門揖送
客若徒行則主人出大門揖送

長者至少者之家則先遣人通名主人具衣冠(若禮見則肅揖或直闕)
以俟客至門下馬則主人趨出迎揖引入升堂敍禮則再
拜訖退則出中門揖請上馬客固請入主人揖而回身
行數步而立客上馬然後乃入

客若徒行則出迎于大門之外送亦如之

尊者至幼者之家則先遣人預通主人具衣冠(若見尊長則或須請則當禮)
(見則當出迎)出中門以俟客至門則必趨俟客下馬乃出迎拜引
入升堂敍禮見請納再拜之禮(禮見則少復再拜)客止之則止退則
送至大門客請入則拜而回身行數步而立俟客上馬
然後出門望見客行百餘步而後入
客若徒行則迎拜于大門之外送亦如之仍隨其行若
止則止望其行遠乃入

凡見尊者必拜見長者必恭揖侍尊長坐客至尊長不起則
不起凡侍尊長坐敵者以下若至則主人(侍尊長者之主人也)不下堂使
人告以有事客不能出迎客入升堂主人起立客先與主
人行禮乃拜于尊長若侍師長及遠遊之孫綻之人俱見

敵者以下師長進謁尊者不起則扶之讓老者拜主人亦不敢起
客入升堂先拜于師長達尊者然後就坐俯伏為禮
而止於敵者亦只俯伏為相見之禮

其三曰凡遇尊者於道皆徒行則趨進以揖尊者與
之言則對否則揖而退立於道下俟尊者已過乃行
若皆乘馬則必回避如不能回避則下馬以俟尊者回
請乘馬則乘馬俯伏俟尊者過數十步乃行

凡遇長者於道皆徒行則趨進共揖不言則揖而退立於
道下俟長者已過乃行若皆乘馬則立馬道下俯伏致
敬俟過乃行

凡遇尊者長者於道若己徒行而尊長乘馬則回身回
避之若不及避則趨而進長者下馬則亦同於尊者
不下馬則亦馬前共揖尊之者於馬上答禮若尊者下
馬則拜若己乘馬而尊長徒行則望見下馬趨進拜
揖(揖尊者 揖長者)尊長雖回避亦俟過然乃上馬

凡遇敵者於道皆乘馬則分道相揖而過若一騎一徒則徒
者回避不及避則騎者下馬相揖過則上馬皆徒行則相
揖而過

凡徒行遇所識乘馬則皆當回避

三曰請召迎送凡四條 其一曰凡請尊者飲食必親具單子
(若禮輕則 不具單子)
若尊者從容辭焉則不可強請尊者
若請長者則不必親往只具單子(禮輕則以書)使人請之尊
長旣來赴則明日親往謝之如敵者則以書明日致謝

相謝召少者幼者則以回文(若詣者不多則亦當以書)明日客親往謝

其二曰凡聚會坐以齒若庶孼及非士族則別序雖非士族而學行出人者亦序以齒有親戚妨於位次者則亦別序若有異爵者則別坐不序以齒

異爵謂堂上官以上及侍從臺諫之類

凡宴集或迎勞出餞皆以專請者爲上客如婚禮則姻家爲上客皆不以齒爵爲序

其三曰凡宴集初坐別設卓子於兩楹間(若設宴於堂上廳則設卓子於廳前中央)置大杯於其上主人降席立於卓東西向上客(謂專請者)亦降席立於卓西東向主人取杯親洗上客辭主人置杯卓子上執事者進酒注主人親執酒注斟酒于杯以注授執事者遂執杯以獻上客上客受之復置卓子上主人西向再拜上客東向再拜(雖對少者亦再拜)

興取酒東向跪祭(少傾酒於地)遂飮以酒授執事者遂拜主人答拜

若少者以下爲上客則飮畢拜時主人跪受如常儀若主人是少者以下則上客飮後主人乃拜上客跪而半拜

上客酢主人如前儀訖主人乃獻衆賓

若衆賓中有齒爵可尊者則獻酒如上客之儀再拜但客不酢若衆賓齒以下則獻酒時不再拜只於飮後相拜亦無酢

既畢就坐始以俗禮行酒而罷

尊者行酒則幼者詣樽所執杯以進長者行酒則少者起而跪伏可也

其四曰凡遠出及自遠而敀則有迎送之禮直月掌其事期會一處各持酒肴而往旣會拜揖行禮如儀

所謂遠去遠敀者謂或因事別往遠地或赴任他鄉之類若常往來之處則不可一一迎送

四曰慶弔贈遺凡四條 其一曰凡同約有吉事則慶之

所謂吉事者及第生進入格及新登仕及陞堂上以上階資及冠子之類皆可賀

同約期日俱進行禮如常儀有贈物

衆議量其禮之大小定幣帛之數

凡有慶事其家力有不足則同約之人爲之借助器用及爲營幹雜力所及當不憚其勞也

子女婚嫁時 率居弟子女及同生同 給米三斗出社倉 下人則半減 臨時出回文各出柴木一駄給之 下人則不出柴亦不給焉 男則行新婦禮時給之 男之醮也出炬軍十名自備炬以從 下人婚時二名

約中人有年滿八十七十以上者則各持壺果會于室慶賀之 下人年滿七十以上者則亦使下人持壺果賀之

有過三年喪者則亦如賀禮慰之 下人能行三年喪者衆會慰且記其善

其二曰凶事則弔之

謂死喪水火之類

災之小者則同約以書弔之 災之大者同約期日齊進弔之 別行書之小者謂水火不至太甚者也 大者謂水火盡沒家業者也 若細者則雖小災亦親弔 凡弔慶之會雖先已與主人相見致慰賀者亦隨衆同進

若喪事則聞喪即持直月周告同約往哭弔

喪事謂約員及父母妻子之喪也 死之日喪家當計告于直月 直月出回文通于同約 即以玄冠素服黑帶往哭且弔 同約若先聞訃則不待直月之報可以先往 不識生者則不弔 不識死者則不哭 凡初喪未成服前則非親戚及今密者不敢入見喪

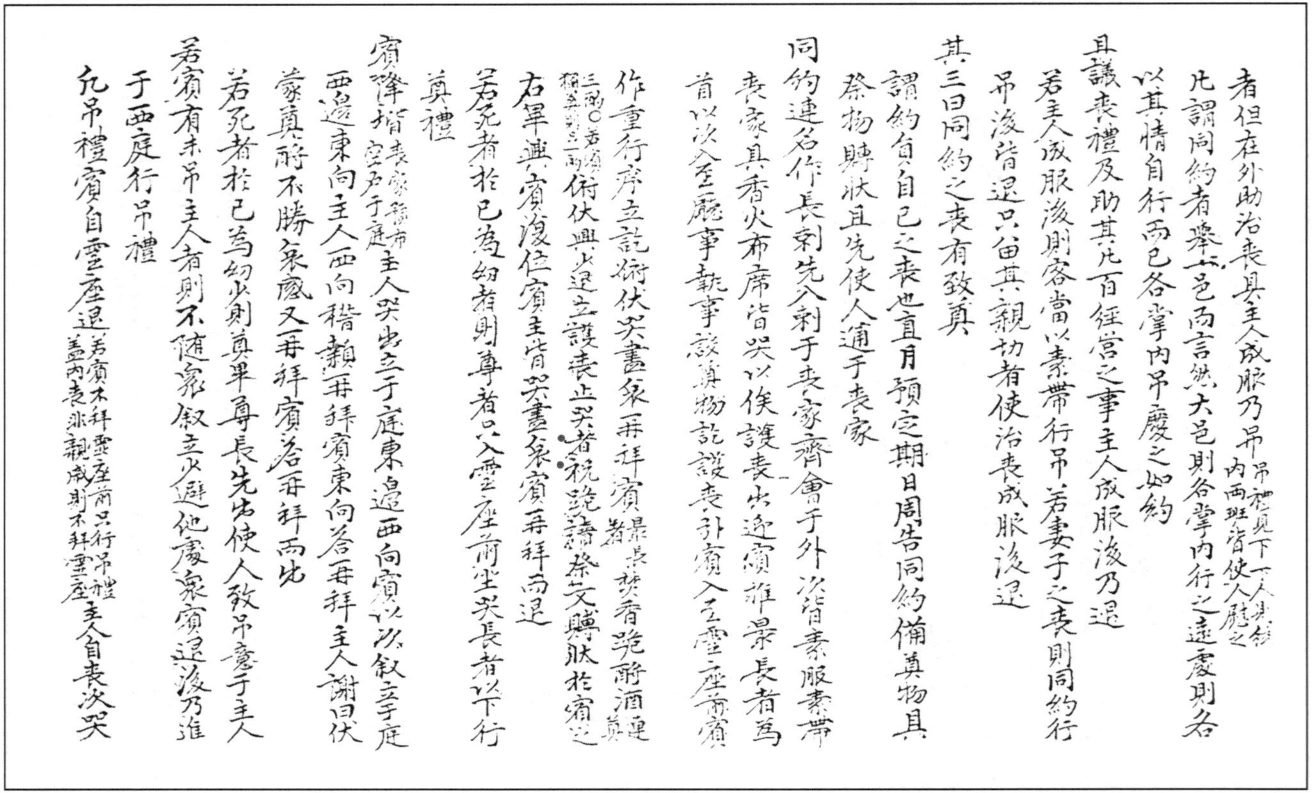

者但在外助治喪具主人成服乃弔弔禮見下一人與錄內西班皆使人慰之
凡謂同約者舉六邑而言然大邑則各掌內行之遠處則各
以其情自行而已各掌內弔慶之如約
且議喪禮及助其凡百經營之事主人成服後乃退
若主人成服後則各當以素帶行弔若妻子之喪則同約行
弔後皆退只留其親切者使治喪成服後退
其三曰同約之喪有致奠
謂約員自己之喪也宜月預定期日周告同約備奠物具
祭物賻狀且先使人通于喪家
同約連名作長剌先入剌于喪家齊會于外次皆素服素帶
喪家具香火布席皆哭以俟護喪出迎賓推最長者爲
首以次入至廳事執事設奠物訖護喪引賓入至靈座前賓
作重行序立跪俯伏哭盡哀再拜賓著最長者焚香跪酹酒奠
三酌○若奠稱奠則三酌俯伏興少退立護喪止哭者祝跪讀祭文賻狀於賓之
右畢興賓復位賓主皆哭盡哀賓再拜而退
若死者於己爲幼者則尊者只入靈座前坐哭長者以下行
奠禮
賓降揖喪家錄布空戶于庭主人哭出立于庭東邊西向賓以次敘立于庭
西邊東向主人西向稽顙再拜賓東向答再拜主人謝曰伏
蒙奠酹不勝哀感又再拜賓答再拜而出
若死者於己爲幼少則奠畢尊長先出使人致弔意于主人
若賓有未弔主人者則不隨衆敘立少避他處衆賓退後乃進
于西庭行弔禮
凡弔禮賓自靈座退若賓不拜靈座前只行弔禮蓋內喪非親戚則不拜靈座主人自喪次哭

● 者祝當作祝者

出庭東西向賓立于西庭東向主人稽顙再拜賓荅拜[illegible]賓注
皆哭賓進曰不意凶變遭此罔極何以堪處主人對曰[illegible]其罪逆
深重禍延某親伏蒙慰問不勝哀感若賓致奠則曰[illegible]蒙奠又辭且賜慰唁不勝哀感
再拜賓荅拜又相向哭盡哀賓先止寬譬主人曰修短有數
痛毒奈何願抑孝思俯從禮制乃出主人哭而入護喪送賓於
外次賓既出主人以下止哭凡吊禮少具名銜若旅吊則叙立行禮而賓之
最長者進而致辭若吊妻子之喪則只一拜吊辭隨宜稱道
非情重則不哭吊畢又拜而退

及葬齊進會葬

父母之喪亦然尊長者則使子弟會葬尊者以已死修貧計年若妻子之
喪則任情厚薄不必親往會葬但直月往監其助役
役人毋出百家統內兩兩班之喪則百家各出一人助役下人則
五十家各出一人助役他五十家則不與焉兩班於下人之喪不
出役人者各出米一升給之凡喪葬役人若踰他統則役者役
之者統主統長上有司皆罰布一疋納官若有情分自相助者聽之遠葬者
其所往處近統助役如規主人饋食

小祥大祥禫皆往慰

父母之喪亦然尊長此以喪者計其年以書慰之不親往凡喪家不可
具酒食以待吊客客亦不可受當自齎飯以往
其四曰若約員移在他鄉身死則同約會于一處設位而哭遣
約中幼者一人持奠具及祭文賻狀往致奠發行之日同約齊
會一處衣吊服再拜送而送之
幼者之喪則尊者哭而不拜
若已葬而致奠則哭奠于墓過期年則不哭情重則哭之

右禮俗相交之事直月主之有期日則為之期日當糾集者
督其違慢凡不如約者以告于約正而詰之且書于籍

冠昏之禮

喪葬之禮　墳高四尺　床石石人勿為高大　庶人一切禁之

祭祀之禮

以上用朱子家禮　邦禁亦有定式

衣服之制

堂上以上衣錦　七十者衣帛　朝官絲笠衣帛　儒生布笠草
笠衣布　官吏布笠衣布、庶人蔽陽子毛帽衣麁布、不得
着道袍

飮食之節

酒不得亂　牛不得殺

宮室之制

國典、大君六十間　公主王子君五十間　文武官二品以上四十間
三品以下三十間　庶人十間　踰制者毁

宴會之禮

不用油蜜果　魚肉不過二器

以上違約者有罰

患難相救

患難之事七一曰水火小則遣人救之甚則親往多率人救且
弔之若因此絶糧則僉議以財濟之

二曰盜賊、近者同力追捕有力者為告之官司其家貧則為之
助出募賞若因此失朝夕之供且赤脫衣裳則僉議以財濟
之

三曰疾病 輕則遣人問之 甚則爲訪醫藥 直月主之 使約中年少者輪往問醫 貧則僉議助其養疾之費 若闔家臥病不能耕耘 則同約協力出奴及牛耕耘 可給并作處則擇幹信之人給之

四曰死喪 吊賻已見上 若貧乏太甚不克襄事者 則僉議於常賻之外加濟以財

五曰孤弱 約中之人死而有子孫弱無依者 若其家足以自贍 則擇其親族之忠信幹事者 使區處考其出納 族中無人 則以約中親切者掌之 若其家貧乏不能自給者 同約協力濟之 無令失業 若有侵欺之者 則衆人力爲之辨理 若其子稍長 則擇人敎之 且爲求婚姻 若放逸不檢 亦防察約束之 無令陷於不義 至於終不可敎 然後乃止

六曰誣枉 若約中之人被人誣訴 過惡不能自伸者 勢可以聞於官府 則爲言之 有方畧可以救解 則爲解之 或其家因而失業者 衆共以財濟之

七曰貧乏 約中有安貧守分而生計窘束 至於絶食 則以財濟之 有處女過期 則同約連名呈狀 救濟于官司

右患難相恤之事 凡當有救恤者 則其家告于約正或直月(隨其遠近處告之) 若同約聞知 則不待自告 而爲之告約正或直月 月〻編告之 且爲之糾集而程督之 凡同約者財物器用車馬奴僕 皆有無相假 若不及之用 及有所妨者 則不必借 可借而不借 及踰期不還 及損毁借物者 約正直月知之 則論以犯約之過 書于籍

會集讀約法

凡同約者四孟相講約于鄕校或書院(或别擇一寬閒處) 大邑則各其坊內

行之(下賤皆條)

四時孟月之會各持壺果且持點心之米委司貨使齋直炊飯只炊飯而已凡器皿饌物皆不貸于鄕校違者論以犯約飮酒之時只令齋直煖酒只用鄕校杯酌而已亦不用器皿犯者亦論以犯約非時之會則只設點心不待壺果點心則司貨掌之壺果則直月掌之

會日夙興都約正副約正直月諸所任往俟于會所

皆具團領條帶納靴若是儒生則皆具頭巾團領條帶納鞋司貨則雖先至在外次與他員同行禮

先以長少之序拜揖于東齋如常儀

副約正以下會于他齋俟都約正入東齋改服然後就東齋行禮

乃設先聖先師之位(見上)

同約者至俟於外次

同約之人皆如約正直月之服長者以下爲一次隨至輒以齒拜揖焉坐異爵者亦然長者同次異爵者別坐尊者別爲一次(凡長者尊者皆以約正計其年)尊者皆至則異爵者長者以次就尊者之次揖畢於東邊敍立敵者以下俱詣尊者之次重行爲位拜畢敵者少者於西邊敍立幼者及庶孽之類於南行敍立以次出就門外之位凡會集幼少當先至不可後於尊長

既集以齒爲序立於門外東向北上約正以下出門西向南上(序次見下就坐條)

約正之立與最尊者正相向

約正揖迎最尊者入門諸人隨之入至庭中約正以下立於東庭尊者以下立於西庭皆重行北面東庭則西上西庭則東上

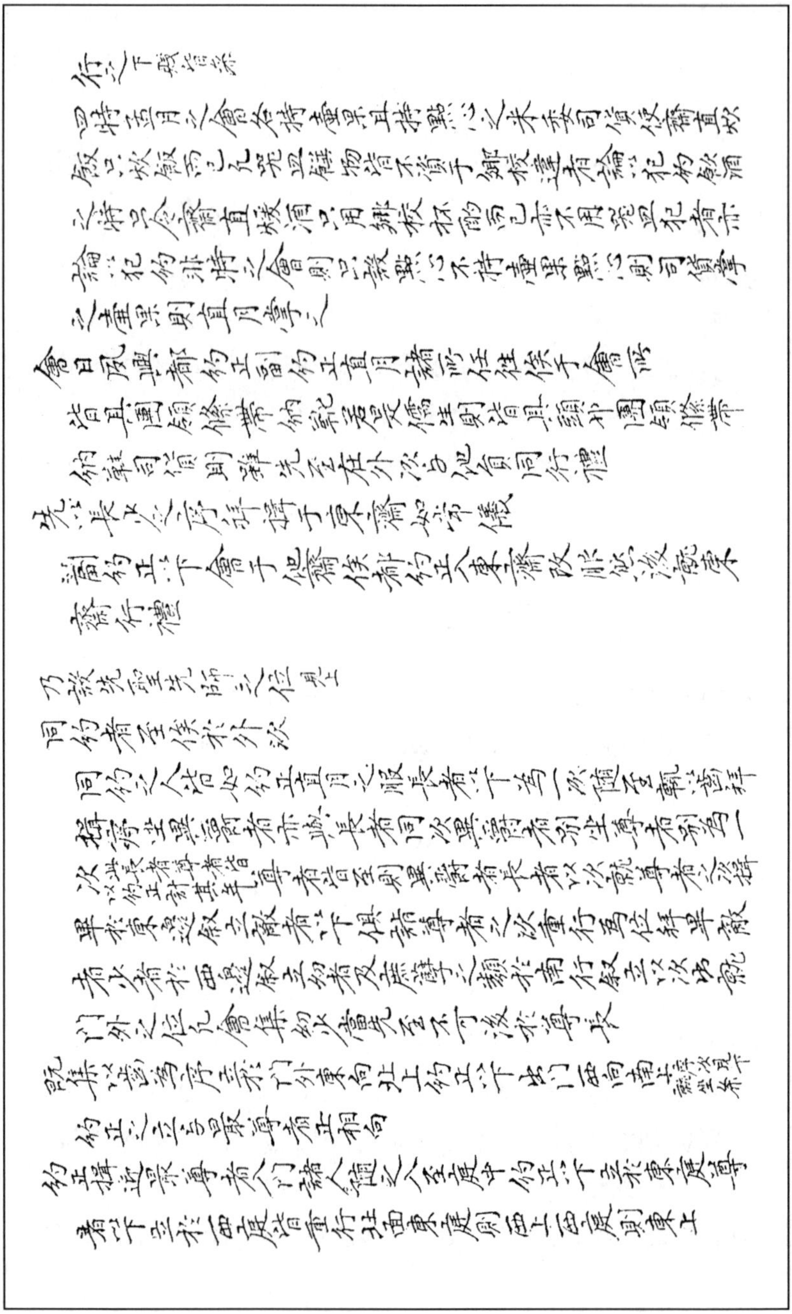

約正獨爲一行，副正於直月爲尊，則直月別
爲一行，尊者、異爵者爲一行，長者爲一行，敵者爲一行，少者爲
一行，幼者、庶孽爲一行

立定，皆再拜

使少者以下二人先行再拜禮，後分東西立，唱拜興，上香節次（先呼鞠躬，拜興，拜興，平身，次呼跪，次呼上香，次呼拜興，拜興，平身，禮畢。○儀註拟歸隨事唱呼）
都約正升自東階，上香，降，與左右者皆再拜（若有告文，則此時可讀）。禮畢，直月
與幼者陞堂，收合先聖先師紙榜，焚于階上，以其灰納于香爐（此執事者預定也）
凡陞降，都副正、直月自東階，尊者以下自西階

禮畢，即庭中東西相向，約正三揖，請升，客辭（謂尊）三讓，約正先升
客送之，既升，行禮見之儀

約正以下陞階，西上而立，尊者以下陞階，東上而立，皆北面。尊者
以下多，則爲重行。直月引尊者陞堂，於西邊東向南上而
立。約正以下陞堂，於東邊西向南上而立。副正、直月差退約正
之後，約正以下再拜（此約正拜尊者也），尊者答拜，退詣北壁下，少西南向
東上立。直月引異爵者、長者升堂，於西邊東西南上立。約正以
下再拜（此約正拜長者也），異爵者、長者答拜，異爵者、長者退詣西壁下
北上。於是，約正於堂中少東南向立，副正、直月西上北面再拜（此副正直月拜約正），
約正答之如常儀。訖，副正、直月東壁下北上西向再拜（此副正直月相拜）。
於是，尊者於立所南向再拜（此尊者相拜）。於是，異爵者、長者就尊者
前東上北向再拜（此長者拜尊者），尊者答之。異爵者、長者退立於西壁北
上東向再拜（此長者相拜）。訖，異爵者就北壁，敍立於尊者之西東上，長
者敍立於西壁北上。於是，約正回身於東壁西向而立，副正、直月

少退其後於是直月引敵者升堂東面北上与約正以下交再
拜訖(興敵者拜約正)敵者請尊者異爵者前東上北面再拜(興敵者拜尊者)
者異爵者荅之如儀敵者退詣長者之前北上西向再拜(興敵者拜長者)
長者荅拜敵者於西壁下北上東向敘立於長者之南東向再
拜(興敵者相拜)於是直月引少者升堂北上東向再拜(興少者拜約正)約正以下
荅之如儀少者就尊者異爵者前東上北向再拜(興少者拜尊者)尊
者異爵者荅之如儀少者就長者敵者前北上西向再拜(興少者拜長者敵者)
長者敵者荅之如儀少者於西壁敵者之南北上東向敘
立再拜(興少者相拜)於是直月引幼者升堂北上東向再拜(興幼者拜約正)約正
以下荅之如儀幼者就尊者異爵者前東上北向再拜(興幼者拜尊者)尊
者異爵者荅之如儀幼者就長者以下位前北上西向再拜(興幼者拜長者敵者少者)
長者以下荅之如儀幼者退於南行西上北向再拜
(興幼者相拜)於是直月引庶孽升堂行禮如幼者之儀畢退於南行
西上北向立再拜(幼者同再拜興庶孽相拜無拜幼者)直月凡引客之是敵以上則(興以直月尉年)下
堂引升若是少者以下則立于堂邊揖(承手也)之使升

約正揖就座

尊位坐於北壁之西東上約正坐於北壁之東異爵者坐于尊位
之西尊者長者敵者坐于西壁北上(若西壁位窄則雖敵者坐于南行)副約正有司直
月坐于東壁北上其餘皆於南行以齒列坐東上爲重行庶孽
及庶族有職者(謂非士族而稱兩班如忠義貢別侍之類)爲後行分班庶族則東邊西
上庶孽則西邊東上貟多則亦爲重行下人良人坐于東邊
賤人坐于西邊皆北上年少者坐于南行亦分東西如右人多則重行
坐定直月抗聲讀約文(凡例及讀約法不讀)一過副正推說其意未達者許
其質問於是約中有善者衆推之有過者直月糾之約正詢其

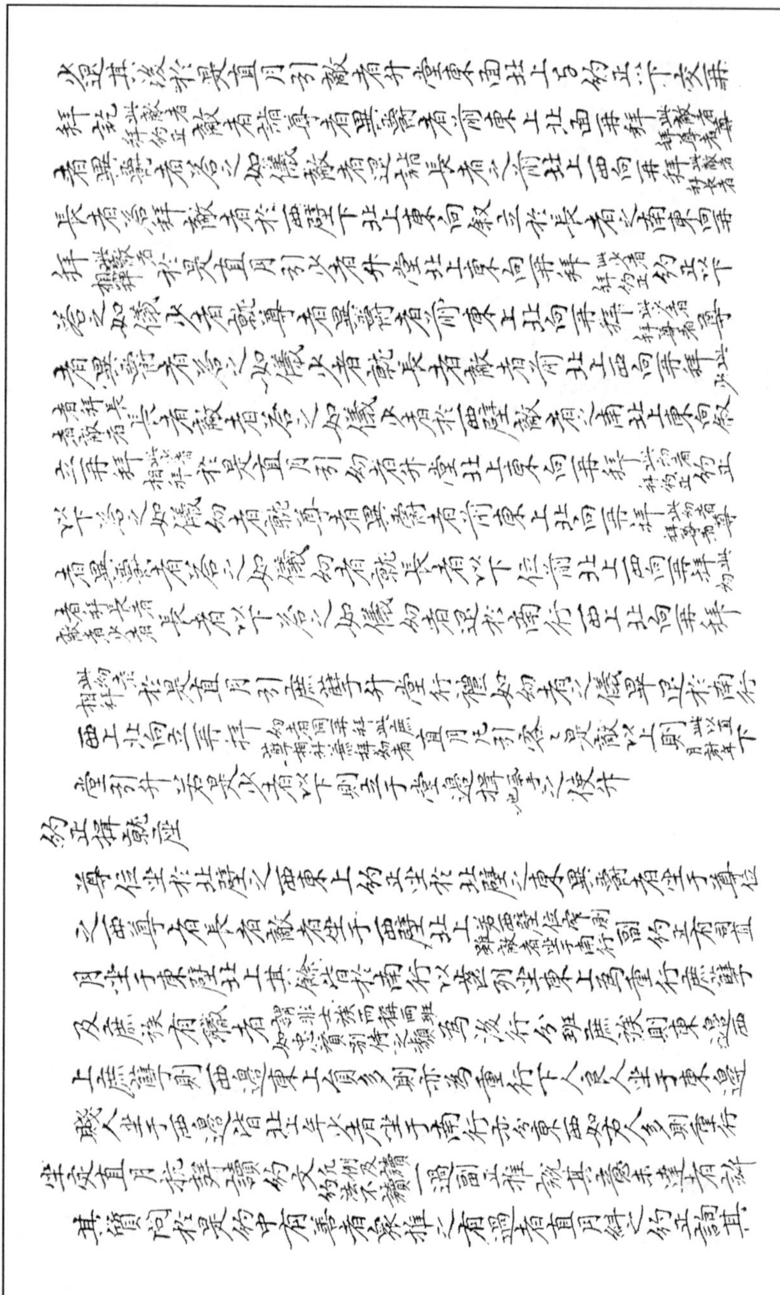

賓狀于衆無異辭乃命直月書于籍直月遂讀記善籍一過命
執事知者爲之以記過籍徧呈在座各默觀一過既畢乃飮食訖少
休于他處

約正起立在位者皆起立一時作揖以次退于各齋少休復會時
皆就位一時作揖而坐

復會堂上或論行己之要或議約中之事或質經書疑義講論
從容

講論須有益之事不得輒道神怪邪僻悖亂之言及私議朝
廷州縣政事得失及揚人過惡諸位皆拱手端坐莊色正視不
得傾倚回顧放言談笑違者直月糾之不改則告約正書于
籍坐未罷而如因事起出則當出位俯伏啟者以上則約正
荅之少者以下則不荅其入也亦然若尊者還第者及約正起此

則在座俯伏而起在位者皆俯伏而起其入也亦然起而俯伏

至夕乃散

散時在位者皆起立而自其位皆再拜畢一時作揖尊者以
下以次皆出然後約正以下乃出

若都約正有故不參則副正以下亦可會集行禮尊者以下
皆以副正之年計之

社倉法

一三百家大統立一社倉各出租十五斗下戶十斗上有司主之以別有司二人掌
其出納

一上戶租各四石計置則二百家八百石也或一處出納難便則中統二
處分置各四百石如法

一一戶租二石每年分給又租二石留儲以爲凶年之備凶年則盡爲分

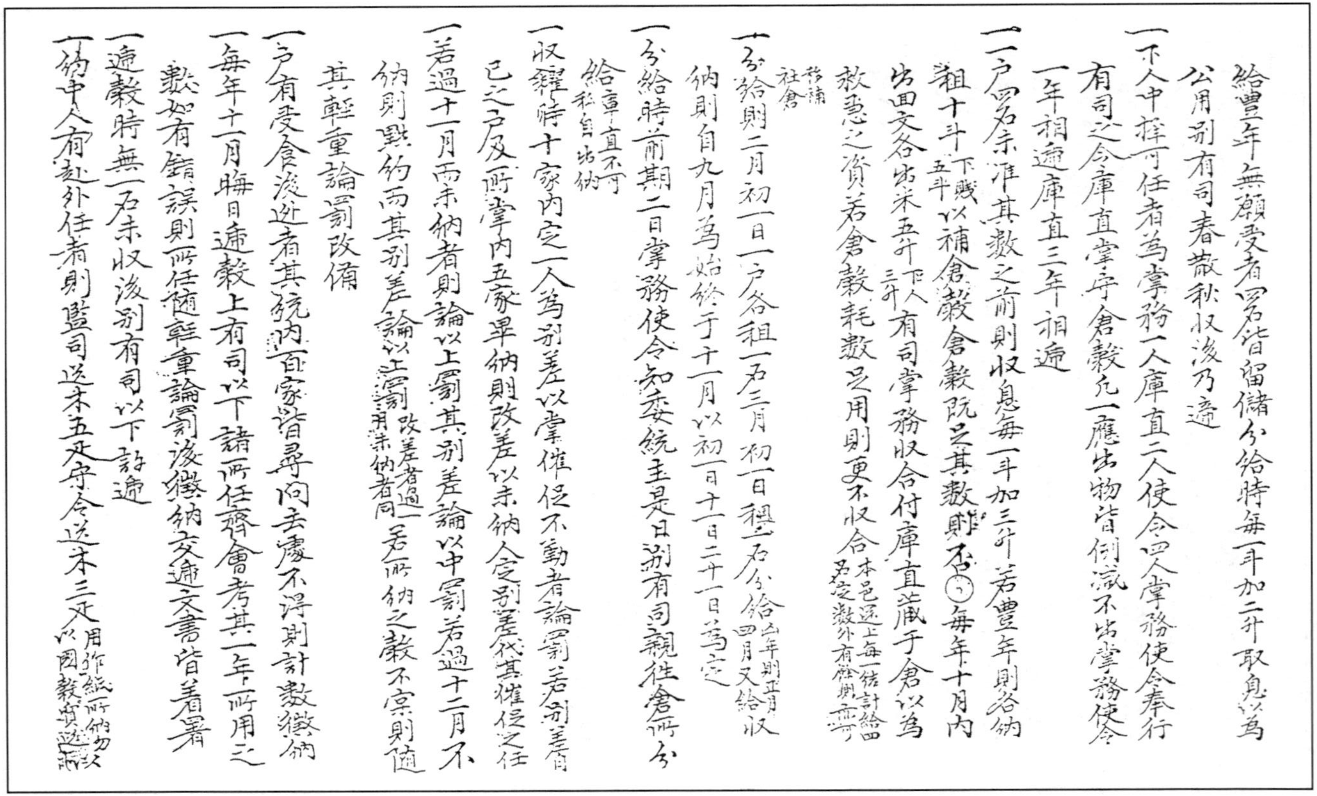

給豐年無願受者四石皆留儲分給時每一斗加二升取息以爲
公用別有司春散秋收後乃遞
一下人中擇可任者爲掌務一人庫直二人使令四人掌務使令奉行
有司之令庫直掌守倉穀凡一應出物皆側識不出掌務使令
一年相遞庫直三年相遞
一一戶四石宗準其數之前則收息每一斗加三升若豐年則各納
租十斗(下戶五斗)以補倉穀倉穀既足其數則否㉠每年十月內
出田文各出米五升(下人三升)有司掌務收合付庫直藏于倉以爲
救急之資若倉穀耗數足用則更不收合(本邑還上每一結計給四石之數外有餘則無再)
(移補社倉)
一分給則二月初一日一戶各租一石三月初一日租二石分給(凶年則正月四月又給)收
納則自九月爲始終于十一月以初一日十一日二十一日爲定
一分給時前期二日掌務使令知委統主是日別有司親往倉所分
給(庫直不可私自出納)
一收糴時十家內定一人爲別差以掌催促不勤者論罰(若別差自
己之戶及所掌內五家畢納則改差以未納人定別差代其催促之任)
一若過十一月而未納者則論以上罰其別差論以中罰若過十二月不
納則默約而其別差論以上罰(改差者過一月未納者同)若所納之穀不實則隨
其輕重論罰改備
一戶有受食後逃者其統內四家皆尋問去處不得則計數徵納
一每年十一月晦日遞穀上有司以下請所任齊會考其一年所用之
數如有錯誤則所任隨輕重論罰後徵納交遞文書皆著署
一遞穀時無一石未收後別有司以下許遞
一納中人有赴外任者則監司送米五斗守令送米三斗(以用紙筆所納勿以穀貿遞)

助往會之穀 亦滿七斗者 違者則否

一有喪葬之家者有後入則納租如初入

一養蒙齋師長一并租三十石及凡慶事喪事患難相須之物皆以

收息以備用之

養蒙齋訓戒

朱子曰夫童蒙之學始於衣服冠履次及言語步趨次及灑掃
涓潔次及讀書寫文字及有雜細事宜皆所當知今逐目條
列名曰童蒙須知若其修身治心事親接物與夫窮理盡性之
要自有聖賢典訓昭然可考當次第曉達茲不復詳著云

衣服冠履第一

大抵爲人先要身體端整自冠巾衣服鞋襪皆須收拾愛護常
令潔淨整齊我先人常訓子弟云男子有三緊謂頭緊腰緊脚

緊頭謂頭巾未冠者總髻腰謂以絛或帶束腰脚謂鞋襪此三者
要緊束不可寬慢寬慢則身體放肆不端嚴爲人所輕賤矣○
凡著衣服必先提整衿領結兩衽紐帶不可令有闕落飮食照管
勿令污壞行路看顧勿令泥漬○凡脫衣服必齊整摺疊箱篋中
勿散亂頓放則不爲塵埃雜穢所污仍易於尋取不致散失著衣
既久則不免垢膩須要勤勤洗浣破綻則補綴之盡補綴無害只用
完潔○凡盥面必以巾帨遮護衣領捲束兩袖勿令有所濕○凡就
勞役必去上籠衣服只著短便愛護勿使損污○凡日中所著衣
服夜臥必更則不藏蚤虱不即敝壞○苟能如此則不但威儀可
法又可不費衣服晏子一狐裘三十年雖意在以儉化俗亦其愛惜
有道也此最飭身之要毋忽

語言步趨第二

凡為人子弟須是常低聲下氣語言詳緩不可高聲喧鬨浮言戲笑父兄長上有所教督但當低首聽受不可妄議論長上檢責或有過誤不可便自分解姑且隱嘿久却徐徐細意條陳云此事恐是如此向者當是偶爾遺忘或曰當是偶爾思省未至若爾則無傷忤事理自明至於朋友分上亦當如此○凡聞人所為不善下至婢僕違過宜且包藏不應便爾聲言當相告語使其知改○凡行步趨蹌須是端正不可疾走跳躑若父母長上有所喚召卽當疾走而前不可舒緩

灑掃涓潔第三

凡為人子弟當灑掃居處之地拂拭几案常令潔淨文字筆硯凡百器用皆當嚴肅整齊頓放有常處取用既畢復置元所父兄長上坐起處文字紙劄之屬或有散亂當加意整齊不可輒自取用凡借人文字皆置簿抄錄主名及時取還窗壁几案文字間不可書字前輩云壞筆污墨瘝子弟職書几書硯自黥其面此為最不雅潔切宜深戒

讀書寫文字第四

凡讀書須整頓几案令潔淨端正將書冊整齊頓放正身體對書冊詳緩看字仔細分明讀之須要讀得字字響亮不可誤一字不可少一字不可多一字不可倒一字不可牽強暗記只是要多誦遍數自然上口久遠不忘古人云讀書千遍其義自見謂讀熟則不待解說自曉其義也余嘗謂讀書有三到謂心到眼到口到心不在此則眼不看仔細心眼既不專一却只漫浪誦讀決不能記記亦不能久也三到之中心到最急心既到矣眼口豈不到乎○凡書冊須要愛護不可損污縐摺濟陽江祿讀書未竟雖有

急遽必待掩束整齊然後起此最爲可法○凡寫文字須高執
墨錠端正研磨勿使墨汁汚手高執筆雙鉤端楷書字
不得令手指着毫○凡寫字未問寫得工拙如何且要一筆一畫
嚴正分明不可潦草○凡寫文字須要仔細看本不可差誤

雜細事宜第五

凡子弟須要早起晏眠凡喧鬨鬪爭之處不可近無益之事不
可爲謂如賭博籠養打毬踢毬放風禽等事凡飮食有則食
之無則不可思索但粥飯充飢不可闕凡向火勿迫近火傍不
惟擧止不佳且防焚爇衣服凡相揖必折腰凡對父母長上朋
友必称名凡称呼長上不可以字必云某丈如弟行者則云某姓某
丈凡出外及歸必於長上前作揖雖暫出亦然凡飮食於長上
之前必輕嚼緩嚥不可聞飮食之聲凡飮食之物勿爭較多少
美惡凡侍長者之側必正立拱手有所問則必誠實對言不可
妄凡開門揭簾須徐徐輕手不可令震驚響凡衆坐必斂身
勿廣占坐席凡侍長上出行必居路之右住必居左凡飮酒不可令
至醉凡如厠必去上衣下必浣手凡夜行必以燈燭無燭則止凡待
婢僕必端嚴勿得與之嬉笑執器皿必端嚴惟恐有失凡危險
不可近凡道路遇長者必正立拱手疾趍而揖凡夜卧必用枕勿以
寢衣覆首凡飮食擧匙必置筯擧筯必置匙食已則置匙筯
於案○雜細事宜品目甚多姑擧其畧然大槩具矣凡此五篇
若能遵守不違自不失爲謹愿之士必又能讀聖賢之書恢大
此心進德修業入於大賢君子之域無不可者汝曹宜勉之

學校模範

一曰立志謂學者先須立志以道自任道非高遠人自不行萬善

備我不待他求莫更遲疑等待莫更畏難趑趄直以爲天地立心爲生民立極爲往聖繼絶學爲萬世開太平爲標的退托自畫之念姑息自恕之習不可毫髮萌於胸次至於毁譽榮辱利害禍福一切不動其心奮發策勵必要作聖人而後已

二曰檢身謂學者旣立作聖之志則必須洗濯舊習一意向學檢束身行平居夙興夜寐衣冠必整容貌必莊視聽必端居處必恭步立必正飮食必節寫字必敬几案必齊堂室必淨常以九容持身足容重(不輕擧也若趨于尊長之前不可拘此)手容恭(手無慢弛無事則當端拱不妄動)目容端(定其眼睫視瞻當正不可流眄邪睇)口容止(非言語飮食之時則口常不動)聲容靜(當整攝形氣不可出噦咳等雜聲)頭容直(當正頭直身不可傾回偏倚)氣容肅(當調和鼻息不可使有聲氣)立容德(中立不倚儼然有德之氣象)色容莊(顔色整齊無怠慢之氣)非禮勿視非禮勿聽非禮勿言非禮勿動所謂非禮者稍違天理則便是非禮如以粗處言之則倡優不正之色俗樂淫靡之聲蒱博褻慢之戲流連荒亂之宴尤宜禁絶

三曰讀書謂學者旣以儒行檢身則必須讀書講學以明義理然後進學功程不迷所向矣從師受業學必博問必審思必愼辨必明沈潛涵泳必期心得每讀書時必肅容危坐專心致志一書已熟方讀一書毋務汎覽毋事彊記其讀書之序則先以小學培其根本次以大學及近思錄定其規模次讀論孟中庸五經間以史記及先賢性理之書以廣意趣以精識見而非聖之書勿讀無益之文勿觀讀書之暇特或遊藝如彈琴習射投壺等事各有儀矩非時勿弄若博奕等雜戲則不可寓目以妨實功

四曰愼言謂學者欲飭儒行須愼樞機人之過失多由言語言必忠

信發必以時重然諾肅辭氣毋戲謔毋諠譁只作文字義理有益之話若荒雜怪神及市井鄙俚之說不可出諸其口至如追逐儕輩空談度日妄論時政方人長短皆妨功害事切宜戒之

五曰存心謂學者欲身之修必須內正其心不為物誘然後天君泰然百邪退伏方進實德故學者先務當靜坐存心寂然之中不散亂不昏昧以立大本而若一念之發則必審善惡之幾善則窮其義理惡則絕其萌芽存養省察勉勉不已則動靜云為無不合乎義理當然之則矣

六曰事親謂士有百行孝爲本罪列三千不孝爲大事親者必須居則致敬以盡承順之禮養則致樂以盡口體之奉病則致憂以盡醫藥之方喪則致哀以盡慎終之道祭則致嚴以盡追遠之誠至於溫凊定省出告反面莫不一遵聖賢之訓如值有過盡誠微諫漸俞以道而內顧吾身無行不備始終全德無忝所生然後可謂能事親矣

七曰事師謂學者誠心向道則必須先隆事師之道民生於三事之如一其可不盡心歟同處則晨昏參謁異處則於受業時參謁朔望齊會行禮見毋拜平居侍奉極其尊敬篤信教誨服膺不失如值言論行事有可疑者則須從容講問以辨得失不可直以己見便非議其師亦不可不思義理而只信師說至於奉養之宜亦當隨力致誠以盡弟子之職

八曰擇友謂傳道解惑雖在於師而麗澤輔仁寔賴朋友學者必須擇忠信孝弟剛方敦篤之士與之定交相箴以失相責以善切磋琢磨以盡朋友之倫若立心不篤檢束不嚴浮浪嬉

遊尙言尙氣者皆不可與之交也

九曰居家 謂學者旣修身心則居家須盡倫理兄友弟恭而視若一体夫和妻順毋失於禮訓子以義方而不以愛惑聰至於御家衆主嚴而行恕軫念其飢寒上下整肅內外有別一家所處之事宜無所不用其極

十曰接人 謂學者旣正其家則推以接人一遵禮意• 事長以弟如履(食行先皆後長者十年以長則以兄事之年長以倍則待之益恭)撫幼以慈至於睦族交隣無不得其歡心每以德業相勸過失相規禮俗相成患難相恤常懷濟人利物之心若傷人害物底意思則不可一毫留於心曲

十一曰應擧 謂科擧雖非志士所汲汲亦近世入仕之通規若專志道學進退以禮義者則不可尙已如或觀國之光不免應擧則亦當以誠心做工勿浪過時月但不可以得失喪其所守且常懷立身行道忠君報國之念不可苟求溫飽而已苟能志道不怠日用: 無非循理則科業亦日用間一事也何害於實功今人每患奪志者不免以得失動念故也且近日士子通病怠惰放弛不務讀書自謂志慕道學不屑科業而從從度日學問科業兩無所成者多矣最可爲戒

十二曰守義 謂學者莫急於辨義利之分義者無所爲而爲之者也稍有所爲皆是爲利跖之徒也可不戒哉爲善而求名者亦利心也君子視之甚於穿踰況爲不善而征利者乎學者不可以一毫利心存諸胸中古人爲親服勞雖行傭負米亦所不辭而其心介潔不爲利汚今之爲士者終日讀聖賢書而尙不免有利心豈不可哀也哉雖或家貧營養不免有所經畫但不可萌求利之念耳至於辭受取與審察當否見得思義不可一毫苟且放過

: 月當作用

• 意當作義

十三曰尚忠謂忠厚與氣節相爲表裏無自守之節而以模稜爲
忠厚不可也無根本之德而以矯激爲氣節不可也世俗偷薄賢
德日喪非詭隨阿人則必矯亢尚氣中行之士誠難得見矣詩
曰溫溫恭人惟德之基又曰柔亦不茹剛亦不吐必溫恭和粹根本深
厚然後乃能植立正義臨大節而不可奪矣彼卑諂鄙夫固不足
道矣名爲學問之士而挾才誇賢輕人侮物者其害不可勝言得
少爲足悻悻自好者豈能眞有氣節哉近日士子之病如此良由
禮學不明虛驕成習故也必須講明禮學以盡尊上敬長之道
苟如是則忠厚氣節兩得之矣

十四曰篤敬謂學者進德修業惟在篤敬不篤於敬則口是心言
須是表裏如一無少間斷言有敎動有法晝有爲宵有得瞬有
存息有養用功雖久莫求見效惟日孜孜死而後已是乃眞學者
不務此而只以辯博說話爲文身之具者是儒之賊也豈不可懼哉

十五曰居學謂學者居學宮時凡舉止一依學令或讀書或製述
食後暫且游詠舒暢精神還習所業夕食後亦然羣居必講
論相長攝以威儀整齊嚴肅若先生是師長在學宮則行揖之
後講問請益虛心受敎佩服周旋如無益之書不可請問枉用心力

十六曰讀法謂每朔望諸生齊會于學堂謁廟行揖禮畢後
坐定（師長若在則坐于北壁諸生列于坐三面）掌議（掌議有故則有司或善讀書者代之）抗聲讀白鹿洞敎條
及學校模範一遍因相與講論相勉以實功（有師長則因以質疑）如有議事
則因講定之（諸生有議事則師長共）出諸生有故不能參則必具狀告于會所衆
所共知有病及的知出入及忌日外托故不參者至再度則黜坐一
朔如是而猶不來則告于師長論罰（黜坐乃俗所謂損徒還齒生特必滿坐面責）

右十六條師弟子朋友相與勸勉戒勗孶孶服膺諸生如有存

• 詠當作泳

心術躬一遵模範學問將就表表可稱者則僉議時詢于衆得僉可則書于善籍其中尤卓異者具其宗狀呈單子于師長師長察其宗然後報官以爲上達之地如或諸生不遵學規向學不篤荒嬉度日持身不謹放心不收行止不莊言語不實事親不盡其誠兄弟不能友愛家法雜亂無章不敬師長侮慢齒德輕蔑禮法踈薄正妻眠愛淫倡妄喜干謁不顧廉恥妄交非人屈身下流嗜酒放蕩沉酣爲樂好尚爭訟可已不已經營財利不恤人言忌賢嫉才詆毀良善宗族不睦隣里不和祀事不嚴怠忽神明（不特一家祭祀如官之祭祀無敢不欽是怠忽神明）禮俗不成患難不救如外方則不謹租賦誣訟邑主如此過失朋友隨所聞見各相規警不悛則告掌議有司於衆會顯責之若猶不悛强辯不服則輕則黜坐重則告于師長黜齋（黜齋者不得參學於道學從）書于惡籍（已黜齋者書于惡籍）黜齋之後革心改過顯有向善之迹則還許入齋而又其籍（還入齋者滿座面責）若終不悔過長惡益甚一反然責已者則告于師長削其名籍回通于中外學堂（削籍之人若自充自改益有向善之迹過三年而益篤則還許入學）允過失之籍必自立法後始錄若法前之惡皆勿追論許其自新仍舊不改然後乃論罰

擇師養士之規

一凡有學行爲人所推重可堪師表之任者每年京則漢城府五部外則監司守令悉心聞見得其宗狀抄名啓下吏曹館堂上亦會館學諸生使之公薦可合者抄名報吏曹（每年歲末京外吏曹例爲抄名以啓）更加詳察隨闕填差例受所居近邑觀其成效其中功績卓異變士風者陞品授實職其次稱職有效者即通仕路又其次則仕滿更遷他邑成效益著然後乃入仕路

一前銜朝官勿論黑職及出身與否擇其中可作師表者授以校官
六品以上則授教授七品以下則授訓導有成效者待仕滿陞職
一京外所抄師表可當之人若生員進士及名字表著者則不拘資
格有無即授校官不然則必須考其資格使無僥倖之獘
一京外以學行可用被薦將入仕及者生進可堪入仕者先試之校官
觀其能否雖不待仕滿間間陞仕使校官朝士混為一途使士類
知訓導為榮選以洗前日卑賤之名
一學校之師既已精擇其人則亦須待之以禮使自重之士得安其職
監司守令常加優禮如未赴任者敦勸令就迎命時只依大
典侯于六門之外勿立于馬頭只考所教儒生之學問能否持
身敬肆以為褒貶且定其廩料出於會講而大小邑有差一云
以士大夫有齒德學術而去官在鄉者為師儒食如宋祠官之例見箚目
一京外已赴學校之事勢難一時汰去只令以學校模範律身不違
學規者乃可汰去四學則以三十歲以下篤學者一百人為定額
試講以曾入學者更試而取取足其數分作五番每番二十人居學以十日為
限輪回額內校生供而時時平前自備糧若不參額者亦分五番來學而
自備糧不得食公糧外方列邑亦試講取足額數牧以上則九
十都護府以上則七十郡則五十縣則三十若能文者不足則雖
不滿額數只以能文者隨其多少稱額內青衿錄續以公糧時平前日
備糧亦分五番若未參額內者分番則同而不得食公糧外方公
糧監司邑宰必須經畫為子母之資使不乏絕額內之校有闕
則試講取額外之人填闕臨番而不就學者一度則面責二度則
損徒三度則黜齋黜齋者告于師不得就學改過自新然後入充損徒及黜齋者須參座於必滿座面責四度則削
學籍削學籍者定年後必改過自新而得參初試然後乃得復入若有疾病事故不得就學者其

- 事當作士
- 俟當作候
- 及者當作者及

由呈單于師長免罰托故者勿聽
校生亦須待之以禮邑宰不得以官事有所差任只令專學
問至如校官從焉不可責辦皆自官中辦出凡監司使臣
到來時謁　聖則祗迎于校門之外不謁　聖則不迎
每間一年委送使臣于八道列邑試諸生學業且考持身之狀
並其校官之能否以啓監司則每巡考試以明其黜陟守
令不能遵行事目者亦隨輕重論罰
每大小科擧時大學則先期館堂上會館官及堂長掌議有
司于明倫堂盡取上下齋名錄及善惡籍參以平日所聞見
必擇行無玷汚者始許赴擧 鄕約被黜者亦勿許赴擧 四學則學官各會于
本學與堂長有司商議抄擇如右例外方則邑宰與校官
及鄕校堂長掌議有司商議抄擇如右例鄕居在進者有
瑕疵不合赴擧者則邑宰採一鄕公論報監司移文于成
均館若有志學之士名編軍伍願赴科擧者京則徵均館
官員外則守令審察眞僞得其實狀則亦許赴擧

齋規

一入齋之規勿論士族庶類年十六以上名在蒙齋者自本官考
講小學孝經及朱文公童蒙須知能通者升入
一推齋中年長有識者一人爲堂長又推儕輩中學優者一人
爲掌議又擇二人爲有司又輪差二人爲直日堂長掌議有司
非有故則不遞●直日則一月相遞凡齋中論議掌議主之稟于
堂長而定之 堂長有故在他處其時無會則長者攝之 凡齋中什物出納及齋直役使
有司掌之 非有司則不得擅自使喚齋直役使之事 凡物皆有籍遞時叅籍交付于代
者凡師長朋友所講論之說皆直日掌其記錄以爲後考之資

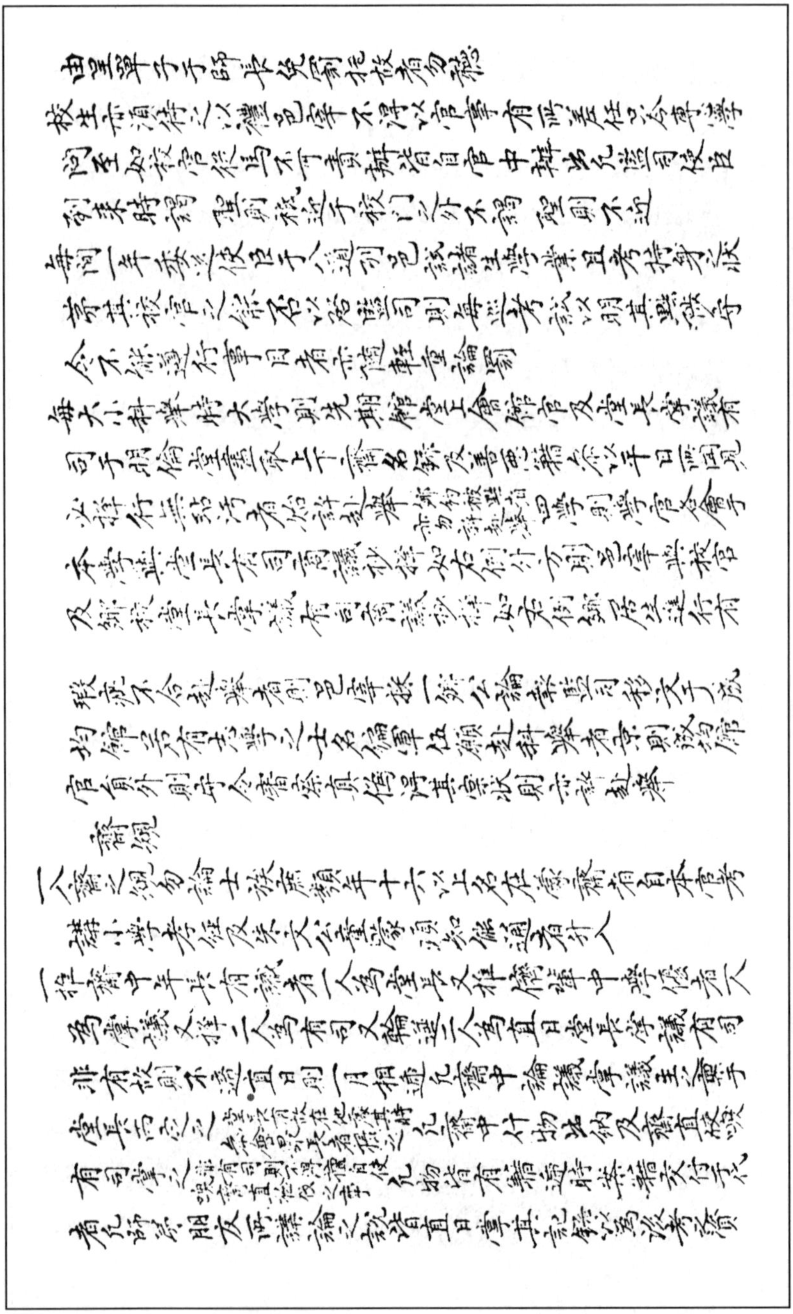

● 直日當作直月, 下仝

一每月朔望師弟子皆以公服(有官則紗帽團領品帶校生頭巾團領條帶)詣廟開中門焚香(師若不在則齋中年長者焚香)又再拜(敍立位次則師居前行弟子爲後行西上)

一每日五更起寢整疊寢具少者持帚掃室中使齋直掃庭皆盥櫛正衣冠讀書

一平明時皆以常服(笠子直領或頭巾直領之類)庭中分立東西相向行揖禮後各就齋讀書師在講堂則先就師前行拜禮(齋不起立於座上俯答拜)

一昏後明燈讀書夜久乃寢

一自晨起至夜寢一日之間必有所事心不暫怠或讀書或靜坐存心或講論義理或請業請益無非學問之事有違於此卽非學者

一有時歸家切宜勿忘齋中之習事親接人持身處事存心務循天理務去人欲如或入齋修飭出齋放倒則是懷二心也不可容接

一直日掌記善惡之籍審察諸生居齋處家所爲之事如有言行合理者及違學規者皆記之月朔呈于師長(凡違學規者直日告于堂長掌議共加規責若不悛則乃告于師若悛改則去其籍勿告于師)善者奬勸之惡者規誨之終不受敎則黜齋

一諸生雖非聚會之時每月須一會于講堂(月朔必會朔日有故則退定不出三四日有司先期出回文周告)講論義理且改定直日

學宮揭示

父子有親　君臣有義　夫婦有別　長幼有序　朋友有信

右五敎之目堯舜使契爲司徒敬敷五敎卽此是也學者學此而已其所以學之之序亦有五焉其別如左

博學之　審問之　愼思之　明辨之　篤行之

右爲學之序學問思辨四者所以窮理也若夫篤行之事自

脩身以至于處事接物亦各有要其別如左

言忠信行篤敬 懲忿窒慾遷善改過

右脩身之要

正其義不謀其利 明其道不計其功

右處事之要

己所不欲勿施於人 行有不得反求諸己

右接物之要

朱子曰竊觀古昔聖賢所以教人爲學之意莫非使之講明義理以脩其身然後推以及人非徒欲其務記覽爲詞章以釣聲名取利祿而已也今人之爲學者則旣反是矣然聖人所以教人之法具存於經有志之士固當熟讀深思而問辨之苟知其理之當然而責其身以必然則夫規矩禁防之具豈待他人設之而後有所哉近世於學有規其待學者爲已淺矣而其爲法又未必古人之意也故今不復以施於堂而時•取凡聖賢所以教人爲學之大端條列如右而揭之楣間諸君其相與講明遵守而責之於身焉則夫思慮云爲之際其所以戒愼而恐懼者必有嚴於彼者矣其有不然而或出於此言之所棄則彼所謂規者必將取之固不得而略也諸君其亦念之哉

六藝

禮 必讀朱子家禮不適者有剏

樂 有蔡西山律呂書

射 凡會必射

御

書 作字必楷正

● 時當作特

數 不能影響高除等者有罰

延英院

程子論養賢劄子曰三代養賢必本於學而德化行焉治道出焉
本朝踵唐舊而館閣淸選止文字之職名實未正欲招賢養材輔
時贊化將何從而致之也古先哲王所以虛己求治何嘗不盡天下之
才以成己之德也臣欲乞朝廷設延英院以待四方之賢凡公論推薦
及巖穴之賢必招致優以禮貌品給俸而不可遽進以官止以應舉
名凡有政治則委之詳定凡有典禮則使之討論經畫得以奏陳
而治亂得以講究俾羣居切磨日盡其材使政府及近侍之臣
互與相接時賜召對訪以治道可觀其材識見能者察以累歲人
品益分然後使賢者就位能者任職或委付郡縣或師表士佼
其德業尤異者進以卿臣或司之任爲韓翃爲公卿無施之不
稱也若是則引羣英進野無遺賢陛下尊賢待士之心可謂無
負於天下矣

一云今日齋郎四十餘員擇其聰明向學之士年二十以上四十以下者使居其
敢一月之內望前望後交相遞代一員就學于延英院一員守齋偶習其所
受之書祭酒司業主之其書則小學家禮四書近思錄心經六經朱子大全語
類儀禮經傳通解綱目續序講讀日有課程越某止某各置簿記不許仕
日惟依年叢或近辭
他職或直授六品

초려정훈

1. 서문

내가 영변(寧邊)으로 귀양살이를 떠나온 지 3년이 되었다. 지은 죄가 크고 또한 이미 늙었다. 곧 죽음을 당하게 된다 하더라도, 그 누구를 원망하거나 후회가 될 것도 없다.

다만 집안 일이 뿔뿔이 흩어지고 어린 아이들도 배움을 잃게 될 것이며, 그로 인해 가문(家門)이 몰락하고 선대(先代)로부터 이어져 내려온 전통을 계승하지 못하게 될까 그것이 두려울 뿐이다.

생각해 보면, 아버지 형제분께서 한양으로부터 남쪽으로 낙향(落鄕)하여 은거하시면서 선비의 뜻을 추구하신 지 수십 년이 되었다. 그러던 중 두 분께서 연이어 갑자기 돌아가셨는데, 그때 우리 형제들은 다 아직 장성(長成)하기 전이었다.

선친(先親)께서는 임종(臨終)하는 자리에서 유언(遺言)하시기를 "너희들이 장차 시골사람이 되고 말겠다."고 하시면서 오래도록 가슴 아파하셨다. 그러나 다행히도 큰 형님께서 여러 아우들을 잘 가르치고 보살펴 주셨기 때문에, 몽매(蒙昧)하지 않게 되었다. 뿐만 아니라 다같이 벼슬자리에도 나가게 되었으니 이 또한 영광스러운 일이다.

내가 전에 금산 향리의 여막(廬幕)을 지키고 있을 때, 큰 형님의 뜻을 받들어 한 집안에서 행해야 할 것들 중에서 조상을 받드는 의례(儀禮)에 대하여 간략하게 정리한 것이 있었다. 이제 다시 그것을 보니 충분하게 갖추어지지 못한 점이 있는 것 같다. 그리므로 기기에 몇 기지 조목을 더 보테어 지손들이 영구히 준수할 규범으로 삼고자 한다.

아! 나는 별 재주와 학문도 없으나 관직은 아경(亞卿)[1]에 이르렀고, 게다가 3대에 걸쳐 추증(追贈)을 받게 되는 영광을 누리게 되었다. 분수에 넘치면 재앙이 생기는 법이니 괴이(怪異)할 것도 없다. 가까운 곳으로부터 오는 공박(攻駁)이 이처럼 다급하니, 밖으로부터 잠식해 들어오는 것은 또 어떻겠는가. 친구들도 처음과는 다른 뜻을 갖게 되었으니, 우리 자질(子姪)들이 장차 그 환난을 당하게 될 것이다. 집 밖으로 나서면 모두가 적(敵)이 될 판이니, 사람들을 만난다 해도 말 한마디 제대로 하기도 어렵다.[2]

비록 세도(世道)에 관련된 일이라 하나, 어찌 내 스스로 취한 것이 없겠는가? 한 발자국 움직이고 한번 말할 때마다 장차 다른 사람들에게 크게 모함을 당하게 될 터이니 내가 저들을 어찌하겠는가?

돌이켜 생각해 보건대, 스스로 수양을 쌓고 두문불출(杜門不出)하여 자취를 거두어들이는 것보다 더 나은 방법은 없다. 그리하여 비록 굶어 죽는 한이 있더라도 이치에 어긋나는 일은 하지 않는 것이 좋겠다. 굴욕(屈辱)과 수치(羞恥)를 참고 견뎌내야 하며, 각자 스스로 마음을 굳게 먹어야 한다. 글을 읽거나 밭가는 일 외에 다른 일을 도모하지 않아야 한다.

수신(修身)에 하자(瑕疵)가 없고 가정생활에 법도가 있으면, 여러 자손들 중에 어찌 한 두 명 능히 스스로의 힘으로 입신(立身)하여 성취하는 사람이 없겠는가? 지금 우리 집안에 장정(壯丁) 40여 명이 있는데, 이것이 우연만은 아닌 것 같다.

선조들의 은택(恩澤)이 아직은 남아 있는 것이며, 하늘도 우리 가문을 망

---

1) 경(卿) 다음의 벼슬을 뜻하는 말이다. 참판(參判)이나 좌윤(左尹), 우윤(右尹) 등이 여기에 해당된다.

2) "친구들도 ~ 제대로 하기도 어렵다(親舊皆有叛意子姪當受其患出門盡是仇敵對人無可與語)" 까지는 석인본(石印本 : 1973년 간행, 35券 18册)에는 없는 부분이다. 영인본(影印本 : 1984년 한남대학교 충청문화연구소 간행)을 참고로 하여 보충하였다.

하도록 내버려 두고 싶지 않다는 뜻을 가진 것이 아닌가 생각한다. 환난(患難)을 당하여 마음대로 되지 않는다고 괴로워하기만 해서는 안 된다. 어려운 가운데에서도 더욱 힘을 내어 분발하게 되면 어찌 좋은 결과가 없겠는가?

효제(孝悌)는 우리 가문에 대대로 전해오는 전통이며 덕업(德業)이다. 가족을 보전(保全)하고 집안을 화목하게 하는 데는 효제가 근본이 되는 것이다. 이것을 잘 지켜서 놓치지 않도록 각자 힘써야 한다. 정사(丁巳)년 7월 1일 누인(累人)이 영변에서 쓰다.[3]

> 일을 해 나가는 중에 불편한 것이 있으면, 조카들이 이것을 가지고 작은 형님께 여쭈어 보아 다시 보태거나 빼도 된다. 또한 조카들 각자의 소견을 말해도 무방하다. 내가 살아있는 동안에는 자질들이 이런 일들을 그저 심상(尋常)한 것으로 여길 수도 있다. 그러다가 어느 날 갑자기 내가 죽게 되어 다시 말할 수 없게 된 뒤에, 혹시 추모하거나 분발하기도 하여 이를 근거로 하여 행하고자 하는 경우도 있을 것이다. 그러므로 이와 같이 말하여 나의 간곡한 뜻을 다하는 것이다.

3) 유배(流配) 중에 있는 사람이 자신을 낮추어 일컫는 말이다.

2. 사당(祠堂)을 모시는 방법

우리 집안의 사당이 있는 터에는 기와집과 칠전(漆田)이 있다. 금산군(錦山郡) 서이면(西二面) 모정리(茅亭里)의 모처(某處)에서 모처(某處)에 이르는 한 구역에 다 있다. 종가(宗家)에 대대로 전해 내려오는 것이다. 비록 자손이 다른 곳에 떨어져 산다고[4] 해도 이것만은 팔아 옮길 수 없다.

① 사당(祠堂)

- 3칸은 되어야 하나, 경우에 따라서는 1칸으로 해도 된다.
- 네 감실(龕室)[5]의 정위(正位)와 부위(祔位)는 일체를 주자가례(朱子家禮)에 의한다.

② 제전(祭田)

- 고비(考妣)[6] 두 분께 한번 제사지내는데 드는 경비는 정조(正租)[7] 1섬으로 계산하면 된다.

---

4) 석인본에는 '雖子孫在外處'로 되어 있고, 영인본에는 '雖子在孫外處'로 되어 있다. 석인본을 따른다.

5) 유교, 불교, 카톨릭 등 종교단체에서 신위(神位) 및 작은 불상이나 초상 또는 성체(聖體) 등을 모셔둔 곳을 말한다. 유교에서는 사당 안에 신주 또는 위패를 모셔 두는 곳을 감실이라고 한다.

6) 돌아가신 아버지와 어머니를 말한다.

7) 벼를 말한다. 나락이라고도 한다.

• 대개 1년 사계절의 대제(大祭)와 두 차례의 기일(忌日)에 드는 제사 경비로 벼 6섬이 필요하다. 민속명절의 차례(茶禮)에는 벼가 4섬이 들어가고, 초하루 보름으로 필요한 경비가 벼 2섬이다.
• 좋은 논 24마지기[8]에서는 공부(公賦 : 조세)를 제하고 벼 14섬을 얻을 수 있다. 이 정도의 논을 장만하여 종가(宗家)에서 주관하며, 가을에 수확한 것을 별고(別庫)에 저장하였다가 사용하도록 한다.
• 그리고 친진(親盡)[9]이 된 다음에는, 이것을 묘전(墓田)으로 삼으면 된다.
• 각 대(代)마다 거기에 해당하는 제전(祭田)을 두어야 한다.

③ 제기(祭器)

• 제상(祭牀), 제석(祭席), 의탁(椅卓), 관분(盥盆), 향로(香爐)를 비롯하여 술이나 음식을 담는 그릇 등이 있다.
• 가능하면 옹기로 만든 그릇을 사용하는 것이 좋다.[10]

8) 한 말의 볍씨를 뿌릴 수 있는 면적을 가리키는 말인데, 평지와 산지 등 경우에 따라 그 면적이 조금씩 다르다. 보통 논의 경우에는 200평, 밭의 경우에는 300평 정도를 한 두락(斗落) 또는 한 마지기라고 한다.
9) 사당에는 기제사(방안 제사)로 모시는 4대조(고조부모)까지의 위패를 모신다. 그러나 후대의 위패가 들어오게 되면 제일 동쪽(사람이 봐서 오른쪽)으로 들어간다. 그리고 그 자리에 있던 위패는 서쪽(왼쪽)으로 한 칸씩 옮기게 된다. 옮기다 보면 제일 서쪽에 모셔졌던 5대조의 위패는 더 이상 옮길 자리가 없게 된다. 이것을 친진(親盡)이라 하고, 체천(遞遷)하였다고 한다. 즉, 지극히 가까운 어버이 사이가 끝났으므로 신주를 폐하여 무덤으로 옮긴다는 뜻이다. 이때 5대조의 위패는 무덤 오른쪽 하단에 묻는다. 그러나 불천지위(不遷之位)를 하사 받으면 위패를 옮기지 않고 계속 사당에 모시고 자손대대로 기제사를 지낼 수 있다. 그리하여 불천지위 제사가 많을수록 가문의 영광으로 여겼다.
10) 석인본에는 없으나, 영인본에는 '用甕' 이라고 되어 있다. 영인본을 따른다.

④ 제고(祭庫)

• 제고(祭庫)는 각종 제수(祭需) 용품을 보관하는 창고이며, 두 칸 정도면 된다.

• 제전(祭田)에서 수확한 벼를 저장한다. 기타 각종 제기(祭器) 또는 제사에 쓸 기름이나 조청, 생선, 과일 등을 저장한다.

• 필요한 양을 잘 헤아려서 미리 준비해 두어야 한다.

⑤ **신알(晨謁)**[11]

• 의례(儀禮)와 같이 한다.

• 심의(深衣)를 입는다. 혹은 홍단령(紅團領)이나 흑단령(黑團領)을 입어도 된다. 혹은 직령(直領)[12]을 입어도 된다.

• 제복(祭服)은 별도로 갖추어 두었다가 제사 때에만 입는다.

⑥ **출입필고(出入必告)**

• 나가거나 들어왔을 때에는 반드시 사당(祠堂)에 들러 조상에게 신고해야 한다.

---

11) 매일 이른 아침에 주인이 의관을 갖추고 사당의 대문 안에서 2번 절하는 새벽 참배를 말한다. 삼년상(三年喪) 중에는 하지 않는다.

12) 심의(深衣)는 선비들의 연거복(燕居服 : 공직을 떠나 한가로이 사는 사람이 입는 옷)인데, 신선복(神仙服) 또는 학창의(鶴氅衣)라고도 한다. 덕망 높은 선비의 웃옷이며, 백색 천으로 만들고 옷 가장자리에 검정비단으로 선을 둘렀다. 기원은 고대 중국에서 비롯된 옷으로 한국에서는 고려시대부터 착용하였으며, 조선시대에 와서는 주로 유학자들이 즐겨 입었다. 단령(團領)이란 옷깃이 둥글기 때문에 붙여진 이름인데, 조선 말기까지 모든 관원이 평소 집무복으로 입었던 평상복이다. 직령(直領)은 고려에서부터 조선 후기까지 남자들이 입은 겉옷인데, 형태는 옷깃이 곧은 것만 빼고는 단령과 모든 것이 같다.

• 의례(儀禮)대로 한다.

⑦ 삭망참(朔望參)

• 초하루와 보름에는 사당에 참례(參禮)한다.
• 의례(儀禮)대로 한다.
• 병(餠), 면(麵), 탕(湯), 적(炙)은 쓰지 않는다. 포(脯) 한 접시나 혹은 과일 한 접시를 차려 놓고 분향한 다음 제주(祭酒)를 올리면 된다.
• 초하루와 달리 보름에는 더욱 간략하게 해도 된다. 대개 예(禮)의 본래 취지가 이와 같은 것이다.
• 요즈음 가난한 집에서 제수(祭需)를 많이 준비하고자 하나 형편이 넉넉하지 못한 경우에 혹 참례(參禮)를 빠뜨리거나 생략하는 경우도 있다. 비록 아주 간소하더라도 정성을 다해 깨끗하게 준비하는 것이 생략하고 마는 것보다는 낫지 않겠는가?
• 일년에 벼 2섬이면 된다.
• 례를 올리기 전날 저녁에는 재계(齋戒)하고 잠은 사랑채에서 잔다.

⑧ 민속 명절(民俗 名節)

• 의례(儀禮)대로 한다.
• 율곡(栗谷) 선생이 지은 격몽요결(擊蒙要訣)의 제례장(祭禮章)에서 말하는 민속 명절과 같은 것이다. 여기에는 다음과 같은 것이 있다.

정월 15일 : 정월 대보름　　3월 3일 : 삼월 삼짇날

5월 5일 : 단오절　　6월 6일 : 유두(流頭)

7월 7일 : 칠석(七夕)　　8월 15일 : 추석

9월 9일 : 중양절(重陽節)　　동지(冬至)

납일(臘日)[13)]

• 이러한 민속 명절의 차례(茶禮)를 한번 지낼 때, 고비(考妣) 두 분에 대한 제수(祭需)는 벼 10말 정도의 경비로 음식을 준비한다.

• 병(餠), 면(麵), 탕(湯), 적(炙)을 각각 한 그릇씩 쓴다. 가능한 한 간소하게 하는 것이 좋다.

• 설, 한식, 단오, 추석과 같은 네 명절에는 비록 묘제(墓祭)를 지내기는 하지만 사당참례(祠堂參禮)도 지낸다.

⑨ **천신물(薦新物)**

• 새로 나온 물품을 천신(薦新)[14]하는 것이다.

• 의례(儀禮)대로 한다.

• 경우에 따라서 초하루 보름이나 민속의 명절을 맞이하여 천신(薦新)을 하는 것도 괜찮다.

⑩ **유사즉고(有事則告)**

• 특별한 일이 있을 경우에도 역시 사당(祠堂)에 들러 조상에게 신고해야 한다.

• 의례(儀禮)대로 한다.

---

13) 동지(冬至)후 세 번째 오는 미일(未日)이다. 납평(臘平) 또는 가평절(嘉平節)이라고도 한다. 이날 나라에서는 납향(臘享)이라 하여 새나 짐승을 잡아 종묘사직에 공물(供物)로 바치고 대제(大祭)를 지냈다. 백성의 집에서도 제사를 지냈는데, 명절에 사당에 올리는 제사와 같았다.

14) 그 해에 처음 나온 음식을 가장 먼저 조상에게 신고하기 위하여 제상에 올리는 것이다.

3. 시제(時祭)를 지내는 방법

① 시제(時祭)

- 격몽요결(擊蒙要訣)에서는 춘분과 추분, 하지와 동지에 시제(時祭)를 지내는 것으로 되어 있다.
- 고비(考妣) 두 분에 대한 제수(祭需)는 별고(別庫)의 벼 1섬으로 준비한다.
- 각 신위(神位)마다 반(飯) 한 그릇, 갱(羹) 한 그릇, 병(餠) 한 그릇, 면(麵) 한 그릇 그리고 생선과 고기를 각각 한 그릇씩 차린다.
- 생선과 고기는 어떤 경우에는 날 것을 쓰기도 하고 어떤 경우에는 익힌 것을 쓰기도 하는데, 예를 행하는 집마다 각기 다르기도 하다. 그러나 사마공(司馬公)의 제의(祭儀)에서는 생회(生鱠)를 쓴다고 되어 있는데, 내 생각으로는 익힌 것을 쓰되 생회를 같이 써도 되지 않을까 한다.
- 주자어류(朱子語類)에서는 "제사를 지낼 때 혈육(血肉)을 쓰는 것은 그 생기(生氣)를 빌리는 것"이라고 하였다. 그리고 특생궤식례(特牲饋食禮)[15]에서는 "문 밖에서 삶는다"고 하였는데, 그 주소(註疏)에서는 "효자가 부모를 모시는 경우에 비록 부모가 돌아가신 뒤라 해도 생존하셨을 때와 같이 섬겨야 하므로, 산 사람의 음식을 쓴다"고 하였다.
- 적(炙) 세 가지와 과일 여섯 가지를 쓴다. 경우에 따라서는 네 가지 과일

15) 의례(儀禮)의 17편 중 하나인 특생궤식례편(特牲饋食禮篇)을 말한다. 귀족들이 계절마다 조상의 사묘(祠廟)에 제사를 지낼 때 지켜야 할 예의와 규칙에 대해 기술하고 있다.

을 써도 된다.

- 옛날 사람들은 제사를 지낼 때 끓이거나 볶은 음식을 쓰지 않았으므로, 유밀과(油蜜果)는 쓰지 않는 것이 좋다.
- 포(脯)와 혜(醯)를 각각 한 그릇, 청장(淸醬) 한 그릇을 채소 사이에 진설(陳設)한다.
- 제사를 지내기 3일 전에는 재계(齋戒)한다. 하루 전에는 주인(主人)과 주부(主婦)에서부터 남녀는 물론 애 어른 할 것 없이, 모든 식구들이 안팎의 비복(婢僕)들을 거느리고 의복을 빨기도 하고 방이나 마루 그리고 뜰을 깨끗하게 쓸어야 한다. 그릇을 씻고 솥도 깨끗이 해야 한다.
- 제물(祭物)은 필요한 그릇의 수를 계산하여 정결하게 준비한 다음 탁상에 올려 둔다. 만일 이외에 다른 음식을 더 만들어 음복(飮福)하는데 보태 쓰고자 하면, 그것은 별도로 준비하여 다른 곳에 두는 것이 좋다.
- 이암(頤庵) 송인(宋寅)은 계자손서(戒子孫書)에서 말하기를 "그릇이 많으면 깨끗이 닦기가 어렵고, 물품이 많으면 칼이나 도마 등이 서로 뒤섞이게 된다. 성대하게 차리는 것을 힘쓰다가 오히려 더럽게 된다면 간소하지만 깨끗하게 하는 것만 같지 못하다. 신령(神靈)이 흠향(歆享)하는 시간은 음식의 냄새와 김이 피어오르는 잠깐 동안이다. 음식을 많이 차리고 또 오랫동안 지내는 것이 중요한 것은 아니다. 사람들이 평소에 밥상을 대하고 식사를 할 때, 밥에 티끌이 보이거나 국에 재가 보이면, 수저를 던지고 많은 음식을 버리게 된다. 하물며 신도(神道)는 특히 정결한 것을 숭상하는 만큼 썩은 냄새와 더러운 것이 있게 되면, 반드시 토하게 될 것이다. 어찌 기꺼이 흠향(歆享)하겠는가?"라고 하였다.
- 또 말하기를 "비복(婢僕)이 행랑채에서 해산(解産)을 하거나 개와 고양이가 울타리 밑에서 죽은 것을 보기라도 하면, 범염(犯染)이라 하여 꺼린다. 그러나 이것은 잘못된 것이다. 직접 보고 듣지 않으면, 비록 벽 하

나를 사이에 두고 있는 정도라 해도 마음에 아무런 관계가 없을 것이다. 그러나 만약 마음과 정신이 수렴(收斂)되어 있지 않으면, 비록 방에 가만히 앉아 있다 해도 별의별 생각과 염려가 치달아 일어나는 것을 면하기 어려울 것이다. 그렇게 되면, 흉하고 더럽고 음란하고 간특한 것들이 어디인들 이르지 못하겠는가?" 라고 하였다. 이것은 절실하고 지극한 말이다. 충분히 사람들의 마음에 경계를 삼을 만한 것이므로 여기에 기록해 둔다.[16)]

- 국조오례의(國朝五禮儀)의 제향서계지목(祭享誓戒之目)에서는 "술을 함부로 마시지 말고, 더럽고 악한 일에 간여하지 말라"고 하였으며, 대명회전(大明會典)에서는 "술을 마시지 말고 아내와 한 방을 쓰지 말라" 고 하였다. 고려왕조의 법에도 사가(私家)의 제사 재계조에 이르기를 말을 타고 출입하는 것과 손님을 접대하는 것을 허락하지 않았으며, 이를 어길 경우에는 그 죄를 묻는다고 되어 있다.[17)] 대체로 재계(齋戒)를 위해 근신해야 함은 비단 예(禮)의 뜻이 매우 엄한 것 뿐만 아니라, 국법(國法)으로 보아도 금지하고 경계하는 것이 이와 같다.
- 민간의 풍속에 전염병을 꺼려하여 제사를 지내지 않는 사람이 있는데, 율곡(栗谷)의 향약법(鄕約法)에서 그 죄와 벌에 대해 논한 것이 있다.
- 정자(程子)가 말하기를 "종자(宗子)가 사당을 세워 주관한다. 그러나 재계(齋戒)하고 정성을 다한다는 점에 있어서는 지자(支子)도 제사를 주관하는 사람과 다르지 않다. 직접 몸으로 일을 맡기도 하고 또 물품으로도 돕는다." 고 하였다.
- 종자(宗子)는 제사 전에 편지를 써서 다른 곳에 떨어져 살고 있는 자손들이 제사에 참례(參禮)할 수 있도록 알려야 한다. 만일 종가집이 가난하여 손님들을 접대하기가 어렵다면, 자손 각자가 자기 양식을 가지고 오는 것이 좋다.

• 모든 제사에는 외손(外孫)을 비롯하여 방친(傍親)도 참사(參祀)할 수 있다.

16) 석인본과 영인본에는 이 부분(此切至之言也 足以警人心故 姑錄于此)은 누락되었다. 정유본(丁酉本 : 1957년 간행)을 참조하여 보완하였다.

17) "고려왕조의 법에도…… 그 죄를 묻는다고 되어 있다"(麗朝之法 私家祭祀齋戒條曰 不許騎馬出入接待賓客 違者科罪)까지는 영인본에는 누락되어 있다. 석인본에 따라 보완하였다.

4. 기제사(忌祭祀)를 지내는 방법

① 기제(忌祭 : 기제사)

• 제사 음식을 장만하는데 드는 경비로 벼 1섬을 쓴다.

• 재계(齋戒)

주자가례(朱子家禮)에서는 이 날은 술을 마시지 않고, 고기를 먹지 않으며, 저녁에는 밖에서 잔다고 되어 있다. 그러나 우리나라 사대부 집에서는 부모의 제사에는 3일간 소식(素食)을 하고, 조부모 제사에는 2일간 소식(素食)을 하고 있다.

대개 재계하는 날에는 그 어른께서 생전에 거처하시던 것을 생각하고, 특히 좋아하시고 즐기시던 것을 생각하며, 즐기거나 잡숫고 싶어 하셨던 것을 생각해야 한다. 그렇게 되면, 병환으로 편찮으셨을 때와 돌아가실 때에 통곡하고 사모하던 마음이 다시 되살아나게 된다. 그리하여 슬픔은 더욱 커지고 음식의 맛도 모르게 될 것이다. 이 또한 어쩔 수 없는 인지상정(人之常情)이 아니겠는가!

• 변복(變服 : 옷 갈아입기)

변복(變服)은 옷을 갈아입는 것인데, 주자(朱子)는 다만 흰 비단옷과 참건(黲巾)을 두른다고 하였다. 그런데 지금은 대개 평상복을 벗고 흰옷과 검은 포립(布笠)으로 갈아입는다.

• 기제사(忌祭祀) 풍속

요즈음 풍속으로는 남녀 자손들이 차례로 돌아가면서 제사를 모시고 있다. 거리가 멀 경우에는 지방(紙榜)만 모시고 자기 집에서 제사를 지내기도 하고, 간혹 사당 제사는 지내지 않는 사람도 있다고 한다. 아주 무례한 일이다.

- 그러나 정자(程子)가 말하기를 "지자(支子)가 제사를 지내지 않거나, 적자(適子) 또는 장자(長子)가 태만한 마음을 가지는 경우도 있다."고 한다. 만약 자신이 직접 일을 맡는다거나 아니면 물품으로라도 돕고자 하는 마음만 있다면, 비록 과일 한 가지라도 반드시 가지고 와서 제사에 정성을 다하는 것이 좋지 않겠는가?
- 먼 곳에 사는 지차 자손이 사정이 있어서 제사에 참여하지 못하게 될 수도 있다. 이럴 경우에는 제삿날에 자기가 사는 집에 자리를 마련하고 제사를 지낼 수도 있다. 이것은 주자(朱子)도 허락하였다. 이때에는 축문(祝文)에서 효(孝) 자는 빼야 한다.

5. 묘제(墓祭)를 지내는 방법

① 묘제(墓祭)

- 의례(儀禮)대로 한다.
- 율곡의례(栗谷儀禮)에 보면, 한식과 추석의 차례(茶禮)에는 가능하면 음식을 많이 준비하며, 축(祝)을 읽고, 토지신(土地神)에게도 제사를 올린다. 설날과 단오에는 음식을 되도록이면 간소하게 준비하며, 술잔도 한 번만 올리고, 축(祝)을 읽지 않고, 토지신에게도 제사를 올리지 않는다고 되어 있다.
- 일년에 네 차례 있는 명절 차례(茶禮)의 제사 음식을 마련하는데 벼 4섬을 쓴다. 한식과 추석 때 토지신에게 제사를 지내는 것은 간략하게 준비하며, 두 명절 차례(茶禮)를 지내고 남는 벼를 옮겨 쓴다.
- 여러 자손들이 번갈아 가며 묘전(墓田)을 맡을 경우, 각기 정성을 다하여 제사 음식을 준비하도록 하고, 종가(宗家)의 자손이 제사를 주재한다. 외처(外處)에 사는 사람이 멀리 와서 제사 음식을 준비하기가 어려우면, 산소 근처에 사는 친척과 상의하거나, 혹은 묘직노(墓直奴 : 묘지기 또는 산지기)의 집에 제사 전에 필히 직접 와서 조치를 해 놓아야 한다.
- 대개 주자가례(朱子家禮)에서도 묘제(墓祭)는 사대봉사(四代奉祀)가 끝나게 된 뒤에 자손들이 번갈아 가며 맡아서 행사하는 것을 허락하고 있다. 요즈음은 시제(時祭)와 기제사(忌祭祀)는 종가(宗家)의 자손이 주관한다. 제전(祭田)에서 나온 곡식으로 사당에서 제사를 지낸다. 묘제(墓

祭)는 묘전(墓田)에서 나온 곡식으로 묘소에서 행사를 치르되 여러 자손들이 돌아가면서 맡는다. 다만 제사 음식과 물품은 자손 각자가 두루 살피어 검사한다. 이와 같이 하게 되면 주자(朱子)가 말한 여러 위(位)를 번갈아 가며 맡는 예(禮)에도 어긋나지 않고, 또한 정자(程子)가 이른바 적자(適子)나 장자(長子) 등의 자손들이 제사를 태만히 하는 근심도 없어질 것이다.

② 세일제(歲一祭)

- 사대봉사(四代奉祀)가 끝나서 친진(親盡)이 되면 세일제(歲一祭)를 지낸다.
- 세일제(歲一祭)는 10월 1일에 지내는 것을 원칙으로 한다. 이것은 한위공(韓魏公)의 묘제의례(墓祭儀禮)를 따르는 것이다. 사정이 있을 경우에는 날짜를 잡아서 지내도 된다.
- 사당의 제전(祭田)을 합하여 묘전(墓田)으로 한 다음 세일제를 지낸다. 제사 음식으로 마련한 것이 여유가 있으면, 온 집안사람들이 함께 모여서 같이 음복(飮福)할 수 있다. 외손과 방친(傍親)의 자손도 다 참례할 수 있다.

③ 묘전(墓田)

- 조금 좋은 논이면 8~9마지기에서 공부(公賦)를 빼고 벼 4섬을 얻을 수 있다. 이것으로 1년 네 철에 지내는 명절차례(名節茶禮)의 제수(祭需)를 마련하는데 쓴다.
- 묘전(墓田)은 반드시 묘소로부터 가까운 곳에 마련해야 한다. 자손들 여럿이 번갈아 가며 관리하여, 가을에는 거두어들여서 창고에 저장한다. 창고는 종가(宗家)에 두거나 혹은 묘직노(墓直奴)가 사는 곳에 둘 수도

있다.

• 또한 사대봉사가 끝나서 친진(親盡)이 된 다음에는 제전(祭田)을 합하여 묘전(墓田)으로 하는 경우도 있다.

• 묘전(墓田)은 함부로 팔 수 없으며, 100대(代)가 지나더라도 함부로 움직여서는 안 된다. 만약 자손이 불량(不良)하여 사사로이 파는 자가 있으면 불효로 논죄(論罪)할 것이며, 다른 자손이 관가에 고해도 된다. 세대(世代)가 점점 멀어지게 되고 자손들이 흩어져 살게 되어 일일이 제사를 지내러 오기가 어렵게 될 수도 있다. 그럴 경우에는 묘지 아래에 사는 마을 사람에게 경작하도록 하여 수호(守護)해도 된다.

④ 제기(祭器)

• 각종 그릇과 향로(香爐)와 향합(香盒) 등의 제구(祭具)들을 용도에 따라 준비해 두어야 한다. 재실(齋室)에 보관하기도 하고, 경우에 따라서는 묘직노(墓直奴)의 집에 둘 수도 있다.

⑤ 석물(石物)

• 신도비(神道碑)

가선대부(嘉善大夫) 이상의 관직을 지낸 경우에 신도비를 세운다.

• 갈석(碣石)

당상관(堂上官) 이하의 관직을 지낸 경우에 세운다. 묘가 있는 산 아래에 세운다.

• 표석(表石)

관직을 지낸 사람이나 지내지 않은 사람 모두 묘 앞에 세운다.

• 상석(床石)

비록 가난한 사람이라 하더라도 표석(表石)과 상석(床石)은 없어서는 안 된다.

- 석인(石人)

석인(石人)까지 반드시 갖출 필요는 없다.

- 대개 표석(表石)의 앞면에 '모공모씨지묘(某公某氏之墓)' 라고 하는 것이 가장 적절하다. 세월이 오래 지난 뒤에도 자손들이 자기 부모와 조상의 묘소를 알 수 있기 때문이다. 그러나 힘이 있다고 해서 절대로 망령되게 크고 사치스럽게 해서는 안 된다. 내가 일찍이 이런 일을 겪었으므로 그 폐단이 있음을 잘 안다.

음각(陰刻)은 세계(世系)와 행실(行實) 및 자손(子孫)에 대해 간략하게 새기면 된다. 아! 여기에 연릉(延陵) 계자(季子)의 묘가 있다고 할 경우, 우리는 그것이 바로 계찰(季札)[18]의 무덤이라는 것을 알기만 하면 충분하다. 하물며 깊은 산의 초목 사이에 어느 누가 그 무덤을 지나는 사람이 있을 것이며, 또 지나는 사람이 있다고 해도 누가 그 비석을 다시 보고 비문을 읽어서 그 사람인 것을 알겠는가?

벼슬이 있는 집안에서 여유 있는 재산이 있어 비석을 새겨 세우는 것은 그럴 수도 있겠지만, 가난한 사람은 그 조상의 영혼으로 하여금 자손들이 몸으로 수고하거나 재산을 낭비하는 것을 보고 걱정하거나 고민하

18) 사기(史記) 오태백세가편(吳太伯世家篇)에 나온다. 오(吳)나라의 왕 수몽(壽夢)에게는 네 아들이 있었는데, 그 중 막내 아들이 계찰(季札)이다. 계찰은 그 형제들 가운데 가장 현명하고 재능이 있어서 수몽은 그에게 왕위를 물려주려고 하였고 백성들 역시 같은 마음이었다. 그러나 계찰은 왕위는 반드시 장자가 계승해야 한다고 거절의 뜻을 분명히 밝힌 다음, 산속으로 들어가 밭을 갈며 살았다. 계찰의 형들 역시 계찰의 높은 인격과 굳은 절개를 칭찬하며 차례로 집권한 다음 자리를 물려주어 왕위가 계찰에게까지 이르도록 하려고 하였다. 이렇게 하여 계찰이 왕위에 오를 순서가 되었지만, 계찰은 이때도 끝내 왕위를 받지 않았다. 그리하여 왕은 하는 수 없이 계찰을 연릉(延陵)으로 봉후(封侯)했으며, 그 후로부터 계찰을 연릉의 계자(季子)라고 부르게 되었다.

게 하는 무익한 일을 해서는 안 될 것이다.

그리고 가난한 사람이 표석(表石)도 할 수 없을 경우에는 상석(床石)을 조금 두텁게 하여, 그 네 귀퉁이에 '모공모씨지묘(某公某氏之墓)' 라고 표석의 전면대자(前面大字)처럼 새기는 것이 제일 좋다.

⑥ 조상의 분묘가 있는 고을의 전답

- 조상의 분묘가 있는 고을의 전답은 비록 자손들이 개인적으로 마련한 것이라 해도 타인에게 함부로 팔아서는 안 된다.
- 타인이 샀을 경우에는 한 집안 사람들이 촌수가 멀고 가까운 것을 가리지 말고 그 값어치에 맞는 만큼을 대신 치러준 다음에 도로 무르도록 하는 것이 좋다.

내가 보건대, 대개 사람들은 전답이 비록 멀리 떨어져 있다 해도 거기에 농사를 짓기 위해서 왕래가 끊어지지 않는 법이다. 선대(先代)의 분묘(墳墓)가 며칠 되는 거리에 있게 되면, 때에 맞추어 성묘하지 못하게 되기도 한다. 그러나 이것이 어찌 인정(人情)이 전답은 귀하게 여기고 조상들에게는 소홀하게 생각해서 그런 것이겠는가! 형세가 그럴 수도 있다는 것이다. 그러므로 나는 자손들이 비록 다 선대(先代)의 묘소(墓所) 주변에 살 수는 없다고 하더라도, 만약 전답을 구하고자 할 경우에는 반드시 선대의 묘소가 있는 곳에서 구하라고 하는 것이다.

또 비록 새로 전답을 사 두지 못할 경우에는 이미 있는 전답을 함부로 움직이지 말아야 할 것이다. 부득이하여 그것을 팔고자 할 경우에는 반드시 한 집안 사람이 사도록 해야 한다. 또 일가 사람들 또한 사려고 해야 한다. 이것은 대개 그 전답으로 인해 왕래하게 되면, 성묘도 할 수 있게 되기 때문이다. 그 뜻이 참으로 애틋하다고 할 수 있다.

⑦ 은율부군(殷栗府君)과 숙인(淑人) 선산김씨(善山金氏)의 쌍분산소(雙墳山所)

- 광주(廣州) 중대면(中臺面) 지동(池洞)에 있다.
- 표석(表石)과 상석(床石)이 있다.
- 그리고 묘답(墓畓)이 있다.[19]

⑧ 가산부군(嘉山府君)과 숙인(淑人) 전주유씨(全州柳氏)의 합장산소(合葬山所)

- 광주 중대면 방이동(芳胰洞)에 있다.
- 표석과 상석이 있다.
- 그리고 묘답이 있다.[20]

⑨ 집의부군(執義府君)과 숙인(淑人) 전주이씨(全州李氏)의 합장산소(合葬山所)

- 광주 중대면 방이동에 있다. 가산부군(嘉山府君) 산소와 같은 산의 다른 등성이에 있다.
- 표석과 상석이 있다.
- 그리고 묘답이 있다.[21]

---

19) 영인본에는 "묘전(墓田)은 신자답(身字畓) 5부(卜) 4속(束) 4마지기가 지동에 있으며, 산소로부터 거리는 1리(里)이다(墓田身字畓 五卜四束四斗落種者 在池洞 距墓一里)"라고 되어 있다. 여기서 부, 속 등은 결부법에서 사용하는 단위이다. 결부법(結負法)은 토지를 파악함에 있어서 토지의 면적과 수확량을 동시에 표시한 계량법이다. 그 기본단위에는 파(把), 속(束), 부(負, 卜), 결(結) 등이 있다. 이것은 줌, 뭇, 짐, 먹이라는 우리말을 한자로 표시한 것이다. 곡식을 단(묶음)으로 하였을 경우 한 줌을 1파, 10파를 1속, 10속을 1부, 100부를 1결이라 하였다.

20) 영인본에는 "묘전은 ?자답(?字畓) 2작(作) 8부 9속 4마지기가 두역교(杜驛橋) 아래에 있다(墓田 ?字 二作八卜九束四斗落種者 在杜驛橋下)"라고 되어 있다.

⑩ **승지부군(承旨府君)과 숙부인(淑夫人) 전주이씨(全州李氏)의 합장산소(合葬山所)**

- 가산부군(嘉山府君) 산소의 위쪽에 있다.
- 표석과 상석이 있다.
- 그리고 묘답이 있다.[22)]

⑪ **참판부군(參判府君)의 산소(山所)**

- 금산군(錦山郡) 서일면(西一面) 숙목리(肅穆里)에 있다.
- 표석, 상석, 갈석(碣石)이 있다.
- 그리고 묘답과 사당 제답(祭畓)이 있다.[23)]
- 묘직노(墓直奴)의 자손이 비록 많으나 그 뒤로는 이루 다 헤아리기가 어렵다. 아래도 같다.[24)]

21) 영인본에는 "대흥(大興) 형제 집에서 국자답(國字畓) 5부 9속 6마지기를 사 둔 것으로 두역교(杜驛橋)에 있다. 농사를 때 맞춰 잘 지으면, 승지부군(承旨府君)의 사계절 명절에 지내는 묘제(墓祭)의 제수(祭需)를 감당할 수 있을 것이다. 다른 날 승지부군(承旨府君)의 후손이 친진(親盡)한 뒤에는 그 위 대(代)로 옮겨서 묘전을 삼아 세일제를 위한 토지로 한다. 옛날에 제전(祭田)이 있었는데, 지금은 그것이 어디에 있었던 것인지 모르기 때문에 이와 같이 준비한 것이다(大興兄弟家 買得國字畓 五卜九束六斗落種者 在杜驛 長鋤每而時則 爲承旨府君 四節墓祭 輪回之需 異日承旨親盡之後 移而上之 爲此墓田 爲歲一祭之之地 盖舊有祭田而 今不知其處故 以此準備也)"라고 되어 있다.

22) 영인본에는 "묘전(墓田) ?자답(?字畓) ?부 ?속 6마지기가 두역교 아래에 있다(墓田?字畓 ?卜 ?束六斗落種者 在杜驛橋下)"라고 되어 있다.

⑫ **정부인(貞夫人) 청풍김씨(淸風金氏) 산소**

• 금산군 남이면(南二面) 보석동(寶石洞)에 있다.

• 표석과 상석이 있다.

• 그리고 묘답이 있다. 현종께서 장사(葬事) 비용으로 쓰라고 하사하신 것이 있으므로, 장사를 치른 다음 그 나머지로 사 둔 것이다.[25]

---

23) 영인본에는 "묘전은 월자답(月字畓) 14부 4속 6마지기가 숙목리에 있으며, 산소로부터 거리는 수 백보 떨어져 있다. 사당 제전(祭田)은 함자답(醎字畓) 2작 41부 3속 13마지기가 산소의 주산(主山) 뒷마을 가차리(可次里)에 있으며, 우자답(羽字畓) 27부 2속 6마지기가 두곡(杜谷)에 있으며, 문자답(問字畓) 2작 6부 2속 3마지기가 서이면(西二面) 노동(蘆洞)에 있으며, 당자답(唐字畓) 11부 4마지기가 야미곡(夜未谷)에 있다. 친진(親盡)이 된 후에는 합해서 묘전(墓田)으로 해야 한다(墓田月字畓 十四卜四束六斗落種者 在肅穆里 距墓數百步 / 祠堂祭田醎字畓 二作四十一卜三束十三斗落種者 在可次里在墓之主山後洞 羽字畓 二十七卜二束六斗落種者 在杜谷 問字畓 二作六卜二束三斗落種者 在西二面蘆洞 唐字畓 十一卜四斗落種者 在夜未谷 / 親盡後 合爲墓田)"고 되어 있다.

24) 영인본에는 "묘직노(墓直奴) 축선(丑先)과 비(婢) 자은개(自隱介)가 산소 아래에 살고 있다. 그 자손이 비록 많으나 그 뒤로는 이루 다 헤아리기가 어렵다. 아래도 같다(墓直奴丑先 婢自隱介 必居墓下 子孫雖多 後世不可分析 下同)"고 되어 있다.

25) 영인본에는 "묘전(墓田)은 죄자답(罪字畓) 22부 6마지기가 동네 입구의 취암(鷲巖) 아래에 있다. 현종(顯宗)께서 장사(葬事) 비용으로 쓰라고 하사하신 것이 있으므로, 장사를 치른 다음 그 나머지로 사 둔 것이다. 묘직비(墓直婢 : 묘지기 여종) 김금이(金今伊)와 묘직노(墓直奴 : 묘지기) 용이(龍伊)가 있다(墓田罪字畓 二十二卜六斗落種者 在洞口鷲巖之下 顯廟朝 恩賜喪需故 以其餘買置者也 / 墓直婢金今伊 奴龍伊)"고 되어 있다.

6. 외조고비(外祖考妣)의 묘제(墓祭)를 지내는 방법(부록)

① 김공(金公) 충의위부군(忠義衛府君)과 유인한씨(孺人韓氏)의 합장산소(合葬山所)

- 금산군 서이면 소곡리(小谷里)에 있다.
- 표석과 상석이 있다.
- 그리고 묘답과 사당 제답이 있다.
- 다른 날에 신주(神主)를 묘소 뒤에 묻고 제전을 아울러 묘전으로 삼았다.[26]
- 주자어류(朱子語類)를 살펴보면, "정자(程子)의 어머니인 상곡군군(上谷郡君)이 이천(伊川) 선생에게 말하기를 '오늘은 나를 위해 우리 부모를 제사지내지만, 내일(내일을 내년으로 하는 것이 마땅하다.)에는 다시 제사지내지 않을 것이다.' 라고 했다. 그렇다면 이것 또한 그 외가댁의 조상을 제사지내는 것이다. 그러나 예경(禮經)에는 없는 일이다."라고 한 주자(朱子)의 말씀이 나온다.
- 또한 주자가례(朱子家禮)를 살펴보면, 주자가 말하기를 "제전을 두되 사대봉사가 끝나면 묘전으로 하고, 부위(祔位)도 이와 같이 한다."고 하였으며, 또 말하기를 "세일제(歲一祭)를 지내되 100대(代)가 지나더라도 고쳐서는 안 된다."고 한 것이 있다.

지금 김부군(金府君)께서 아들을 두지 못한 채 일찍 돌아가셔서 후사(後嗣)를 세우지 못하였다. 외가 제사를 받드는 것을 오래도록 할 수 있는 것은 아니다. 김씨(金氏)들이 부위(祔位)의 예(禮)로 묘제를 오래도록 보존하도록 하되, 축문을 김씨(金氏) 집안의 사람으로 하여 '모(某)가 어떻게 한다.' 라든가 '이름을 대어 아무개가 어떻게 한다.' 라고 하게 되면, 예(禮)의 본의에도 그리 크게 어긋나지는 않을 것이라고 생각한다.

산소가 마침 금산에 있으며 정부인(貞夫人)의 산소와 그리 멀지 않은 곳에 있다. 앞으로 우리 자손들은 오래도록 정부인의 묘제를 번갈아 맡아야 한다. 동시에 정부인의 뜻을 받들어 이 묘전을 아울러 맡아야 한다. 그리하여 의례(儀禮)에 따라 제사를 받들어 100대(代)가 지나더라도 고치지 말아야 한다.

26) 영인본에는 "묘전은 체자답(體字畓) ?부 ?속 4말 5되지기가 산소 아래 십여 보 되는 거리에 있으며, 도자답(陶字畓) 1부 7속 1마지기와 동자전(同字田) 하루갈이 9부 8속이 야래곡(夜來谷)에 있다. 사당의 제전(祭田)은 공자답(拱字畓) 9부 2속 6마지기가 노동(蘆洞)에 있으며, 신자답(臣字畓) 12부 5속 4마지기가 마수리(馬首里)에 있다. 언젠가는 신주(神主)를 산소 뒤에 묻고 제전(祭田)을 합쳐 묘전(墓田)으로 해야 한다. 묘직노(墓直奴) 수남(守男)과 남자 종 인선(仁先) 그리고 그 소생으로 계한(戒閑)이 있다(墓田體字畓 ?卜 ?束四斗五升落種者 在墓下 距墓十餘步 陶字畓 一卜 七束一斗落種 同字田一日耕 九卜 八束 在夜未谷 / 祠堂祭田拱字畓 九卜 二束六斗落種者 在蘆洞 臣字畓 十二卜 五束四斗落種者 在馬首里 / 異日 神主埋於墓所後 祭田幷爲墓田 / 墓直奴守男 奴仁先 有所生奴戒閑)" 고 되어 있다.

7. 초상(初喪)과 장사(葬事)를 치르는 방법

• 이 아래에는 새로 첨가한 것이 많다.[27)]

①. 초상과 장례

• 사계(沙溪) 선생의 [상례비요](喪禮備要)에 따라 행해야 한다.

• 관판(棺板)을 미리 준비해 둔다.

옻칠은 가난한 사람은 미리 준비하기가 어렵다. 어떤 사람이 말하기를 관을 다듬을 때 송진을 가루로 만들어 관판 위에 뿌리고, 달군 쇳조각으로 문질러 나뭇결 사이에 송진이 스며들게 하면 전부를 옻칠로 다듬은 것보다 낫다고 한다. 이치로 보아 그럴 수도 있겠다. 듣기에 익산(益山)의 어떤 사람이 장사(葬事)를 잘 치렀다고 하는데, 송진을 쓰고 옻칠을 쓰지 않았다고 하니 그 사람도 반드시 본 것이 있을 것이다.

• 관판(棺板)을 이어 쓰는 것도 괜찮다.

통판으로 백변(白邊)[28)]이 많은 것을 쓰는 것보다는 나뭇결이 굳고 정밀한 것을 여러 장 이어 쓰는 것이 더 좋을 것이다. 효묘(孝廟)를 천릉(遷陵)할 때 관판을 이어 쓴 자리를 보니 조금도 하자(瑕疵)가 없었다. 더욱 징험(徵驗)할 만하다.

27) 이 구절(此下多添入)은 영인본에만 나온다.

28) 통나무의 중심에서 그 바깥쪽으로 둘러져 있는 나무결이 무르고 빛이 흰 부분을 말한다.

② 장지(葬地)

주자(朱子)가 말하기를 "장사지낸다는 것은 감춘다는 뜻으로, 바로 자기 조상의 유체(遺體)를 감춘다는 것이다. 자손으로써 자기 조상의 유체를 감추고자 할 때에는 반드시 삼가고 신중하며 정성스럽고 공경하는 마음을 다해서 편안하고 확고하게 오래 갈 수 있는 계책을 세워야 한다. 그리하여 그 형체가 온전하고 신령(神靈)이 편안하게 되면 자손도 번성하고 제사도 끊이지 않을 것이니 이것이 자연의 이치이다."라고 하였다.

또한 묘지 선택에 대해 논하기를 "반드시 먼저 그 토세(土勢)의 강약(强弱), 풍기(風氣)의 모이고 흩어짐, 수토(水土)의 얕고 깊음, 혈도(穴道)의 치우침과 바름, 역량(力量)이 있고 없음을 논한 다음에 그 땅의 좋고 나쁨을 비교해야 한다."고 하였다. 주자의 말이 이와 같으니 풍수설(風水說)을 무턱대고 배척할 수는 없다. 그러나 지리(地理)는 묘망(渺茫)한 것이라 알기 어려운 점이 있다.

요즈음 이른바 술사(術士)라고 하는 사람들 가운데 누가 주자나 채절재(蔡節齋)와 같이 지리에 밝은 사람이 있겠는가? 세상 사람들이 멋도 모르고 술사의 말을 믿어 망령되게 길지(吉地)를 구한다고 하다가 국금(國禁)을 범하거나 다른 사람의 물건을 도모하기도 하고 미처 흙이 다 마르기도 전에 옮겨서 다른 것을 구하기도 한다. 그런데 이것은 비단 심히 불의(不義)한 것일 뿐만 아니라 큰 불효(不孝)를 저지르는 것이기도 하다.

그렇다면 술사를 쓰지 말고 자기의 견해만을 믿어 그 땅을 가리지 않고 부모를 장사지내는 것이 옳은가? 그렇지 않다. 술사를 어찌 쓰지 않을 수 있겠는가! 다만 내가 망령되게 구해서는 안 된다고 하는 것은, 잘 알지도 못하는 일로 국금이나 의리를 범하기도 하고, 유체(遺體)나 혼백(魂魄)의 편안함을 구하고자 하면서 도리어 화(禍)를 부르게 되고, 자손의 번성함을 구하고자 하면서 도리어 실패를 당하게 되는 경우를 말하는 것이다.

반드시 여러 방도로 편리하고 쉬운 것을 널리 구해야 한다. 점유하기 어려운 것은 술사가 길지(吉地)라고 해도 그 말을 듣지 말아야 한다. 불편한 것은 술사가 좋은 땅이라고 해도 그 말을 듣지 말아야 한다. 산의 형세가 조금 괜찮고 다른 사람과 별로 관계되지 않는 것이 있으면, 이것이 바로 내 땅이라고 생각해야 한다.

장사(葬事)를 지내는 예법에 정성을 다하고, 애통하고 공경하는 마음을 다해야 할 따름이며, 그 길흉화복(吉凶禍福)에 대해서는 천명(天命)을 기다리는 것이 옳다.

사마온공(司馬溫公)이 말하기를 "태위공(太尉公)의 장례를 치르고자 할 때, 가족들이 모두 집안의 큰일인데 어찌 음양술사(陰陽術士)에게 묻지 않느냐고 하였지만, 우리 백강(伯康) 형님께서는 당신의 뜻으로 년월일시(年月日時)에서부터 광중(壙中)의 깊이와 넓이 등에 대해서 일하기 편리한 것을 취하여 처리하시고, 술사 잘생(張生)을 불러 돈 이만(二萬)을 주고 장서(葬書)에 '대길(大吉)' 이라 쓰게 하셨다. 그랬더니 가족들이 모두 기뻐하여 이상하게 여기는 사람이 없었다. 지금 우리 형님의 연세가 79세로 경직(卿職)을 두루 역임하시고 은퇴하셨으며, 내 나이 66세로 외람되게도 임금을 모시는 벼슬을 하고 있으며, 종족(宗族) 중에 벼슬길에 나선 사람이 23명이나 된다."고 하였다.

그리고 우리나라 명문가 중에는 선대의 묘지를 힘써 구하지 않고서 저절로 얻은 사람이 많다. 풍수지리를 하는 산가(山家)의 말을 들어보아도 "길(吉)한 사람이 길(吉)한 땅을 만나게 된다."고 하니 그 이치가 그럴 듯하다. 그렇기 때문에 우리 집안의 여러 크고 작은 장례 중 법을 어기고 어려운 일을 억지로 도모한 것은 없었다. 자손들은 나의 이러한 뜻을 알아야 한다.

• 산가(山家)의 말 또한 여러 가지라서 다 믿을 수는 없지만, 의리에 크게

해가 되지 않는다면 따라도 된다. 선고(先考)의 장지(葬地)는 산의 형세가 보통과 달라 지사(地師)가 말하기를 "좁은 자리에 여러 차례 토역(土役)을 하게 되면 좋지 않다."고 하였다. 또한 어머님께서 돌아가시던 해에는 산운(山運)이 맞지 않아 복인(卜人)이 말하기를 "두 분 산소를 합장할 수 없다."고 하였다. 두 분 산소를 서로 다른 산에 모신 것은 이처럼 부득이한 사정이 있었던 것이다.

그러나 만약 주자의 고사(故事)가 없었다면 또한 어찌 감히 그렇게 할 수 있었겠는가? 다만 주자는 그 이치를 분명히 알고 한 것이라면, 나는 잘 알지도 못하면서 망령되게 처리한 것 같아 그것이 두려울 뿐이다. 앞으로 잘 살펴서 한 곳으로 합폄할 계획을 가지고 있다. 그러나 사람의 일은 기필할 수가 없으니 미루다가 마침내 무궁한 한이 될까 걱정도 된다. 그러므로 각각 묘표(墓表)를 세우고 묘전(墓田)을 이처럼 장만해 두는 것이다.

8. 가옥의 구조와 생활

① 옥(屋 : 안채)

- 안채는 5칸으로 하고 지붕은 기와로 한다.
- 흔히 말하기를 상도리(上道里)와 하도리(下道里)[29]라고 하는 동미(棟楣)의 길이는 8자로 하고, 대들보의 길이는 9자로 한다.
- 1칸은 방실(傍室 : 건넌방)로 한다. 처녀(處女)가 있을 경우 이 방을 쓰게 한다.
- 1칸은 판방(板房 : 마루방)으로 한다. 일용 사물을 여기에 둔다.
- 2칸은 침실(寢室)로 한다.
- 1칸은 부엌으로 한다. 여기에 초가로 1칸을 이어 붙여서 짓고 반찬을 마련하는 장소로 써도 된다.
- 대들보는 9자로 한다. 9자 중에서 7자까지 벽을 만들고 여기에 문과 창을 낸다. 그리고 나머지 2자와 처마 아래에 판자를 깔아서 앞마루로 한다.

  이것이 비록 좁기는 하나 남자는 사랑채를 쓰고, 자녀들은 조금 성장하면 각각 방사(旁舍 : 아래채)를 쓰게 되므로, 부인이 안에서 살기에는 이 정도면 충분하다.

---

29) 상도리는 마룻대를 말하는 것으로 용마루 밑에 서까래가 걸리게 된 도리이다. 하도리는 문미(門楣)로 문 위에 가로로 댄 나무를 말한다.

처녀는 건넌방에서 거처한다. 매일 새벽이면 일어나서 세수하고 용모를 단정히 한 다음, 부모님께 문안 인사를 드린다. 문안 인사를 마치고 물러나서는 바느질과 베 짜는 일을 하되, 잠시라도 태만하게 해서는 안 된다. 언해소학(諺解小學)을 가르친다. 남자들은 비록 친형제간이라 해도 그 방에 함부로 드나들어서는 안 된다. 만약 처녀가 없을 경우에는 신부(新婦 : 새 며느리)가 여기에 거처하면서 앞에서 말한 것과 같이 시부모를 모시도록 한다.

• 경우에 따라서 3칸으로 할 수도 있다.

위에서 정한 것과 같이 한다. 1칸은 마루방으로 하고 1칸 반은 침실로 하고 반 칸은 부엌으로 한다.

② 방사(旁舍 : 아래채)

• 아래채는 2칸으로 한다.
• 침실과 가까운 곳에 세운다. 새 며느리가 여기에 거처하거나 경우에 따라서는 사위가 왔을 때 쓰도록 해도 된다.

③ 중옥(中屋 : 헛간채)

• 헛간채는 3칸으로 한다.
• 침실의 앞에 세운다.
• 초가지붕으로 한다.
• 2칸은 창고로 사용하고 1칸은 비워 두되 나뭇간으로 쓸 수도 있다.
• 안뜰은 넓게 할 필요는 없다.
• 헛간채의 좌우로 담을 쌓는다.
• 중문(中門)을 세우고 밤에는 빗장을 지른다.

④ 청사(廳事 : 사랑채)

- 사랑채는 3칸으로 한다.
- 지붕은 기와로 한다.
- 2칸은 방으로 한다. 남쪽 벽에는 각각 쌍창(雙窓)을 내되 굳이 높고 크게 할 필요는 없다.
- 1칸은 마루로 한다. 방과 마루 사이에도 또한 쌍호(雙戶)를 낸다.
- 제사를 지낼 때에는 항상 여기에서 행사를 한다.
- 가장(家長)은 새벽이 되면 사랑방에 앉아서 하루 동안 심부름하는 동복(僮僕 : 하인)들의 일거리를 미리 생각하고 요량해 둔다. 각각 그 일에 따라 명령을 내린 다음, 태만하여 시킨 대로 하지 않는 자가 있으면 볼기를 때려 다스린다.
- 논밭의 농사일을 관리하거나, 멀던 가깝던 출입(出入)을 마치고 돌아오면, 항상 이 곳(사랑채)에 좌정(坐定)하여 마음 속을 항상 쾌활하게 하고 지낸다. 비록 근심되거나 또는 기쁜 일이 있다 해도, 힘써 걱정을 없애고 다시 마음에 두지 않도록 한다. 득실(得失)과 성패(成敗)는 늘 운명에 달린 것이라고 생각해야 한다.

날마다 항상 책과 책상을 가까이 하고, 손님이 오면 공경(恭敬)을 다하여 대접하며, 장난을 하거나 잡기(雜技)를 해서는 안 된다.

자제들이 글을 배운 다음에는 서실(書室)로 물러가 차분하게 지내도록 하며, 안정된 분위기를 유지하도록 힘쓰며, 낮에는 안에 들어가지 않도록 하는 것이 예법(禮法)이다.

옛날에 이연평(李延平) 선생은 평소 거처함에 일정한 규칙이 있어서 헛되이 힘을 낭비하는 일을 하지 않았다. 거처하는 터가 좁고 집이 작았지만, 자제들이 점차 성장함에 따라 필요한 대로 한 칸씩 이어 붙이고 또 이어 붙이고 하였다.

사랑채에 조그만 서실이 있었는데, 매우 가지런히 정돈되고 맑고 깨끗하였으며 물건들은 항상 두는 자리가 있었다. 연평(延平) 선생은 이 서실에 잠잠히 앉아 마음을 맑게 하고 천리(天理)를 몸으로 확인하였다. 저서(著書)도 하지 않고 시문(詩文)도 짓지 않았으며, 그저 자연스러운 한 농부나 시골의 늙은이처럼 지냈다.

연평 선생이 다른 사람에게 보낸 편지에서 말하기를 "내가 집에 돌아와 전과 같이 지내게 되었다. 그러나 아이들은 소견이 부족하고 집안 살림 또한 전혀 정돈되지 않은 것이 많았다. 비가 새게 되고 무너지려고 하는 곳도 있어서 집안의 모양이 매우 좋지 않았다. 돌아온 뒤에는 틈을 내서 조금씩 수리하지 않을 수 없었으며, 그리하여 어느 정도 집안의 모양을 갖추게 되었다." 고 하였다.

• 이러한 방법이야말로 가장 일을 줄이는 것이다.

⑤ 마구간

• 마구간은 3칸으로 한다.
• 사랑채의 옆에 세운다. 사랑방에 앉아서 북쪽 창문을 열면 볼 수 있는 곳에 세운다.
• 2칸에는 말 한 필과 소 한 마리를 들일 수 있다. 또는 여물간으로 쓸 수도 있다.
• 1칸은 목노(牧奴)가 여기에서 숙직을 한다.
• 사랑채와 마구간 사이에 조금 넓은 마당이 있으며, 여기서 가을걷이를 한다.
• 경우에 따라서 마구간을 정침(正寢 : 제사를 지내는 몸채의 방, 사랑방) 앞에 둘 수도 있다. 그 사이에는 뜰이 있고, 뜰의 끝머리에 야트막한 담장을 쌓는다. 담장의 높이는 방에 앉아서 말의 배가 보이지 않을 정도로

한다. 목노(牧奴)는 이 담장 밖에서 일을 한다.

⑥ **서실(書室)**

- 서실은 2칸으로 한다.
- 사랑채의 옆에 세운다. 형편에 따라 왼쪽에 세울 수도 있고, 오른쪽에 세울 수도 있다.
- 초가지붕으로 한다.
- 아이들이 독서하는 장소로 삼는다. 그런데 이것은 사내아이를 낳아 어느 정도 성장한 다음의 일이다.
- 크고 작은 아이들이 아침에 일찍 일어나 세수하고 머리를 다듬은 뒤에 부모에게 문안 인사를 드린다. 인사를 드린 다음 물러나 여기에서 지내도록 한다. 서실 안팎으로 공연히 나왔다 들어갔다 하는 일이 없도록 한다.
- 손님이 와서 보기를 청하면, 사랑채 옆으로 나가 절하고 맞이해야 하며 서실 안으로 들여서는 안 된다. 비록 친척이나 동네 사람들의 자제(子弟)라 하더라도 함께 공부하는 사람이 아니면, 한 자리에 섞여 어울리지 않도록 한다. 같이 어울려 놀고 얘기하다 보면 공부에 방해가 될 뿐이다.

만일 아이들이 손님과 이곳에 앉아 있는 것을 보면 반드시 종아리를 때려야 한다. 그리하여 다른 사람들도 이와 같이 금지하고 경계하는 바가 있다는 것을 알게 되면, 저절로 쉽게 들어오지 않게 될 것이다.

대개 사람의 마음은 수렴(收斂)하면 안정하게 되고, 방치하면 마구 흐트러지게 마련이다. 정적(靜的)인 분위기에 익숙해지면 정적인 분위기를 좋아하게 되고, 동적(動的)인 분위기에 익숙해지면 동적인 분위기를 좋아하게 된다. 아이들이 선악(善惡)의 향배(向背)에 대해 조금이나마 알음알이가 생기게 되면, 이것을 더욱 연마하여 습관을 들이도록 해야 한다. 그렇기 때문에 깊이 알고 멀리 생각하는 사람은 자식을 가르침에 있어서 반드시 어려서부터 시작하는 것이다.

옛날 우리 선친(先親)께서는 자식을 훈계하심이 매우 엄하셨다. 새벽에 일찍 일어나도록 하셨으며, 반드시 책을 잡고 앉아서 하루가 다 지나가도록 함부로 자리를 뜨지 못하게 하셨다. 집안의 크고 작은 여러 가지 일들에 대해서도 일체 알지 못하도록 하셨다. 시골 마을의 저속한 말들은 입 밖에 내지 못하게 하셨으며, 항상 책과 붓을 가까이 하고 지내도록 하셨다. 이것은 우리 자손들이 마땅히 대대로 지켜야 할 것이며, 더욱 분발하여 마음에 두고 힘써야 할 것이다.

⑦ 독서(讀書)하는 방법

• 처음 배우는 사람에게는 먼저 소학(小學)을 가르쳐서 마음과 뜻이 일정한 방향을 잡도록 해야 한다. 또 그 다음에는 경서(經書)의 본문(本文)을 가르쳐 주어야 하며, 아이들은 이것을 하루에 3줄에서 5줄 정도를 300번 정도 읽도록 한다. 아울러 옛사람들의 시를 암송하기도 하고, 글씨 연습 또한 부지런히 해야 한다. 또한 절구(絶句)를 지어보기도 한다. 조금 더 성장하게 되면, 경서와 그 주석(註釋) 및 사서(史書)를 돌아가며 통달하도록 읽는다.

그 중에서도 강목(綱目)[30]은 더욱 정밀하게 공부하여 충분히 이해하도록 한다. 또한 고금(古今)의 치란(治亂)과 인물(人物)의 어질고 어질지 못함 등에 대해서도 마음 속 깊이 일목요연(一目瞭然)하게 이해할 수 있도록 해야 한다.

• 주자는 여러 성현(聖賢)들의 뒤에 태어나셨지만 그 주장하는 말씀이나 저술한 글들이 공자 이후로 송나라에 이르기까지의 모든 논의들을 절충하고 있어서 만세(萬世)의 법이 되었다. 후세의 논자(論者)들이 주자의 공(功)이 결코 공자의 아래에 있지 않다고 하는 것도 바로 이 때문이다. 그러므로 주자의 글을 논어에 비유하고 강목(綱目)을 춘추(春秋)에 견주

어 말하게 된 것이다.

- 이상과 같은 과정으로 학문을 하는 근본을 삼아야 한다. 그리고 이와 같이 공부하는 사이에 한유(韓愈)와 소식(蘇軾), 구양수(歐陽修) 등의 문장이나 시(詩), 부(賦), 논(論), 책(策) 등을 읽어야 한다. 공부를 함에 있어서 비록 다른 사람들이 배우고 익히는 것처럼 하지 않을 수는 없으나, 그렇다고 너무 일찍 과거 시험에 응시하는 것을 허락해서는 안 된다.

⑧ 내외(內外)의 구분

- 남자는 밖에서 지내고 여자는 안에서 지내도록 한다.
- 남자가 10살이 되면 사랑방에 나가서 잔다. 안채에서 여동생을 만나더라도 한 자리에 같이 앉지 않는다. 같이 장난을 하거나 농담을 해서는 안 된다.
- 안채와 바깥채에 기거하는 사람들은 우물을 함께 쓰지 않으며, 측간(廁間 : 화장실)을 함께 사용하지 않는다.
- 집안일을 하는 하인(男僕 : 남자 하인)과 하녀(女僕 : 여자 하인)들은 아침 일찍 일어나 세수하고 머리를 손질한 다음 안팎의 주인 어른께 문안 인사를 드려야 한다. 그리고 그날 하루 동안 안팎으로 해야 할 일에 대해 명령을 듣는다. 하인은 안 뜰을 청소할 때가 아니면, 중문(中門) 안에 들어가서는 안 된다. 또한 부엌에 들어가서도 안 된다. 만약 들어가는 자가 있으면, 종아리를 때려 다스린다.

---

30) 중국 송나라 때에 주자가 편찬한 사서(史書)인 자치통감강목(資治通鑑綱目)을 줄여서 통감강목(通鑑綱目) 또는 강목(綱目)이라고도 한다. 사마광(司馬光)이 편찬한 사서(史書)인 자치통감(資治通鑑)을 강(綱)과 목(目)으로 나누어 편집한 것이다. 강에서는 주자가 사실(史實)을 요약하고, 목에서는 주자의 제자인 조사연이 사평(史評)을 하였다. 59권으로 되어 있다.

• 하인이나 하녀가 마을의 다른 남자나 여자와 한 방에서 같이 자는 일이 없도록 금지하고, 만약 이러한 경계(警戒)를 범한 자가 있으면 종아리를 때려 다스린다. 하녀들은 각기 정해진 남편이 있어야 하며, 서로 이러한 질서를 어지럽히지 않도록 해야 한다.

• 성인(聖人)의 예법(禮法)에 반드시 안팎의 분별을 두고 있는 것은 불미스러운 일이 생기지 않도록 미리 막기 위한 것으로 깊은 뜻이 있는 것이다. 지금 우리나라는 호란(胡亂)을 한번 겪은 뒤로 풍속이 오염되어 규방(閨房)의 변고(變故)가 흔히 나타나게 되었다. 만약 한 방 안에서 쉬는 것을 어려운 일이라고 생각하지 않게 되면, 친척이나 남녀 하인들이 이러쿵저러쿵 말을 지어내고 몰래 헐뜯는 자가 생길 수도 있다. 그렇게 되면 그 의혹을 스스로 해명하지도 못하고 다른 사람들의 의심과 비방을 받게 되고 말 것이다. 더욱 더 삼가지 않을 수 없다.

⑨ 하인을 거느리는 방법

• 옷과 음식을 춥고 배고프지 않게 한 다음에 농사일이나 길쌈하는 일을 하도록 시켜야 한다. 태만하거나 게으름을 피울 경우에는 스스로 부지런히 하도록 유도한다. 비록 잘못이 있더라도 덜컥 매질부터 해서는 안 된다. 먼저 잘 타이르고 가르쳐야 한다. 그래도 듣지 않으면 두세 가지 잘못을 합하여 다스리는 것이 좋다.

　만약 노여움이 사납고 형벌이 지나치게 되면, 도리어 원망하고 배반하는 마음이 생기게 된다. 게다가 다치거나 죽기라도 하면, 그 후회가 미칠 바가 없을 것이다. 그렇기 때문에 옛사람들이 은혜와 위엄을 같이 행한 것을 거울로 삼아야 할 것이다.

• 집안에서 심부름하는 사환(使喚)으로는 하인 2명과 하녀 3명이면 충분하다. 이밖에 더 많으면 공연히 옷과 음식을 낭비하는 것이 된다.

- 일을 부지런히 하는 자에게는 더욱 후하게 대해 주어야 한다.
- 집안일을 하는 모든 하인들에게 한 달에 3일의 휴가를 준다.

9. 살림살이하는 규범(規範)

① 주부주모(主父主母)

- 주부주모의 일년 식량으로는 벼 15섬이면 된다.
- 의복은 면화와 명주옷으로 장만한다. 노비(奴婢)가 갖다 바치는 것은 없다. 그리고 양잠(養蠶)을 할 수 없으면, 쌀로 누에고치를 바꾸어서 실을 뽑은 다음 옷을 짜 입어야 한다. 솜옷은 목화 50 근이면 된다.
- 노인의 식사에는 반드시 고기가 있어야 한다. 그러나 가난한 집에서는 닭을 치고 개를 기르는 정도에 불과할 따름이다. 연못을 파서 물고기를 기르지 않을 수 없다. 하지만 매를 길러 꿩을 잡는 것은 해서는 안 된다. 젊은 사람들이 어른을 봉양하기 위해 매를 기르고자 하더라도 어른들이 일체 금지하여야 한다.

② 사내종 2명

- 집에서 심부름하는 사환으로는 복역노(服役奴 : 집에서 부리는 사내종) 2명이면 된다.
- 이들이 먹는 1년 식량으로 벼는 14섬이고, 보리는 6섬이면 된다. 1년 중 여섯 달은 두 끼니를 먹고, 여섯 달은 세 끼니를 먹는다.
- 의복은 면화로 장만한다. 목화는 각기 18근이면 되고, 농사 옷은 삼베로 하며 각기 4근이면 된다.

③ 계집종 3명

- 집에서 심부름하는 사환으로는 복역비(服役婢 : 집에서 부리는 계집종) 3명이면 된다.
- 이들이 먹는 1년 식량으로 벼는 10섬 10말이고, 보리는 4섬이면 된다. 1년 중 일곱 달은 두 끼니를 먹고, 다섯 달은 세 끼니를 먹는다.
- 의복은 면화로 장만한다. 목화는 각기 10근이면 되고, 농사 옷은 삼베로 하며 각기 5근이면 된다.

④ 장 담그는 콩

- 장 담그는 콩은 1섬이면 된다.
- 말 한 필의 먹이로 콩은 2섬이고 좁쌀은 10말이면 된다. 평상시에는 고운 겨로 죽을 쑤어 먹이고, 멀리 갈 때에는 좁쌀을 먹인다.
- 소 한 마리의 먹이로 콩 1섬이면 된다.

10월에서 정월(正月)까지는 먹이를 조금 준다. 농사일이 시작되면, 자기 집의 전답을 갈고 씨 뿌리는 것 외에는 품을 팔아 먹이를 보탠다.

⑤ 1년 살림살이 총계

- 이상 1년에 소용되는 것들을 모두 합하면,
- 벼는 39섬 10말이 필요하고,
- 보리는 10섬이 필요하며,
- 콩은 4섬이 필요하며,
- 좁쌀은 10말이 필요하고,
- 목화는 116근이 필요하다.
- 이 밖에 참깨가 5말이 필요하다. 참깨는 목화밭 머리에 모종하면 된다. 들깨는 10말이 필요하다. 들깨는 그루갈이 밭에 옮겨 심으면 된다.

⑥ 좋은 논 한 섬지기

• 좋은 논 한 섬지기에서는 거둘 수 있는 소출(所出)은 벼 40섬이다.

⑦ 보리밭 하루갈이

• 보리밭 하루갈이에서 거둘 수 있는 소출(所出)은 보리 11섬이다.
• 그루갈이로는 반드시 콩을 심는다. 그리하여 콩이 완전히 성숙하기 전에 줄기와 함께 거두어 말린 다음 소와 말의 먹이로 한다. 여러 차례 갈아엎어야 하며 반드시 9월이 되기 전에 보리를 심어야 한다. 만일 콩이 무성한 것을 아깝게 생각해서 다 성숙하기를 기다리다 보면, 보리 심는 시기가 늦어지게 되고 따라서 보리의 수확량은 적어지게 된다. 더구나 포전(浦田 : 갯밭, 강가에 있는 밭)은 5월 이후에는 예년의 경우를 보면 대개 수해(水害)를 입을 염려가 있다. 그렇기 때문에 일찍 씨를 뿌리고 일찍 수확하는 것이 무엇보다 중요하다.

⑧ 목화밭 하루갈이

• 얼음이 풀린 이후 4, 5 차례 갈아엎는다. 회분(灰糞 : 재와 분뇨를 섞어 만든 두엄의 일종)을 미리 준비하여 반드시 100여 짐을 실어낸다. 곡우(穀雨) 때 씨를 뿌린다. 간혹 서리를 맞아서 싹이 드물게 날 수도 있는데, 빈 자리를 보충해서 씨를 뿌려야 한다.

⑨ 콩밭 하루갈이

• 콩밭 하루갈이에서 거둘 수 있는 소출은 콩이 4섬이고 조(좁쌀)가 10말이다.

⑩ 농사짓는 요령

• 농사철에는 하녀 한 사람만 집에 남아서 일을 한다. 나머지 일꾼 4명이면 충분히 농사를 지을 수가 있다. 거름을 많이 하고 노력을 부지런히 하여 그 때를 잃지 않으면 살림살이에 필요한 만큼을 충분히 얻을 수 있다.

옛날에 상앙(商鞅)은 재를 버리는 자에게 형벌을 가했다고 한다. 비록 지나치기는 하지만 농가에서는 그 뜻을 깊이 생각해 보아야 할 것이다. 근세(近世)에 우계(牛溪) 선생 댁에서는 전답에 분뇨를 내는 데에도 정해진 수가 있었다고 한다. 조낙정(趙樂靜) 부자(父子)의 집에서는 여름철에는 늙은 하녀 한 명만이 집안일을 하도록 맡겼으며, 그가 비록 몸이 아프거나 불편하다고 하더라도 밭일을 하는 하녀가 집에 들어가지 못하게 하였다고 한다. 가히 본받을 만하다.

⑪ 좋은 논 1섬 10마지기와 밭 하루(이틀)갈이

• 이외에 또 좋은 논 1섬 10마지기와 밭 하루갈이 또는 이틀갈이가 있어야 한다.

• 이 논과 밭은 다른 사람에게 주어 농사를 짓게 한다. 여기에서 소작료로 받은 것으로 요역(徭役)을 바친다. 또한 소금 등 필수품을 사들이기도 하고, 누에고치 등과 바꾸기도 하며, 손님 접대하는데 들어가는 비용 등을 모두 이것으로 낸다.

이러한 전답은 비록 사는 곳에서 멀리 떨어진 외처(外處)에 있다 하더라도 이와 같이 활용하게 되면, 살림살이에 보탬이 될 수 있다.

⑫ 적절한 전답의 규모

• 논과 밭은 반드시 제한이 있어야 하며, 분수에 넘게 많이 경영해서는 안 된다. 그러나 너무 적으면 한 집안 살림의 모양새를 갖출 수가 없다. 만약 처음부터 매우 빈궁한 경우라면 이만큼의 수(數)가 갖춰지기 전에는

마땅히 의관(衣冠)이나 마구(馬具) 등을 절약하고 줄여야 한다. 비록 오래되어 낡았다 하더라도 새 것으로 갈지 말고 어떤 일이 있어도 참고 견뎌내야 한다.

항상 지극히 가난한 살림으로 자처(自處)하여, 안 살림에 있어서 여자는 물을 길어도 좋다. 바깥 살림에 있어서 남자는 몸소 밭을 갈아도 좋다. 여자는 양잠을 하고 남자는 송아지를 기르면, 한 해에는 한 해의 소득이 있게 마련이다. 그것이 점차 모이게 되면, 언젠가는 먹고 마시고 입는 씀씀이가 다른 사람들과 같이 될 수 있다. 그러나 조금이라도 쓸데없이 낭비해서는 안 된다.

내가 보건대, 가난한 집의 자제들이 신혼이라 하여 새 옷을 입는 것을 좋아하고, 또 자녀들이 생기기 전에는 생산하는 계획을 생각하지 않고 이럭저럭 세월을 보내게 된다. 그러다가 따로 분가(分家)하여 새로운 가정을 꾸리는데 이르게 된다. 그러나 어찌 누구나 다 세업(世業)이 있으며, 누구나 다 벼슬을 할 수 있겠는가?

피곤하고 어려운 생활이 심하여 평생토록 나라 돈이든 개인 돈이든 빚에 쪼들리게 된다. 그리하여 아들딸들이 혼기(婚期)를 놓치고, 선대(先代)로부터 이어진 사대부(士大夫) 가문의 가풍을 실추(失墜)하는 사람이 많다. 경계하고 두려워하지 않을 수 없다.

그러나 재주와 학문이 다른 사람보다 뛰어나서 세상일을 벗어나 능히 스스로의 힘으로 일어설 수 있는 사람이라면, 비록 가난하다고 하더라도 무슨 방해가 되겠는가? 이러한 경계(警戒)에 해당되지 않는다.

⑬ 기타 살림에 도움이 되는 부업

• 양계(養鷄)

한 집에서 암탉 다섯 마리를 기르는 것은 옛날부터 있었던 제도이다.

• 양어(養魚)

가장 절실하고 이로운 것이다.

• 양독(養犢 : 송아지 기르기)

송아지를 기르면 나중에 밭을 살 수도 있다.

• 종상(種桑 : 뽕나무 심기)

많으면 많을수록 좋다. 그러나 뽕나무의 수를 헤아려서 누에를 쳐야 한다. 하녀가 다른 사람의 뽕잎을 몰래 따다가 들켜서 욕을 듣게 되어서는 안 된다.

누에치기는 노인들의 의복을 만드는 데에도 절실하거니와 젊었을 때에는 밭도 살 수 있다.

• 종마(種麻 : 삼 농사)

삼베는 농사일을 하는 작업복으로 더욱 절실한 것이다.

• 때에 맞춰 산마(山麻)와 등나무 줄기나 칡넝쿨 등을 채취한다. 소나 말의 고삐 등으로 사용할 수 있다.

• 과원(果園 : 과수원)

제사 지낼 때 쓰기 위해서도 더욱 절실하다. 과일나무를 심는데 힘쓰지 않을 수 없다.

• 저전(楮田 : 닥나무 밭)

닥나무는 일용 생활에 절실하게 쓰이는 것이다. 승려에게 주어 종이를 만들어 반 씩 나누어 쓰고, 여유가 있으면 책을 인쇄한다.

• 소포(蔬圃 : 채소 밭)

10. 근검절약(勤儉節約)하는 생활

• 나이가 오십이 넘으면 비단 옷을 입고 고기를 먹는다. 오십이 안 된 사람은 무명옷을 입고 칠포립(漆布笠)[31]을 써야 한다. 짚자리를 깔고 지내며 채소를 먹어야 한다.

젊은 사람은 원기가 왕성하여 맛있는 음식의 도움을 받지 않아도 된다. 진수성찬을 먹더라도 하루를 지내고, 거친 밥을 먹더라도 하루를 지내는 것은 매한가지이다. 비단 옷을 입더라도 일년을 지내고, 거친 베옷을 입더라도 일년을 지내는 것은 매한가지이다. 하필 일시적으로 입맛에 맞고 몸에 편하다고 해서 구차히 얻으려 할 것은 없다.

• 말을 기를 때에는 무엇보다도 말의 힘이 얼마나 센가를 중시하는 것이 마땅하며, 반드시 잘 달리는 것을 요구할 필요는 없다.

좋은 말은 콩을 많이 먹는다. 짐을 실을 경우에는 다칠까 걱정이 되기도 한다. 또한 도적(盜賊)을 부를 수도 있다. 말을 잃어버렸을 경우에도 아까운 마음이 더욱 커질 뿐이다. 말을 타고 출입할 때나 또는 한 번 달릴 때 느끼는 즐거움을 위해 재물을 낭비하거나 마음을 힘들게 해서는 안 된다. 그런 것은 생활에도 별로 보탬이 안 되고, 일에도 방해가 될 따름이다.

---

31) 포립(布笠)은 베, 모시 등의 천으로 싸개를 한 갓을 말하는 것이다. 원래는 색사(色絲)로 된 복두(幞頭 : 공복을 입을 때, 머리에 쓰는 모자로 折上巾이라고도 함)를 말하는 것이다. 흔히 흑포립(黑布笠)을 사용한다.

11. 유비무환(有備無患)하는 생활

① 별고(別庫)

• 가정 살림에 조금 여력이 있을 경우에는 풍년이 들었을 때, 벼와 곡식 등을 40섬 정도를 한도로 하여 저장해 둔다. 그리하여 묵은 것과 햇것을 교체하여 쓰게 되면, 여기저기로 빚(공사채)을 구걸하러 다니는 부끄러움도 없을 것이다. 또한 다른 사람을 시기하거나 무리하게 요구하는 일도 없을 것이다.

• 그렇게 하고서도 여력이 있으면 곡식이 쌀 때 사 두었다가 곡식이 비쌀 때 내다 팔아도 된다. 거기에서 남게 되는 이윤으로 일용(日用)의 씀씀이에 보태도 되고 밭을 사는 것도 괜찮다.

그러나 저장해 두는 데에도 일정한 수를 지켜야 한다. 벼는 50여 섬, 목화는 100여 근 정도를 한도로 해야 한다. 만약 많이 가지는 것을 탐하여 부자라는 소리를 듣게 되면, 이것은 장사꾼이나 하는 일이지 사대부의 집에서 할 일은 아니다.

• 살림의 여유가 많이 있다 하더라도 다른 사람에게 빌려주어 이자를 받는 일은 절대로 해서는 안 된다. 대개 부자는 곡식이 있고 가난한 사람은 먹을 것이 없기 마련이다. 물론 서로 꾸어주고 관례에 따라 돌려받는 것이 의(義)에 크게 저촉되는 것은 아닐 것이다. 그러나 다른 사람의 급하고 질박한 사정을 불쌍히 여기지는 않고 잘 갚을 사람만을 골라 빌려주게 되면, 이것은 이미 궁핍한 사람을 구휼(救恤)하여 도와주는 도리가

아니다.

오랜 시간이 지나도록 갚지 않는 경우라도 국법(國法)에 따라 본전(本錢)과 한 해의 이자만을 받아야 한다. 사람의 욕심은 끝이 없어서 해마다 이자를 계산하여 소나 말, 솥이나 전답까지도 빼앗게 될 수도 있다. 그러면 원성(怨聲)을 초래하고 나쁜 감정이 쌓이게 되고, 다른 사람들로부터 비루(鄙陋)하다는 소리를 듣게 된다.

그러므로 부자라는 이름을 한 번 얻게 되면, 그 자손에게 이르기까지도 더러운 평을 씻지 못하게 한다. 그 해악(害惡)은 빈궁하여 받는 괴로움보다 더 심한 것이 있다. 향리(鄕里)의 보통 사람들은 따질 것도 없지만, 때때로 명색(名色)은 사대부 집안이지만, 이러한 잘못을 면치 못하는 사람들이 있다. 비록 죽는 한이 있더라도 나는 자손들이 이러한 행동을 하는 것을 원하지 않는다.

12. 전답을 사는 방법

① 매전(買田 : 밭 사기)

• 정전법(井田法)[32]이 폐지된 뒤에는 사람들이 각자 전답을 사적(私的)으로 가지게 되었다. 세업(世業 : 유산)이 없으면, 새로 매입하는 것을 면할 수 없다. 대개 가정에 말이 없어도 되며, 노비가 없어도 된다. 그러나 전답이 없으면 살 수가 없다. 전답을 사고 파는 것을 어찌 그만 둘 수 있겠는가?

그러나 이 일에는 또한 천리(天理)와 인욕(人欲)의 분별이 있다. 특히 분쟁이 있어 송사(訟事)가 걸려있는 전답은 비록 여건이 꼭 맞는다고 하더라도 사지 않는 것이 좋다. 또한 내 전답에 가까운 것을 시골 풍속에서는 '연계(連界)' 라 하여 반드시 사고자 한다. 힘이 부치더라도 타인이 사는 것을 그대로 두지 않고, 땅 임자를 조절(操切)하여 값을 올리거나 내려서 사들여 다른 사람들의 원성을 듣게 된다. 퇴계(退溪) 선생이 이른바 '순(舜) 임금과 도척(盜蹠)의 구분' 이라는 말을 생각하여 경계하지 않을 수 없다.

요즈음 상한(常漢 : 상민)[33]들이 전보다 더 사납고 거칠어져서 위아래의 구분이 없다. 조금이라도 자기에게 불편한 것이 있으면, 강한 자는 면전(面前)에서 모욕을 주고, 약한 자는 몰래 집에 불을 지르기도 한다. 비록 옛날에 힘으로 다스리던 사람들이 오늘날에 다시 태어나 살게 된다고 하더라도 그 위력을 쉽게 발휘하지는 못할 것이다.

우리 집 자손들은 미약하여 다른 사람의 재물을 뺏는 것과 같은 일은 염려할 것이 없다. 그러나 사람의 욕심이 이기게 되면, 경우에 따라서는 의리(義理)와 시세(時勢)에 어둡게 되기도 한다. 그리하여 시비(是非)와 이해(利害)를 가릴 겨를도 없이 망령되게 일을 저질러 실패를 당하는 경우가 많다. 징계하여 삼가지 않을 수 없다.

• 자식을 낳아 성혼(成婚)하기 전에 각기 집과 전답을 장만해 주는 데에도 제한이 있어야 한다. 편리한 것을 생각하여 가까운 곳에 두고자 애쓸 필요는 없다. 부자형제들이 한곳에 같이 모여 살게 되면 어찌 즐겁지 않겠는가? 그러나 반드시 같이 살고자 하면, 거기에는 어려운 점도 있다. 땅은 좁고 사람은 많아 구차하게 의식(衣食)을 해결하며 살아가다 보면, 가난하고 약한 사람은 스스로의 힘으로 살아나가기 어려운 경우도 있고, 조금 힘이 강한 경우에는 그 피해가 이웃사람들에게 미치게 된다. 이와 같이 되면 형편에 따라 다른 곳을 개척하여 살아가는 것만 못할 수도 있다. 다른 곳이라 하여 구애(拘碍) 받을 필요는 없다.

---

32) 중국 주(周) 나라에 있었던 토지제도이다. 맹자(孟子)가 설(說)한 것이 가장 오래 된 것이다. 1리 4방(1리는 400m)의 토지를 '정(井)' 자 모양으로 9등분하여, 주위의 8구획은 8호(戶)의 집에서 각기 사전(私田)으로서 경작하고, 중심의 1구획은 공전(公田)으로서 8호가 공동으로 경작하여 정부에 바치는 조세로 할당하였다. 맹자는 인의정치(仁義政治)에 입각하여 이 경지 외에도 택지를 백성에게 재산으로 주어 애국심을 고취할 것을 주장하였다. 정전법의 내용은 주례(周禮) 등 유가(儒家)의 문헌에서는 더욱 복잡해지는데, 그것은 소농민을 기본으로 한 유가적 정치사상의 소산(所産)이라고 할 수 있다.

33) 16세기 이후 양반 · 중인 · 평민 · 천민의 계층적 분화와 갈등이 일어나 평민 위에 양반과 중인이 우월한 지위를 누리게 되었다. 거기에 점차 천인의 신분상승이 이루어짐으로써, 지배층인 양반에 대응하여 경제적 처지가 서로 비슷한 양인농민과 노비농민이 하나의 사회계층으로 존재하였으며, 그들을 지칭한 '상놈(常漢)' 의 개념이 사회생활에 양인과 천인의 구분보다 큰 의미를 지니게 되었다.

13. 포전(浦田) 농사를 짓는 방법

• 강가에 집을 지어 갈대나 억새로 지붕을 덮고 6, 7일 정도 경작할 만한 땅을 산다. 정산(定山)의 송산촌(松山村) 같은 곳이 살 만한 곳이다. 하인(奴) 2명을 데리고 소 2마리와 농사도구를 갖춘 다음, 보리를 심는 일에 전념해야 한다. 일체 다른 일을 해서는 안 된다.

봄에는 다른 사람에게 품을 팔기도 한다. 때가 되어 수확한 다음에는 그루갈이로 반드시 콩을 심는다. 여름에는 하인(奴) 2명이 오로지 회분(灰糞) 만드는 일을 한다. 강가에는 풀이 많아 재를 만들기 좋다. 칠월 그믐 전에 콩이 아직 성숙하지 않은 상태로 줄기채 거두어 말린 다음, 소나 말의 먹이로 한다. 이것을 썰어서 삶아 먹이면, 콩을 먹이는 것과 같다. 자세한 것은 위에 있는 모전조(麰田條)를 보라.

팔월 10일 전에 반드시 2, 3번 갈아엎는다. 구월 그믐 전에는 반드시 보리를 심는다. 6~7일갈이의 수확이 실제로 아마 50~60섬은 넘을 것이다. 이 정도면 충분히 한 가정 위아래 식구들의 1년 식량이 된다. 힘이 남으면 8~9일갈이도 좋다.

이와 같이 한 뒤에야 비로소 집안일을 살폈다고 할 수 있으며, 그런 다음에 서책(書册)에 전념할 수 있다. 그리하여 그 이치와 의리에 대해 마음으로 기뻐하는 것이 고기가 입맛에 당기는 것과 같이 할 수 있다. 그러면 음식을 먹되 배부른 것을 구하지 않게 되고, 한 그릇의 밥만으로도 즐거움을 느끼게 될 것이다. 물고기를 먹으면 되었지 어찌 꼭 잉어를 먹어야만 하겠는가?

그러나 포전(浦田) 농사에는 장점도 있고 단점도 있다. 10년 동안에 한두 번은 수해(水害)로 혹심한 피해를 입을 수 있다. 다른 곳에 반드시 약간의 논을 마련하여 해마다 일년 식량을 대비하여 쌀과 곡식을 저장해 두어야 죽음을 면할 수 있다.

14. 가족연회(家族宴會)의 방법

- 봄가을의 가운데 달에는 각각 술과 양식을 가지고 종가(宗家)나 혹은 가장 나이가 많은 사람의 집에 모인다.
- 자제들 가운데 유사(有司) 2명을 정하여 해마다 서로 교체하도록 한다.
- 멀리 사는 사람에게는 유사(有司)가 모임 전에 통지서를 보내 참석할 수 있도록 유도한다.
- 가까이 살고 있는 경우에는 친형제들끼리 매달 초하루에 모임을 갖는다.
- 이 날은 비복들도 의복을 깨끗이 빨아 입고 그 뒤에 차례로 선다. 각자 남녀와 장유(長幼)를 분별하여 순서대로 절한다. 의례(儀禮)와 같이 한다.
- 음식은 간략하게 준비하는 것이 좋다. 예(禮)의 본래 취지는 자주 모이는 것을 귀하게 여긴다.

15. 손님을 접대하는 방법

• 친한 손님이 오면, 맞이하고 보내는 것을 의례와 같이 한다.

• 접대하는 비용은 대략 미리 준비한 것으로 한다. 만약 다소 부족한 것이 있으면, 자주 왕래하는 손님이나 지나가는 과객(過客)에 대해서는 그 노비(奴婢)나 말에게 먹이를 주지 않아도 된다.

• 모든 일에 있어서 억지로 인정(人情)에 맞추려고 하다보면, 오히려 그것이 성실한 도리가 되지 않을 수도 있다.

16. 화수계(花樹契)를 운영하는 방법

- 화수계(花樹契)[34]는 옛날부터 해온 것으로 서문(序文)이 있다.
- 계원 1인당 벼 1섬을 낸다. 남자는 8살이 되면 벼(租) 10말을 낸다.

  창고에 두고 이자를 불린다. 본전 40섬 외에는 그 이자를 받아서 계의 공적인 경비로 쓴다. 사는 곳의 멀고 가까움이 고르지 못해서 불편한 것이 있으면, 부근에 사는 형제들이 각자 대신 처리해 준다.
- 해마다 두 유사가 나누어 맡은 벼가 각각 20섬이다. 유사는 성인(成人)들 중에서 맡되, 나이가 많은 사람 중에서 한 명, 나이가 적은 사람 중에서 한 명으로 한다.

  11월 20일 전에 교체하여 전달한다. 기한을 넘긴 사람은 그 노비(奴婢)의 종아리를 15대 때린다.

  3섬 이상 미납한 것이 있는 유사는 연임시킨다. 자기가 맡고 있는 계

---

34) 화수회는 겨레붙이끼리의 모임으로 같은 성을 가진 사람들이 친목을 위하여 이루는 모임이나 잔치를 뜻하는 것이다. 화수계는 족계(族契)의 일종이다. 족계는 부계(父系) 중심의 문중(門中) 조직이 출현, 발전하면서 등장한 동족 사이에 결성되는 계이다. 명칭도 종계(宗契), 문중계(門中契), 목족계(睦族契), 대동계(大同契), 화수계(花樹契) 등 매우 다양하다. 부계(父系)의 혈연의식이 강화되면서 공간적으로는 가까운 지역을 연결하고, 조직의 혈연적 범위에는 동일 씨족집단만이 참여하는 형태로 발전하게 된다. 더 나아가서는 동성동본의 모든 종중(宗中)을 포함하는 대종계(大宗契) 또는 화수계로 발전해 나갔다. 족계는 씨족 성원 사이의 친목 도모, 조상에 대한 제사 및 그 분묘의 관리 등을 목적으로 하고 있다.

조(契租)에 1섬도 미납한 것이 없는 창고지기(庫直 : 유사)에게는 벼 10말을 상으로 준다.

유사는 봄에 빌려준 다음에 즉시 문서와 장부를 도유사(都有事)에게 보고한다. 도유사는 문서와 장부에 서명한다. 그리고 대부(貸付)를 받은 사람이 도망가서 추징할 수 없는 경우가 있으면, 삭감하여 제외시킨다.

가난하여 갚을 수 없는 사람과 계원의 의무를 저버리고 도망하였던 사람이 오래 지난 뒤에 계조(契租)를 낼만한 형편이 되었다고 하더라도 국법에 따라 본전과 한 해의 이자 외에는 일체 더 내게 해서는 안 된다. 이것을 어긴 사람은 도적(盜賊)으로 논해도 된다.

계조를 받을 때에도 솥이나 소, 말, 전답 등을 빼앗는 것은 안 된다. 어기는 자에게는 위와 같이 한다.

• 젊은 사람들 중에서 어느 정도 나이가 든 사람을 도유사(都有事)로 정한다. 도유사는 일이 있으면, 문중의 어른에게 품의(稟議)하여 행한다. 삼년이 되면 교체한다.

• 부모와 본인, 아내 등 네 가지 상사(喪事)의 부조는 벼 2섬으로 한다.

형제가 많아서 그 부모의 상사에 대해 일년에 다 부조를 해줄 수가 없을 경우에는 3년을 기한으로 하여 그 안에 나누어 지급한다.

부모와 아내가 없으면 지급하지 않으며, 첩이 있으면 10말을 지급한다.

관례(冠禮)를 올리지 않은 사람은 15살 이상은 1섬, 15살 이하는 15말을 지급한다.

계에 들어온 지 얼마 안 되어 요절하면 3년 이하는 본전에 해당하는 벼(本租) 10말을 지급하고, 시집가지 않은 여자의 경우에는 15살이 넘어 죽었을 때에는 벼 10말을 지급한다.

• 대과(大科)나 소과(小科)에 합격하여 축하하는 잔치를 할 때에는 벼 2섬

을 지급한다. 잔치를 하지 않을 경우에는 지급하지 않는다.

- 며느리를 보거나 딸을 시집보낼 때에는 벼 10말을 지급한다.
- 조상이나 종당(宗黨)에 관련된 일에 환난(患難)과 궁핍(窮乏)한 것을 구제(救濟)한 사람이 있으면, 여러 사람이 의논하여 적당한 만큼 지급한다.
- 계원 중에서 수령이 된 사람은 세목(細木)[35] 2필을 납부한다.
- 해마다 3월과 9월에는 각자 술과 과일을 가지고 일정한 장소에 모여 화수지의(花樹之義)를 강론(講論)한다. 고기는 계조(契租)로 적당히 준비한다. 유사(有司)를 두어 주선하도록 한다.
- 모일 때에는 사마공(司馬公)의 의례(儀禮)와 같이 나이가 많고 적은 순서에 따라 차례로 절한다. 가례(家禮)를 참고해도 된다.
- 일년 동안 쓰고 남은 것이 있으면, 서로 의논하여 처리한다. 유사가 종이를 사서 나누어 쓴다. 유사를 맡지 않은 사람에게는 지급하지 않는다.
- 유사가 문서를 인수인계할 때에는, 여러 가지로 부조(賻助)에 사용한 내역과 수량을 기록한 장부를 보관한다.

35) 올이 가늘고 고운 무명 또는 면포(棉布)를 말한다.

17. 관례(冠禮)와 혼례(婚禮)를 치르는 방법

• 지금 행하고 있는 홀기(笏記)[36]가 있다.

① 관례(冠禮)와 혼례(婚禮)

• 고례(古禮)대로 한다.

혼례(婚禮)의 의절(儀節)에서는 뇌탁(牢卓)을 같이하는 것으로 되어있다. 혼례에 쓰는 음식으로 옛날에는 찰기장(黍)과 메기장(稷) 그리고 고깃국(大羹)이 있었다. 그러나 가례에서는 이런 것들을 쓰지 않았다. 요즈음은 평상시의 음식을 쓴다. 간략하게 해도 된다.

• 혼례에 구차하게 부귀를 흠모해서는 안 된다.

요즈음 사대부들이 다른 사람의 부(富)에 대해서는 비루(鄙陋)하다고 욕하기를 개나 돼지만도 못하다고 한다. 그러면서도 같이 어울려 혼인을 할 때에는 반드시 그런 집안인 것을 흔히 볼 수 있다. 그러나 부자들은 본래 인색한 법이다. 그런데도 더러는 그들에게 속임을 당하게 되니 이것은 참으로 가소로운 일이다.

처음 혼사에 관한 의논이 있을 때, 반드시 헤아려야 한다. 언약(言約)이 된 다음에는 비록 다른 사정이 생기더라도 신의를 저버리거나 약속

36) 관례, 혼례, 상례, 제례 등의 의식을 치를 때, 그 순서를 적은 글을 말한다. 식순의 일종이다.

을 어겨서는 안 된다.

이해(利害) 관계로 말하더라도 장래의 일은 알 수가 없는 것이기 때문이다. 우리 집 막내아들이 늦게 장가를 가게 되었는데, 일찍이 친분이 있던 집안에서 혼인하기를 원하여 허락하였었다. 그런데 그 집에서 중간에 아무런 이유도 없이 혼약을 바꾸어 버린 것이다. 듣기에 그 집에서는 다른 사위를 본지 오래되지 않아 그 사위가 죽었다고 한다.

그리고 다른 사대부 집안과는 혼인을 정하였는데, 납폐(納幣)[37]하기 전에 그 규수가 병을 얻어 몇 년이 되어도 낫지 않았다. 규수 집에서 말하기를 병의 증세가 심상치 않아 장차 완전한 사람 노릇을 하기가 어려우므로 속일 수 없다 하고 파혼하기를 청하였다. 여기에 대해 내가 답변하기를 "이것 또한 운명이다. 비록 폐질(廢疾)이라고 하지만 어쩔 수가 없다. 의리를 모르고 신의를 지키지 않는 것은 짐승이나 오랑캐가 하는 짓이므로 그렇게 할 수 없다" 고 하였다.

그러던 중 어느 날, 그 집에서 편지를 보내 말하기를 "병든 딸이 어느 날 갑자기 평상시처럼 일어나 앉게 되었으니 이는 '폐질(廢疾)이라 하더라도 신의를 저버릴 수 없다.' 고 하신 말씀 한 마디에 귀신도 감동해서 조화를 부린 것" 이라고 했다. 그 뒤에 그 규수는 우리 집으로 시집을 왔는데, 현숙하였으며 자손도 두었다. 이 일이야말로 우리 자손들이 꼭 알아두어야만 할 것이다.

---

37) 혼인할 때 사주단자(四柱單子)의 교환이 끝난 후 정혼(定婚) 성립의 증거로 신랑 집에서 신부 집으로 폐물(幣物)을 보내는 의식을 말한다. 납채(納采)라고도 한다. 결혼 전날 또는 며칠 전에 하는 이 행사는 채단(采緞)과 혼서지(婚書紙 ·) 등을 넣은 함을 '함진아비' 가 가지고 가는데, 밤에 하는 것이 상례이다. 오늘날에는 '함진아비' 를 흔히 신랑 친구가 맡고 있지만, 옛날에는 상민(常民, 하인)이 맡았다. 혼서지에는 신랑의 성명과 생년월일을 적고 사자(使者)를 보내어 납폐의 예를 다한다는 내용의 글을 적는다.

18. 사상(四喪)을 대비하는 계(契)

- 사상계(四喪契)[38]는 가장 절실하고 긴요한 것이다.
- 계의 규약이 간략한 것도 있고 자세한 것도 있어서 마을마다 서로 다르다.
- 그러나 아무리 간략하다고 하더라도 염습(斂襲)이나 관판(棺板) 등은 미리 준비하지 않을 수 없다.
- 계원은 6, 7인 정도를 가려서 정하고 이외에는 일체 여러 사람을 모으려고 할 것이 없다.
- 계원 중에 의견이 합치되지 않는 사람이 있으면 계 자체가 깨지기 쉽다.

38) 사상(四喪)은 아버지와 어머니 그리고 자신과 아내가 죽었을 경우를 말하는 것이다.

19. 향리(鄕里)에서 살아가는 방법

- 고향 마을(鄕黨)에서는 조심스럽고 성실하게 살아가야 한다는 성인(聖人)의 말씀을 본받아야 한다.
- 향리(鄕里)의 다른 사람이 상사(喪事)를 당하게 되면 반드시 조문(弔問)하고, 비록 약소하더라도 반드시 부조를 해야 한다.
- 착한 사람에게는 더욱 후하게 대해 주고, 나쁜 사람은 피해서 가능하면 만나지 않도록 한다. 그러나 그 사람의 나쁜 점을 다른 사람에게 말하지 않는 것이 좋다.

형제의 허물을 친척에게 말하지 않고, 친척의 허물을 동네 사람에게 말하지 않고, 동네 사람의 과오를 향리의 사람들에게 말하지 않고, 향리 사람의 과오를 다른 고을의 사람들에게 말하지 않도록 해야 한다.

이웃 가운데에 강상(綱常)을 범(犯)하고 윤리(倫理)를 어지럽게 하는 자를 숨겨주는 사람이 있을 경우에도 나 스스로 그런 자리를 피하면 된다. 그것을 공박(攻駁)하고 다스리고자 하는 생각을 가져서는 안 된다. 악한 사람을 대하는 일은 지극히 어렵다. 같이 어울려 말하게 되면 나의 의리에 손색이 되고, 반면에 미워하기를 심하게 하면 반드시 그 화를 당하게 되기 때문이다.

풍속은 위로부터 교화(敎化)를 행해야만 바로잡아질 수 있는 것이다. 만약 향리의 풍속을 진작시키고 선비들의 습관을 바로잡고자 한다면, 나쁜 무리들을 공박하고 배척해서 그 고을이나 마을에 발을 붙이지 못하게 할 수도 있다. 그렇게 되면, 비단 그들이 음해(陰害)를 할 뿐만 아니라, 그 중에 어느 정도 기운과 세력이 있는 자들은 끼리끼리 모여 무리를 이루게 될 것이고, 그리하여 서로 미워하고 원망하게 될 것이다. 이렇게 되면 오히려 괴이(乖異)하고 험악한 풍조를 조성할 수도 있으니 삼가지 않을 수 없다.

• 상민(常漢)들이 어떤 일로 인해 덤비거나 모욕을 주는 경우가 있는데, 대개 불량한 젊은이들로부터 시작되는 것이 많다. 참을성을 가지고 받아들이는 것이 좋다. 간혹 그 아비나 형이 나서서 관청에 알릴까 두려워하여 깨닫고 뉘우쳤다고 하면서 그 죄를 다스려 줄 것을 청하기도 한다. 그런 때에는 그 아비나 형이 스스로 매로 때려 가르치도록 해야 한다. 절대로 나 자신이 스스로 직접 손을 대는 일이 없도록 해야 한다.

만에 하나라도 불행히 다른 병으로 인해 죽게 되고, 그것이 어떤 범위나 기한(期限) 안에 있는 것이라면, 그 화(禍)가 이루 헤아릴 수 없을 것이다. 이것은 분노를 삼가야 하는 것을 깨우치는 한 가지 사례일 뿐이다.

전에 우리 선친(先親)께서 길에서 마을 사람을 만나신 적이 있다. 그 사람이 말 위에서 손으로 읍(揖)하였다. 마부가 그를 끌어내리고자 하였으나 선친께서 금지하시고 그대로 지나가도록 하셨다. 이튿날 아침 그 마을에서 울음소리가 들렸다. 알아보니 어제 길에서 만났던 그 사람이 밤에 죽었다는 것이다. 그 사람의 아들이 매우 고약하다고 한다. 만약 전날에 그 사람의 죄를 다스리는 일이 있었더라면 어찌할 뻔했는가! 정부인(貞夫人)께서 언제나 이 일을 말씀하시면서 자손들을 훈계하셨다.

• 고을의 수령이 처음 부임하였을 때에는 그 지방에 사는 주민의 예로 한 번 찾아가 볼 수는 있다. 그러나 관청에 자주 출입하는 것은 좋지 않다. 관아의 아전들이야 서로 관계될 것이 없다. 비록 침해하여 욕을 보이는 일이 있더라도 향외(鄕外)의 사대부는 향사당(鄕射堂)[39]과는 다르므로,

자기가 직접 나서서 다스리고자 하는 것은 안 된다. 일이 큰 경우에는 향사당(鄕射堂)에서 공론(公論)으로 처리하거나, 혹은 관가에 고해서 처리하는 것이 좋다.

- 노복(奴僕)이 시장이나 마을에서 다른 사람과 싸우는 것을 보면, 일의 시비곡직(是非曲直)을 따지려 하지 말고 먼저 나의 노복(奴僕)부터 다스리도록 해야 한다.
- 고을 수령(守令)이 비록 학정(虐政)을 한다 해도 절대로 입 밖에 내서는 안 된다. 정자가 말하기를 "그 나라에 살면서 그 나라의 대부(大夫)를 비방하지 않는다"고 하였는데, 이 말씀의 이치가 가장 좋다. 더구나 이웃 고을 수령의 잘잘못에 대해서는 역시 다른 사람과 어울려 평가하고 논해서는 안 된다.

---

39) 조선시대의 지방자치조직인 유향소(留鄕所)의 별칭 중 하나이다. 향리(鄕吏)를 규찰(糾察)하고 향풍(鄕風)을 교정하는 것을 목적으로 세워졌던 향촌의 단위조직이었던 유향소는 향소(鄕所), 풍헌당(風憲堂), 집헌당(執憲堂), 유향청(留鄕廳), 향소청(鄕所廳), 향당(鄕堂) 등 다양한 이름으로 불리워졌다. 본래 유향소는 유향품관이 모이는 장소를 뜻하기도 했지만, 그 인적 조직을 가리키는 것이기도 하다. 유향품관들이 중심이 되어 군현을 단위로 하여 설립되었기 때문에 자치기관이라고는 하지만, 근대적 의미의 자치성을 가졌던 것은 아니었다. 본래 관청으로 설립된 것은 아니었으나, 시간이 흐름에 따라 지방 군현의 업무를 일부 맡게 되면서 지방관청의 기구화하여 이아(貳衙)라고도 불려졌다. 유향소의 임원은 시기에 따라 그 수가 다른데 대체로 좌수(座首)와 별감(別監)으로 구성되었다. 좌수는 그 구성원인 향원(鄕員)들에 의해 향회(鄕會)에서 후보를 뽑아 경재소(京在所) 당상(堂上)이 임명하였는데, 조선 후기에는 수령이 임명하게 되었다. 선임(選任) 절차는 모든 유향소가 동일하지는 않았다. 조선 후기에 유향소가 지방관아의 하부기구로 되면서 그에 따른 각종의 업무를 수행하기 위한 별감들이 늘었다. 유향소의 건물인 향사당은 처음에는 사찰을 이용하기도 했으며, 후기에 비로소 관아의 구내에 옮겨가게 되었다. 유향소의 규약문인 향규(鄕規)가 있었으며, 참여자 명단인 향안(鄕案)이 있었다.

20. 친구(故舊)를 대하는 방법

붕우(朋友)는 오륜(五倫)의 한 가지이다. 어찌 귀하고 중요한 것이 아니겠는가? 평상시 생활에서는 학문에 도움이 되기도 한다. 옛사람이 말하기를 "스승은 엄하지만 벗은 친하기 때문에 서로 보아가며 선(善)해지고, 공부에 있어서도 스승에게 배우는 것보다 많을 수 있다" 고 하였다.

그러나 세대가 내려오면서 도(道)가 결핍되어 어질지 못한 사람들만 시정(市井)의 속된 사귐을 많이 따를 뿐만 아니라, 소위 어질다는 사람들의 사귐도 옛사람들과는 다르게 되었다. 여기에서 도의(道義)는 마땅히 힘써야 할 것이 자기에게 있으며, 다른 사람에게 의지해서는 안 되는 것임을 알 수 있다.

또한 처음 교제할 때부터 먼저 그 사람의 잘못된 점을 잘 살펴 거기에 맞게 대해 주어야 한다. 그렇게 해야 처음부터 끝까지 우정을 온전히 할 수 있어 낭패(狼狽)를 당하는 일이 없을 것이다. 그러나 붕우(朋友)간에는 무엇보다도 의리(義理)가 중요한 것이다. 그러므로 그 과오를 보면 충고하되, 듣지 않으면 그만둘 따름이다. 충고를 자주 하면 친구간에 소원(疎遠)해진다는 가르침은 자유(子遊)가 이미 말한 바 있다. 그렇다고 자신을 낮추어 친구를 따르는 것은 내 마음에도 부끄러움이 생기거니와 군자(君子)로써 할 일이 아니다.

만약에 그 자손 가운데 불량한 자가 있으면, 다만 옛 친구의 정으로 대하도록 해야 한다. 지나치게 후하게 해서도 안 되고, 심하게 공박해서도 안 된다. 비록 나에게 못된 말을 하더라도 그저 그대로 받아들이고 말 따름이다.. 다만 그 과오를 다른 사람에게 말하지 않는 것이 좋다.

21. 처세(處世)하는 방법

문을 닫고 집안에 들어앉아 글을 읽는 것이 좋다. 경전(經傳)을 읽는 것으로 제일의 공부로 삼아야 하며, 그 다음으로는 과거시험 공부를 하는 것이다. 평상시에도 이것이 가장 절실한 것이거니와, 하물며 지금처럼 어려울 때는 두 말할 것도 없다.

돌이켜 보건대 지금 나는 아무런 한 일도 없이 죄를 얻게 되었으며, 이처럼 평화로운 때에 죽고 사는 것을 세상 사람들의 손에 부치게 되었으니, 참으로 유유(悠悠)할 따름이다. 그 사이에 예설(禮說)을 새로 지었다는 헛소문이 아무런 근거도 없이 튀어나와 돌고 돌아서 드디어 온 세상이 시끄럽게 되고 친구가 등을 돌리는 지경에까지 이르게 되었다.

이제 자신을 위한 계책으로 삼을 것은 우리 자질(子姪)들이 한 마음으로 경계하고 조심해서 자기 자신을 돌아보고 공부에 열중하는 것 밖에는 아무런 다른 방도가 없는 것 같다. 혹시 집밖으로 나가 다른 사람들과 교제하게 되면, 반드시 먼저 그 사람의 의향이 어디에 있는지를 잘 살펴 알아보아야 하며, 경솔하게 같이 어울려 대화하여 수치와 모욕을 당하는 일이 없도록 해야 한다.

만일 하늘이 무심치 않아 재앙을 거두고 국세(國勢)가 회복되어 태평하게 되면, 언젠가는 세상에 나가 벼슬을 할 수도 있을 것이다. 그러나 이때에도 마땅히 자신의 정체성을 분명히 세워야 한다. 자신의 주장과 합치하지 않으면 항상 물러날 뜻을 가지고 있어야 한다. 망령되게 앞으로 나아갈 생각만 해서는 안 되며, 우리 문호(門戶)가 자기 자신에 이르러 추락하지 않도록 하는 것이 좋은 일이다.

하물며 지금과 같은 때에는 속으로 원한을 품고 틈을 보아 때가 오기만을 기다리는 마음을 가지고 과거 시험장에 드나들기도 하고 조신(朝臣)들과 어울리는 것은 오히려 사대부로서 그럴 수도 있다. 그렇지 않다면, 이것은 마음 속으로는 금(金)을 생각하는 것과 같다.[40)]

그러므로 내가 항상 말하기를 "무후(武侯)와 같은 죽음을 택하지 않으면, 왕촉(王蠋)과 같이 시골에서 밭을 갈겠다" 고 한 것이다. 여러 자질들이 내 말을 듣고 모두가 기뻐하지 않겠지만, 오늘날 처세하는 방도가 이에 지나지 않는다. 진실로 뜻이 있는 사람이면 항상 이 마음을 가지고 있어야 한다.

---

40) 겉과 속이 다르게 다른 마음을 품게 되는 것을 말한다. 금의 남침으로 북송이 남송으로 되는 과정에서 주화파(主和派)의 우두머리였던 재상 진회(秦檜)가 주전파(主戰派)인 악비(岳飛)를 모함해 죽인 다음 금을 군신(君臣)의 예로 섬기고 조공을 바치기로 하는 등 굴욕적인 화의를 맺은 일을 비유한 것이다. 진회는 천수를 다하고 24년간이나 재상의 지위를 누렸으나 후세에 간신중의 간신으로 낙인이 찍혔다. 악비는 39세에 요절하였으나 후세에는 악왕(岳王)으로 추증되고 만고의 충신이자 구국의 영웅으로 추앙을 받게 되었다.

22. 맺는 말

대저 이 법은 집안의 모든 일에 일정한 규범을 세워서 서로 혼란스럽지 않게 하려는 것이다. 그렇게 되면, 마음도 안정되어 동요하지 않게 될 것이고, 일생동안 해야 할 일이 단지 의식(衣食)을 위한 것일 따름이다.

그러나 입지(立志)는 반드시 군자(君子)가 되고자 함으로 자처해야 한다. 그리하여 이 몸이 부모로부터 물려받아서 사체(四體)와 오성(五性)[41]을 갖추게 된 것임을 항상 생각해서 처신해야 한다. 만약 행실(行實)을 잘못하게 되면, 사람 노릇도 제대로 못할 뿐만 아니라, 부모에게 수치와 모욕을 끼치게 될 것이다. 그렇게 되면, 자식 노릇도 제대로 하지 못하는 것이다.

조심하고 또 조심하여 자신의 올바른 행실을 유지한 뒤에야 수신(修身)이 되고 집안에서도 가르침을 베풀 수 있을 것이다. 날마다 힘써야 할 것은 글을 읽고 학문에 정진하는 것일 따름이다.

41) 사체(四體)는 사지(四肢)와 같은 것으로 팔, 다리, 머리, 몸뚱이를 함께 묶어서 말하는 것이다. 오성(五性)은 인(仁), 의(義), 예(禮), 지(智), 신(信) 등 인간의 다섯 가지 본성을 묶어서 말하는 것이다.

余往霅溪遊蕭寺三年矣負罪之大亦旣老
矣卽被誅戮罔無死於梅惟是先家事散落兒
小生厭學仍恐推頹泯沒併與先世緒業而
無傳也念我　先君兄弟自漢師中身落
南隱居求志數十年相繼卒逝吾兄弟皆
未長成　先君屬纊有遺言曰汝等將不
免為鄕人矣嗚咽久之幸賴伯氏教導諸
弟不至蒙昧而俱霑祿位亦崇矣嘗居錦
里葺草廬以伯氏之意就一家同見行者略撰
奉先之儀及今見之似有未備者故添入
若干條以為子孫永久遵守之規蓋吾無
才學位至亞卿至於沾榮三世分過矣生
無只之性者內攻斯惡不但外食而已親舊
皆有叛意子姪當面受其患出門盡是仇敵
對人無可與語雖曰世道所關豈無自取

之道一舉足之一運口之際將又見大陷於
人吾於彼何哉反而求之莫若自修杜門
歛跡雖餓死不爲非理之事忍辱包羞各
自堅定讀書耕田之外更無所營爲處已
無疵累居家有法度則許多子孫中豈無
一二能自樹立成就者乎見存男丁一家
四十餘人似非偶然意者祖先之澤未至
盡斬而天意不欲勦絶吾家耶不宜隕穫
於患難益自奮發於拂鬱則安知不庸玉
汝於成耶夫孝悌者吾家世傳之業也保
族宜家此其根本守而不失其各勉焉可
也丁巳七月一日累人書于鐵瓮村舍
有不便於行事者姪等持此稟質于仲
氏更加添删亦各言其所見無妨蓋吾
生子姪視之以爲尋常一朝溘然更無

所言則或能追慕而有所奮欲據而行
之者故又爲之説以致拳拳之意云
祠堂之儀 吾家祠堂所在之基幷瓦屋柒田在錦山西二面茅
亭里自某至某專一區安傳宗家雖子在孫外處此則不可移責
祠堂三間或一間四龕正位祔位一依家
禮
祭田○考妣二位一祭之需以正祖一石
計之 凡一年四時大祭忌日二祭所入六石祖及俗節所用祖四石朔望
所用祖二石 稍好水田二十四斗落種地除
公賦可得租十四石買置宗家主之秋
斂藏之別庫以爲用親盡則幷爲墓田
○代各有祭田
祭器○牀席倚卓盥盆火爐酒食之器 用瓷
祭庫二間○貯置祭田所出租及祭器又
凡祭用油清魚果之類量宜預備以藏

之

晨謁○如儀着深衣或紅黑團領或直領

祭服別具祭時着之

出入必告○如儀

朔望叅○如儀無餠麪湯炙雖脯一楪或
果一器焚香奠酒可也望日尤當從約
盖禮意如此今貧家欲備饌而不給仍
或廢闕雖甚簡略務自精潔不猶愈於
己乎○一年租二石○前夕齋宿于外

俗節○如儀栗谷先生擊蒙要訣俗節謂
正月十五日三月三日五月五日六月
十五日七月七日八月十五日九月九
日至日臘日○一俗節考妣二位以租
十斗備饌有餠麪湯炙各一器從略○
正朝寒食端午秋夕四節維行墓祭而

祠堂叅禮亦行

薦新物○如儀或因朔望俗節薦之亦可

有事則告○如儀

時祭之儀

時祭○擊蒙要訣用二分二至○考妣兩
位祭需以別庫租一石供偹○每位飯
一器羹一器餠一器麪一器魚肉各一
器(魚肉或用生或用烹行禮之家各異然司馬公祭儀有生膾吾意用烹無
用生膾亦可蓋語類曰祭用血肉者要藉于生氣耳特牲饋食禮曰烹于門外
疏曰孝子於親雖死事之若生故用生人食道也)炙三色果六
品(或四品○古人祭不用煎熬之物油蜜果不用亦可)脯醢各一
器清醬一器蔬菜間設○前期三日齋
戒前一日主人主婦及男女卑幼率內
外婢僕浣濯衣服洒掃室堂庭除滌器
潔器只以祭物計其器數精偹置于卓

上如欲更爲他饌以益餕用則別備他置可也宋頤庵寅戒子孫書曰器皿多則洗濯不淨鎖品物繁則刀几必捐混與其務盛而致汚曷若從簡而取潔乎神靈歆享之際特薰蒸饋餾之須耳不在於多且久也人於平日對案將食乍見飯有塵而羹有灰則擲匙投箸方丈盡廢况神道尤尚淨潔苟有腐臭汚穢則其必吐之豈冒居歆乎又曰婢僕鮮產於外廊猶犬殤斃於藩籬則謂之犯染諸矣苟耳目之不逮及雖溝一壁無所動情苟心神之不收斂則雖處一室未免坐馳千思萬慮幽穢淫慝何所不至○五禮儀祭享誓戒之日曰不縱酒不與穢惡事大明會典曰不飲酒不與妻子同處蓋齋戒之謹不但禮意甚嚴自國法禁戒如此○俗忌癘瘦有廢祭者栗谷鄉約法論其罪罰

○程子曰宗子立廟主之支子齋戒致誠則與主祭者不異以身執事以物助之○宗子先期發書通于在外子孫使之參祭若宗家貧不能待賓則各齋糧以進可也

○凡祭外孫及旁親亦參

忌祭之儀

忌祭○具饌用祖一石○齋戒家禮是日
不飲酒不食肉夕寢于外然我國士夫
家父母忌則素食三日祖父母忌則二
日 盖齋戒之日思其居處思其好樂思其嗜欲則其疾病之時死生之際號
慕之心復形於此當倍悲痛食旨不甘亦人情之所。能已不者歟 ○變
服朱子曰只用白絹衫帶黲巾 今當以白衣帶
黲布笠易其常服 ○今俗子孫男女輪遞祭之
遠則以紙榜行事於其家而或有祠堂
廢祭者甚無禮也然程子曰支子廢祭
適長惰慢之志若以身執事以物助之
雖果實一品必持進以致其誠則不亦
可乎 支子在遠或有故不得參祭則只於祭日設位行之於其家朱子許
之祝文去孝字

墓祭之儀

墓祭如儀○栗谷儀寒食秋夕二節具盛

饌讀祝祭土神正朝端午二郎略備饌
物只一獻無祝不祭土神○具饌四郎
用祖四石土地二郎之祭則以畧倫二郎之餘祖移用○子
孫諸位迭掌墓田各自致誠具饌宗子
主祭在外者不能遠來供具則與墓側近居親戚相議或墓直奴家必前
朝躬進措辦○蓋家禮之意墓祭則親盡後許具子孫迭掌行之今以時祭忌
祭宗子主之而以祭田所出行事於祠堂墓祭則以墓田所出行事於墓所而
諸子孫循環只饌物各自省撿耳如此則不咈於朱子諸位迭掌之禮而亦無
程子所謂適長僭侵之患矣
親盡則歲一祭之○用十月一日韓魏公
墓祭儀也有故擇日行之○祠堂祭田今合爲
墓田歲一祭之祭具饌有餘足以合族
共行餕儀外裔及旁親子孫皆可叅也
墓田○稍好水田八九斗落種地除公賦
可得租四石爲四郎祭用者必於近墓

處買置子孫諸位迭掌之秋斂藏于庫

庫在宗家或墓直奴所居之地○又有親盡後祭田合

爲墓田者○墓田不得典賣百世不動

若子孫不良有私賣者以不孝論他子

孫雖聞官可也至於世代踈遠子孫分

散不能一一來祭則亦許墓下村人耕

食而守護之可也

祭器○器皿隨所用香爐香合之具藏置墳庵或墓

直奴家

石物○有官者嘉善以上神道碑堂上以下碣石墓山

下立表石有官無官皆墓前立床石雖貧者表石床石不可無石人

不必備蓋表石前面曰某公某氏之墓最切於人事久遠而子孫可以識其考

妣之所藏也然雖有力者切不可妄作侈大也吾嘗更歷故知其有弊也至於

陰刻則畧叙世系行實子孫可也嗚呼有延陵季子之墓是足以知其爲季札

也況於荒山草木之間孰有過其墓者又誰復見其石而讀其文知其人乎仕

宦之家有餘財足以刻石者可也貧窮者勿為無益之事使先靈見其子孫勞費而有所憂惱也 且貧者力不能為表石則床石稍厚之四隅刻某公某氏之墓如表石前面大字最好

墳墓所寄之邑田皆子孫雖私偕者不可賣於他人〻〻雖買之同宗無論遠近準給其價還退可也 余觀人家田畓雖在遠地為其取食往來不絕至於先世墳墓在於數日之程則不能以時省掃豈人情貴於田畓而忽於祖先哉勢或然矣是以吾則以為子孫雖不能皆在墓側若欲求田則必於先墓所在之地又雖不得新置當有其田者不動不得已賣之則必使宗人買之宗人亦欲買之可也蓋欲因其田畓而往來則亦可以省墓故也其意可謂戚矣

殷栗府君淑人善山金氏雙墳在廣州中臺池洞 有表石床石○墓田身字畓五卜四束四斗落種者在池洞距墓一里

面

嘉山府君 淑人全州柳氏合窆墓在廣州

中臺面芳桋洞有表石床石○墓田字二作八卜九束四斗

落種者在杜驛橋下

執義府君 淑人全州李氏合窆墓在廣州

中臺面芳桋洞與嘉山府君墓同山異岡○有表石床石○大

興兄弟家買得。字沓五卜國九束六斗落種者在杜驛長鋤每而時則爲承旨

府君四郞墓祭輪田之需異日承旨親盡之後移而上之爲此墓田爲歲一祭

之之。蓋舊有祭田而今地迠祿墓田而墓下子孫不衰乙亥春同李長浪丙王果時以冊今保追訓羅遠云不知其處故以此準備也

承旨府君 淑夫人全州李氏合窆墓在嘉

山府君墓之上有表石床石○墓田字沓卜束六斗落

種者在杜驛橋下

參判府君墓在錦山西一面甫稈里有表石床

石碣石○墓田月字沓十四卜四束六斗落種者在甫稈里距墓數百步◯

祠堂祭田䤈字沓二作四十一卜三束十三斗落種者在可次里在墓之主山

後洞羽字沓二十七卜二束六斗落種者在杜谷問字沓二作六卜二束三斗

落種者在西二面蘆洞唐守畓十一卜
四斗落種者在夜未谷○親盡後合為

墓田○墓直奴㞷先婢自隱介必居
墓下子孫雖多後世不可合許下同

貞夫人淸風金氏墓在錦山南二面寶石

洞 有表石床石○墓田非守畓二十二
卜六斗落種者在洞口護境之下

顧廟廟忌賜告處哉以其察實置
者也○墓直俚金令伊收能伊

外祖考妣墓祭之儀 附

金公忠義衛府君 孺人韓氏合窆墓在錦

山西二面小谷里 有表石床石○墓田
體字畓 卜 束四

斗五升落種者在墓下畔墓十餘步周
字畓一卜七束一斗落種同字田一日

耕九卜八束○祠堂祭田拱字畓九卜
在夜未谷 二束六斗落種者在蘆

洞臣字畓十二卜五束四斗落種者在
馬里者○葬日神主埋於墓所役祭田

并為墓田○墓直奴守男奴仁先有所
生奴戒閑○按語類朱子曰上谷郡君

祖母程予謂伊川曰今日為我祀父母明日
附日李書不復祀矣是亦祭其外家也然無

禮經○又按家禮曰置祭田親盡則為
墓田祔位倣此又曰歲一祭之百世不

改今食府君無男子早卒不立後外家
奉祭亦非久遠之道以金氏祔位之禮

久存墓祭祝文以金氏宗人•使某云名云則廢不違於禮意耶墳墓適在錦山
與 貞夫人墓不遠吾家子孫久遠迭掌貞夫人墓祭者體 貞夫人之意兼掌此
墓田而行事如儀亦百世不改

喪葬之儀 此下多添入

喪葬○一遵沙溪先生喪禮備要行之可

也○棺板預備 柒則貧者難備或曰治棺時用松脂作末鋪其
板上以鐵片爛之使入木理勝於全柒云理或然也聞盖山人善治喪而用松
脂而不用柒盖必有所見耳 聯板亦可 與其用白邊者莫如多木
理之堅精者聯用之孝廟遷陵時見其聯縫處少無瑕類益可驗 葬地
朱子曰葬之為言藏也所以藏其祖考之遺體也以子孫藏其祖考之遺體則
必致謹重誠敬之心以為安固久遠之計使其形體全而神靈安則子孫盛而
祭祀不絶此自然之理也又論擇地曰必先論其土勢之強弱風氣之聚散水
土之淺深穴道之偏正力量之全否然後可以較其地之美惡盖朱子之言如
此風水之說不可攻斥也然地理渺茫有•難知今之所謂術士孰有如朱蔡之
洞曉其理者乎世人徒信術士之說妄求吉地至於犯邪之禁圖人之物曾未

乾士又遷而他求不但不義之甚亦見
不孝之大也然則不用術士自信己見
不擇其地而葬其親可乎曰惡術士何
可不用乎吾所謂不可妄求者以其所
不知之事而或禁犯犯義欲求體魄之
而安反召其禍欲求子孫之盛而反致
其敗也必也廣求遠近得其便易其難
占者術士曰吉地未可也其不便者術
士曰佳城未可也稍有形勢無干於人
者是吾之地也謹其送終之禮盡其哀
敬之心而已至於吉凶禍福姑待天命
可也司馬溫公曰將葬太尉公族人皆
曰家大之事奈何不詢陰陽吾兄伯康
自以己意處歲月日時及擴之淺深廣
狹取便於事者召葬師張生許以錢二
萬使以葬書飾之曰大吉族人皆悅無
違異者今吾兄年七十九以列卿致仕
吾年六十六忝倫侍從宗族之從仕二
十有三人云且我國名家先代之墓山
不求而自得者多矣山家之說曰吉人
逢吉地其理然也是以吾家前後大小
葬其有冒法圖難者乎子孫不可不知
此意也○蓋山家之說亦多端雖不可
盡信而事之無害於義者亦不可不從
也先考葬地山形異常地師以爲一扱
之處數興土役非福也適又淺喪之歲
山運不利卜人曰不可以祔兩山異兆
出於不得已者然若無朱子故事亦何
敢乎但朱子明知其理而爲之此則不
知而妄舉是可惧也方且詳審以爲一

處合祔之計然人事不可必恐復遷就遂成無窮之恨故各立墓表墓田知此云

居室之儀

屋五間庪覆之棟楣俗云上道里下道里長八尺樑

長九尺一間為旁室有處子則居此一間為板

房日用之物所置二間為寢室一間為竈草家一間

接起為具饌之所樑九尺之中以七尺為辟設

戶與牖以其二尺及簷下鋪板為前堂

此雖狹隘男居于外廳子女稍長各有旁舍婦人居內足以容處也○處女居

旁室每日晨興掬盥省父母而退以縫針織組為業不使暫時怠慢誦解小學

教之男則雖親九歲不入其室若無處子則新婦於此居之省舅姑同或

三間如上規一間為板房一間半為室半間為竈

旁舍二間立于寢室之近新婦居之或迎壻于此

中屋三間立于寢室之前草覆之二間為

庫一間空之為頓崇之所內庭不必廣濶左

右築墻立中門夜則扃鎖

廳事三間尾覆之二間為室(南壁各有雙窓不必高大)
一間為堂(堂室之間亦有雙戶)祭祀時常於此行
事○家長晨則坐此廳室凡日間僮僕
之役預為思量各隨其事敎令之後有
怠慢不擧者咎之○着農田野出入遠
近還則坐有常處胸中常自快活雖有
憂喜之事強排遣之不使復留於心得
失成敗每曰命也冊在床〻在前日以
為常客來敬以待之勿為戱謔雜技子
弟受業退居書室蕭然無事務令安靜
晝不入內禮也昔延平李先生居處有
常不作費力事所居狹隘居宇卑小及
子弟漸長逐間接起又接起廳屋亦有
小書室然甚齋整瀟洒安物皆有常處
澄心嘿坐體認天理不著書不作文頹

然若一田夫野老延平與人書曰某歸家只如舊兒輩所見凡下家中全不整頓甚有疎漏欲頹廢處氣象殊不佳既歸未來免器修治亦須苟完可用○此法最有事
馬廐三間立於廳事之旁坐廳事開北窓可見之地二
間容一馬一牛又爲剉草之所一間牧
奴直宿○廳事馬廐之間有場稍廣以
納秋稼或馬廐置于正寢之前其間有庭〻末築小墻而高下則坐寢堂使之不見馬腹牧奴以墻外行之
書室二間築于廳事之旁左右隨宜草覆之爲
兒小讀書之所此則生男稍長後事也冠童昧爽
櫛盥省父母退居于此切禁出入○客
來請見則出拜于廳事之側且勿引入
雖親戚鄉人之子爲非共業者勿令混
處游談害功也見與客坐于此必施榎
楚可也人知有禁戒則自不肯入矣蓋

人心收斂則安靜放逸則横奔習於靜則喜靜習於動則喜動小兒稍有知善惡向背尤在所習是以長識遠慮者教子必於童穉之時也昔我 先君子訓子甚嚴晨興必使執冊而坐竟日不得移足凡家間大小之事一切不得與知鄉里鄙俚之語未嘗出於口常令游泳於牙籤筆硯之間此子孫所當世守而益加惕厲也○若夫讀書之法則初學先授小學書使心志有所定向又授經書正文一日三五行三百讀 兼令誦古人詩句習字不輟又作絶句稍長經書并註釋及史書循環通貫綱目尤宜精玩熟之又熟使古今治亂人物賢否瞭然於心目之間可也盖朱子生於群聖賢之後立言

著書自孔子以後至于趙宋凡論議皆
有所折衷以爲萬世法程後之論者以
謂切不在孔子之下故以其書比之論
語以綱目擬於春秋也以此爲學之本
間讀韓蘇歐陽文詩賦論策雖未免隨
衆學習勿許早赴場屋也

男居於外女居於内○男子十歲出宿廳
事見女妹於内堂不與同坐不與戲談
○内外不共井不共廁○男僕女僕仰
役於家内者昧爽盥櫛省主父主母聽
令於内外以從事男僕。洒掃内庭非則
不入中門又禁不得入竈廚入者笞之
○男僕女僕凡村人他夫他妻禁不使
同宿一室犯戒者笞之女僕各有定夫
使不相亂○盖聖人之禮内外必有辨

預爲之防蓋有深意今我國一經胡亂
之後風俗益污惟薄之蕩比比有之若
不遠嫌同室內且或有親戚婢僕造言
陰毀者則無以自解致人疑謗尤不可
不愼也

待僮僕○衣食不使之飢寒然後勸課耕
織責其怠惰使之自勤雖有過失不可
遽加笞杖姑教之不聽則令其二三罪
治之可也若暴怒過刑以致死傷或積
憾兇則悔無及矣所以古人有恩威並行
之戒也○家內使喚奴二婢三足矣此外
徒食多衣加責○勤幹者待之益厚○凡服役
者一月給由三日

制產之規

主父主母○所食一斗租十石五○衣資

綿紬無奴婢貢而又不能養蚕則以米

換繭而繅織可也絮縕木花五十斤○

老人食必有肉然貧家不過養雞畜犬

而已鑿池養魚不可不爲養鷹求雉則

不可爲也 少者爲養雉欲之 老者切禁之可也

服役奴二○所食一年租十四石麰六石

六朔兩時 六朔三時 ○衣資並絮木花各十八斤

農布麻各四斤

服役婢三○所食租十石十斗麰四石 七朔

兩時五 朔三時 ○衣資並絮木花各十斤農布

麻各五斤

末醬太一石○一馬太二石粟十斗 常時 取細

糠作粥遠 行用粟米 ○一牛太一石 自十月至正 月少食及耕

則本家田畓翻耕覆種 外可以自食而取傭身

都合租三十九石十斗○麰十石○

太四石〇粟十斗〇木花百十六斤
〇此外真荏五斗木花田頭可以蒔種水荏十
斗根耕田可以移種
好沓一石落種可出租四十石
薙田一日耕可出薙十一石〇根耕必種太末熟弃茎収之乾曝
以爲牛馬食累度翻耕必九月前種薙可也如或稽太之盛欲其熟則待
薙種必晩収賓亦少況浦田則五月之後例有水患是以早種早収爲貴
木花田一日耕凍解之後四五番翻耕預備灰糞必出百䭾穀
兩落種或過霜稀少則追移補種
穀粟田一日耕可出太四石粟十斗
農時一桿在家鋤手四人足以耕作糞多力勤不失其時則亦可取給昔
商鞅棄灰之刑雖過農家不可不深思其意也近世牛溪先生宅田畓出
糞皆有定數趙桀靜父子家夏節一老桿在家雖病鋤桿不入可法也
又好畓一石十斗落種
又田一兩日耕〇田畓與人佃作以其所分取供傜役凡塩

物之買蠶繭之撥待客之需皆出於此此田畓雖在外處可取以爲資

○凡田畓必有限制不可營多踰分

然過少則無以成一家模樣若初甚

窮約則未備之前尤當此數鄭縮衣

冠鞍馬之具雖弊舊不改千萬忍苦

恒以至貧至窶自居內則雖提甕可

也外則雖躬未可也內以養蠶外以

養犢一歲有一歲之工夫積漸成就

苟合而後飮啜服用如常人然不可

少有浮費也余觀貧家子弟新昏着

新衣子女未生之時不思生産之計

優遊歲月至於分異立家之後豈皆

有世業豈皆爲仕宦疲劣之甚終身

困於公私債子女失昏墜先世士夫

之風者多矣不可不戒愼也然才學

過人有脫畧世事能自樹立者雖貧

何害不在此戒 落

養雞五母雞古制也○養魚最切最利○養犢可買田

○種桑愈多愈好然隨其條數而養蠶不可縱婢窃掠他桑以取

人辱○此最切於老者之衣少時可以買田○種麻農布尤切

○及時取山麻藤葛牛馬索○果園祭祀

之用尤切不可不着力於種樹也○楮田切於日用與僧半作

紙地有餘則沙田○蔬圃

崇節儉

五十者衣帛食肉未五十者木綿衣絲布

笠可也草席坐蔬菜食可也少者元氣自壯不待

滋味之助也孫餐食之過其日踰鑴食之過其日繒帛衣之過一年庶布衣之

過一年何必為一時適口便體而啻〻以苟淂哉至於畜馬尤

當尚力不必求其善壹也良馬食敖多而卜載恐其

傷又啓盜賊心見失則倍惜何可為其出入馳騁一時之快而費其財役其心

無益於用有
害於事哉

不虞之備

別庫○稍有餘力則歲值豐登儲置租穀
限以四十石新舊遞用則無公私乞債
之羞辱足以臧於不伎不求之道矣○
又有餘力則穀賤貿入穀貴出賣取其
餘利補其日用買田亦可然儲置亦有
定數限以租五十餘石木花百餘斤可
也若貪多務得以取富名則是商賈也
非士夫家事也○雖有餘饒切不可與
人求息也蓋觀富者有穀貧者無食相
與許貸隨例收償不至大害於義然不
恤人之緩急擇其善償者而給之己非
賙窮之道至於逋負之久只依國法子
毋取之可也欲心無窮逐年計利牛馬

釜昢田畓亦奪之招怨積惡見鄙於人
故冨名一得至其子孫亦不洗累反有
甚於貧窮之苦鄉里常人不足筭往〻
名為士夫家亦未免焉雖死不顧子孫
有此行也

買田之法

買田○井法廢後人各私其田苟無世業
未免新買盖人家無馬可也無奴可也
無田不可生也買賣烏可已也然此一
事亦有天理人欲之分最是爭訟之田
雖理直切不可買也且近於我田者鄉
俗以為連畍必欲買之力雖不足不許
他人而操切夺主高下其直以取人怨
退溪先生所謂舜蹠之分可以警也今
時常漢盖悍惡無上下之分少有不便

於已則强者當面辱之弱者潛火其家
雖古之所謂武斷者生今之世則不得
行其威刧矣吾家子孫微弱至於奪人
財物則固無可慮之端然人之欲心勝
則或昧於義理時勢而不暇擇其是非
利害妄有所爲而見敗者多矣不可不
懲毖也○生子未娶之前爲各營置田
舍亦有限制取其便易不必圖難於近
處也(蓋父子兄弟同在一處豈不樂哉然必欲同居且有難便之勢地窄
人多苟營衣食貧弱者不能自存稍强則害及隣里莫若隨其形勢莽蒼而居
不可以異處爲拘也)

治浦田法

臨江卜築以蘆荻覆屋買田六七日可耕
之地(如定山玄山村等地可居)二奴二牛具犁口專
事種蔬(而勿爲他務)春則取傭於人及時收

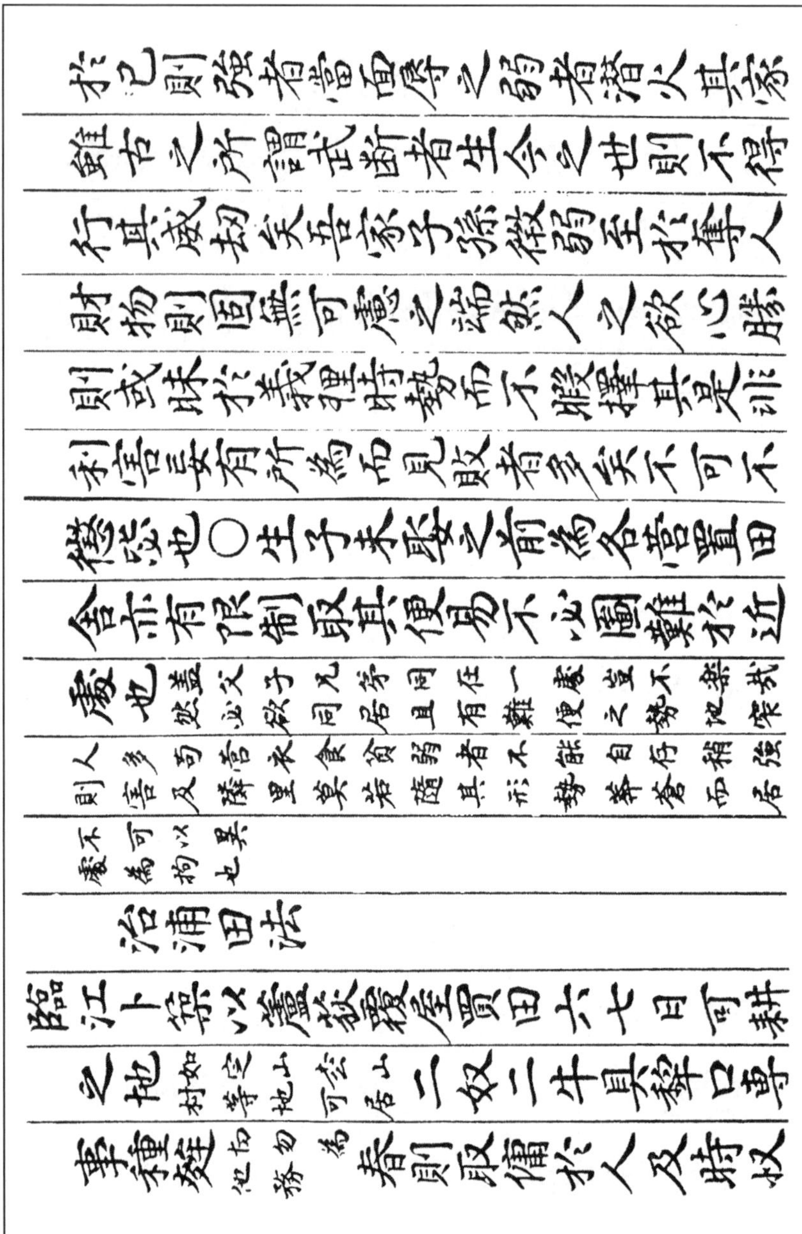

穫之後根耕必以穀夏則二奴專事灰糞（浦邉多草作灰有法）七月晦前田穀雖未熟並莖刈乾以為牛馬食（詳見上發田条莖切京熟足當食穀）八月旬前必翻耕二三度九月晦前必種麰六七日所耕之刈實似不下五六十石足以為一年上下之食（有餘力則雖八九日耕可也）惟如此而後可以省事而專意於書冊上理義之恍於心猶芻豢之悅於口則食不求飽一簞亦樂豈其食魚必河之鯉（然浦田有得失十年之間水患未免一二被酷外處必有若干水畓每年儲置租穀以備一年之食可以免死）

家宴之儀

春秋仲月各持壺榼奴馬齎糧會于宗家或最長之房子家中定為有司二人每年相遞在遠者自有司先期通書使之

来忝近則親兄弟每月朔行之婢僕亦
浣濯衣服序立其後各以男女長幼分
列拜跪如儀○餼從簡約禮貴數會
待賓之儀
親賓至則迎送如儀所以接待之需畧爲
之預備若乏少不足則常時往来之賓
及道路經過之人雖不饋奴馬可也凡
事强副人情非誠實之道也
花樹之契 舊所行者有序
一每貧各出租一石 男生八歲出租十斗 立庫滋息
存本四十石外取其餘利以爲公用之
資 所居遠近不齊有所難使附近兄弟各自爲之 ○一每年兩
有司分掌租各二十石 冠者爲之自上而下一人自下
而上一人 十一月念前遞傳 過限者笞奴十五 三石
以上未捧有司仍任 庫直所掌租無一石未捧者償之以

租十斗有司春給後即以文簿告于都有
司、、着署後受食者逃亡而無可推
徵者則減除貧不能償者及負而逃者久遠之後雖或逢見有可
捧之勢依國法子母外切勿加捧違此者以盜賊論之可也○凡收捧之時釜
斛牛馬田畓不可棄違者上同○一少輩中稍長者一
人定爲都有司凡有事稟于門長而行
之三年交遞○一父母己妻四喪賻租二石
凡弟多則其親之喪不得一年俱賻限三年內給之○無父母妾者否有妾則
十斗給○未冠者十五以上一石以下十五斗終入未久而夭三年以下本祖
十斗出給女在家十五以上喪祖十斗○一大小登科慶
宴時給租二石不設宴不給○一娶嫁婦女
時給租十斗○一事係先世及宗黨患
難窮乏有相救者僉議量用○一契中
有爲守令者納細木二匹○一每年春
三月秋九月各持酒果會于一處以講

花樹之義內則以契祖隨宜公倫有司存焉○一會時
長幼叙拜如司馬公儀考家禮○一一年
用祖有餘則相議處之也有司貿紙分用未經有司
者不給○一有司傳掌文書凡賻助所用
之數各有簿藏之
冠昏之儀有見行笏記
冠昏○用古禮昏儀同牢卓古有黍稷大羹而家禮不用今用常時
之饌從畧亦可○昏娶勿苟慕富貴今之士夫論人之富
貧鄙之不啻若犬彘見其所與爲昏則必此家也然富人素否注：爲鄙其所
賣可笑初議時必量度至於言定之後雖
有他故不可棄信違約也雖以利害言之將來之事
亦不可知吾家末子晩娶曾有契誼之家顧與之昏許之其子中道無端變改
聞得他婿未久而婿死又與士夫家議定未及納幣之前其女得疾數年不瘳
彼曰病証非常將不得爲完人不可欺紿請辭不已自此答曰此亦命也雖廢
疾無奈何無義無信翕歎爽狄之道此不敢爲也催畢之際見其書曰病女一

日忽然起坐如常盖所示諭雖廢疾不可棄信一言有以泣鬼神而回造化也旣歸贊而有子此事子孫不可不知也

四喪之契

四喪契最切要○契憲或從畧或具備鄉里各異然襲斂棺板之具不可不預備也契貧擇其六七人外切勿廣聚有不合者則易破也

居鄉之道

鄉黨恂ː聖人可法○鄉人有惡必吊雖畧必賻○善者待之加厚惡者避而不見然不言其惡於人可也凡兄弟之過共不言於親戚、、之過共不言於洞人、、之過惡不言於鄉人、、之過惡不言於他邑之人比隣有隱慝犯綱常亂倫理者我自避地不可為攻治之計盖待惡人極難與之語則吾義可吝疾之甚則其禍必至風俗自上行教化而可正也若欲振起鄉風矯正士習

而攻斥惡流使不容於州里則不但陰
有以害之稍有氣勢者類聚群分互相
嫌惡反成乖異險惡之風不可不慎也
○常漢因事侵辱多出於惡少忍而受
之可也或其父兄畏其呈官有所悔
悟乞請其治罪則使自笞杖而教之切
不可自我犯手萬一不幸雖因他病而
死苟在限内則其禍不測此懲忿之一
端也 昔我 先君子遇村里人於塗馬上揖手奴欲曳下禁使置之翌朝
其村有哭聲問之則其人夜死其子甚若有所犯之事則何如耶貞夫人每以
此戒子孫矣 ○地主初到任投謁以士民之
禮一見之不可褻〻出入官門至於官
吏則自與己不相干涉雖有侵凌之事
而鄕外士大夫異於鄕財堂不可自我
治之大者鄕財堂以公論或告官則可

也○奴僕場市或閭里與人鬪戰則不
問事之曲直先治我人可也○地主雖
有虐政切不可出口程子曰居是邦不
非其大夫此理最好至於隣邑守令得
失亦勿與人評論也

待故舊之道

朋友五倫之一豈不重且貴也平居切磋
有所資益古人曰師嚴而友親相觀而
善工夫反有多於間席請業之功也然
世降道缺不惟不賢者滓多市井之交
所謂賢者亦不如古人是知道義者在
己當勉而不可專仰他人也且交際之
初先察其人之病痛待之有道可以終
始全交而無狼狽之辱矣然朋友之間
義理爲大見其過忠告而不聽則已數

則斯疏之戒子游已言之矣至於屈己從之吾心有愧君子之所不爲也若其子孫有不良者不過以故舊之情處之不可過厚不可深攻雖以惡言加於我直受之而已但其過惡不言于人可也

處世之道

閉門讀書可也治經爲第一工夫其次科擧之業在平常之日此爲最切況此時予頹此無狀得罪明時其死其生付之於時人之手儘自悠悠此間新作禮說之謗白地橫出輾轉至於擧世喧騰親舊叛背而極矣所以自爲計者子姪共相敕勵反己居業之外更無他策或出門有交者必先察其人意向之所在而見之不可輕與之接話以取羞辱也萬

一天心悔禍國勢回泰異日雖有出身
遷宦之勢亦當自爲樹立不合則常以
退步爲志不可妄有進取之計使门户
但不至於吾之身而墜落斯善矣況此
時有蓄憾積怨觀釁待時之心而出入
塲屋翺翔搢紳猶是士夫也不然則心
全也是以吾常曰不爲武侠之死已則
惟齊王蠋之耕野闇之皆不悅然今日
處世之道無過於此苟有志者恒存此
心可也

大抵此欲其家閭凡事皆有定規法
毋使相亂則心亦自定不至於擾擾
百年間所事只爲衣食而已也然立
志必以君子自處常思此身受之於
父母備四體具五性若虧其行是不

得爲人貽父母羞辱亦不得爲子也
戰戰兢兢有以自持然後身修而家
可教矣其所以爲日用之功則讀書
而已

咸悅府君淑人南原梁氏合葬墓在公州琴塘面高等山

高等山四節祭儀 並附 高等山年派洞寺 畓 畓四之原 有床石表石未立

墓祭如儀 一遵栗谷儀庭訓行之 至祭罷 和會
一墓祭子孫諸侄逮墓田輪回行祭 土地同 時祭 但無 餕 餕 果 數
親盡之後並與祠堂祭田而合之 宗一祭之子孫一年遞當
以十月一日行之 有故則擇日 又別具饌仍爲族會 主祭者前期通告諸子孫
一墓田錦山郡一道尙池旨珠字畓七卜二束 四卜四束 二卜
五束 三作 九斗落 種稅四石 同郡西一道全谷菜字田七卜
六束 四卜一束 十二卜九束 二十七卜 四束 二十卜九束 十
八卜二束 一卜 六束 七作 三日耕 稅七石 ○親盡後祭田合
爲墓田不得轉賣百世不動若或子孫有私賣者以不孝論
他子孫聞官還推
一墓直婢文林一所生奴順生年戊寅 婢順今三所生奴自明
年戊午 婢簇節一所生婢尙今年癸巳 婢愛介二所生婢順
今年庚寅 婢尙今二所生婢水禮子孫雖多不可分析 ◯婢
尙今三所生婢水代年辛酉以奴子先三所生婢桃禮相換
盖守墓無人故換此婢移置墓下使主四時節祀背禮所生
子孫必使居在墓下雖宗家切切捉使

墓祭規例
一寒食秋夕二節具盛饌讀祝祭土神 正朝端午二節略備饌

物只一獻並祝不祭土神一遍行之

一兄弟四家輪環行事（自上而下自下而上）異日詳行亦上係如俗例

一每於四節當次者必前期來墓下看撿備需以行（當次之人若以病故不達則雖有他子孫參祭者亦備人馬別遣一人代行）

一墓田所收置諸墓奴家供具祭需（不足則許用收斂有餘則爲祭負奴馬粮雖常時往來子孫積之亦可）所用之數作一冊子隨用隨記而着署其下以憑後考

一正朝則兩位餅白米二斗粘米四升食醢米一升麵米三升（端午同）寒食則山神并三位餅白米三斗粘米六升食醢一升五合麵米四升五合飯白米三升（秋夕同）四節酒米各一斗

一正朝端午二節魚肉及切肉價租一石十斗寒食秋夕二節魚肉及鹽佐飯價租三石十斗

一實果價租十斗

一油清及麵米價租一石

合米十八斗六升（可用租二石六斗）租六石十斗

四節輪回排例

甲年正朝伯 寒食仲 端午叔 秋夕季

乙年正朝季 寒食叔 端午仲 秋夕伯

右例 先府君兄弟所嘗講而行之者今也 墳墓自歸山谿奉于高等山寺所瀉僻人家絶遠禁護之道極爲難便而 墓田已多典斥供祭一節亦甚苟簡者復如前姑息無所更張則必將廢陋可勝痛於輪環行事當遵成規而祭需器品及供設凡例更加立料以爲傳守毋忘之地

一餅麵各二器飯羹各二器脯食醢各一器佐飯醢各一器（清醬麵蒩同設）實果四品（或六品花正果並用）水魚肉各二器（生膾亦用）炙三器（初獻五串亞獻三串三獻三串或饌）（餅一首）湯五器（魚肉鷄雉隨所備）○正端二節凡此稍減

一子孫勝冠者一人定爲有司收捧墓田稅穀任掌出納（藏置於宗家或墓直奴家或他作宗人處）

一油清實果魚鹽等需許其四節之用及時買置

一餅麵飯醢酒米（以上）魚肉價租（直市）許給當次家前期受出供設

一有司與當次人親自授受毋令守奴擅自出納祭器隨毁隨備無或借他

一用下之穀明有簿署仍受門長之署以藏之
一墓田所收穀粢需祭員粮及他公用外有餘取息適用切浪費 舊規之意如此
一舊規四斗穀數山歲有裕豊年不足有司從市直俯仰以爲取剩之道
一有司不勤疎漏穀物欠縮則隨輕重論罪 宗奴濟
墓田不勤雖有 遺戒庭訓日近墓處買置而墳山役奉則田畓不可不移置
而未能故姑依舊所存收稅之穀錄之如左有司收捧運出以便取用
四序六祭凡祭以年次着署其旨 崇禎四甲庚子月日也
是規也蓋本之 先生父師之遺规餘則而畧加添衍遵而勿
失則其於省掃之儀哀敬之実庶乎自修而有得可不勉旃